Baurecht Nordrhein-Westfalen

Hemmer/Wüst/Christensen/Kübbeler

Oktober 2011

Repetitorium hemmer

Hauptkurs Zivilrecht - Öffentliches Recht - Strafrecht

hemmer-Methode heißt

Lernen am examenstypischen Fall!
Wir orientieren uns am Niveau des Examensfalls!

Wir sind weder Richter noch Professoren. Gemäß unserem Berufsverständnis als Repetitoren vermitteln wir Ihnen nur das, worauf es ankommt: Wie gehe ich bestmöglich mit dem großen Fall, dem Examensfall, um. Aus diesem Grund konzentrieren wir uns nicht auf Probleme in einzelnen juristischen Teilbereichen. Bei uns lernen Sie, mit der Vielzahl von Rechtsproblemen fertig zu werden, die im Examensfall erkannt und zu einem einheitlichen Ganzen zusammengesetzt werden müssen („Struktur der Klausur"). Verständnis für das Ineinandergreifen der Rechtsinstitute und die Entwicklung eines Problembewusstseins sind aber zur Lösung typischer Examensfälle notwendig.

Ausgangspunkt unseres erfolgreichen Konzepts ist die generelle Problematik der Klausur oder Hausarbeit: Der Bearbeiter steht bei der Falllösung zunächst vor einer Dekodierungs- (Entschlüsselungs-) und dann vor einer (Ein-) Ordnungsaufgabe: Der Examensfall kann nur mit juristischem Verständnis und dem entsprechenden Begriffsapparat gelöst werden. Damit muss Wissen von vorneherein unter Anwendungsgesichtspunkten erworben werden. Abstraktes, anwendungsunspezifisches Lernen genügt nicht.

Man hofft auf die leichten Rezepte, die Schemata und den einfachen Rechtsprechungsfall. Die unnatürlich klare Zielsetzung der Schemata lässt aber keine Frage offen und suggeriert eine Einfachheit, die im Examen nicht besteht. Auch bleibt die der Falllösung zugrunde liegende juristische Argumentation auf der Strecke. Mit einer solchen Einstellung wird aber die korrekte, sachgerechte Lösung von Klausur und Hausarbeit verfehlt.

Ersteller als „imaginärer Gegner"

Der Ersteller des Examensfalls hat auf verschiedene Problemkreise und ihre Verbindung geachtet. Diesen Ersteller muss der Student als imaginären Gegner bei seiner Falllösung berücksichtigen. Er muss also versuchen, sich in die Gedankengänge, Annahmen und Ideen des Erstellers hineinzudenken und dessen Lösungsvorstellung wie im Dialog möglichst nahe zu kommen. Dazu gehört auch der Erwerb von Überzeugungssystemen, Denkmustern und ethischen Standards, die typischerweise und immer wieder von Klausurenerstellern den Examensfällen zugrunde gelegt werden.

Wir fragen daher konsequent bei der Falllösung:
Was will der Ersteller des Falls („Sound")?
Welcher „rote Faden" liegt der Klausur zugrunde („mainstreet")?
Welche Fallen gilt es zu erkennen?
Wie wird bestmöglicher Konsens mit dem Korrektor erreicht?

Wer sich überwiegend mit Grundfällen und dem Auswendiglernen von Meinungen beschäftigt, dem fehlt zum Schluss die Zeit, Examenstypik einzutrainieren. Es droht das Schreckgespenst des „Subsumtionsautomaten". Examensfälle zu lösen ist eine praktische und keine theoretische Aufgabe.

Spezielle Ausrichtung auf Examenstypik

Die Thematik der Examensfälle ist bei uns auffällig häufig vorher im Kurs behandelt worden. Auch in Zukunft ist damit zu rechnen, dass wir mit Ihnen innerhalb unseres Kurses die examenstypischen Kontexte besprechen, die in den nächsten Prüfungsterminen zu erwarten sind.

Schon beim alten Seneca galt: „Wer den Hafen nicht kennt, für den ist kein Wind günstig". Vertrauen Sie auf unsere Expertenkniffe. Seit 1976 analysieren wir Examensfälle und die damit einhergehenden wiederkehrenden Problemfelder. Problem erkannt, Gefahr gebannt. Die „HEMMER-METHODE" setzt richtungsweisende Maßstäbe und ist Gebrauchsanweisung für Ihr Examen.

Das Repetitorium Hemmer ist bekannt für seine Spitzenergebnisse. Sehen Sie dieses Niveau als Anreiz für Ihr Examen. Orientieren Sie sich nach oben, nicht nach unten.

Unsere Hauptaufgabe sehen wir aber nicht darin, nur Spitzennoten zu produzieren: Wir streben auch für Sie ein solides Prädikatsexamen an. Regelmäßiges Training an examenstypischem Material zahlt sich also aus.

Gehen Sie mit dem sicheren Gefühl ins Examen, sich richtig vorbereitet zu haben. Gewinnen Sie mit der „HEMMER-METHODE".

Juristisches Repetitorium hemmer

www.hemmer.de

Mergentheimer Str. 44 / 97082 Würzburg
Tel.: 0931-7 97 82 30 / Fax: 0931-7 97 82 34

Online-Recherche für nur 2,90 Euro monatlich*

juris by hemmer – zwei starke Marken!

Ihre Online-Recherche: So leicht ist es, bequem von überall – zu Hause, im Zug, in der Uni – zu recherchieren. Ob Sie einen Gesetzestext suchen, Entscheidungen aus allen Gerichtsbarkeiten, zitierte und zitierende Rechtsprechung, Normen, Kommentare oder Aufsätze – **juris by hemmer** bietet Ihnen weitreichend verlinkte Informationen auf dem aktuellen Stand des Rechts.

Erfahrung trifft Erfahrung

juris verfügt inzwischen über mehr als dreißig Jahre Erfahrung in der Bereitstellung und Aufbereitung von Rechtsinformationen und war der erste, der digitale Rechtsinformationen angeboten hat. hemmer bildet seit 1976 Juristen aus. Das umfassende Lernprogramm des Marktführers bereitet gezielt auf die Staatsexamina vor. Jetzt ergänzt durch die intuitive Online-Recherche von juris.

Nutzen Sie die durch das Kooperationsmodell von **juris by hemmer** geschaffene Recherche-Möglichkeit: Immer online, auch von daheim! Für Hausarbeiten, die Klausurvorbereitung, vor dem Examen die neuesten Entscheidungen abrufen, schnelle Vorbereitung auf die mündliche Prüfung, effektives Nachlesen der Originalentscheidung passend zur Life&Law und den hemmer-Skripten. So erleichtern Sie sich durch frühzeitigen Umgang mit Onlinedatenbanken die spätere Praxis. Schon für Referendare ist die Online-Recherche unentbehrlich. Erst recht für den Anwalt oder im Staatsdienst ist der schnelle Zugriff obligatorisch. hemmer hat ein umfassendes juris-Paket geschnürt: Über 800.000 Entscheidungen, der juris PraxisKommentar zum BGB und Fachzeitschriften zu unterschiedlichen Rechtsgebieten ermöglichen eine Voll-Recherche!

*Das „juris by hemmer"-Angebot für hemmer.club-Mitglieder

Ihr Vorteil: Nur 2,90 € monatlich, solange Sie Jurastudent oder Rechtsreferendar sind. Voraussetzung ist die Mitgliedschaft im hemmer.club. Die Mitgliedschaft im hemmer.club ist kostenlos. Eine Kündigung ist jederzeit zum Monatsende möglich!

So einfach ist es, **juris by hemmer** kennenzulernen:
Jetzt anmelden unter „juris by hemmer": www.hemmer.de

Recherche-Anleitung

Mit dem exklusiv für Sie konzipierten Online-Recherche-Angebot bieten wir Ihnen zusätzliche Unterstützung bei Ihrer Prüfungsvorbereitung. Lesen Sie hier, wie Sie „juris by hemmer" schnell und effektiv nutzen.

Loggen Sie sich zunächst unter **www.juris.de/hemmer** mit Ihren Kennungsdaten in die juris-Datenbank ein.

Der einfachste Weg, eine Gerichtsentscheidung zu recherchieren, führt über die Eingabe eines Ihnen bekannten Aktenzeichens. Geben Sie dieses in der Eingabezeile der Suche über alle Dokumente (Schnellsuche) ein und lösen Sie dann die Suche durch Klick auf den Button oder die Enter-Taste aus.

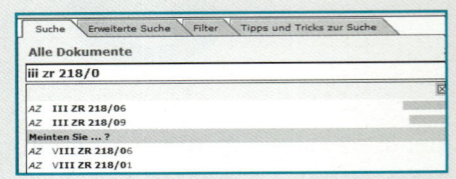

Neben der Aktenzeichen-Suche können Sie auch Fundstellen, Normen oder relevante Textbegriffe in die Suchzeile eingeben. Bei mehreren Suchworten wird automatisch nach der Schnittmenge Ihrer Eingaben gesucht (logische UND-Verknüpfung).

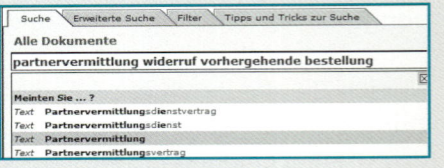

Erhalten Sie zu einer Suchanfrage mehr als einen Treffer, wird Ihnen zunächst eine Trefferliste angezeigt. Aus dieser können Sie den Treffer, den Sie sich im Detail ansehen möchten, per Mausklick aufrufen.

In der Dokumentansicht werden Ihre Suchbegriffe dort, wo sie im Text auftauchen, farblich hervorgehoben. Gerade bei der Textsuche erleichtert dies Ihnen die Orientierung.

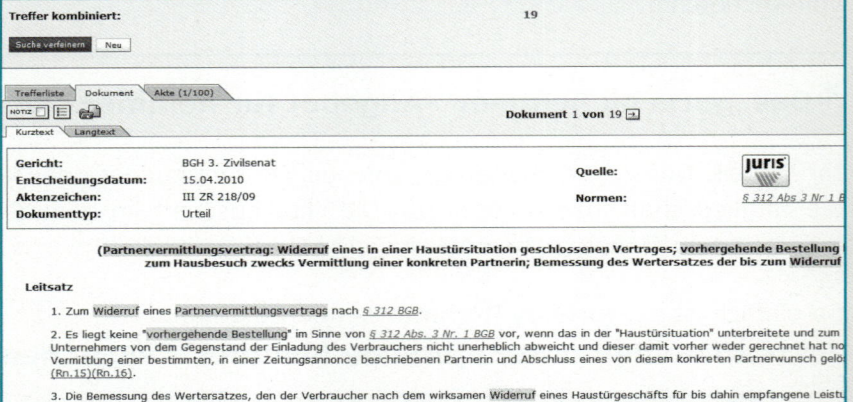

„JURIS BY HEMMER"

Durch Hyperlinks, z.B. in der Normenkette mit entscheidungserheblichen Normen im Dokumentkopf, können Sie sich Querverweise schnell erschließen.

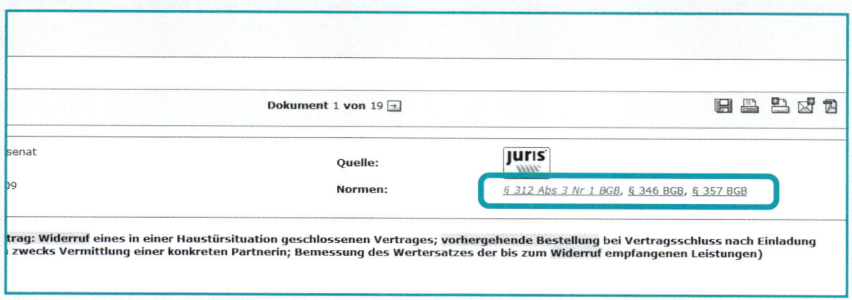

Rufen Sie den gewünschten Gesetzestext per Klick auf und navigieren Sie auch von dort aus zu weiterführenden Informationen. Beispielsweise zur Kommentierung der Norm im juris PraxisKommentar BGB.

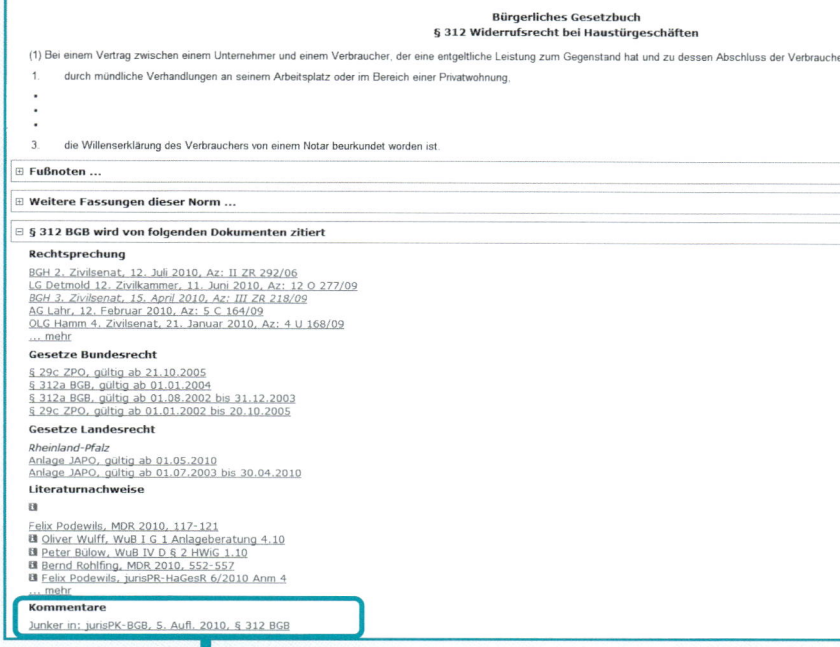

Der juris PraxisKommentar wird von den Verfassern ständig an die aktuelle Rechtslage angepasst. Die entsprechenden Aktualisierungshinweise werden direkt in den Text eingearbeitet und sind grau hinterlegt.

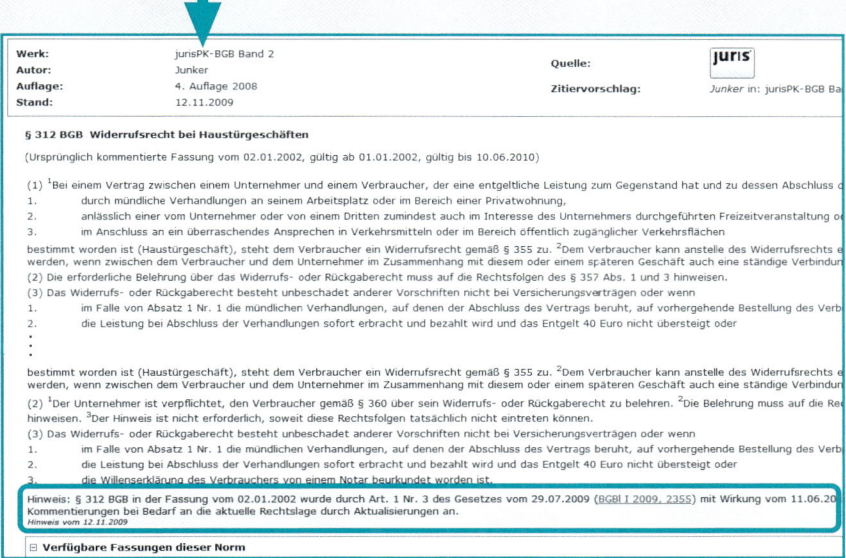

Sie haben noch keinen Zugang zu „juris by hemmer"? Bestellen Sie das exklusive Online-Angebot noch heute zu Sonderkonditionen! Telefonisch beim hemmer/wüst Verlag unter 09 31 / 797 82 57, oder online unter www.hemmer.de (Menüpunkt „juris by hemmer").

www.repetitorium-hemmer.de

Die neue Homepage des Repetitoriums ab sofort im Netz!

Kursort wählen
Hier erfahren Sie die neuesten Meldungen bzgl. Ihres Kursortes, die aktuellen Kurstermine etc. ...

Kursorte im Überblick

Augsburg
Wüst/Skusa/Mielke/Quirling
Mergentheimer Str. 44
97082 Würzburg
Tel.: (0931) 79 78 2-30
Fax: (0931) 79 78 2-34
augsburg@hemmer.de

Bayreuth
Daxhammer/d´Alquen
Parkweg 7
97944 Boxberg
Tel.: (07930) 99 23 38
Fax: (07930) 99 22 51
bayreuth@hemmer.de

Berlin-Dahlem
Gast
Schumannstraße 18
10117 Berlin
Tel.: (030) 240 45 738
Fax: (030) 240 47 671
mitte@hemmer-berlin.de

Berlin-Mitte
Gast
Schumannstraße 18
10117 Berlin
Tel.: (030) 240 45 738
Fax: (030) 240 47 671
mitte@hemmer-berlin.de

Bielefeld
Knoll/Sperl
Salzstr. 14 / 15
48143 Münster
Tel.: (0251) 67 49 89 70
Fax.: (0251) 67 49 89 71
Mail: bielefeld@hemmer.de

Bochum
Schlömer/Sperl
Salzstr. 14/15
48143 Münster
Tel.: (0251) 67 49 89 70
Fax.: (0251) 67 49 89 71
bochum@hemmer.de

Bonn
Ronneberg/Christensen/Clobes
Leonardusstr. 24c
53175 Bonn
Tel.: (0228) 23 90 71
Fax: (0228) 23 90 71
bonn@hemmer.de

Bremen
Kulke/Berberich
Mergentheimer Str. 44
97082 Würzburg
Tel.: (0931) 79 78 257
Fax: (0931) 79 78 240
bremen@hemmer.de

Dresden
Stock
Zweinaundorfer Str. 2
04318 Leipzig
Tel.: (0341) 6 88 44 90
Fax: (0341) 6 88 44 96
dresden@hemmer.de

Düsseldorf
Ronneberg/Christensen/Clobes
Leonardusstr. 24c
53175 Bonn
Tel.: (0228) 23 90 71
Fax: (0228) 23 90 71
duesseldorf@hemmer.de

Erlangen
Grieger/Tyroller
Mergentheimer Str. 44
97082 Würzburg
Tel.: (0931) 79 78 2-30
Fax: (0931) 79 78 2-34
erlangen@hemmer.de

Frankfurt/M.
Geron
Dreifaltigkeitsweg 49
53489 Sinzig
Tel.: (02642) 61 44
Fax: (02642) 61 44
frankurt.main@hemmer.de

Frankfurt/O.
Gast
Schumannstraße 18
10117 Berlin
Tel.: (030) 240 45 738
Fax: (030) 240 47 671
frankurt.oder@hemmer.de

Freiburg
Behler/Rausch
Rohrbacher Str. 3
69115 Heidelberg
Tel.: (06221) 65 33 66
Tel.: (06221) 40 02 72
Fax: (06221) 65 33 30
freiburg@hemmer.de

Gießen
Knoll/Sperl
Hinter dem Zehnthofe 18a
38173 Sickte
Tel.: (05305) 91 25 77
Fax: (05305) 91 25 88
gießen@hemmer.de

Göttingen
Sperl/Schlömer
Kirchhofgärten 22
74635 Kupferzell
Tel.: (07944) 94 11 05
Fax: (07944) 94 11 08
goettingen@hemmer.de

Greifswald
Burke/Lück
Buchbinderstr. 17
18055 Rostock
Tel.: (0381) 3 77 74 00
Fax: (0381) 3 77 74 01
greifswald@hemmer.de

Halle
Luke
Grimmaische Str. 2-4
04109 Leipzig
Tel.: (0177) 3 34 26 51
Fax: (0341) 4 62 68 79
halle@hemmer.de

Hamburg
Schlömer/Sperl
Pinnasberg 45
20359 Hamburg
Tel.: (040) 317 669 17
Fax: (040) 317 669 20
hamburg@hemmer.de

Hannover
Daxhammer/Sperl
Matzenhecke 23
97204 Höchberg
Tel.: (0931) 400 337
Fax: (0931) 404 3109
hannover@hemmer.de

Heidelberg
Behler/Rausch
Rohrbacher Str. 3
69115 Heidelberg
Tel.: (06221) 40 02 72
Fax: (06221) 65 33 30
heidelberg@hemmer.de

Jena
Hannich
Parkweg 7
97944 Boxberg
Tel.: (07930) 99 23 38
Fax: (07930) 99 22 51
jena@hemmer.de

Kiel
Sperl/Schlömer
Kirchhofgärten 22
74635 Kupferzell
Tel.: (07944) 94 11 05
Fax: (07944) 94 11 08
kiel@hemmer.de

Köln
Ronneberg/Christensen/Clobes
Leonardusstr. 24c
53175 Bonn
Tel.: (0228) 23 90 71
Fax: (0228) 23 90 71
koeln@hemmer.de

Konstanz
Guldin/Kaiser
Hindenburgstr. 15
78467 Konstanz
Tel.: (07531) 69 63 63
Fax: (07531) 69 63 64
konstanz@hemmer.de

Leipzig
Luke
Grimmaische Str. 2-4
04109 Leipzig
Tel.: (0177) 3 34 26 51
Fax: (0341) 4 62 68 79
leipzig@hemmer.de

Mainz
Geron
Dreifaltigkeitsweg 49
53489 Sinzig
Tel.: (02642) 61 44
Fax: (02642) 61 44
mainz@hemmer.de

Mannheim
Behler/Rausch
Rohrbacher Str. 3
69115 Heidelberg
Tel.: (06221) 65 33 66
Fax: (06221) 65 33 30
mannheim@hemmer.de

Marburg
Knoll/Sperl
Hinter dem Zehnthofe 18a
38173 Sickte
Tel.: (05305) 91 25 77
Fax: (05305) 91 25 88
marburg@hemmer.de

München
Wüst
Mergentheimer Str. 44
97082 Würzburg
Tel.: (0931) 79 78 2-30
Fax: (0931) 79 78 2-34
muenchen@hemmer.de

Münster
Sperl/Schlömer
Salzstr. 14/15
48143 Münster
Tel.: (0251) 67 49 89 70
Fax.: (0251) 67 49 89 71
muenster@hemmer.de

Osnabrück
Schlömer/Sperl/Knoll
Salzstr. 14/15
48143 Münster
Tel.: (0251) 67 49 89 70
Fax.: (0251) 67 49 89 71
osnabrueck@hemmer.de

Passau
Mielke/d´Alquen
Schlesierstr. 4
86919 Utting a.A.
Tel.: (08806) 74 27
Fax: (08806) 94 92
passau@hemmer.de

Potsdam
Gast
Schumannstraße 18
10117 Berlin
Tel.: (030) 240 45 738
Fax: (030) 240 47 671
mitte@hemmer-berlin.de

Regensburg
Daxhammer/d´Alquen
Parkweg 7
97944 Boxberg
Tel.: (07930) 99 23 38
Fax: (07930) 99 22 51
regensburg@hemmer.de

Rostock
Burke/Lück
Buchbinderstr. 17
18055 Rostock
Tel.: (0381) 3777 400
Fax: (0381) 3777 401
rostock@hemmer.de

Saarbrücken
Bold
Preslesstraße 2
66987 Thaleischweiler-Fröschen
Tel.: (06334) 98 42 83
Fax: (06334) 98 42 83
saarbruecken@hemmer.de

Trier
Geron
Dreifaltigkeitsweg 49
53489 Sinzig
Tel.: (02642) 61 44
Fax: (02642) 61 44
trier@hemmer.de

Tübingen
Guldin/Kaiser
Hindenburgstr. 15
78465 Konstanz
Tel.: (07531) 69 63 63
Fax: (07531) 69 63 64
tuebingen@hemmer.de

Würzburg
- ZENTRALE -
Mergentheimer Str. 44
97082 Würzburg
Tel.: (0931) 79 78 230
Fax: (0931) 79 78 234
wuerzburg@hemmer.de

www.lifeandlaw.de
Die Homepage der Life&LAW im Netz!

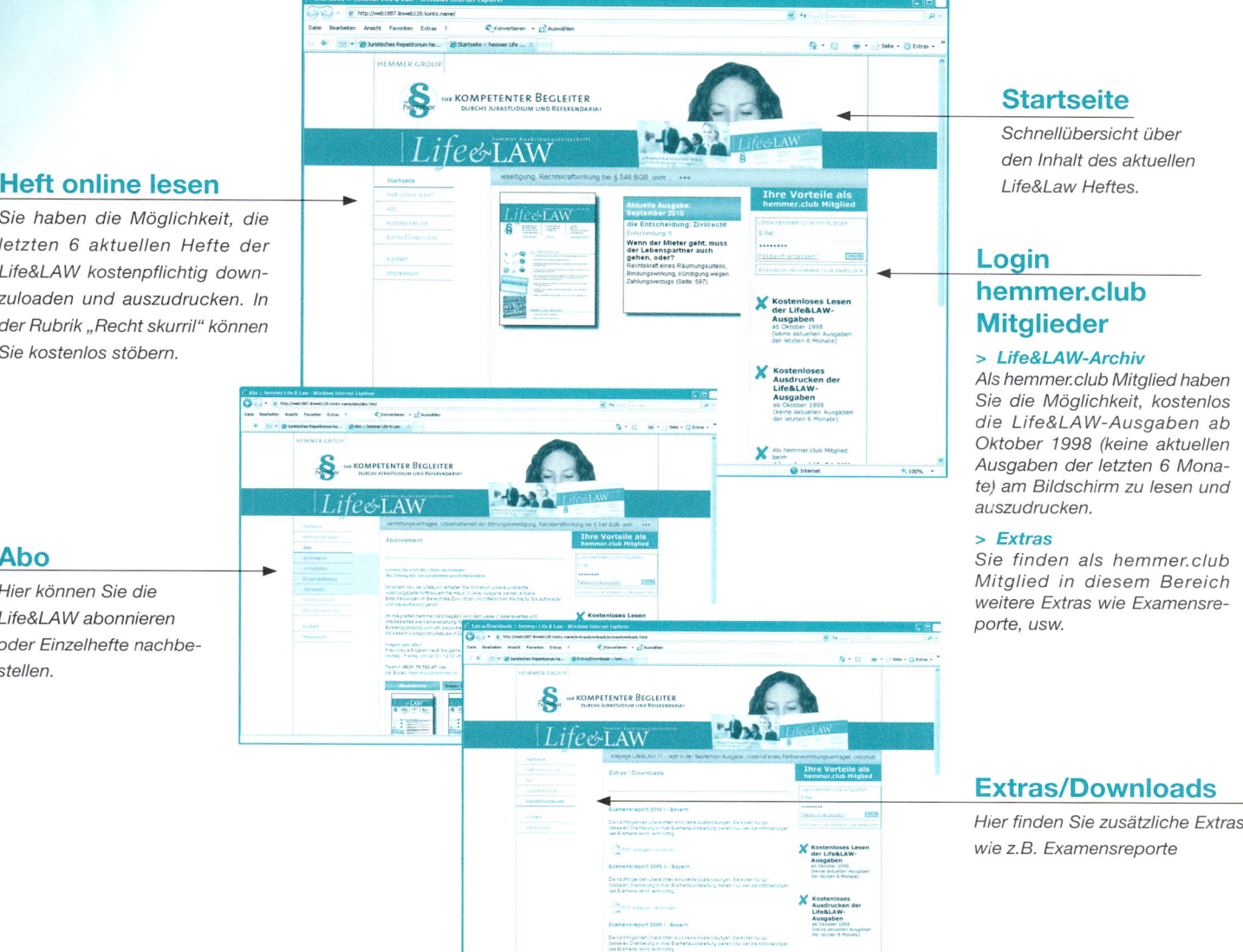

Heft online lesen
Sie haben die Möglichkeit, die letzten 6 aktuellen Hefte der Life&LAW kostenpflichtig downzuloaden und auszudrucken. In der Rubrik „Recht skurril" können Sie kostenlos stöbern.

Startseite
Schnellübersicht über den Inhalt des aktuellen Life&Law Heftes.

Login hemmer.club Mitglieder

> Life&LAW-Archiv
Als hemmer.club Mitglied haben Sie die Möglichkeit, kostenlos die Life&LAW-Ausgaben ab Oktober 1998 (keine aktuellen Ausgaben der letzten 6 Monate) am Bildschirm zu lesen und auszudrucken.

> Extras
Sie finden als hemmer.club Mitglied in diesem Bereich weitere Extras wie Examensreporte, usw.

Abo
Hier können Sie die Life&LAW abonnieren oder Einzelhefte nachbestellen.

Extras/Downloads
Hier finden Sie zusätzliche Extras, wie z.B. Examensreporte

ASSESSORKURSE

BAYERN:		RA I. GOLD, Mergentheimer Str. 44, 97082 Würzburg; Tel.: (0931) 79 78 2-50
BADEN-WÜRTTEMBERG:	KONSTANZ/TÜBINGEN/ STUTTGART	RAe F. GULDIN/B. KAISER, Hindenburgstr. 15, 78467 Konstanz; Tel.: (07531) 69 63 63
	HEIDELBERG/FREIBURG	RAe BEHLER/RAUSCH, Rohrbacherstr. 3, 69115 Heidelberg; Tel.: (06221) 65 33 66
BERLIN/POTSDAM:		RA L. GAST, Schuhmannstr. 18, 10117 Berlin; Tel.: (030) 24 04 57 38
BRANDENBURG:		RA NEUGEBAUER/VIETH, Holzmarkt 4a, 15230 Frankfurt/Oder, Tel.: (0335) 52 29 32
BREMEN/HAMBURG:		RAe M. SPERL/CLOBES/DR.SCHLÖMER, Kirchhofgärten 22, 74635 Kupferzell; Tel.: (07944) 94 11 05
HESSEN:	FRANKFURT	RA A. GERON, Dreifaltigkeitsweg 49, 53489 Sinzing; Tel.: (02642) 61 44
	MARBURG/KASSEL	RAe M.SPERL/CLOBES/DR. SCHLÖMER, Hinter dem Zehnthofe 18a, 38173 Sickte, Tel.: (05305) 91 25 77
MECKLENBURG-VORP.:		LUDGER BURKE/JOHANNES LÜCK, Buchbinderstr. 17, 18055 Rostock, Tel.: (0381) 37 77 40 0
NIEDERSACHSEN:	HANNOVER	RAe M. SPERL/DR. M. KNOLL, Hinter dem Zehnthofe 18a, 38173 Sickte, Tel.: (05305) 91 25 77
	POSTVERSAND	RAe M. SPERL/CLOBES/DR. SCHLÖMER, Kirchhofgärten 22, 74635 Kupferzell; Tel.: (07944) 94 11 05
NORDRHEIN-WESTFALEN:		DR. A. RONNEBERG, Leonardusstr. 24c, 53175 Bonn; Tel.: (0228) 23 90 71
RHEINLAND-PFALZ:		RA A. GERON, Dreifaltigkeitsweg 49, 53489 Sinzing; Tel.: (02642) 61 44
SAARLAND:		RA A. GERON, Dreifaltigkeitsweg 49, 53489 Sinzing; Tel.: (02642) 61 44
THÜRINGEN:		RA J. LUKE, Arndtstr. 1, 04257 Leipzig; Tel.: (0177) 3 34 26 51
SACHSEN:		RA J. LUKE, Arndtstr. 1, 04257 Leipzig; Tel.: (0177) 3 34 26 51
SCHLESWIG-HOLSTEIN:		RAe M. SPERL/CLOBES/DR. SCHLÖMER, Kirchhofgärten 22, 74635 Kupferzell; Tel.: (07944) 94 11 05

Baurecht Nordrhein-Westfalen

Hemmer/Wüst/Christensen/Kübbeler

Oktober 2011

Das Skript ist urheberrechtlich geschützt. Die dadurch begründeten Rechte, insbesondere des Nachdrucks, der Wiedergabe auf photomechanischem oder ähnlichem Wege und der Speicherung in Datenverarbeitungsanlagen bleiben, auch bei nur auszugsweiser Verwertung, der Hemmer/Wüst-Verlagsgesellschaft vorbehalten.

Hemmer/Wüst Verlagsgesellschaft
Hemmer/Wüst/Christensen/Kübbeler, Baurecht/Nordrhein-Westfalen

ISBN 978-3-86193-086-0
8. Auflage, Oktober 2011

gedruckt auf chlorfrei gebleichtem Papier
von Schleunungdruck GmbH, Marktheidenfeld

Vorwort

Baurecht Nordrhein-Westfalen mit der hemmer-Methode

Wer in vier Jahren sein Studium abschließen will, kann sich einen Irrtum in Bezug auf Stoffauswahl und -aneignung nicht leisten. Hoffen Sie nicht auf leichte Rezepte und den einfachen Rechtsprechungsfall. Hüten Sie sich vor Übervereinfachung beim Lernen. Stellen Sie deswegen frühzeitig die Weichen richtig.

Dem **Baurecht** kommt eine große praktische Bedeutung zu. Dieser Umstand schlägt sich auch im Examen nieder. Vertiefte Kenntnisse des Baurechts sind deshalb unverzichtbar. Dabei kommt es neben der Aneignung von Fakten auch und vor allem auf das Beherrschen der typischen öffentlich-rechtlichen Fallsystematik an: Problemstellungen dürfen nicht nur isoliert gelernt werden, vielmehr müssen sie im Kontext der examenstypischen Klausur richtig eingeordnet werden können. Um diesem Umstand gerecht zu werden, wurde dieses Skript klausurspezifisch konzipiert: Durch die Aufteilung in verschiedene Klagearten ermöglicht es dem Anfänger die richtige Einordnung baurechtlicher Fragestellungen in die Klausurlösung. Es vermittelt darüber hinaus am richtigen Ort sowohl für den Einsteiger als auch den Fortgeschrittenen vertiefendes Verständnis einzelner materiell-rechtlicher und prozessualer Probleme.

Die **hemmer-Methode** vermittelt Ihnen die **erste richtige Einordnung** und das **Problembewusstsein**, welches Sie brauchen, um an einer Klausur bzw. dem Ersteller nicht vorbeizuschreiben. Häufig ist dem Studenten nicht klar, warum er schlechte Klausuren schreibt. Wir geben Ihnen **gezielte Tipps!** Vertrauen Sie auf unsere **Expertenkniffe**.

Durch die ständige Diskussion mit unseren Kursteilnehmern ist uns als erfahrenen Repetitoren klar geworden, welche **Probleme** der Student hat, sein **Wissen anzuwenden**. Wir haben aber auch von unseren Kursteilnehmern profitiert und von Ihnen erfahren, welche **Argumentationsketten** in der Prüfung zum Erfolg geführt haben.

Die **hemmer-Methode** gibt **jahrelange Erfahrung** weiter, erspart Ihnen viele schmerzliche Irrtümer, setzt richtungsweisende Maßstäbe und begleitet Sie als **Gebrauchsanweisung** in Ihrer Ausbildung:

1. Grundwissen:

Die **Grundwissenskripten** sind für den Studenten in den ersten Semestern gedacht. In den Theoriebänden Grundwissen werden leicht verständlich und kurz die wichtigsten Rechtsinstitute vorgestellt und das notwendige Grundwissen vermittelt. Die Skripten werden durch den jeweiligen Band unserer **Reihe „die wichtigsten Fälle"** ergänzt.

2. Basics:

Das Grundwerk für Studium und Examen. Es schafft schnell **Einordnungswissen** und mittels der hemmer-Methode richtiges Problembewusstsein für Klausur und Hausarbeit. Wichtig ist, **wann und wie** Wissen in der Klausur angewendet wird.

3. Skriptenreihe:

Vertiefendes Prüfungswissen: Über 1.000 Klausuren wurden auf ihre „essentials" abgeklopft. Anwendungsorientiert werden die für die Prüfung nötigen Zusammenhänge umfassend aufgezeigt und wiederkehrende Argumentationsketten eingeübt.

Gleichzeitig wird durch die **hemmer-Methode** auf **anspruchsvollem Niveau** vermittelt, nach welchen Kriterien Prüfungsfälle beurteilt werden. Mit dem Verstehen wächst die Zustimmung zu Ihrem Studium. Spaß und Motivation beim Lernen entstehen erst durch Verständnis.

Lernen Sie, durch Verstehen am juristischen Sprachspiel teilzunehmen. Wir schaffen den „background", mit dem Sie die innere Struktur von Klausur und Hausarbeit erkennen: **„Problem erkannt, Gefahr gebannt"**. Profitieren Sie von unserem **strategischen Wissen**. Wir werden Sie mit unserem know-how auf das Anforderungsprofil einstimmen, das Sie in Klausur und Hausarbeit erwartet. Die Theoriebände Grundwissen, die Basics, die Skriptenreihe und der Hauptkurs sind als **modernes, offenes und flexibles Lernsystem** aufeinander abgestimmt und ergänzen sich ideal. Die **studentenfreundliche Preisgestaltung** ermöglicht den **Erwerb als Gesamtwerk**.

4. Hauptkurs:

Schulung am examenstypischen Fall mit der Assoziationsmethode. Trainieren Sie unter professioneller Anleitung, was Sie im Examen erwartet und wie Sie bestmöglich mit dem Examensfall umgehen.

Nur wer die Dramaturgie eines Falles verstanden hat, ist in Klausur und Hausarbeit auf der sicheren Seite! Häufig hören wir von unseren Kursteilnehmern: **„Erst jetzt hat Jura richtig Spaß gemacht"**.

Die Ergebnisse unserer Kursteilnehmer geben uns Recht. Maßstab ist der Erfolg. Die Examensergebnisse zeigen, dass unsere Kursteilnehmer überdurchschnittlich abschneiden.

Die Examensergebnisse unserer Kursteilnehmer z.B. in Würzburg (seit 1991 über 100 Mal über 11,5) können auch Ansporn für Sie sein, intelligent zu lernen: Wer nur auf vier Punkte lernt, landet leicht bei drei. Lassen Sie sich aber nicht von diesen Supernoten verschrecken, sehen Sie dieses Niveau als Ansporn für Ihre Ausbildung.

Wir hoffen, als Repetitoren mit unserem Gesamtangebot bei der Konkretisierung des Rechts mitzuwirken und wünschen Ihnen **viel Spaß beim Durcharbeiten** unserer Skripten.

Wir würden uns freuen, mit Ihnen als Hauptkursteilnehmer mit der **hemmer-Methode** gemeinsam Verständnis an der Juristerei zu trainieren. Nur wer erlernt, was ihn im Examen erwartet, lernt richtig!

So leicht ist es uns kennenzulernen, Probehören ist jederzeit in den jeweiligen Kursorten möglich.

Karl-Edmund Hemmer & Achim Wüst

INHALTSVERZEICHNIS

§ 1 Einführung 1
A) Die Baurechtsklausur im Juristischen Staatsexamen 1
B) Zum Begriff des Baurechts 2
    I. Das private Baurecht 2
    II. Das öffentlich-rechtliche Baurecht 3
C) Der Grundsatz der Baufreiheit 3
    I. Bauplanungsrecht 4
    II. Bauordnungsrecht 4
D) Rechtsquellen 4
    I. Baugesetzbuch 4
    II. Nordrhein-westfälische Bauordnung 5
    III. Gesetzgebungskompetenz 5
    IV. Sonstige Rechtsvorschriften 5

§ 2 Das Begehren einer Baugenehmigung 6
A) Sachentscheidungsvoraussetzungen der Klage 6
B) Eröffnung des Verwaltungsrechtsweges 6
C) Zulässigkeit der Klage 7
    I. Klageart 7
        1. Nähere Qualifikation der Baugenehmigung 7
        2. Exkurs: Abgrenzung zu weiteren baurechtlichen Genehmigungen ... 8
            a) Der Vorbescheid (§ 71 BauO NRW) 8
            b) Die Teilbaugenehmigung (§ 76 BauO NRW) 10
            c) Die Typengenehmigung (§ 78 BauO NRW) 10
    II. Klagebefugnis 11
    III. Vorverfahren 11
    IV. Klagefrist 11
    V. Klagegegner, § 78 I Nr. 1 VwGO 12
    VI. Beteiligungs- und Prozessfähigkeit, §§ 61, 62 VwGO 13
    VII. Sonstige Zulässigkeitsvoraussetzungen 14
D) Beiladung, § 65 VwGO 14
E) Begründetheit der Verpflichtungsklage 14
    I. Anspruchsgrundlage 15
    II. Formelle Voraussetzungen 15
        1. formgerechter Antrag 15
        2. bei richtiger Behörde 15
            a) Sachliche Zuständigkeit 15
            b) Örtliche Zuständigkeit 16

III. Prüfung der materiellen Voraussetzungen 17
    1. Genehmigungspflichtigkeit 17
        a) Der Grundsatz des § 63 I BauO NRW 17
            aa) Der Begriff der baulichen Anlage 17
            bb) Errichtung, Änderung, Nutzungsänderung, Abbruch 18
        b) Ausnahmen und Sonderregeln 19
            aa) Die Ausnahmen nach § 65 BauO NRW 19
            bb) Verfahren bei Werbeanlagen 20
            cc) Genehmigungsfreistellung für bestimmte Wohngebäude 20
            dd) Fliegende Bauten 22
            ee) Bauvorhaben des Bundes, der Länder und der kommunalen
                  Gebietskörperschaften 23
            ff) Verhältnis zur Erlaubnispflicht nach anderen Vorschriften 23
    2. Genehmigungsfähigkeit 24
        a) Bindung der Verwaltung 24
            aa) Anspruch aus Zusicherung, § 38 I VwVfG NRW 24
            bb) Anspruch aus öffentlich-rechtlichem Vertrag, § 54 ff. VwVfG NRW ... 25
            cc) Bindungswirkung des Vorbescheids, § 71 I S. 2 BauO NRW 25
            dd) Bindungswirkung der Teilungsgenehmigung 28
            ee) Bindungswirkung der Teilbaugenehmigung 29
            ff) Bindungswirkung der Gaststättenerlaubnis? 29
        b) Die Regelung des § 75 I BauO NRW 29
            aa) Prüfungsmaßstab des § 75 I BauO NRW 29
            bb) Schlusspunkttheorie 30
            cc) Überschneidung der materiellen Anforderungen paralleler
                  Anlagegenehmigungen 32
        c) Einschränkungen des behördlichen Prüfungsumfanges 33
            aa) § 72 VI BauO NRW 33
            bb) § 68 BauO NRW 34
        d) Bauplanungsrechtliche Zulässigkeit eines Vorhabens 35
            aa) Allgemeines 35
            bb) Zulässigkeit von Vorhaben im Geltungsbereich eines qualifizierten
                  Bebauungsplans 39
            cc) Zulässigkeit von Vorhaben im Innenbereich, § 34 BauGB 45
            dd) Zulässigkeit von Vorhaben im Außenbereich, § 35 BauGB 49
            ee) Zulässigkeit nach § 33 BauGB 57
            ff) Bestandsschutz; eigentumskräftig verfestigte Anspruchs–position 59
            gg) Einvernehmen der Gemeinde 60
            hh) Zustimmung der höheren Verwaltungsbehörde 61
            ii) Erschließung 61
            jj) Sicherung der Bauleitplanung durch Veränderungssperre und
                Zurückstellung von Baugesuchen 62
        e) Übersicht zu denkbaren Fallvarianten im Bauplanungsrecht 63
        f) Prüfung der bauordnungsrechtlichen Zulässigkeit 63
            aa) Sinn und Zweck des Bauordnungsrechts 64
            bb) Die Generalklausel des § 3 BauO NRW 64
            cc) Einzelne materiell-rechtliche Vorschriften 66
            dd) Abweichungen § 73 BauO NRW 70
        g) Prüfung sonstigen öffentlichen Rechts 71

IV. Rechtsverletzung 71

V. Entscheidungsrelevanter Zeitpunkt 71

F) Vorläufiger Rechtsschutz, § 123 VwGO 72

G) Klausurfall zur Verpflichtungsklage 72

§ 3 Weitere Fälle der Verpflichtungsklage 77

A) Klage auf Vorbescheid oder Teilbaugenehmigung 77

    I. Anspruch auf den Vorbescheid 77

    II. Anspruch auf die Teilbaugenehmigung 77

B) Klage auf bauaufsichtliches Einschreiten gegenüber einem Dritten 78

§ 4 Die Anfechtung von Verwaltungsakten 79

A) Die Nachbarklage 79

I. Eröffnung des Verwaltungsrechtsweges 80

II. Zulässigkeit der Nachbarklage 80

1. Klageart 80
2. Klagebefugnis, § 42 II VwGO 80
   a) Möglichkeitstheorie und Schutznormtheorie 80
   b) Gebot der Rücksichtnahme 82
   c) Grundrechte 82
   d) Der Nachbarbegriff im Baurecht 83
      aa) Räumliche Abgrenzung 83
      bb) Personelle Abgrenzung 84
      cc) Sonderfall: Eigentümer als „Nachbar" 85
   e) Verzicht/Verwirkung 86
      aa) Nachbarunterschrift 86
      bb) Materielle Präklusion nach § 10 III S. 3 BImSchG 87
   f) Unzulässige Rechtsausübung 87
   g) Rechtsmittelverzicht 88
3. Vorverfahren 88
4. Klagefrist 88
   a) Fehlende Mitteilung an den Nachbarn 89
   b) Falsche Form der Mitteilung an den Angrenzer 89
   c) Verwirkung 90
5. Sonstige Zulässigkeitsvoraussetzungen 91

III. Beiladung, § 65 VwGO 91

IV. Begründetheit 91

1. Ermächtigungsgrundlage 92
2. Formelle Rechtmäßigkeit 92
   a) Sachliche Zuständigkeit 93
   b) Örtliche Zuständigkeit 94
   c) Das Genehmigungsverfahren 94
      aa) Antrag 94
      bb) Bauvorlageberechtigung 94
      cc) Nachbarbeteiligung 95
      dd) Beteiligung anderer Körperschaften, Behörden oder Dienststellen 96
      ee) Schriftlicher Erlass 96
      ff) Keine Begründung 97
3. Materielle Rechtmäßigkeit der Baugenehmigung 97
4. Beeinträchtigung des Klägers 97
5. Verletzung des Nachbarn in eigenen Rechten 98
6. Wichtige nachbarschützende Vorschriften 99
   a) Drittschützende Normen im Bauplanungsrecht: 99
      aa) Im Bereich eines (einfachen oder qualifizierten) Bebauungsplans 99
      bb) Der nicht qualifiziert beplante Innenbereich, § 34 BauGB 101
      cc) Vorhaben im Außenbereich, § 35 BauGB 102
      dd) Erschließung 103
   b) Nachbarschutz im Bauordnungsrecht 104
   c) Grundrechte 105
      aa) Art. 14 I GG 105
      bb) Art. 2 II GG 105
   d) Verfahrensvorschriften 105

B) Einstweiliger Rechtsschutz des Nachbarn gegen die Baugenehmigung 106

I. Zulässigkeit des Antrags nach §§ 80 V, 80a III VwGO 107

1. Eröffnung des Verwaltungsrechtsweges 108
2. Statthaftigkeit des Antrags 108
3. Antragsbefugnis, § 42 II VwGO analog 108

- 4. Zuständigkeit 109
- 5. Rechtsschutzbedürfnis 109
  - a) Vorherige Rechtsbehelfseinlegung in der Hauptsache 109
  - b) Antrag bei der Behörde nach § 80 IV VwGO 109
  - c) Bauvorbescheid 110
- 6. Sonstige Zulässigkeitsvoraussetzungen 110

II. Beiladung 111

III. Begründetheit 111

- 1. Prüfungsmaßstab 111
- 2. Voraussetzungen für den Ausschluss der aufschiebenden Wirkung bzw. des Sofortvollzugs 112
  - a) Ausschluss der aufschiebenden Wirkung aufgrund gesetzlicher Regelung, § 80 II Nr. 3 VwGO 112
  - b) Formelle Rechtmäßigkeit der Vollzugsanordnung nach § 80 II Nr. 4, III VwGO 112
- 3. Interessenabwägung 113
  - a) Abwägung der Interessen 113
  - b) Summarische Prüfung der Hauptsache 113

C) Klage des Bauherrn gegen Aufhebungsbescheid der Ausgangsbehörde 114

I. Eröffnung des Verwaltungsrechtsweges 114

II. Zulässigkeit der Klage 114

- 1. Klageart 114
- 2. Klagebefugnis, § 42 II VwGO 115
- 3. Widerspruchsverfahren 115
- 4. Sonstige Zulässigkeitsvoraussetzungen 115

III. Beiladung 115

IV. Begründetheit 115

- 1. Rechtmäßigkeit der Baugenehmigung 115
  - a) Formelle Rechtmäßigkeit der Baugenehmigung 116
  - b) Materielle Rechtmäßigkeit der Baugenehmigung 116
- 2. Festlegen der Rechtsgrundlage für Aufhebung 116
- 3. Formelle Rechtmäßigkeit des Aufhebungsbescheides 116
- 4. Materielle Rechtmäßigkeit 116
- 5. Erfolgsaussichten der Anfechtungsklage des Nachbarn 117
- 6. Rechtsverletzung des Klägers 117

D) Klage der Gemeinde gegen die Baugenehmigung 118

I. Zulässigkeit der Klage 118

- 1. Klageart 118
- 2. Klagebefugnis 119
- 3. Sonstige Voraussetzungen 119

II. Beiladung 119

III. Begründetheit 119

- 1. Formelle Rechtmäßigkeit 120
- 2. Materielle Rechtmäßigkeit 120
  - a) Bauplanungs- und bauordnungsrechtliche Zulässigkeit 120
  - b) Gemeindliches Einvernehmen, § 36 BauGB 120
- 3. Rechtsverletzung 126

E) Die Anfechtung einer baupolizeilichen Maßnahme 126

I. Zulässigkeit der Klage 126

II. Begründetheit 127

1. Reichweite und Inhalt der Anordnungen auf Grundlage des § 61 I S. 2 BauO NRW 127
   a) Beseitigung von Anlagen 128
   b) Baueinstellung... 128
   c) Nutzungsuntersagung 128
   d) Auskunftsansprüche.. 129
   e) Beseitigung von Abrissschutt 130
   f) Duldungsanordnungen... 130
2. Rechtmäßigkeit der Abrissverfügung.. 131
   a) Formelle Rechtmäßigkeit 131
   b) Materielle Rechtmäßigkeit 131
      aa) Doppelte Baurechtswidrigkeit bei Beseitigungsanordnung..................... 131
      bb) Ermessen und Störerauswahl 133
      cc) Duldungsanordnung als Vollstreckungsvoraussetzung 134

F) Klage des Bauherrn gegen Nebenbestimmungen zur Baugenehmigung 134

§ 5 Rechtsschutz gegen Bauleitpläne 136

A) Einleitung 136

B) Das Normenkontrollverfahren (§ 47 VwGO)... 136

I. Zulässigkeit des Normenkontrollantrages 137

1. „I.R.d. Gerichtsbarkeit" 137
2. Statthaftigkeit 137
   a) Tauglicher Prüfungsgegenstand (§ 47 I Nr. 1 und 2 VwGO)............................ 137
      aa) Der Bebauungsplan (§§ 8 ff. BauGB) 138
      bb) Nicht hingegen der Flächennutzungsplan (§§ 5 ff. BauGB).................... 138
      cc) Sonstige Satzungen nach BauGB 140
      dd) § 47 I Nr. 2 VwGO 141
   b) Rechtswirksame Vorschriften 141
      aa) Vorschriften, die „erlassen worden" sind 141
      bb) Planreife Bebauungspläne 142
      cc) Fehlendes Rechtsschutzbedürfnis 142
3. Antrag, Antragsberechtigung, Antragsbefugnis 145
   a) Antrag.. 145
   b) Antragsberechtigung 145
   c) Antragsbefugnis 146
      aa) Natürlicher und juristischer Personen 146
      bb) Von Behörden... 147
      cc) Präklusion 147
4. Antragsfrist 148
5. Vorbehalt zugunsten der Verfassungsgerichtsbarkeit (§ 47 III VwGO)............... 148
6. Rechtsschutzbedürfnis 148
   a) Rechtsmissbrauch und Verwirkung 148
   b) Verhältnis zu Anfechtungs- und Verpflichtungsklage 149
   c) Objektives Kontrollinteresse der Behörde 149
7. Richtiger Antragsgegner 149

II. Beiladung 149

III. Begründetheit der Normenkontrolle... 150

1. Prüfungsmaßstab 150
2. Unwirksamkeit der angegriffenen Vorschrift 150
   a) Rechtsgrundlage... 151
   b) Formelle Rechtmäßigkeit 151
      aa) Zuständigkeit: Aufgabe der Gemeinde.. 151
      bb) Das Planungsverfahren 153
   c) Materielle Rechtmäßigkeit der angegriffenen Vorschrift 164
      aa) Befugnis und Pflicht zur Planung: § 1 III BauGB..................................... 164
      bb) Zweistufige Planung: Entwicklungsgebot des § 8 II BauGB 166
      cc) Verhältnis zu anderen Planungen 167

    dd) § 9 BauGB: Numerus clausus der möglichen Festsetzungen 170
    ee) Die Planungsgrundsätze des § 1 V, VI BauGB 171
    ff) Das Gebot der Abwägung des § 1 VII BauGB 172
  d) Vereinbarkeit mit anderen höherrangigen Rechtsvorschriften 178
  e) Die Unbeachtlichkeitsvorschriften der §§ 214 ff. BauGB 178
    aa) Der Ausnahmecharakter der §§ 214, 215 BauGB 178
    bb) Die Regelungstechnik der §§ 214 ff. BauGB 179
 3. Keine eigene Rechtsverletzung nötig 185

IV. Entscheidung 185

C) Weitere prozessuale Problemstellungen im Bereich der Bauleitplanung 185

I. Verfassungsbeschwerde 185

 1. Zum Bundesverfassungsgericht 185

 2. Verfassungsgerichtshof 186

II. Keine Popularklage 186

III. Zusatzprobleme 186

 1. Vorläufiger Rechtsschutz i.R.d. § 47 VwGO 186

 2. Vorbeugender Rechtsschutz i.R.d. § 47 VwGO 187

 3. Normenerlassklage 187

LITERATURVERZEICHNIS

Kommentare:

Battis/Krautzberger/Löhr	Baugesetzbuch
Boeddinghaus/Hahn/Schulte	Bauordnung für das Land Nordrhein-Westfalen Band I (§§ 1-10); Band II (§§ 11-83)
Ernst/Zinkahn/Bielenberg	Baugesetzbuch
Gädtke/Temme/Heintz/Czepuck	BauO NRW
Held/Becker/Decker/u.a.	Kommunalverfassungsrecht Nordrhein-Westfalen
Jäde/Dirnberger/Weiss	Baugesetzbuch
Kopp/Schenke	Verwaltungsgerichtsordnung
Kopp/Ramsauer	Verwaltungsverfahrensgesetz
Palandt	Bürgerliches Gesetzbuch
Spannowsky/Uechtritz	Baugesetzbuch
Thiel/Rößler/Schumacher	Baurecht in Nordrhein-Westfalen Band II: Landesbaurecht

Lehrbücher:

Dietlein/Burgi/Hellermann	Öffentliches Recht in Nordrhein-Westfalen
Gubelt	Fälle zum Bau- und Raumordnungsrecht
Koch/Hosch/Hendler	Baurecht, Raumordnungs- und Landesplanungsrecht
Maurer	Allgemeines Verwaltungsrecht
Pietzner/Ronellenfitsch	Assessorexamen im Öffentlichen Recht
Schmitt-Glaeser	Verwaltungsprozessrecht

Weiterführende Literatur siehe Fußnoten

§ 1 EINFÜHRUNG

A) Die Baurechtsklausur im Juristischen Staatsexamen

Baurechtsklausur: prozessuale und baurechtliche Probleme

Baurechtliche Klausuren sind beliebter Prüfungsgegenstand i.R.d. öffentlich-rechtlichen Klausuren juristischer Zwischenprüfungen und vor allem der juristischen Staatsexamina. Dies deshalb, weil sich hierbei sehr gut Querverbindungen zum sonstigen Verwaltungsrecht (z.B. zum Beschlussverfahren im Gemeinderat innerhalb des Aufstellungsverfahrens von Bauleitplänen) herstellen lassen. Zudem ist eine prozessuale Einkleidung üblich, wobei sich z.B. im Bereich des baurechtlichen Nachbarschutzes Spezialprobleme stellen.

prüfungstypischer Aufbau

Wegen der Abstraktheit von Lehrbüchern fällt es den Studenten aber oft sehr schwer, die eingepaukten Probleme in der Klausur dort zu verorten, wo sie wirklich hingehören. Zudem verliert man aufgrund einer Fülle von Einzelfakten zu leicht den Überblick, sieht „vor lauter Bäumen den Wald nicht mehr". Dieses Skript verfolgt daher eine examens- und damit klausurtypische Herangehensweise, die eine möglichst prüfungsnahe Darstellung ermöglicht und die Dinge dort problematisiert, wo sie systematisch in der Klausur behandelt werden müssen. Nicht träges Wissen, sondern der Überblick, das mit Wissen untermauerte Verständnis für das System sind die Voraussetzungen für das gute Bestehen einer Klausur.

Kenntnis wichtiger Klausurvarianten notw.

Ausgehend von dieser Konzeption werden nach einer kurzen Einführung die typischen Klausurvarianten im Einzelnen dargestellt. Innerhalb der verschiedenen Klagetypen werden alle wichtigen baurechtlichen Gesichtspunkte umfassend und an der richtigen Stelle aufgezeigt. Am Ende werden noch einige Sonderprobleme abgehandelt.

Neuerungen bei den landesrechtlichen Besonderheiten zum allgemeinen Verwaltungsrecht

Zuvor soll aber noch auf Veränderungen hinsichtlich der landesrechtlichen Besonderheiten des allgemeinen Verwaltungsrechts hingewiesen werden. Am 08.02.2010 wurde das „Gesetz zur Modernisierung und Bereinigung von Justizgesetzen im Land Nordrhein-Westfalen" vom 26.01.2010 verkündet.[1] Durch dessen Art. 2 Nr. 28 wurde zum 01.01.2011[2] das gesamte AG VwGO NRW aufgehoben. Zeitgleich trat gem. Art. 1 das JustG NRW in Kraft. Die mit der Gesetzesänderung einhergehenden Unterschiede zur alten Rechtslage beschränken sich teilweise darauf, dass die Regelungen einen neuen Standort haben:

⇨ § 6 AG VwGO NRW a.F. = § 110 JustG NRW

⇨ § 8 AG VwGO NRW a.F. = § 112 JustG NRW.

Jedoch bringt das neue Gesetz auch eine erheblich Änderung mit sich:

⇨ § 5 AG VwGO NRW a.F. wurde ersatzlos gestrichen.

Diese Regelung war die landesgesetzliche Wahrnehmung der durch den Bundesgesetzgeber in § 78 I Nr. 2 VwGO eingeräumten Option, eine Klage gegen eine Behörde zuzulassen. Mit ihrem Wegfall gilt für den Klagegegner nun auch in NRW der bundesgesetzliche Grundfall des § 78 I Nr. 1 VwGO, nämlich das Rechtsträgerprinzip.

---

1 Gesetz vom 26.01.2010, GVBl. NRW., S. 29 ff.
2 Gem. Art. 5 des Gesetzes der Zeitpunkt des Inkrafttretens der Art. 1 und 2.

Das Behördenprinzip, welches früher für die Anfechtungs- und Verpflichtungsklagen (aber auch für Fortsetzungsfeststellungsklagen) galt, ist somit abgeschafft.[3]

> **hemmer-Methode:** Im Rahmen des Prüfungspunkts „Klagegegner" ist nun gem. § 78 I Nr. 1 VwGO der Rechtsträger der handelnden Behörde, zu bestimmen (und mit dem Beklagten zu vergleichen). Die Prüfung erfolgt also in drei Schritten:
> 1. **Bestimmung der handelnden Behörde:** Dies ist eine rein tatsächliche Feststellung. Es erfolgt keine Korrektur über die Regeln der Zuständigkeit (es zählt wer handelt, nicht wer hätte handeln sollen).
> 2. **Bestimmung deren Rechtsträgers:** Auch dies wird zunächst rein faktisch betrachtet. Jedoch kann hier eine Korrektur erforderlich sein. Zu problematisieren etwa bei:
>   - **Organleihe**[4] (im Baurecht z.B.: Der Landrat als obere Bauaufsichtsbehörde nach § 60 I Nr. 2 BauO NRW, vgl. Rn. 37. Ergebnis: Korrektur zu entleihendem Rechtsträger als Klagegegner),
>   - **Kommunalverfassungsstreitigkeit**[5] (Ergebnis: Korrektur zu Organ oder Organteil anstelle des Rechtsträgers)
>   - **Ersatzvornahme durch Aufsichtsbehörde**[6] (Ergebnis: Keine Korrektur zu Klagegegnerschaft der Gemeinde,) oder
>   - **Amtshilfe/Vollzugshilfe**[7] (Ergebnis: Keine Korrektur zu Rechtsträger der Hilfe ersuchenden Behörde als Klagegegner, aber a.A. gut vertretbar)
> 3. **Wurde der so bestimmte Klagegegner, auch tatsächlich verklagt? (Kurz: Beklagter = Klagegegner?)** Wer Beklagter ist, ergibt sich durch Auslegung der Klageschrift. Auch hinsichtlich des so bestimmten Klagegegners kommen Korrekturen in Betracht: Ist die Klage gegen eine Behörde gerichtet, so ordnet § 78 I Nr. 1 VwGO a.E. an, die Klage von Amts wegen auf deren Rechtsträger umzustellen. Wird hingegen eine andere als die handelnde Behörde oder der Rechtsträger einer solchen Behörde verklagt, ist nicht (!) von Amts wegen der Klagegegner einzusetzen. Es bedarf der Klageänderung gem. § 91 VwGO, worauf der Richter, sofern die Klage ansonsten zulässig ist, gem. § 82 II VwGO hinzuweisen hat.

B) Zum Begriff des Baurechts

Baurechtsbegriff

Umfasst werden vom Begriff des Baurechts all diejenigen Vorschriften des Privat- und Verwaltungsrechts, die sich auf Art und Ausmaß der baulichen Nutzung eines Grundstücks, die Ordnung der Bebauung und die Rechtsverhältnisse der an der Erstellung eines Bauwerkes Beteiligten beziehen.

öffentlich und privat

Aus dieser Umschreibung ergibt sich eine Zweiteilung in einen öffentlich-rechtlichen und einen privatrechtlichen Bereich:

I. Das private Baurecht

privates Baurecht, §§ 903 ff. BGB

Geregelt werden in den §§ 903 ff. BGB[8] die Bebauung oder Unterhaltung eines Bauwerkes allein im Hinblick auf bestimmte Einzelpersonen, insbesondere der Nachbarn.

Auf diese Vorschriften haben Behörden beim Erlass von Baumaßnahmen grundsätzlich keine Rücksicht zu nehmen, vgl. nur § 75 III S. 1 BauO NRW.

---

3   Vgl. hierzu: Wahlhäuser NWVBl. 2010, S. 466 f.
4   Vgl. **Hemmer/Wüst Kommunalrecht NRW, Rn. 75**.
5   Vgl. **Hemmer/Wüst Kommunalrecht NRW, Rn. 367, auch Rn. 408**.
6   Vgl. **Hemmer/Wüst Kommunalrecht NRW, Rn. 116**.
7   Vgl. **Hemmer/Wüst Polizeirecht NRW, Rn. 77 bis 79**.
8   Vgl. aber auch Art. 62 ff. AGBGB sowie Art. 124 EGBGB.

Etwas anderes gilt nur im Falle rechtskräftiger Entscheidungen über privatrechtliche Berechtigungen, die das Bauen verhindern[9] oder sonstiger (privatrechtlicher) liquider Titel.

> **hemmer-Methode:** Liquide Privatrechte sind unbestrittene oder durch rechtskräftiges Zivilurteil festgestellte Ansprüche.
> In Fällen, in denen der Bauwerber nicht nur vorübergehend keinen Gebrauch von der Baugenehmigung machen kann, fehlt ihm das Bescheidungsinteresse.[10]

II. Das öffentlich-rechtliche Baurecht

Gegenstand im Folgenden ist das öffentliche Baurecht.

öffentliches Baurecht

Unter öffentlichem Baurecht ist die Gesamtheit aller Rechtsvorschriften zu verstehen, die die Zulässigkeit und die Grenzen, die Ordnung und die Förderung der baulichen Nutzung des Bodens, insbesondere durch Errichtung, bestimmungsgemäße Nutzung, wesentliche Veränderung und Beseitigung baulicher Anlagen unter Berücksichtigung öffentlicher Interessen betreffen.[11]

besondere Bedeutung für Einzelne und Allgemeinheit

Schon dieser Begriffsbestimmung kann die besondere Bedeutung entnommen werden, die das (öffentliche) Baurecht sowohl für den Einzelnen als auch für die Allgemeinheit besitzt.

Durch die Entscheidung, wo und in welcher Weise Wohngebäude errichtet werden dürfen, werden maßgeblich die Lebensverhältnisse jedes Einzelnen beeinflusst, durch die Bestimmung von Ort, Art und Umfang gewerblicher Ansiedlungen werden wesentliche Daten für die wirtschaftliche Entwicklung gesetzt. Gestaltet werden so die äußeren Bedingungen für das Zusammenleben einer gewissen (unter Umständen wachsenden) Bevölkerungszahl auf einem in seinem Umfang nicht vermehrbaren Raum.

Sozialstaatsprinzip, Art. 20 GG

Die Verpflichtung, angemessene Lebensverhältnisse und Entwicklungsmöglichkeiten der Gesamtheit und des Einzelnen zu gewährleisten, ergibt sich bereits aus dem Sozialstaatsprinzip (Art. 20 GG).

Aufgabe des Baurechts ist es, dieser Pflicht durch Vorbereitung und Durchführung entsprechender Maßnahmen nachzukommen sowie gleichzeitig die damit verbundene Kollision von Individual- und Allgemeininteressen (z.B. bei Belangen der Umwelt) auszugleichen.

C) Der Grundsatz der Baufreiheit

Art. 14 GG, Baufreiheit

Alle baurechtlichen Vorschriften sind vor dem Hintergrund des Art. 14 I GG zu sehen, denn zum Inhalt des dort geschützten Eigentums an Grund und Boden gehört auch das Recht der baulichen Nutzung.

subjektiv öffentl. Recht als Bestandteil des Eigentums

Dieses „Recht zum Bauen", die sog. Baufreiheit,[12] gewährt jedem Einzelnen ein subjektiv öffentliches Recht auf Bebauung seines Grundstücks. Die Baufreiheit beruht also nicht auf einer öffentlich-rechtlichen Verleihung (z.B. durch Bauleitplanung oder eine einzelne Baugenehmigung),[13] sondern ist Bestandteil des Eigentumsrechts.

---

9   BGH, NJW 1965, 551.
10 BVerwG, NJW 1973, 1518.
11 Battis/Krautzberger/Löhr, Einl. Rn. 3.
12 Grundlegend bereits das Preuß. Allgemeine Landrecht: „In der Regel ist jeder Eigentümer seinen Grund und Boden mit Gebäuden zu besetzen, oder seine Gebäude zu verändern wohl befugt" (§ 65 I ALR).
13 Die Notwendigkeit einer Baugenehmigung (§ 75 I BauONW) normiert lediglich einen präventiven Erlaubnisvorbehalt, die Baugenehmigung ist insoweit auch nur eine sog. Unbedenklichkeitsbescheinigung.

bzgl. Nichteigentümer Art. 2 I GG

Für einen Bauherrn, der nicht Eigentümer ist, ergibt sich die Baufreiheit aus dem Grundsatz der allgemeinen Handlungsfreiheit (Art. 2 I GG).[14]

Schranken Art. 14 I S. 2, II GG

Dieses subjektive Recht besteht jedoch nur innerhalb des geltenden objektiven (einfachrechtlichen) Baurechts, welches regelmäßig eine zulässige Inhalts- und Schrankenbestimmung im Sinne von Art. 14 I S. 2 und II GG vornimmt.[15] Einzelne bauliche Maßnahmen (z.B. Festsetzungen in einem Bebauungsplan) können allerdings auch Enteignungscharakter haben.[16] Schranken i.d.S. sind jedenfalls die Vorschriften des Bauplanungs- und Bauordnungsrechts.

I. Bauplanungsrecht

Bauplanungsrecht = BauGB

Das im BauGB geregelte Bauplanungsrecht befasst sich mit dem Recht der Ortsplanung durch die Gemeinden und der Zulässigkeit der Nutzung des Grund und Bodens.

II. Bauordnungsrecht

Bauordnungsrecht = BauO NRW

Das auch Bauaufsichtsrecht genannte Bauordnungsrecht ist in der BauO NRW geregelt und befasst sich mit den sicherheitsrechtlichen Anforderungen an bauliche Anlagen und mit dem bauaufsichtlichen Verfahren.

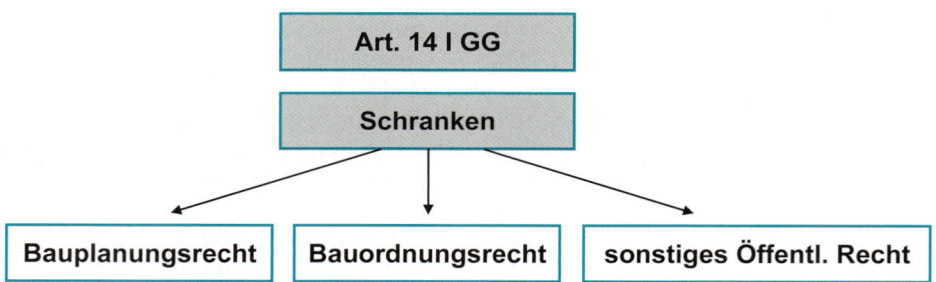

> **hemmer-Methode:** Lernen Sie Rechtsgebiete nicht völlig isoliert. Es bestehen immer Querverbindungen zu anderen Rechtsgebieten. Das verfassungsrechtliche Fundament der Baufreiheit ist hierfür ein Beispiel. Oft wird sich der Bauwerber oder ein Nachbar in der Klausur sogar direkt auf die Grundrechte berufen. Ihre Aufgabe ist es dann, innerhalb der Lösung das Verhältnis von Grundrechten zum materiellen Baurecht an der richtigen Stelle darzustellen.

D) Rechtsquellen

Rechtsquellen

Baurechtliche Regelungen finden sich sowohl in Bundes- als auch in Landesgesetzen.

I. Baugesetzbuch

Die bundesrechtlich wichtigste Quelle ist das Baugesetzbuch (BauGB), daneben die Baunutzungsverordnung (BauNVO), vgl. § 9a BauGB.

---

14 BVerwGE 42, 115.
15 Vgl. BVerwGE 3, 28.
16 Vgl. unten Rn. 532.

II. Nordrhein-westfälische Bauordnung

auch Ländergesetze
⇨ *insbes. BauO NRW*

Daneben haben die einzelnen Länder Bauordnungsgesetze erlassen. In NRW ist dies die Nordrhein-Westfälische Bauordnung (BauO NRW). Am 01.06.2000 ist das Zweite Gesetz zur Änderung der Landesbauordnung in Kraft getreten. Durch dieses wurden insgesamt 63 Änderungen in der Bauordnung vorgenommen. Diese betreffen im Wesentlichen die Abstandsflächen. Weiterhin wurde der Anwendungsbereich des vereinfachten Verfahrens ausgeweitet und somit zum Regelverfahren.[17]

Zuletzt wurde die BauO NRW durch das Gesetz vom 05.04.2005 geändert.[18]

III. Gesetzgebungskompetenz

Die Aufteilung in Bundes- und Landesrecht ist Folge der verfassungsrechtlichen Kompetenzvorgaben des Grundgesetzes.

Eine ausdrückliche Zuweisung einer Kompetenz „Bauwesen" an den Bund ist in den Art. 70 ff. GG nicht zu finden.

Art. 74 Nr. 18 GG

Geregelt ist in Art. 74 I Nr. 18 GG lediglich ein Teilbereich, nämlich das Bodenrecht. Im sog. Baurechtsgutachten[19] stellte das BVerfG fest, dass hierzu insbesondere das Recht der städtebaulichen Planung, der Baulandumlegung, der Erschließung sowie der Bodenbewertung gehöre. Gleichzeitig lehnte es das Gericht ausdrücklich ab, aus Art. 74 I Nr. 18 GG im Wege einer Gesamtschau eine Bundeskompetenz für das Baurecht insgesamt, insbesondere für das „Baupolizeirecht im bisher gebräuchlichen Sinne", abzuleiten.

Art. 70 GG

Hinsichtl. der übrigen Bereiche bleibt es somit bei der Regel des Art. 70 GG, wonach die Länder für die Gesetzgebung zuständig sind.

IV. Sonstige Rechtsvorschriften

Darüber hinaus kann für die Beurteilung eines baulichen Vorhabens auch eine Vielzahl anderer öffentlich-rechtlicher Vorschriften einschlägig sein, so z.B. naturschutzrechtliche, immissionsschutzrechtliche oder denkmalschutzrechtliche Regelungen.

```
                        Baurecht
                       /        \
            Privates Baurecht    Öffentliches Baurecht
                   ↑              /      |        \
            §§ 903 ff. BGB   Bauplanungs-  Bauordnungs-  ergänzend
            § 75 III S. 1    recht geregelt recht geregelt sonstiges öffentl.
            BauONW           im BauGB       in BauONW u.   Recht
                                            ggf.           Spezialgesetze
                                            Bebauungsplan
            
            ⇨ vor allem     ⇨ wo darf      ⇨ wie darf
              Nutzung         gebaut         gebaut
                              werden?        werden?
```

---

17 Vgl. zu den Änderungen Gubelt, NVwZ 2000, 1013.
18 NWGVBl. 2005, 332, hierdurch wurde lediglich § 91 BauO NW eingefügt. Beachten Sie: Durch die zuvor erfolgte Änderung vom 04. Mai 2004 (NWGVBl. 2004, 259) aufgrund der Umsetzung der UVP-Änderungsrichtlinie NW muss durch die Einführung des S. 2 in § 63 I BauO NW u.U. eine Umweltverträglichkeitsprüfung durchgeführt werden.
19 Welches die Bundesregierung im Zuge der Vorarbeiten zum BBauG beantragt hatte (möglich war das gemäß § 97 BVerfGG, die Bestimmung wurde inzwischen aufgehoben); abgedruckt in BVerfGE 3, 407.

§ 2 DAS BEGEHREN EINER BAUGENEHMIGUNG

Begehren von Baugenehmigung

Baurechtsstreitigkeiten beginnen nicht erst dann, wenn eine Baugenehmigung bereits in der Welt oder gar eine bauliche Anlage erstellt ist. Häufig ist nämlich bereits für die Erteilung der vom Bauherrn begehrten Baugenehmigung die Austragung eines gerichtlichen Rechtsstreits notwendig.

Ausgangsfall: Bauherr Bert (B) möchte sein im Gemeindegebiet von Köln gelegenes Grundstück mit einem Zweifamilienhaus bebauen. Die von ihm bei der zuständigen Behörde beantragte Baugenehmigung wird ihm mit der Begründung verweigert, dass sein Vorhaben den Festsetzungen des für dieses Gebiet geltenden qualifizierten Bebauungsplanes widerspreche. B erhebt er Klage zum zuständigen Verwaltungsgericht mit dem Antrag, die Behörde zur Erteilung der Baugenehmigung zu verurteilen.

Hat die Klage Aussicht auf Erfolg?

Die Klage hätte Aussicht auf Erfolg, wenn sie zulässig und begründet ist.

hemmer-Methode: Selbstverständlich entspricht dieser Fall nicht Examensniveau. Er soll lediglich in die im Folgenden dargestellte sehr examenstypische Grundkonstellation einführen.

A) Sachentscheidungsvoraussetzungen der Klage

Kurzübersicht zu den Sachentscheidungsvoraussetzungen der Klage:
I. Eröffnung des Verwaltungsrechtsweges
II. Zulässigkeitsvoraussetzungen
 1. Klageart = Verpflichtungsklage, da VA begehrt wird (§ 42 I Alt. 2 VwGO)
 2. Klagebefugnis aus § 75 BauO NRW (§ 42 II VwGO)
 3. Vorverfahren entbehrlich gem. § 110 I S. 2 JustG NRW
 4. Klagefrist
 5. Klagegegner
 6. Beteiligten- und Prozessfähigkeit
 7. Ggf. sonstige Voraussetzungen

B) Eröffnung des Verwaltungsrechtsweges

hemmer-Methode: Zur Unterteilung des Aufbaus in Rechtswegeröffnung und Zulässigkeitsprüfung seit der Aufhebung des § 41 VwGO siehe Hemmer/Wüst, Verwaltungsrecht I, Rn. 16. Der früher übliche Aufbau mit einer einheitlichen Zulässigkeitsstation ist weiterhin vertretbar, da die Frage, ob überhaupt der Weg zu den deutschen Gerichten eröffnet ist, eine Frage der Zulässigkeit ist. Wenn man den dreistufigen Aufbau konsequent verfolgt, müsste man eigentlich auch die Zuständigkeit vor der Klage prüfen, da § 83 VwGO die Vorschrift des § 17a GVG auch hier für anwendbar erklärt. Allerdings hängt die örtliche Zuständigkeit von der Klageart ab, die erst in der Zulässigkeit geklärt werden kann. Ein „salomonischer" Weg wäre der Aufbau in Sachurteilsvoraussetzungen und Begründetheit. Solange sich dieser nicht eingebürgert hat, sollten Sie damit in der Klausur zurückhaltend sein.[20]

---

[20] Umfassend zu dieser „Problematik" Fischer, JURA 2003, 748.

§ 40 I VwGO (+)

Da das Begehren auf Erlass einer Baugenehmigung als Streitgegenstand von Vorschriften des öffentlichen Baurechts bestimmt wird und somit eine öffentlich-rechtliche Streitigkeit vorliegt (Sonderrechtstheorie), die Streitigkeit nichtverfassungsrechtlicher Art ist und eine anderweitige Rechtswegzuweisung nicht ersichtlich ist, ist der Verwaltungsrechtsweg gemäß § 40 I S. 1 VwGO eröffnet.[21]

hemmer-Methode: Wenn die Eröffnung des Verwaltungsrechtsweges derart unproblematisch zu bejahen ist, erscheint ausnahmsweise eine kurze Prüfung im Urteilsstil angebracht. Der Vollständigkeit halber können Sie noch erwähnen, dass die Rechtswegzuweisung zu den ordentlichen Gerichten nach § 217 I BauGB evident nicht einschlägig ist. Nach § 217 I S. 4 BauGB entscheiden über Entschädigungsansprüche nach dem BauGB, bspw. nach §§ 18 und 39 BauGB die Baurechtskammern bei den Landgerichten.

C) Zulässigkeit der Klage

I. Klageart

Die statthafte Klageart wird durch den Klagegegenstand und das Klagebegehren bestimmt.

wenn Klagebegehren = VA
⇨ Verpflichtungsklage

Vorliegend begehrt B die Erteilung einer abgelehnten Baugenehmigung. Somit wäre die Verpflichtungsklage in Form der Versagungsgegenklage[22] i.S.v. § 42 I Alt. 2 VwGO die richtige Klageart, wenn es sich bei der begehrten Baugenehmigung um einen Verwaltungsakt (VA) i.S.v. § 35 VwVfG NRW handeln würde.

1. Nähere Qualifikation der Baugenehmigung

Baugenehmigung ist VA
i.S.v. § 35 VwVfG NRW

Die unter den Voraussetzungen des § 75 I BauO NRW zu erteilende Baugenehmigung ist die Maßnahme einer Verwaltungsbehörde (vgl. § 1 II VwVfG NRW) auf dem Gebiet des öffentlichen Baurechts zur einseitig verbindlichen Regelung eines Einzelfalles mit Außenwirkung und somit ein VA i.S.v. § 35 S. 1 VwVfG NRW.

Die Baugenehmigung ist ein:

⇨ mitwirkungsbedürftiger VA, d.h. es ist ein Antrag notwendig (§ 69 I BauO NRW)

⇨ gebundener VA, d.h. es besteht ein Anspruch auf Genehmigung („ist zu erteilen ... "), wenn das Vorhaben öffentlich-rechtlichen Vorschriften entspricht (§ 75 I BauO NRW). Das ist die Konsequenz aus dem aus Art. 14 GG folgenden subjektiv öffentlichen Recht der Baufreiheit.

⇨ sachbezogener VA, d.h. die Genehmigung wird nicht einer Person, sondern für ein Vorhaben erteilt (§ 75 II BauO NRW).

---

21 Vgl. ausführlich **Hemmer/Wüst, Verwaltungsrecht I, Rn. 16 ff.**
22 Zur Abgrenzung von Vornahme- und Untätigkeitsklage vgl. ausführlich **Hemmer/Wüst, Verwaltungsrecht II, Rn. 24 f.**

> **Die Baugenehmigung hat**
>
> ⇨ **feststellende** Wirkung, d.h. die Genehmigung stellt fest, dass das Vorhaben öffentlich-rechtlichen Vorschriften entspricht (§ 75 I BauO NRW);
>
> ⇨ **rechtsgestaltende** und damit **gestattende** Wirkung, d.h. Aufhebung des präventiven Verbots und Baufreigabe (§ 75 V BauO NRW);
>
> ⇨ **Doppelwirkung**, d.h. für den Bauherrn begünstigende und einzelne Nachbarn eventuell belastende Wirkung.
>
> ⇨ **zeitlich begrenzte** Wirkung, d.h. erlischt, wenn nicht innerhalb von drei Jahren nach Erteilung mit der Ausführung begonnen oder diese ein Jahr unterbrochen wurde (§ 77 BauO NRW). Verlängerung möglich (Abs. 2).

hemmer-Methode: Trotz dieser verschiedenen Wirkungen ist die Rechtsnatur der Baugenehmigung als Verwaltungsakt i.S.d. § 35 VwVfG NRW jedenfalls so eindeutig, dass sie in der Klausur nicht näher zu problematisieren ist. In der Baurechtsklausur gibt es stets eine Fülle von anderen Problemen, sodass Sie auf die oben genannten Differenzierungen nur dann eingehen sollten, wenn im Sachverhalt danach gefragt ist.

Im vorliegenden Fall ist also die Verpflichtungsklage in Form der Versagungsgegenklage die statthafte Klageart.

hemmer-Methode: Ein in der baurechtlichen Klausur leicht einbindbares Problem ist das der Abgrenzung von Inhalts- und Nebenbestimmungen. So kann anstelle der Ablehnung des Antrags auch eine Erteilung der Baugenehmigung unter Auflagen erfolgen. Die daraus folgende Problematik, ob eine Verpflichtungsklage erforderlich ist oder doch eine Anfechtungsklage gegen die unerwünschte Nebenbestimmung als einfacheres Rechtsmittel die statthafte Klageart ist, sollte daher beherrscht werden. Lesen Sie daher dazu die Erläuterungen zur Problematik der Nebenbestimmungen im Skript Hemmer/Wüst, Verwaltungsrecht I, Rn. 407 ff.

2. Exkurs: Abgrenzung zu weiteren baurechtlichen Genehmigungen

Abgrenzung

Statt einer Baugenehmigung kann der Baubewerber auch den Erlass anderer baurechtlicher Genehmigungen beantragen.

a) Der Vorbescheid (§ 71 BauO NRW)

Vorbescheid, § 71 BauO NRW

Der Vorbescheid ist eine vorgezogene Entscheidung über Teilfragen der späteren Baugenehmigung.[23]

Es ist die verbindliche, hoheitliche, befristete, schriftliche Erklärung der Bauaufsichtsbehörde, dass einem Vorhaben in bestimmter Hinsicht nach dem zur Zeit der Entscheidung geltenden öffentlichen Recht keine Hindernisse entgegenstehen.[24]

Der Vorbescheid dient der verbindlichen Klärung von Einzelfragen. Durch eine frühe Klärung zweifelhafter Einzelfragen können im Einzelfall Arbeit, Zeit und Kosten gespart werden. (Zur Abgrenzung des Vorbescheids von Auskunft und Zusicherung vgl. Rn. 77)

---

23 BVerwGE 48, 244, JZ 1990, 291; BayVGH, BayVBl. 1993, 85.
24 Boeddinghaus/Hahn/Schulte, § 66 BauO NRW a.F., Rn. 8.

§ 2 DAS BEGEHREN EINER BAUGENEHMIGUNG

Bindungswirkung; jedoch keine Gestattungswirkung

Die wichtigste Wirkung des bestandskräftigen Vorbescheids ist die (zweijährige) Bindungswirkung im nachfolgenden Baugenehmigungsverfahren (§ 71 I S. 2 BauO NRW).[25] Aus der Bindungswirkung folgt die Konsequenz, dass der Inhalt des Vorbescheids nur nachrichtlich in die spätere Baugenehmigung übernommen wird. Über den vorweggenommenen Regelungsgehalt des Vorbescheids ist in der Baugenehmigung also nicht erneut zu entscheiden. Die Baugenehmigungsbehörde ist allerdings nur insoweit gebunden, als es sich um das gleiche Vorhaben handelt. Ergeben sich erhebliche Änderungen so entfällt die Bindungswirkung. Dem Vorbescheid kommt aber anders als der Baugenehmigung keine Gestattungswirkung zu; er berechtigt nicht dazu, mit den Bauarbeiten zu beginnen. Er hat vielmehr lediglich Feststellungswirkung.

Da dem Vorbescheid keine Gestattungs-, sondern nur Feststellungswirkung zukommt, stellt er keine bauaufsichtliche Zulassung eines Vorhabens nach § 212a BauGB dar. Eine gegen den Vorbescheid gerichtete Klage hat also aufschiebende Wirkung.[26]

hemmer-Methode: Wer nach erteiltem Vorbescheid zu bauen beginnt, baut wenigstens formell rechtswidrig, sodass eine Baueinstellungsverfügung ergehen kann; bei gleichzeitiger materiell-rechtlicher Rechtswidrigkeit ist sogar eine Baubeseitigungsanordnung möglich.[27] § 61 I S. 2 BauO NRW bildet jeweils die Ermächtigungsgrundlage für die behördlichen Maßnahmen.

kein Ermessen, sondern Rechtsanspruch

Der Antragsteller hat einen Rechtsanspruch auf Erteilung eines Vorbescheids, wenn das Vorhaben in den zur Prüfung gestellten Fragen den öffentlich-rechtlichen Vorschriften nicht widerspricht (§§ 71 II, 75 I BauO NRW).[28]

Entgegen dem missverständlichen Wortlaut des § 71 I S. 1 BauO NRW („kann") steht der Verwaltung bzgl. der Erteilung kein Ermessen zu.

Ein Unterfall des Vorbescheids ist die sog. Bebauungsgenehmigung. Hierunter ist die verbindliche Entscheidung über die bauplanungsrechtliche Zulässigkeit eines konkreten Vorhabens zu verstehen.

hemmer-Methode: Es besteht eine den Bauwerber schützende Amtspflicht des Beamten der Bauaufsichtsbehörde, einen Vorbescheid nicht zu erlassen, der den verfahrensgegenständlichen baurechtlichen Vorschriften widerspricht.[29] Ein nach § 839 BGB ersatzfähiger Schaden kann dem Bauwerber entstehen, der im Vertrauen auf die Richtigkeit des Vorbescheides Aufwendungen macht, die nutzlos werden, da ihm die Baugenehmigung aus eben diesen Gründen, die den Vorbescheid rechtswidrig machen, versagt wird. (Das setzt natürlich den Wegfall der Bindungswirkung des Vorbescheides voraus, etwa durch Rücknahme gemäß § 48 VwVfG NRW oder nach Ablauf der Bindungsfrist.)[30]

---

25 Vgl. dazu unten Rn. 77 ff.
26 BayVGH, BayVBl. 1999, 467 dort noch zum Widerspruch.
27 Dazu ausführlich unten Rn. 396 ff.; z.B. dann, wenn der Vorbescheid rechtswidrig und noch nicht bestandskräftig ist.
28 VGH BW, BauR 2002, 65: Besteht ein Vorhaben aus mehreren selbstständigen baulichen Anlagen, berechtigt der Umstand, dass ein Teil der Gebäude unzulässig ist, nicht dazu den Bauvorbescheid ohne weitere Prüfung auch für die anderen Gebäude zu versagen. Dies gilt jedenfalls dann, wenn nicht davon auszugehen ist, dass der Bauherr entweder alles oder nichts errichten will.
29 BGHZ 60, 112 (117).
30 Im Verstreichenlassen der Bindungsfrist ohne Stellung eines Verlängerungsantrages ist kein Mitverschulden i.S.d. § 254 BGB zu sehen, da einem solchen Antrag nicht hätte entsprochen werden dürfen: BGH, NJW 1988, 2884 f.

b) Die Teilbaugenehmigung (§ 76 BauO NRW)[31]

Teilbaugenehmigung, § 76 BauO NRW

Bei der Teilbaugenehmigung (in § 76 I S. 1 BauO NRW legal definiert) handelt es sich nicht um eine teilweise Baugenehmigung, sondern um einen gestaltenden VA, mit dem der Baubeginn abweichend von § 75 V BauO NRW für einzelne Bauabschnitte freigegeben wird.

Strittig ist, ob Voraussetzung für die Erteilung die vorherige Prüfung ist, dass das Gesamtvorhaben dem öffentlichen Recht grundsätzlich nicht widerspricht.[32] Nach dem BGH[33] genügt die grundsätzliche Vereinbarkeit des gesamten Vorhabens mit dem Bauplanungsrecht und den wesentlichen bauordnungsrechtlichen Vorschriften.

str., ob Prüfung von Gesamtvorhaben notw.

Sinn macht die Genehmigung eines Teils eines Vorhabens wohl nur, wenn vorher festgestellt wurde, dass gegen das Vorhaben insgesamt keine Einwendungen zu erheben sind. In die Einzelprüfung hinsichtlich des beantragten Teils ist somit gleichzeitig auch eine grundsätzliche Prüfung des Gesamtvorhabens mit einzubeziehen.[34]

Gestattung bzgl. bestimmter Teile

Die Teilbaugenehmigung räumt das Recht ein, mit der Ausführung bestimmter Teile des geplanten Vorhabens zu beginnen, vgl. § 76 I BauO NRW.

Die Wirkung der Teilbaugenehmigung endet mit bestandskräftiger Erteilung der Baugenehmigung (Erledigung).

Ermessen der Behörde

Die Erteilung der Teilbaugenehmigung steht im Ermessen der Bauaufsichtsbehörde. Ein Rechtsanspruch auf Erteilung besteht auch dann nicht, wenn öffentlich-rechtliche Hindernisse nicht entgegenstehen.

Will der Bauherr also auf Erlass einer Teilbaugenehmigung klagen, so hat er (auch schon i.R.d. Klagebefugnis) nur einen Anspruch auf fehlerfreie Ermessensausübung, der ausnahmsweise - bei Ermessensreduzierung auf Null - in einen Anspruch auf Genehmigung übergehen kann.[35]

> **hemmer-Methode:** Diese umfassende Darstellung der Genehmigungsarten dient der problemorientierten Wissensvermittlung, da sich die Frage der Klageart nach dem tatsächlichen Klagebegehren richtet. Sie prüfen also schon hier, was der Kläger wirklich will: Eine Baugenehmigung, einen Vorbescheid oder eine Teilbaugenehmigung. In der Klausur kann der Punkt „Klageart" aber regelmäßig kurz abgehandelt werden, weil die i.d.R. begehrte Baugenehmigung unschwer als VA zu qualifizieren und damit die Verpflichtungsklage einschlägig ist.[36]

c) Die Typengenehmigung (§ 78 BauO NRW)

Typengenehmigung, § 78 BauO NRW

Die in § 78 BauO NRW legal definierte und geregelte Typengenehmigung, ist eine von der obersten Bauaufsichtsbehörde erlassene Genehmigung für mehrere bauliche Anlagen gleicher Ausführung. Sie entbindet nicht vom Erfordernis für jedes der einzelnen Anlagen eine eigene Baugenehmigung einzuholen (Abs. 5), bindet aber die untere Bauaufsichtsbehörde hinsichtlich der getroffenen Festsetzungen (Abs. 6).

---

31 Zur Bindungswirkung vgl. unten Rn. 83.
32 Vgl. Boeddinghaus/Hahn/Schulte, § 71 BauO NRW a.F. Rn. 8; Thiel/Rößler/Schumacher, § 71 BauO NRW a.F. Rn. 7.
33 NVwZ 1983, 500 f.
34 So auch BGH, NVwZ 1983, 500 (501).
35 Vgl. dazu **Hemmer/Wüst, Verwaltungsrecht II Rn. 41 ff. und 77 ff.**
36 Ein Formulierungsvorschlag findet sich im Übungsfall unter Rn. 236; vgl. auch oben Rn. 21.

II. Klagebefugnis

Klagebefugnis, § 42 II VwGO

Gemäß § 42 II VwGO müsste der Bauherr geltend machen, durch die Ablehnung des VA in seinen subjektiv-öffentlichen Rechten verletzt zu sein. Nach der von der h.M. vertretenen Möglichkeitstheorie genügt es, wenn sich aus dem Vortrag des Verletzten zumindest die Möglichkeit einer Rechtsverletzung ergibt.[37]

⇨ *Anspruch aus § 75 BauO NRW*

Das grundsätzliche Bauverbot ist ein sog. präventives Verbot mit Erlaubnisvorbehalt. Anders als bei den sog. repressiven Verboten mit Befreiungsvorbehalt, bei denen eine Befreiung nur ausnahmsweise erteilt wird (vgl. z.B. die Befreiungsmöglichkeit nach § 31 II BauGB), hat die Baugenehmigung gemäß § 75 I BauO NRW grundsätzlich zu ergehen, wenn das Vorhaben der „Unbedenklichkeitsprüfung" standhält. Diese Qualifikation als präventives Verbot mit Erlaubnisvorbehalt ist Ausdruck der grundrechtlich gemäß Art. 14 I GG geschützten Baufreiheit.[38]

Wegen der möglichen Verletzung seines Anspruchs aus § 75 I BauO NRW ist B klagebefugt.

hemmer-Methode: In der Klausur genügt ein kurzer Hinweis auf die mögliche Verletzung des § 75 I BauO NRW.

III. Vorverfahren

Kein Vorverfahren, §§ 68 ff. VwGO i.V.m. § 110 I S. 2 JustG NRW

Gemäß § 68 II, I S. 1 VwGO hat der Verpflichtungsklage grundsätzlich ein Widerspruchsverfahren vorauszugehen, welches für diesen Fall aber gem. § 110 I S. 2 JustG NRW entbehrlich ist.

**hemmer-Methode: Früher war der Widerspruch in der Baurechtsklausur häufig als eines der möglichen Rechtsmittel zu sehen. Die Frage nach den Rechtsschutzmöglichkeiten des Betroffenen erforderte eine ausführliche Prüfung von Zulässigkeit und Begründetheit des Widerspruchs noch vor der anschließenden knappen Prüfung der Klage unter Verweisung auf die obigen Ausführungen.
Durch § 110 JustG NRW sind aber jegliche baurechtlichen Fallgestaltungen eines zu prüfenden Widerspruchs weggefallen. Selbst für den Sonderfall des Drittwiderspruchs, welcher im Baurecht durch den Rechtsschutz des Nachbarn besonders gut in die Klausur eingebunden werden konnte, findet sich eine Ausnahmeregelung. Dort ist aber zu beachten, dass § 110 I JustG NRW gem. § 110 III S. 1 JustG NRW auf den Drittwiderspruch grundsätzlich nicht anwendbar ist. Erst § 110 III S. 2 Nr. 7 JustG NRW erklärt den Drittwiderspruch gegen Entscheidungen der Bauaufsichts- und Baugenehmigungsbehörden für entbehrlich (und damit auch unstatthaft).**

IV. Klagefrist

Frist

Gem. § 74 II, I S. 2 VwGO ist bei der Verpflichtungsklage in Form der Versagungsgegenklage eine Monatsfrist einzuhalten. Die Fristberechnung erfolgt gemäß § 57 II VwGO i.V.m. § 222 I ZPO i.V.m. §§ 187 I, 188 II Alt. 1 BGB. Das den Fristbeginn begründende Ereignis (§ 187 BGB) ist gem. § 74 II, I S. 2 VwGO die Bekanntgabe des Verwaltungsaktes. Als schriftlich erfolgender Verwaltungsakt wird die Ablehnung eines Bauantrags gem. § 41 II S. 1 VwVfG durch die Post übermittelt und für die Bekanntgabe gilt die zugunsten des Empfängers widerlegliche Dreitagesfiktion.

---

[37] Vgl. dazu ausführlich **Hemmer/Wüst**, Verwaltungsrecht I, Rn. 114 ff.
[38] Vgl. dazu **Hemmer/Wüst**, Verwaltungsrecht II, Rn. 73.

ggf. Untätigkeitsklage

Wird ein vom Baubewerber gestellter Antrag auf Erlass einer Baugenehmigung nicht in angemessener Frist verbeschieden, so kann der Baubewerber ohne den Ablehnungsbescheid abwarten zu müssen eine sog. Untätigkeitsklage erheben, §§ 42 I Alt. 2 UF 2, 75 S. 1 Alt. 2 VwGO.[39]

Die Klage ist dabei grundsätzlich erst nach Ablauf von drei Monaten zulässig, § 75 S. 2 VwGO.

> **hemmer-Methode: § 75 S. 2 VwGO ist missverständlich formuliert. Die Drei-Monats-Frist muss entgegen dem Wortlaut nicht im Zeitpunkt der Klageerhebung, sondern der letzten mündlichen Verhandlung abgelaufen sein, da es sich um eine bloße Sachurteilsvoraussetzung handelt. Eine vor Ablauf von drei Monaten erhobene Klage wächst in die Zulässigkeit hinein. § 75 VwGO ist unmittelbar eigentlich nicht anwendbar, da er lediglich den Verzicht auf das (abgeschlossene) Vorverfahren regelt.**

V. Klagegegner, § 78 I Nr. 1 VwGO

Klagegegner: nicht mehr Behörde, sondern Rechtsträger

Das Behördenprinzip (früher § 5 II AG VwGO NRW a.F.) ist mit Einführung des JustG NRW am 01.01.2011 abgeschafft worden. Die Klage richtet sich nun gem. § 78 I Nr. 1 VwGO gegen den Rechtsträger der den Verwaltungsakt (also die Baugenehmigung) unterlassenden Behörde.

Beklagter = Klagegegner?

§ 78 VwGO wird nach in NRW h.M. als Norm der passiven Prozessführungsbefugnis verstanden und folglich in der Zulässigkeit geprüft.[40] Um den Prüfungspunkt zu erfüllen, muss der Beklagte (also der in der Klageschrift Benannte) mit dem (nach § 78 VwGO zu bestimmende) Klagegegner übereinstimmen.

> **hemmer-Methode: Unsauber ist es daher vom „richtigen Klagegegner" zu sprechen. Der Klagegegner ergibt sich aus dem Gesetz und kann folglich nie „falsch" sein. Das kann nur der Beklagte.**

Tatsächliche Betrachtung

Es geht hierbei nicht um die Frage nach dem materiellen Anspruchsgegner. Wer Klagegegner ist, ist keine Frage der Zuständigkeit, sondern richtet sich danach, welche Behörde den eingereichten Bauantrag tatsächlich abschlägig beschieden hat.

Problem: Doppelfunktion des Landrats

Im Baurecht wird hier das Problem der Doppelfunktion des Landrats relevant. Handelt der Landrat ohne den Rechtsträger, für welchen er tätig wird, ausdrücklich zu nennen, ist von den Zuständigkeitsnormen auf den Rechtsträger zu schließen.

Der Landrat wäre, bei Erfüllung der Aufgaben des Kreises mithin als Kreisbehörde i.S.v. § 42 lit. f) KrO NRW tätig geworden, wenn er gemäß § 60 I Nr. 3 lit. b) BauO NRW als untere Bauaufsichtsbehörde handelte. Andererseits wäre er als untere staatliche Verwaltungsbehörde tätig geworden, wenn er gem. § 60 I Nr. 2 BauO NRW als obere Bauaufsichtsbehörde die Aufsicht über die mittleren und großen kreisangehörigen Gemeinden führte. Handelte er als unter staatliche Verwaltungsbehörde, liegt ein Fall der Organleihe[41] vor, also einer der Fälle, in welchen die Behörde einer kommunalen Körperschaft, in die staatliche Verwaltung inkorporiert wurde. Im Rahmen dieser Tätigkeit gilt das entliehene Organ als ein solches des Rechtsträgers „Land NRW".

---

[39] Zur Untätigkeitsklage vgl. **Hemmer/Wüst, Verwaltungsrecht II, Rn. 25 und 52**; zu weiteren Ausnahmen des Vorverfahrens vgl. **Hemmer/Wüst, Verwaltungsrecht I Rn. 157 ff.**

[40] Nach in anderen Bundesländern herrschender Ansicht (in NRW Mindermeinung) regelt § 78 VwGO die Passivlegitimation, welche dann am Anfang der Begründetheit zu prüfen wäre. In NRW wird die Passivlegitimation i.d.R. gar nicht erwähnt. Vgl. zu diesen Begriffen: Kopp/Schenke Vorb § 40 VwGO, Rn. 23, 28, § 78 VwGO, Rn. 1.

[41] Hierzu auch **Hemmer/Wüst, Kommunalrecht NRW, Rn. 75**.

Formulierungs-Bsp. für einen solchen Fall: Die Klage ist gem. § 78 I Nr. 1 VwGO gegen den Rechtsträger der den Verwaltungsakt unterlassenden Behörde zu richten. Die Baugenehmigung wurde durch den Landrat abgelehnt. Da dieser gem. §§ 62, 60 I Nr. 3 lit. b) BauO NRW als untere Bauaufsichtsbehörde für diese Entscheidung zuständig war, ist davon auszugehen, dass er für den Kreis tätig wurde, welcher mithin Klagegegner ist.

Damit können bei Handlungen der gleichen Behörde, unterschiedliche Rechtsträger Klagegegner sein. Die strikte Differenzierung von unterer staatlicher Verwaltungsbehörde und Kreisbehörde müssen Sie daher als Klausurbearbeiter/in unbedingt beherrschen. Verknüpfen lässt sich dieses Problem auch mit den folgenden.

Umstellung von Amts wegen

Wurde fälschlicherweise eine Behörde verklagt, so ist gem. § 78 I Nr. 1 VwGO a.E. von Amts wegen auf den zugehörigen Rechtsträger umzustellen. Dies greift aber nur, wenn die Behörde des richtigen Rechtsträgers verklagt wurde.[42]

Auslegung und Klageänderung

Für die anderen Falschbezeichnungen (Beklagter ≠ Klagegegner) gibt es keine spezialgesetzliche Korrekturnorm. Jedoch ist die Klageerhebung gegen den falschen Rechtsträger bzw. die Behörde des falschen Rechtsträgers auslegungsfähig und -bedürftig. Ist erkennbar, gegen wen sich die Klage in Wahrheit richten sollte, so ist das Rubrum entsprechend zu berichtigen.[43] Ist das Beklagte auch nach Auslegung der Erklärung der falsche, besteht noch die Möglichkeit der Klageänderung nach § 91 VwGO, auf die das Gericht sofern die Klage ansonsten zulässig ist gem. § 82 II VwGO hinweisen sollte.[44]

hemmer-Methode: Der Wegfall des Behördenprinzips führt also nicht ausschließlich zu Vereinfachungen. Einzelne Streitstände und Abgrenzungsprobleme um den richtigen Beklagten sind weggefallen. Einfacher wird es dadurch aber vor allem für den Kläger. Der Richter (und damit auch der Klausurbearbeiter!) muss die „Fehler" des Klägers nun auch hier ausgleichen. Es gilt die Probleme zu verstehen und zu lösen, wobei die Ausführungen dazu in der Klausur nur sehr knapp ausfallen dürfen.

Verklagt wurde die Behörde der kreisfreien Stadt K, also deren Oberbürgermeister. Dieser hatte den gestellten Bauantrag abschlägig beschieden, womit K als dessen Rechtsträger gem. § 78 I Nr. 1 VwGO Klagegegner und folglich der richtige Beklagte ist. Der verklagte Oberbürgermeister ist also der falsche Beklagte. Da aber § 78 I Nr. 1 VwGO a.E. die Nennung der Behörde genügen lässt, ist die Klage von Amts wegen auf den zugehörigen Rechtsträger, hier K umzustellen.

VI. Beteiligungs- und Prozessfähigkeit, §§ 61, 62 VwGO

Beteiligungs- und Prozessfähigkeit

Die Beteiligungs- und Prozessfähigkeit folgt den allgemeinen Regeln der §§ 61, 62 VwGO. Probleme auf Klägerseite ergeben sich allenfalls dann, wenn der Kläger keine natürliche Person ist.

Gemeinden und Kreise sind als juristische Personen des öffentlichen Rechts gem. § 61 Nr. 1 VwGO beteiligtenfähig. Sie wird im Prozess gem. § 62 III VwGO durch ihren gesetzlichen Vertreter vertreten. Dies ist für Gemeinden gem. § 63 I S. 1 GO NRW der Bürgermeister und für Kreise gem. § 42 lit. e) KrO NRW der Landrat.

---

42   Sodan/Ziekow, § 78 VwGO, Rn. 35.
43   BVerwG, NVwZ-RR 1990, 44.
44   Vgl. etwa Schoch/Schmidt-Aßmann/Pietzner, § 78 VwGO, Rn. 59.

VII. Sonstige Zulässigkeitsvoraussetzungen

Finden sich z.B. im Sachverhalt Ortsangaben, ist die örtliche Zuständigkeit des Gerichts nach § 52 Nr. 1 VwGO i.V.m. § 17 JustG NRW[45] zu bestimmen. Sachlich ist nach § 45 VwGO das VG erstinstanzlich zuständig. Weitere Zulässigkeitsvoraussetzungen wie die ordnungsgemäße Klageerhebung nach §§ 81 f. VwGO sind nur zu prüfen, wenn diesbezüglich im Sachverhalt Probleme ersichtlich sind.[46]

Mangels weiterer Zulässigkeitsprobleme ist die Klage des B zulässig.

D) Beiladung, § 65 VwGO

wichtig: Beiladung wegen Rechtskrafterstreckung

Die Beiladung ist keine Sachurteilsvoraussetzung, sondern eine prozessuale Erleichterung.

Mit der Beiladung werden die Beigeladenen Beteiligte des Prozesses, § 63 Nr. 3 VwGO, das Urteil hat folglich ihnen gegenüber auch materielle Rechtskraftwirkung (vgl. § 121 Nr. 1 VwGO).[47] Die Beiladung ist als eigener Prüfungspunkt zwischen Zulässigkeit und Begründetheit zu prüfen.[48]

bei Einvernehmen von Gemeinde notw. Beiladung

Soweit für die Erteilung der Baugenehmigung gemäß § 36 I S. 2 BauGB ihr Einvernehmen erforderlich ist (dazu später), ist die Gemeinde, wenn sie nicht selbst als Bauaufsichtsbehörde Beklagte ist, gemäß § 65 II VwGO notwendig beizuladen.

bzgl. Nachbarn nicht notw., aber empfehlenswert

Zweckmäßig, wenn auch kein Fall notwendiger Beiladung, ist auch die Beteiligung der Nachbarn, die dem Bauantrag nicht durch ihre Unterschrift zugestimmt haben.[49] Sie sind dann durch das Urteil endgültig gebunden.

> **hemmer-Methode:** Runden Sie Ihre Klausur mit Prüfungspunkten wie dem der Beiladung ab, soweit diese ernsthaft in Betracht zu ziehen sind (keine überflüssigen Schematapunkte!). Die gute Klausur zeichnet sich auch dadurch aus, dass praxisrelevante Probleme angesprochen werden, welche die meisten Bearbeiter übersehen.

E) Begründetheit der Verpflichtungsklage

Begründetheit

I.R.d. Begründetheit ist nunmehr zu prüfen, ob ein Anspruch auf die begehrte Baugenehmigung besteht bzw. ob diesbezügliche Versagungsgründe vorliegen. Folgende Prüfungspunkte sind dabei regelmäßig zu beachten:

Begründetheit der Verpflichtungsklage:

I. Anspruchsgrundlage

II. Formelle Voraussetzungen
1. formgerechter Antrag
2. bei der richtigen Behörde

---

[45] § 16 JustG NRW für Oberverwaltungsgerichte.
[46] S. dazu ausführlich **Hemmer/Wüst, Verwaltungsrecht I, Rn. 211 ff.**
[47] Aufgrund dieser Rechtsfolge kann die Frage der Beiladung über den Erfolg einer Klage entscheiden, vgl. etwa **Life & Law 2010, 760 ff. Unser Service-Angebot an Sie: kostenlos hemmer-club-Mitglied werden (www.hemmer-club.de) und Entscheidungen der Life & Law lesen und downloaden.**
[48] Bzgl. Funktion und Arten der Beiladung vgl. **Hemmer/Wüst, Verwaltungsrecht I, Rn. 251 ff.**
[49] Vgl. Dürr/König, Rn. 365.

> **III.** Materielle Voraussetzungen
> 1. Genehmigungspflichtigkeit feststellen
> 2. Genehmigungsfähigkeit prüfen
>   ⇨ ggf. Bindung der Verwaltung durch Vorbescheid o.a.
>   ⇨ Anspruch aus § 75 I BauO NRW
>   - ggf. eingeschränkter Prüfungsmaßstab, vgl. § 72 VI BauO NRW
>   - bauplanungsrechtliche Zulässigkeit
>   - bauordnungsrechtliche Zulässigkeit
>   - sonstige öffentlich-rechtliche Vorschriften
>
> **IV.** Rechtsfolge (gebunden)

I. Anspruchsgrundlage

Obersatz, § 113 V VwGO

Die Verpflichtungsklage ist begründet, wenn die Ablehnung der Baugenehmigung rechtswidrig ist und der Kläger dadurch in seinen Rechten verletzt ist, § 113 V S. 1 VwGO.[50]

Dies ist der Fall, wenn der Kläger einen Anspruch aus § 75 I BauO NRW auf Erteilung der Baugenehmigung hat.

hemmer-Methode: Im Folgenden werden die wichtigsten Problemkreise, die sich i.R.d. Verpflichtungsklage des Bauherrn stellen können, dargestellt. Die Erörterung der einzelnen Probleme erfolgt dabei jeweils auch an der Stelle, an der diese in der Klausur zu verorten sind.

II. Formelle Voraussetzungen

1. Formgerechter Antrag

Vom Vorliegen eines formgerechten Antrags ist in der Regel auszugehen. Die an den Antrag zu stellenden Voraussetzungen sind für die Baugenehmigung im speziellen in § 69 BauO NRW sowie der BauPrüfVO NRW (HR 93a) geregelt.

2. Richtige Behörde

a) Sachliche Zuständigkeit

Prüfung der zust. Behörde

Gemäß § 62 BauO NRW ist grundsätzlich[51] die untere Bauaufsichtsbehörde sachlich zuständig. Wer untere Bauaufsichtsbehörde ist, bestimmt sich nach § 60 I Nr. 3 BauO NRW.

bei kleiner kreisangeh. Gemeinde Landrat zuständig

Diese ist in Gebieten kleiner kreisangehöriger Gemeinden der Landrat, § 60 I Nr. 3 lit. b) BauO NRW.

---

[50] Vgl. zu den typischen Obersätzen bei der Verpflichtungsklage **Hemmer/Wüst, Verwaltungsrecht II, Rn. 57 ff.**, Der Zusatz „... und die Sache spruchreif ist" wäre hier verfehlt, da sich aus § 75 BauO NRW ein gebundener Anspruch ergibt und der Behörde daher kein Ermessen eingeräumt wird.

[51] Zu den Ausnahmen vgl. Boeddinghaus/Hahn/Schulte, § 59 BauO NRW a.F., Rn. 2, z.B. §§ 3 III, 80 BauO NW.

hemmer-Methode: Vergegenwärtigen Sie sich die Doppelfunktion des Landrates. Dieser kann, wie hier, gemäß § 60 I Nr. 3 lit. b) BauO NRW untere Bauaufsichtsbehörde sein und so kreiseigene Aufgaben erfüllen. Auch ist er aber gem. § 60 I Nr. 3 lit. a) BauO NRW obere Bauaufsichtsbehörde für mittlere und große kreisangehörige Städte, wobei er als untere staatliche Verwaltungsbehörde tätig wird, also Aufgaben des Landes für dieses ausführt. Auch wenn es sich letztlich um ein Zuständigkeitsproblem handelt, wird es wegen der Indizwirkung der Zuständigkeit i.d.R. schon beim Prüfungspunkt „Klagegegner relevant (vgl. oben Rn. 37).

aber kreisfreie Gemeinde ist selbst zuständig

In Gebieten kreisfreier Gemeinden erfüllen diese die Aufgaben selbst, § 60 I Nr. 3 lit. a) Var. 1 BauO NRW.

ebenso Große und Mittlere kreisangehörige Städte

Untere Bauaufsichtsbehörden sind ferner die Großen kreisangehörigen Städte gemäß § 60 I Nr. 3 lit. a) Var. 2 BauO NRW. Große kreisangehörige Städte sind gemäß § 4 I, III GO NRW jedenfalls solche mit mehr als 60.000 Einwohnern, denn dann werden sie von Amts wegen zu solchen bestimmt. Haben kreisangehörige Städte mehr als 50.000 Einwohner, so erfolgt die Bestimmung zur großen kreisangehörigen Stadt auf deren Antrag. Vgl. auch die Verordnung zur Bestimmung der großen und mittleren kreisangehörigen Städte.[52]

hemmer-Methode: Die Frage ist regelmäßig über die Verordnung zu klären. Ohne entsprechende Angaben im Sachverhalt, ist zu den Einwohnerzahlen kein Wort zu verlieren.

Gemäß § 60 I Nr. 3 lit. a) Var. 3 BauO NRW sind die unteren Bauaufsichtsbehörden schließlich auch die mittleren kreisangehörigen Städte (solche mit mehr als 25.000 Einwohnern von Amts wegen; mit mehr als 20.000 Einwohner nur auf Antrag dazu bestimmt, vgl. § 4 I, II GO NRW).

hemmer-Methode: Beachten Sie bei der Erfüllung der Aufgaben der unteren Bauaufsichtsbehörden stets, dass diese gemäß § 60 I BauO NRW als Ordnungsbehörden tätig werden, also Pflichtaufgaben zur Erfüllung nach Weisung i.S.d. § 3 OBG, § 3 II GO NRW wahrnehmen.
Davon sind die eigenen Angelegenheiten der Gemeinden, zu denen die baurechtliche Planungshoheit i.S.v. § 2 I S. 1 BauGB gehört, strikt zu trennen.

Untere Bauaufsichtsbehörden sind somit

⇨ die Landräte, § 60 I Nr. 3 lit. b) BauO NRW, §§ 42 ff. KrO NRW (für die kleinen kreisangehörigen Gemeinden)

⇨ die kreisfreien Städte, § 60 I Nr. 3 lit. a) Var. 1 BauO NRW

⇨ die Großen kreisangehörigen Städte, § 60 I Nr. 3 lit. a) Var. 2 BauO NRW

⇨ die Mittleren kreisangehörigen Städte, § 60 I Nr. 3 lit. a) Var. 3 BauO NRW

---

b) Örtliche Zuständigkeit

örtlich zuständig, § 3 VwVfG NRW

Gemäß § 3 I Nr. 1 VwVfG NRW ist in Bauangelegenheiten grundsätzlich die Behörde örtlich zuständig, in deren Bezirk das Grundstück liegt. Für den Vollzug des BauGB trifft § 206 I S. 1 BauGB die inhaltsgleiche Regelung.

---

[52] H/R Nr. 20 b

§ 2 DAS BEGEHREN EINER BAUGENEHMIGUNG

III. Prüfung der materiellen Voraussetzungen

Anspruch aus § 75 I BauO NRW

Gemäß § 75 I BauO NRW ist die Baugenehmigung zu erteilen, wenn das Vorhaben genehmigungspflichtig und genehmigungsfähig ist.

hemmer-Methode: Geben Sie dem Korrektor durch Obersatzbildung zu verstehen, wie Sie Ihre Prüfung aufbauen. Eine gut gegliederte Klausur erfreut den Korrektor. Beachten Sie dabei aber die richtige Reihenfolge: Die Genehmigungsfähigkeit ist immer erst der zweite Schritt nach der Genehmigungspflichtigkeit, denn ein nicht genehmigungspflichtiges Vorhaben braucht gar nicht erst auf die Genehmigungsfähigkeit hin überprüft zu werden.

1. Genehmigungspflichtigkeit

Grundvoraussetzung für den Erlass einer Baugenehmigung ist, dass das Vorhaben einer solchen überhaupt bedarf. Dies ist der Anspruchsgrundlage § 75 BauO NRW zwar nicht direkt zu entnehmen, aber § 63 BauO NRW ist insofern in die Norm hineinzulesen.

Bedarf es einer Baugenehmigung nicht, so besteht auch grundsätzlich kein Anspruch auf dessen Erteilung. Ausnahmen gelten nur dort, wo das Gesetz dies anordnet.

> **Es empfiehlt sich folgende Vorgehensweise:**
> 1. Anwendbarkeit der BauO NRW, vgl. §§ 1, 2 BauO NRW (selten problematisch).
> 2. Ist das Vorhaben gemäß § 63 I BauO NRW grundsätzlich genehmigungspflichtig?
> 3. Entfällt diese Pflicht nach §§ 65, 66, 67, 79, 80 BauO NRW?

a) Der Grundsatz des § 63 I BauO NRW

Genehmigungspflichtigkeit, § 63 BauO NRW

Gemäß § 63 I BauO NRW sind die Errichtung, die Änderung, die Nutzungsänderung und der Abbruch baulicher Anlagen, sowie anderer Anlagen und Einrichtungen i.S.d. § 1 I S. 2 BauO NRW grundsätzlich genehmigungsbedürftig.

Nicht mit baulicher Anlage i.S.d. BauGB verwechseln

§ 63 BauO NRW verweist ausdrücklich auf § 1 I S. 2 BauO NRW. Dieser Begriff der baulichen Anlage ist nicht mit dem des § 29 I BauGB zu verwechseln (vgl. zur Begriff der baulichen Anlage i.S.d. § 29 I BauGB unten Rn. 108).

aa) Der Begriff der baulichen Anlage

bauliche Anlage, § 2 BauO NRW

Der bauordnungsrechtliche Begriff der baulichen Anlage ist in § 2 I S. 1 BauO NRW legal definiert.[53] Danach sind bauliche Anlagen mit dem Erdboden verbundene, aus Bauprodukten (also künstlich) hergestellte Anlagen.

Bauprodukte

Der Begriff Bauprodukte ist wiederum in § 2 IX Nr. 1 und 2 BauO NRW legal definiert.

---

53 Zum bauplanungsrechtlichen Begriff der baulichen Anlage i.S.v. § 29 BauGB vgl. unten Rn. 107.

BAURECHT NRW

Verbindung mit dem Erdboden

Die Verbindung zum Boden muss dabei nicht unmittelbar bestehen, sondern kann auch durch eine andere bauliche Anlage vermittelt werden.[54]

Auch ohne feste Verankerung ist eine Anlage dann mit dem Erdboden verbunden, wenn sie so schwer ist, dass sie ohne technische Hilfsmittel nicht bewegt werden kann (§ 2 I S. 2 Alt. 1 BauO NRW), auf ortsfesten Schienen nur begrenzt beweglich ist (§ 2 I S. 2 Alt. 3 BauO NRW) oder nach ihrem Verwendungszweck dazu bestimmt sind, überwiegend ortsfest benutzt zu werden (§ 2 I S. 2 Alt. 3 BauO NRW).

Darüber hinaus enthält § 2 I S. 3 BauO NRW eine Liste (Nr. 1 bis 7) gesetzlicher Fiktionen einer baulichen Anlage (welche also auch ohne die Voraussetzungen des § 2 I S. 1 BauO NRW zu erfüllen bauliche Anlagen sind).

Bspe.:[55] *Ein Kiosk, der unzerlegt nur mit besonderen technischen Hilfsmitteln vom Boden entfernt werden kann, ist eine bauliche Anlage i.S.d. § 2 I S. 2 Alt. 1 BauO NRW.*

Ein Verkaufswagen, der regelmäßig an einem bestimmten Platz aufgestellt wird, ist eine bauliche Anlage i.S.d. § 2 I S. 2 Alt. 3 BauO NRW.

Eine Werbeschrift auf der Außenwand eines Gebäudes ist hingegen keine bauliche Anlage. Allerdings sind Werbeanlagen „andere Anlagen oder Einrichtungen" i.S.d. § 1 I S. 2 BauO NRW, für die der Grundsatz des § 63 I BauO NRW gilt. Beachten Sie aber § 65 I Nr. 33 - 35 BauO NRW[56]*. Anforderungen an Werbeanlagen enthält etwa § 13 BauO NRW.*

> **hemmer-Methode:** Auch wenn die Prüfung der baulichen Anlage im Regelfall keine Probleme in der Klausur aufwerfen wird, sollten Sie unbedingt kurz auf die wesentlichen Begriffsmerkmale eingehen, um dem Korrektor zu zeigen, dass Sie sich im System des Baurechts auskennen.

bb) Errichtung, Änderung, Nutzungsänderung, Abbruch

sonstige Fälle

Diese Begriffe werfen regelmäßig keine größeren Probleme auf. Zu beachten ist, dass die Änderung von der (gemäß § 65 II Nr. 6 BauO NRW genehmigungsfreien) Instandhaltungsarbeit abzugrenzen ist.

Nutzungsänderung zunächst einmal nur anzeigepflichtig

Hinsichtlich der Nutzungsänderung ist zu beachten, dass diese nur grundsätzlich genehmigungsbedürftig sind. Durch § 2 Nr. 4 Abs. 4 lit. c) Bürokratieabbaugesetz I[57] bedarf die Nutzungsänderung (vorübergehend) keiner Baugenehmigung, sondern ist nur der unteren Bauaufsichtsbehörde anzuzeigen. Der Anzeige sind aber die zur Prüfung erforderlichen Bauvorlagen beizufügen. Verstreichen zwei Wochen nach Einreichen der vollständigen Unterlagen ohne dass sich die Bauaufsichtsbehörde meldet, so kann mit der Nutzungsänderung begonnen werden.

Genehmigungsverfahren wenn beantragt oder angeordnet

Ein Genehmigungsverfahren, wird nur durchgeführt, wenn der Antragssteller darauf besteht oder die untere Bauaufsichtsbehörde innerhalb der Zwei-Wochen-Frist die Durchführung anordnet.

---

54 Boeddinghaus/Hahn/Schulte § 2 BauO , Rn. 7; OVG Hamburg, BauR 2002, 459.
55 Vgl. Rechtsprechungsübersicht bei Thiel/Rößler/Schumacher, § 2 BauO NRW a.F., Rn. 26; auch Dürr/König, Rn. 232.
56 Die Nr. 33a des § 65 I BauO NRW wird durch das Bürokratieabbaugesetz I erweitert, vgl. dazu Rn. 60.
57 Im Hippel-Rehborn in der Fußnote zu § 63 BauO NRW abgedruckt.

> **hemmer-Methode:** Innerhalb einer Verpflichtungsklage auf Erteilung der Genehmigung der Nutzungsänderung, wurde bereits in den formellen Voraussetzungen geprüft, ob ein Antrag auf Erteilung einer Baugenehmigung vorliegt. Hier wäre daher nur noch zu erwähnen, dass die grundsätzliche Genehmigungsfreiheit aufgrund des Antrags des Bauherrn der Begründetheit der Klage nicht entgegensteht.

Zeitliche Begrenzung der Ausnahme

Diese vorübergehende Regelung tritt jedoch gem. § 5 III S. 3 Bürokratieabbaugesetz I am 31. Dezember 2012 außer Kraft.

Nutzungsänderung = ohne bauliche Veränderungen

Eine „Nutzungsänderung" i.d.S. (§ 63 I S. 1 Var. 3 BauO NRW) liegt nur dann vor, wenn diese ohne bauliche Veränderungen auskommt. Anderenfalls liegt eine „Änderung" (§ 63 I S. 1 Var. 2 BauO NRW) der Anlage vor, welche von der Ausnahme nach Bürokratieabbaugesetz I nicht erfasst ist.

Wirkung auf alte Baugenehmigung

Weiterhin ist zu beachten, dass durch die Genehmigung einer Änderung die Legalisierungswirkung einer älteren Baugenehmigung entfallen kann. Die Änderung wird zwar im Grundsatz isoliert betrachtet, wo dies aber nicht möglich ist, wird das Gesamtvorhaben in seiner geänderten Gestalt neu bewertet.

Soweit die beabsichtigte Änderung und ein vorhandenes Bauteil als einheitlich erscheinen, entfällt insoweit die Legalisierungswirkung der alten Baugenehmigung. Auch hinsichtlich des alten Teils kann daher dann ein Verstoß gegen Rechtsvorschriften festgestellt werden.[58]

Abbruch

Anders als in Bayern (vgl. Art. 57 BayBO) ist in Nordrhein-Westfalen weiterhin auch der Abbruch grundsätzlich gem. § 63 I BauO NRW genehmigungsbedürftig. Entsprechend ist der Abbruch genehmigungsfreier Anlagen i.S.d. § 65 I BauO NRW gem. § 65 III BauO NRW auch genehmigungsfrei.

b) Ausnahmen und Sonderregeln

Ausnahmeregelungen

Gemäß § 63 I BauO NRW besteht die Genehmigungspflicht nur, soweit in §§ 65 bis 67, 79 und 80 BauO NRW nichts anderes bestimmt ist. Der Katalog des § 65 BauO NRW wird dabei durch § 2 Nr. 4 lit. b) Bürokratieabbaugesetz I bis 31. Dezember 2012[59] ergänzt.

Kein Anspruch auf Negativ-Bescheid

Einen Anspruch darauf, dass die Genehmigungsfreiheit durch einen Negativ-Bescheid bestätigt wird, gibt es nicht.[60]

aa) Die Ausnahmen nach § 65 BauO NRW

Grund für die Genehmigungsfreiheit nach § 65 BauO NRW ist, dass derartige, in der Regel kleinere Anlagen besondere bauordnungsrechtliche Probleme nicht aufwerfen.

Hinweis: Hinsichtlich § 65 I Nr. 1 u. 4 BauO NRW knüpft die BauO NRW ausdrücklich an den Begriff des „Dienens" an, der im gleichen Sinne wie in § 35 I Nr. 1 BauGB verwendet wird;[61] Maßstab ist damit auch hier der „vernünftige Landwirt" (vgl. unten Bsp. 1 zu Rn. 155).

---

58 OVG NW, BauR 2002, 925.
59 Dann tritt das Gesetz gem. § 5 III S. 3 außer Kraft.
60 Boeddinghaus/Hahn/Schulte, § 62 BauO NRW a.F., Rn. 8a m.w.N.
61 Zum „Dienen" vgl. BVerwG, NVwZ-RR 1992, 400.

> **hemmer-Methode:** Meist erkennen Sie schon an der Formulierung des Sachverhalts, dass ein Problem des § 65 BauO NRW vorliegt. Dies gilt ganz besonders dann, wenn im Sachverhalt die Größe des Vorhabens (z.B. einer Abgrabung, § 65 I Nr. 42 BauO NRW) oder die Lage (Mauer im Außenbereich, § 65 I Nr. 13 u. 16 BauO NRW) besonders betont wird: Hier müssen Sie immer genau prüfen, ob das Vorhaben eine Ausnahme von der Genehmigungspflicht darstellt.

andere öffentlich-rechtliche Vorschriften beachten!

Zu beachten ist zudem § 65 IV BauO NRW: Die Genehmigungsfreiheit lässt Anforderungen, die sich aus (anderen) öffentlich-rechtlichen Vorschriften ergeben, unberührt. Die Befreiung von der Genehmigungspflichtigkeit befreit nicht von der Beachtung materiellen Baurechts.

Gesamtvorhaben maßgeblich

I.R.d. § 65 BauO NRW ist jeweils auf das Gesamtvorhaben abzustellen. Als Teile eines Gesamtvorhabens sind auch Vorgänge genehmigungspflichtig, die für sich betrachtet genehmigungsfrei wären.[62] Der für sich genommen genehmigungsfreie Aufbau einer Antennenanlage für Mobilfunk (§ 65 I Nr. 18 BauO NRW) wird genehmigungspflichtig, wenn gleichzeitig das Gebäude eine Nutzungsänderung erfährt. Dies ist etwa dann der Fall, wenn die bisherige Nutzung keine gewerbliche war. Für diesen Fall wäre daher eine Baugenehmigung erforderlich.[63]

> **hemmer-Methode:** Die Erörterung der einzelnen Tatbestände des § 65 BauO NRW würde den Rahmen dieses Skriptes sprengen. In der Klausur empfiehlt es sich, den Katalog des § 65 BauO NRW kurz querzulesen. Spezialwissen ist diesbzgl. regelmäßig nicht gefragt.
> Beachten Sie schließlich noch, dass ein nach der BauO NRW nicht genehmigungspflichtiges Vorhaben gleichwohl nach anderen Vorschriften, z.B. im naturschutzrechtlichen Verfahren, genehmigungspflichtig sein kann, § 65 IV BauO NRW. Dieses Problem spielt in einer Klausur dann aber vor allem beim Erlass einer Beseitigungsanordnung, weniger beim Bauantrag eine Rolle.

bb) Verfahren bei Werbeanlagen

Für Werbeanlagen (Begriff: § 13 I S. 1 BauO NRW), die nach Maßgabe des § 63 I BauO NRW („andere Anlagen") genehmigungspflichtig sind, sind die Ausnahmen des § 65 I Nr. 33 - 35 BauO NRW zu beachten. Hierbei ist auch zu berücksichtigen, dass § 2 Nr. 4 Abs. 4 lit. b) Bürokratieabbaugesetz I[64] abweichend zu § 65 I Nr. 33a die Errichtung oder Änderung von Werbeanlagen an der Stätte der Leistung auch dann keiner Baugenehmigung bedarf, wenn das Gewerbe-, Industrie- oder vergleichbare Sondergebiet nicht durch Bebauungsplan festgesetzt ist (Nr. 33a fordert gerade die Festsetzung im Bebauungsplan). Die Regelung des Bürokratieabbaugesetz I tritt jedoch am 31. Dezember 2012 wieder außer Kraft.[65]

cc) Genehmigungsfreistellung für bestimmte Wohngebäude

Vorhaben geringer Höhe

§ 67 I BauO NRW nimmt die Errichtung und Änderung von Wohngebäuden mittlerer und geringer Höhe (Begriff: § 2 III S. 1 u. 2 BauO NRW) einschließlich ihrer Nebengebäude und Nebenanlagen von der Genehmigungspflicht aus, wenn:

---

62 Vgl. Boeddinghaus/Hahn/Schulte, § 62 BauO NRW a.F., Rn. 6; Dürr/König, Rn. 300.
63 OVG NW, BauR 2002, 1225.
64 Im Hippel-Rehborn in der Fußnote zu § 65 BauO NRW abgedruckt.
65 Vgl. § 5 III S. 3 Bürokratieabbaugesetz I.

§ 2 DAS BEGEHREN EINER BAUGENEHMIGUNG

⇨ das Vorhaben im Geltungsbereich eines qualifizierten Bebauungsplans (§ 30 I BauO NRW) oder eines vorhabenbezogenen Bebauungsplans (§§ 30 II, 12 BauO NRW) durchgeführt wird[66] und

⇨ diesen Regelungen sowie etwa geltenden örtlichen Bauvorschriften nicht widerspricht,

⇨ die Erschließung gesichert ist und

⇨ die Gemeinde nicht innerhalb eines Monats nach Eingang der Bauvorlagen erklärt, dass das Genehmigungsverfahren durchgeführt werden soll.

Genehmigungsverfahren auf Antrag

Wie bei der Nutzungsänderung, kann der Bauherr auch hier durch seinen Antrag ein Genehmigungsverfahren erzwingen, § 67 I S. 3 BauO NRW. Daher scheitert die Verpflichtungsklage bei Vorliegen eines Baugenehmigungsantrags auf keinen Fall an der nach § 67 I S. 1 BauO NRW fehlenden Genehmigungsbedürftigkeit.

Kein Bauantrag - nur Einreichen der Bauunterlagen bei der Gemeinde erforderlich

Kommt der Bauherr zu der Einschätzung sein Vorhaben sei ein Fall des § 67 BauO NRW, so kann er anstelle eines Baugenehmigungsverfahrens gem. § 67 II S. 1 BauO NRW das Freistellungsverfahren anstreben. Hierzu reicht er nur die Bauunterlagen einschließlich einer Erklärung des Entwurfverfassers, dass das Vorhaben den Brandschutzanforderungen entspricht, ein.

Bei der Gemeinde!

Einzureichen sind diese Unterlagen bei der Gemeinde, in welcher sich das zu bebauende Grundstück befindet; nicht bei der unteren Bauaufsichtsbehörde (vgl. Wortlaut: § 67 II S. 1 BauO NRW).

Hilfsweise als Bauantrag

Bei der Einreichung der Bauunterlagen kann der Bauherr gem. § 67 III S. 2 BauO NRW auch bestimmen, dass diese im Falle der Anordnung des Genehmigungsverfahrens, als Bauantrag zu behandeln sind. Deren Umfang muss dazu aber den Anforderungen des § 10 BauPrüfVO NRW[67] und nicht nur denen des § 13 BauPrüfVO NRW genügen. Die Gemeinde leitet dann gem. § 67 III S. 3 BauO NRW die Unterlagen zusammen mit ihrer Stellungnahme an die untere Bauaufsichtsbehörde weiter (sofern sie dies nicht selber ist[68]). Die für das folgende Baugenehmigungsverfahren nach § 72 I S. 3 BauO NRW geforderte Zuleitung der Unterlagen an die Gemeinde entfällt.

hemmer-Methode: Im Rahmen der Verpflichtungsklage auf Erteilung einer Baugenehmigung würde das Freistellungsverfahren erstmalig im Rechtschutzbedürfnis anzusprechen sein. Auch wäre es beim Prüfungspunkt „ordnungsgemäßer Antrag bei der zuständigen Behörde" zu thematisieren. Dies gilt besonders den Fällen des § 60 I Nr. 3 lit. b) BauO NRW. Dort wäre der Bauantrag (bedingt) bei der Gemeinde eingereicht worden, obwohl der Landrat zuständige Baugenehmigungsbehörde wäre. § 67 III S. 3 BauO NRW überwindet dieses Rechtmäßigkeitshindernis.

Anordnung des Genehmigungsverfahrens

Die Anordnung des Genehmigungsverfahrens erfolgt nach § 67 I S. 1 Nr. 3, III S. 1 BauO NRW. Neben der Absicht einer Veränderungssperre (§ 14 BauGB) oder einer Zurückstellung (§ 15 BauGB) wird auch für ausreichend erklärt, dass die Gemeinde das Genehmigung aus sonstigen Gründen für erforderlich hält. Damit reichen Zweifel jedweder Art an der Rechtmäßigkeit oder Durchführbarkeit des Bauvorhabens; Grenze ist nur das Willkürverbot.[69]

---

66 S. dazu später ausführlich unter Rn. 117 ff.
67 HR 93a.
68 Vgl. NW LT Drs. 11/7153 (S. 183).
69 Gädtke/Temme/Heintz/Czepuck § 67 BauO NRW, Rn. 31.

Anordnung angreifbar?

Die Erklärung der Gemeinde stellt keinen VA dar, sondern ist eine nach § 44a VwGO nicht isoliert angreifbare Verfahrenshandlung.[70] Nach verbreiteter Auffassung fehlt es zum einen an dem Merkmal der Regelung.[71] Die gemeindliche „Nicht-Erklärung" sei als Tatsache Tatbestandsvoraussetzung der Genehmigungsfreiheit. Die gemeindliche Erklärung, dass das Genehmigungsverfahren durchgeführt werden solle, sei - spiegelbildlich hierzu - tatbestandliche Voraussetzung dafür, dass es nicht bei der Genehmigungsfreiheit des Vorhabens bleibe. Bereits deshalb, weil sie nichts regele, sondern allein die Möglichkeit des genehmigungsfreien Bauens entfallen lasse, entfalte sie keine für den Verwaltungsakt erforderliche regelnde Außenwirkung.

Zudem stelle sie weder fest, ob das Vorhaben mit der zugrunde liegenden Satzung übereinstimme, noch, ob sonstiges materielles Recht eingehalten sei.

Zum anderen fehlt es bereits an der grundsätzlichen Voraussetzung des § 9 VwVfG NRW, wonach der Verwaltungsakt ein Verwaltungsverfahren abschließt, denn die gemeindliche Erklärung leitet gegebenenfalls ein Verfahren erst ein.

Baubeginn (falls Genehmigungsverfahren entbehrlich)

Mit dem Bau kann, sofern die Gemeinde nicht die Durchführung des Genehmigungsverfahrens anordnet, einen Monat nach Einreichung der Unterlagen begonnen werden, § 67 II S. 2 BauO NRW. Teilt die Gemeinde schriftlich mit, dass das Genehmigungsverfahren nicht erforderlich ist, kann sogar unmittelbar mit dem Bau begonnen werden, § 67 II S. 3 BauO NRW. Einen Anspruch auf diese vorzeitige Mitteilung der Genehmigungsfreiheit hat der Bauherr jedoch nicht, § 67 II S. 4 BauO NRW. Vor Baubeginn sind jedenfalls gem. § 67 IV S. 3 BauO NRW die Angrenzer i.S.d. § 74 I S. 1 BauO NRW über das Vorhaben zu informieren.

Beachten Sie: Die Freistellung vom Genehmigungsverfahren nach § 67 BauO NRW umfasst nicht die Freistellung von Bauvorschriften. Die Verantwortung trägt damit der Bauherr bzw. private Sachverständige. Wenn der Bauherr materielle Bauvorschriften missachtet, hat die Bauaufsichtsbehörde gem. § 61 I BauO NRW die erforderlichen Maßnahmen zu treffen.[72]

Nur begrenzte Sicherheit für Bauherrn

Nach der Durchführung des Vorhabens ist die Regelung des § 67 VIII BauO NRW zu beachten. Die Durchführung verleiht dem Vorhaben hinsichtlich der formellen Legalisierung einen Status, der weitgehend der Absicherung durch eine Baugenehmigung gleichkommt. So darf bei Verstoß gegen bauplanungsrechtliche Vorschriften, der auf der Unwirksamkeit des Bebauungsplanes beruht, Baubeseitigung nicht verlangt werden, es sei denn, dass eine Beeinträchtigung von Rechten Dritter dies erfordert.[73] Tritt aber während der Durchführung der Bebauungsplan außer Kraft, so sind die Bauten formell illegal und die Behörde kann bauaufsichtsrechtlich einschreiten.

dd) Fliegende Bauten

fliegende Bauten

Fliegende Bauten (Legaldefinition in § 79 I S. 1 BauO NRW, Beispiele: Tribünen, Buden, Zelte usw.) bedürfen statt einer Baugenehmigung (vor erstmaliger Aufstellung und Ingebrauchnahme) einer sog. Ausführungsgenehmigung, vgl. § 79 II S. 1 BauO NRW.

---

70 Vgl. str. Jäde/Weinl/Dirnberger, BayVBl. 1994, 325; Erbguth/Stollmann, BayVBl. 1996, 68 f. m.w.N.
71 Vgl. Jäde, NWVBl. 1995, 207 f.; LT-DrsNW 11/7153, S. 182; a.A. Erbguth/Stollmann, BayVBl. 1996, 68 f.
72 Dazu ausführlich Erbguth/Stollmann, BayVBl. 996, 65 ff.; Jäde, NWVBl. 1995, 206 ff.; Stollmann, NWVBl. 1995, 41 ff.
73 Vgl. hierzu OVG NW, BauR 2001, 1399.

Diese kann nach entsprechender Verlängerung (§ 79 V BauO NRW) für die gesamte Lebensdauer des fliegenden Baus gelten.

Die folgenden Aufstellungen müssen jeweils der Bauaufsichtsbehörde angezeigt werden. Diese kann die Inbetriebnahme von einer Gebrauchsabnahme abhängig machen (§ 79 VII S. 2 BauO NRW).

ee) Bauvorhaben des Bundes, der Länder und der kommunalen Gebietskörperschaften

Bund, Länder u.a. Gebietskörperschaften

Unter bestimmten Voraussetzungen (§ 80 I BauO NRW) bedürfen Bauvorhaben des Bundes, der Länder und der Bezirke keiner Baugenehmigung.

Ist das Vorhaben aber an sich genehmigungspflichtig, so muss die Bezirksregierung (vgl. § 60 I Nr. 2 BauO NRW) zustimmen (§ 80 I S. 2 BauO NRW).

Diese Zustimmung ist bei Vorhaben des Bundes, eines anderen Landes als Nordrhein-Westfalen oder eines Landschaftsverbandes sicher ein VA (anderer Rechtskreis und damit Außenwirkung), den Betroffene (z.B. ein Nachbar oder eine Gemeinde) anfechten können.

Bei Vorhaben des Landes Nordrhein-Westfalen (Zustimmung dann interner Vorgang zwischen zwei Behörden des gleichen Rechtsträgers), ist im Ergebnis wohl ebenfalls ein VA zu bejahen.[74]

Da § 80 I BauO NRW keine wie auch immer geartete Einschränkung vorsieht, kommen als öffentliche Bauherren alle juristischen Personen des Öffentlichen Rechts in Betracht.

ff) Verhältnis zur Erlaubnispflicht nach anderen Vorschriften

wichtig: weitere Erlaubnispflichten

Soweit für ein Bauvorhaben neben der Baugenehmigung weitere öffentlich-rechtliche Erlaubnisse erforderlich sind, hängt die Konkurrenz der parallelen Anlagegenehmigungen vom Einzelfall ab.

formelle Konzentrationswirkung

Es gibt zahlreiche weitere Gesetze, die festlegen, dass die dort erforderliche Genehmigung alle nach anderen Rechtsvorschriften notwendigen Genehmigungen einschließt (sog. formelle Konzentrationswirkung).

> *Bsp.:* Planfeststellungen nach § 75 I VwVfG NRW oder die Genehmigung nach § 13 BImSchG.

hemmer-Methode: Es gibt auch den umgekehrten Fall. Ist ein Vorhaben nach der BauO NRW genehmigungspflichtig, dann entfällt z.B. die Erlaubnis nach § 9 III S. 1 DSchG.

In wenigen Fällen sind auch mehrere Erlaubnisse nebeneinander notwendig (z.B. § 144 I BauGB, Baugenehmigung und gaststättenrechtliche Genehmigung).

Schließt eine Erlaubnis eine andere ein (Konzentrationswirkung), so ist die materielle Prüfung dennoch niemals auf die Vorschriften des Gesetzes beschränkt, nach dem die Erlaubnis zu erteilen ist. In dem Erlaubnisverfahren sind vielmehr auch alle materiell-rechtlichen Anforderungen der eingeschlossenen Gesetze in vollem Umfang zu prüfen.

---

74 Ausführlich zur Rechtsnatur der Zustimmung, Boeddinghaus/Hahn/Schulte, § 75 BauO NRW a.F., Rn. 21 ff. m.w.N.

> *Bsp.:* Im immissionsrechtlichen Genehmigungsverfahren ist auch das materielle Baurecht Prüfungsmaßstab i.R.v. § 6 I Nr. 2 BImSchG.

> **hemmer-Methode:** Wenn es um Konzentrationswirkung geht, können Sie zeigen, dass Sie die Zusammenhänge zwischen den verschiedenen Teilbereichen des Besonderen Verwaltungsrechts verstanden haben. Damit sind relativ schwierige Probleme verbunden.[75] Fragen Sie sich deshalb in der Baurechtsklausur:
> - Welche Art von Genehmigung will der Antragende (z.B. gaststätten-, bau- oder immissionsrechtliche Genehmigung),
> - bei welcher Behörde beantragt er eine Genehmigung (Gewerbe-, Bau- oder Umweltbehörde).
>
> Daran anschließend legen Sie das diesbezügliche Verfahren fest und prüfen, ob eine Konzentrationswirkung vorliegt (z.B. im immissionsschutzrechtlichen Verfahren, § 13 BImSchG).

2. Genehmigungsfähigkeit

a) Bindung der Verwaltung

ggf. Prüfung, ob Bindung der Verwaltung besteht

Bevor in die eingehende Erörterung des § 75 I BauO NRW eingestiegen wird, ist zu fragen, ob die Baugenehmigung nicht schon deshalb zu erteilen ist, weil sich die Behörde bereits wirksam gebunden hat. Hierbei sind verschiedene Problemkreise zu berücksichtigen, die hier nur insoweit erörtert werden, als sie spezifische baurechtliche Probleme aufwerfen.

> **hemmer-Methode:** Sprechen Sie diese Problemkreise aber nur dann an, wenn der Sachverhalt diesbezügliche Hinweise gibt. In der Regel beginnt Ihre Prüfung unmittelbar mit § 75 BauO NRW.[76]

aa) Anspruch aus Zusicherung, § 38 I VwVfG NRW

Zusicherung, § 38 I VwVfG NRW

Diesbezüglich stellen sich im Baurecht meist keine besonderen Probleme.[77] Allenfalls bei der Bindungswirkung des Vorbescheides bzw. der Teilungsgenehmigung ist die Abgrenzung von § 38 III VwVfG NRW zu problematisieren (vgl. anschließend Rn. 77).

Die „Zusicherung" kann aber auch als Prüfstein des Allgemeinen Verwaltungsrechts in die Klausur eingebaut sein.

> *Bsp.:* A bekommt von dem Bürgermeister (B) der kleinen kreisangehörigen Gemeinde G eine schriftliche Zusicherung, dass eine Baugenehmigung erteilt werde. Gegenüber dem Landrat beruft sich A auf die „Zusicherung".

Hier fehlt es schon am Tatbestandsmerkmal der „zuständigen Behörde" i.S.v. § 38 I VwVfG NRW, sodass die „Zusicherung" des B für den Landrat als wirklich zuständige Behörde[78] keine Bindungswirkung haben kann. Anders nur dann, wenn innerhalb der gleichen Behörde ein funktionell unzuständiger Sachbearbeiter die Zusicherung erteilt hat.[79]

> *Abwandlung 1:* A erhält diesmal vom Abteilungsleiter der Baurechtsabteilung im Kreis eine telefonische „Zusicherung", dass die Genehmigung erteilt werde.

---

75 S. dazu unter Rn. 89 ff.
76 Der Prüfungspunkt der Vorabbindung ist dann also gar nicht zu erwähnen, vielmehr beginnen Sie dann direkt mit der Prüfung von § 75 BauO NRW, vgl. unten Rn. 84.
77 Vgl. dazu ausführlich **Hemmer/Wüst, Verwaltungsrecht II,** Rn. 62 ff.
78 Zur Festlegung der Zuständigkeit vgl. oben Rn. 44 ff.
79 Kopp/Ramsauer, § 38 VwVfG, Rn. 18 f.

Wenngleich hier eine zuständige Person gehandelt hat, fehlt es an der Schriftlichkeit der Zusicherung. In diesen Fällen kommt allenfalls eine Amtshaftung in Geld in Betracht.[80]

Abwandlung 2: Diesmal lässt die Zusicherung die ausstellende Behörde nicht erkennen.

Die Zusicherung ist hier nach § 44 II Nr. 1 VwVfG NRW nichtig.

bb) Anspruch aus öffentlich-rechtlichem Vertrag, § 54 ff. VwVfG NRW

Anspruch aus ö.-r. Vertrag möglich

Bzgl. der vertraglichen Bindung stellen sich insbesondere inhaltliche Probleme.[81]

cc) Bindungswirkung des Vorbescheids, § 71 I S. 2 BauO NRW[82]

wichtig bei Vorbescheid ist die Abgrenzung

Der Vorbescheid ist von der Teilbaugenehmigung nach § 76 BauO NRW sowie von der bloßen Auskunft und der Zusicherung zu unterscheiden. Nach h.M.[83] ist der Vorbescheid gerade keine Zusicherung i.S.v. § 38 VwVfG NRW. Deshalb kommt § 38 III VwVfG NRW nicht zur Anwendung, falls sich nach Erlass des Vorbescheids die Rechtslage ändert. Die Bindungswirkung des Vorbescheides entfällt nur, wenn er zurückgenommen oder widerrufen wird (§§ 48, 49 VwVfG NRW) oder sich auf andere Weise erledigt, vgl. § 43 II VwVfG NRW.

hemmer-Methode: Achten Sie darauf, dass die Baugenehmigungsbehörde den Vorbescheid nicht unbedingt ausdrücklich, sondern möglicherweise konkludent i.R.d. endgültigen Verweigerung der Baugenehmigung aufhebt.[84] Dann müssen Sie an diesem Punkt inzident die Wirksamkeit der Aufhebung nach §§ 48, 49 VwVfG NRW prüfen. Meist wird der Sachverhalt jedoch einen deutlichen Hinweis für die Aufhebung enthalten.

Erklärt die Behörde losgelöst von einem konkreten Vorhaben lediglich Voraussetzungen und Grenzen einer Bebauung, fehlt eine rechtsverbindliche Feststellung im Sinn einer Vorabentscheidung über einen Teil der Baugenehmigung. Es handelt sich dann um eine (bloße) Rechtsauskunft.[85]

endgültige Regelung einzelner Voraussetzungen

Wird die Zustimmung zur Errichtung eines Vorhabens in Aussicht gestellt, wird ebenfalls keine verbindliche Regelung getroffen. Es liegt dann eine Zusicherung (§ 38 I VwVfG NRW) vor.[86]

Der Vorbescheid hingegen enthält bezüglich einzelner Genehmigungsvoraussetzungen eine endgültige Regelung. Die Baugenehmigungsbehörde darf nach Bestandskraft des Vorbescheides die dort entschiedenen Teilfragen nachträglich nicht mehr anders beurteilen.

---

80 Kopp/Ramsauer, § 38 VwVfG, Rn. 20, 28; bei der Amtshaftung gibt es gerade keine Naturalrestitution, vgl. Palandt zu § 839 BGB, Rn. 78.

81 Vgl. den ausführlichen Fall mit Aufhänger im Baurecht in **Hemmer/Wüst, Verwaltungsrecht II, Rn. 266 ff.** Zum Kopplungsverbot vgl. BVerwG, BauR 2000, 1699; OVG NW, BauR 2001, 1056: Kein Verstoß gegen das Kopplungsverbot, wenn ein Investor gegen die Überlassung einer zum Kauf eines Einkaufszentrums geeigneten Fläche die Sanierung des Stadions verspricht. Begr.: Das Einkaufszentrum war baurechtlich zulässig und die Gemeinde hat für das Land einen angemessenen Preis erzielt. Der Wert der Gegenleistung des Investors wurde dann durch die Stadionsanierung erbracht.

82 Zu den Voraussetzungen s. bereits oben Rn. 23 ff.

83 Vgl. z.B. BVerwG, NJW 1984, 1473; der Vorbescheid sagt keinen künftigen VA zu: **Hemmer/Wüst, Verwaltungsrecht II, Rn. 66**.

84 Dabei ist jedoch Vorsicht geboten, vgl. OVG Kassel, BRS 36, 350 (353 f.).

85 OVG Münster, NVwZ 1986, 580.

86 OVG Berlin, NVwZ 1986, 579.

Nach Bestandskraft: wiederholende Verfügung

Ist der Vorbescheid bereits bestandskräftig, wird sein Inhalt nur der Vollständigkeit halber in die Baugenehmigung übernommen, ohne dass diesbezüglich eine erneute Sachprüfung stattfindet. Die Baugenehmigung ist insoweit nur wiederholende Verfügung.

Vor Bestandskraft: Zweitbescheid

Ist ein erteilter Vorbescheid noch nicht bestandskräftig (etwa wenn die Rechtsmittelfrist noch nicht abgelaufen ist), so muss die Baugenehmigungsbehörde ihren Inhalt in die Baugenehmigung aufnehmen.[87] Dies stellt für einen Dritten einen sog. Zweitbescheid dar. Damit wird das, was durch die Bebauungsgenehmigung vorab entschieden worden ist, erneut i.R.d. Baugenehmigung entschieden und zur Anfechtung gestellt.

Somit genügt für den Dritten die isolierte Anfechtung der Baugenehmigung. Andererseits muss er, sofern er bereits den Vorbescheid angefochten hat, jetzt auch gesondert die Baugenehmigung anfechten. Die Anfechtungsklage gegen den Vorbescheid könnte sich hiermit allerdings erledigt haben.[88]

> **hemmer-Methode: Denken in Zusammenhängen!** Auf den Vorbescheid finden die verfahrensrechtlichen Vorschriften für die Baugenehmigung teilweise Anwendung (§ 71 II BauO NRW). Wird einem Nachbarn keine Ausfertigung zugestellt (§ 71 II BauO NRW i.V.m. § 74 IV S. 1 BauO NRW), so hat er eine theoretisch unbegrenzte Anfechtungsfrist.[89] Solange der Vorbescheid aber noch nicht bestandskräftig ist, entfaltet er zu Lasten des Nachbarn noch keine Bindungswirkung. Soweit gegen den Bauvorbescheid Klage eingelegt worden ist, entfaltet diese aufschiebende Wirkung. Der Vorbescheid fällt nicht unter § 212a I BauGB, weil er noch nicht den Baubeginn erlaubt und somit für den Bauherrn nicht vollziehbar ist (VG Dessau, BauR 2000, 1734).

Beispiel zum Vorbescheid: Anton (A) möchte sein Grundstück mit einem fünfgeschossigen Wohnhaus bebauen. Bevor A eine aufwendige Planung mit allen Bauvorlagen einreicht, lässt er die Frage der bauplanungsrechtlichen Zulässigkeit in einem Vorbescheidsverfahren prüfen. Er erhält daraufhin eine entsprechende Bebauungsgenehmigung, die bestandskräftig wird. Als A seine Planungsvorbereitungen abgeschlossen hat, beantragt er bei der Baugenehmigungsbehörde die Erteilung der Baugenehmigung. Diese wird ihm mit der Begründung versagt, dass der einschlägige qualifizierte Bebauungsplan, der nach Erteilung des Vorbescheides erlassen wurde, in dem fraglichen Gebiet nur dreigeschossige Wohnhäuser vorsieht.

Deshalb werde auch der Vorbescheid aufgehoben.

Wurde die Baugenehmigung zu Recht verweigert?

Lösung:

A könnte einen Anspruch auf Erteilung der Baugenehmigung aus § 75 I BauO NRW haben, wenn sein Vorhaben genehmigungspflichtig und genehmigungsfähig wäre. In diesem Fall wäre die Verweigerung rechtswidrig.

1. A plant die Errichtung einer baulichen Anlage i.S.v. § 2 I BauO NRW. Da keine Ausnahme ersichtlich ist, ist sein Vorhaben gemäß § 63 I BauO NRW genehmigungspflichtig.

2. Das Vorhaben wäre gemäß § 75 I BauO NRW genehmigungsfähig, wenn es öffentlich-rechtlichen Vorschriften, die im bauaufsichtlichen Genehmigungsverfahren zu prüfen sind, nicht widerspricht.

---

[87] Vgl. BVerwG, DVBl. 1989, 673 (674 f.).
[88] Beispielsfall in **Hemmer/Wüst, Verwaltungsrecht II, Rn. 109**.
[89] Zur analogen Anwendung des § 58 II VwGO vgl. Rn. 289; regelmäßig erfährt der Nachbar dann erst mit der Baugenehmigung vom Vorbescheid.

a) Vorliegend verstößt das Vorhaben gegen Bauplanungsrecht. Das unter § 29 I BauGB fallende Vorhaben des A widerspricht den zwingenden Festsetzungen des qualifizierten Bebauungsplanes und ist daher gemäß § 30 I BauGB unzulässig.

hemmer-Methode: Diese verkürzte Prüfung der bauplanungsrechtlichen Zulässigkeit im Urteilsstil erfolgt hier deshalb, weil die §§ 29 ff. BauGB erst später ausführlich dargestellt werden und in diesem Fall letztlich nur als Aufhänger dienen. In der Klausur müssen Sie diesen Punkt natürlich genauer und im Gutachtenstil erörtern.

b) Allerdings ist fraglich, ob die Baugenehmigungsbehörde auf die bauplanungsrechtliche Unzulässigkeit vorliegend überhaupt abstellen darf. Es ist zu beachten, dass in einem Vorbescheid die bauplanungsrechtliche Zulässigkeit zuvor bejaht wurde. Diese Bebauungsgenehmigung bindet die Behörde gemäß § 71 I S. 2 BauO NRW.

aa) Man könnte jedoch daran denken, dass diese Bindungswirkung wegen der nachträglichen Änderung der Rechtslage weggefallen ist. Dies wäre gemäß § 38 III VwVfG NRW der Fall, wenn es sich bei dem Vorbescheid um einen Unterfall der Zusicherung handeln würde. Dies ist nach h.M. aber gerade nicht der Fall. Anders als die Zusicherung trifft der Vorbescheid eine endgültige und verbindliche Regelung.

bb) Die Bindungswirkung wäre dann weggefallen, wenn der Vorbescheid wirksam aufgehoben worden wäre. Da der Vorbescheid bei Erteilung dem geltenden Recht entsprach, kann er nur gemäß § 49 VwVfG NRW widerrufen werden. Der Vorbescheid als begünstigender VA kann lediglich nach Maßgabe des § 49 II VwVfG NRW widerrufen worden sein. Nach § 49 II Nr. 4 VwVfG NRW konnte der Vorbescheid nur widerrufen werden, wenn die Behörde aufgrund einer geänderten Rechtsvorschrift berechtigt wäre, den Vorbescheid nicht zu erlassen, soweit A hiervon noch keinen Gebrauch gemacht hätte und wenn ohne den Widerruf das öffentliche Interesse gefährdet würde. Der Erlass eines derogierenden Bebauungsplans (im folgenden BBauPl.) als Satzung (§ 10 BauGB) ist als nachträgliche Rechtsänderung i.S.d. Vorschrift anzusehen. Nach diesem BBauPl. dürfte der dem A erteilte Vorbescheid auch nicht mehr erlassen werden.

Allerdings könnte A von der Vergünstigung in der Weise Gebrauch gemacht haben, als er aufgrund dessen eine aufwendige und kostenintensive Planung durchgeführt hat. Unter Gebrauchmachen ist jede rechtserhebliche Handlung zur Nutzung der Vergünstigung zu verstehen, insbesondere auch Aufwendungen zur Vorbereitung der Verwirklichung von Maßnahmen aufgrund einer Erlaubnis.[90] Allerdings ist zu berücksichtigen, dass dem Vorbescheid nur Feststellungs- und keine Gestaltungswirkung zukommt. Da also der Vorbescheid anders als die Baugenehmigung nicht zu irgendwelchen Ausführungshandlungen berechtigt, ist nach Auffassung des OVG Berlin[91] für ein „Gebrauchmachen" schon begrifflich kein Raum.

Wegen der den Festsetzungen des BBauPl. widersprechenden Bebauung, die ohne den Widerruf zu befürchten ist, wird ohne den Widerruf des Vorbescheides auch das öffentliche Interesse an der geordneten städtebaulichen Entwicklung gefährdet.

Somit war der Widerruf des Vorbescheides rechtmäßig. Für die im Vertrauen auf den Bestand des Vorbescheides entstandenen Vermögensnachteile ist A unter den Voraussetzungen des § 49 VI VwVfG NRW zu entschädigen.

Da die Verwaltung somit nicht mehr an den Vorbescheid gebunden war, wurde die Baugenehmigung zu Recht verweigert.

---

90 Knack, 4. Aufl. 1994, Anm. 6.4.3. zu § 49 VwVfG.
91 OVG Berlin, NVwZ-RR 1988, 6 (9).

> **hemmer-Methode:** § 49 II Nr. 4 VwVfG NRW eignet sich hervorragend als „Aufhänger" baurechtlicher Klausuren. Ein interessantes Spannungsfeld zwischen § 49 II Nr. 4 VwVfG NRW und § 14 III BauGB entsteht z.B. bei Widerruf eines Vorbescheides nach Erlass einer Veränderungssperre.

dd) Bindungswirkung der Teilungsgenehmigung

Teilungsgenehmigung

Die Teilungsgenehmigung i.S.d. §§ 19 - 22 BauGB ist ein Mittel zur Sicherung der Bauleitplanung.[92] Sie dient der Prüfung der bauplanungsrechtlichen Unbedenklichkeit einer beabsichtigten Grundstücksnutzung im Vorfeld.

Durch diese Präventivkontrolle sollte verhindert werden, dass durch Teilungen Grundstücksverhältnisse entstehen und somit Fakten geschaffen werden, welche die gemeindliche Planungsfreiheit einschränkten[93] (sog. Sicherungsfunktion der Teilungsgenehmigung).

> **hemmer-Methode:** Unterscheiden Sie unbedingt die Begriffe Teilbaugenehmigung (§ 76 BauO NRW) und Teilungsgenehmigung (§§ 19 ff. BauGB). Während erstere zur Ausführung der genehmigten Teile des Vorhabens berechtigt, betrifft letztere die Frage, welche Anforderungen und Folgen die Teilung eines Grundstücks im Baurecht hat.

Da der Teilungsgenehmigung nach der aktuellen Gesetzesfassung keine Bindungswirkung (mehr) zukommt, ergeben sich unter dem Gesichtspunkt der Erteilungspflicht aufgrund Bindung der Verwaltung keine Probleme mehr.

> **hemmer-Methode:** Die Teilungsgenehmigung wird Ihnen also nicht mehr unter dem Aspekt „Bindungswirkung" begegnen. Völlig „gestorben" ist die Teilungsgenehmigung als Klausurproblem damit allerdings nicht. Dazu die folgenden Ausführungen als Exkurs.

Gesetzlich nicht zwingend, nur durch gemeindliche Satzung „vorgeschrieben"

Eine Teilungsgenehmigung ist (anders als früher) bundesrechtlich nicht zwingend vorgeschrieben. Gemeinden, deren Teile überwiegend durch den Fremdenverkehr geprägt sind, können aber nach § 22 I BauGB in einem Bebauungsplan oder durch eine sonstige Satzung bestimmen, dass zur Sicherung der Zweckbestimmung von Gebieten mit Fremdenverkehrsfunktionen die Begründung oder Teilung von Wohnungseigentum oder Teileigentum der Genehmigung unterliegt.

Im Erteilungsverfahren ist Folgendes **zu beachten**:

⇨ Die Regelfrist für die Entscheidung über den Antrag auf Erteilung der Teilungsgenehmigung beträgt einen Monat. Wird die Genehmigung in diesem Zeitraum nicht erteilt, so wird die Erteilung mit Ablauf der Frist fingiert (§ 22 V S. 4 BauGB).

⇨ Nach § 22 V S. 3 BauGB müssen die Gemeinden auf Antrag eines Beteiligten ein Zeugnis ausstellen, wenn eine Teilungsgenehmigung nicht erforderlich ist (sog. Negativzeugnis) oder sie als erteilt gilt (sog. Fiktionszeugnis).

> **hemmer-Methode:** Das Negativ– und Fiktionszeugnis stehen der ausdrücklich erteilten Teilungsgenehmigung gleich und sind somit VAe i.S.d. § 35 VwVfG. Wurde ein solches Zeugnis nicht erteilt, kann die Problematik der Rücknahme fiktiver VAe entstehen. In diesem Bereich kann die Teilungsgenehmigung nach wie vor klausurrelevant sein.[94]

---

92 Vgl. Rn. 244 ff.
93 Vgl. § 19 BauGB a.F.
94 Vgl. Kopp/Ramsauer, § 48 VwVfG, Rn. 6.

ee) Bindungswirkung der Teilbaugenehmigung[95]

Teilbaugenehmigung

Prüfungsmaßstab i.R.d. Teilbaugenehmigung i.S.v. § 76 BauO NRW ist die grundsätzliche Vereinbarkeit des gesamten Vorhabens mit dem Bauplanungsrecht und den wesentlichen bauordnungsrechtlichen Vorschriften.[96]

Feststellung bzgl. gesamten Vorhabens

Wenn die Teilbaugenehmigung also die grundsätzliche Feststellung der Genehmigungsfähigkeit des Gesamtvorhabens enthält, dann kann nach ihrer Erteilung die Baugenehmigung nicht mehr versagt werden, es sei denn, die Voraussetzungen der Rücknahme oder des Widerrufs der Teilbaugenehmigung (§§ 48 und 49 VwVfG NRW) liegen vor oder treten ein.[97] Es tritt also eine Bindungswirkung ein. Die Vorschrift des § 76 II BauO NRW bleibt hiervon unberührt.

ff) Bindungswirkung der Gaststättenerlaubnis?

Eine Bindung der Baugenehmigungsbehörde durch eine bereits vorliegende gaststättenrechtliche Erlaubnis in Bezug auf den Regelungsinhalt des § 4 I Nr. 3 GastG tritt nicht ein.

Allenfalls bindet die zuvor erlassene Baugenehmigung die Gaststättenbehörde. Diese Problematik wird unter Rn. 93 ff. erörtert.[98]

b) Die Regelung des § 75 I BauO NRW

zentrale Norm: § 75 BauO NRW: Widerspruch zu ö.-r. Vorschriften?

Ist kein Fall der Bindungswirkung einschlägig, so richtet sich der Anspruch des Bauherrn gemäß § 75 I BauO NRW danach, ob das Vorhaben öffentlich-rechtlichen Vorschriften nicht widerspricht, die im bauaufsichtlichen Genehmigungsverfahren zu prüfen sind.

hemmer-Methode: Das richtige Verständnis und die richtige Einordnung von § 75 BauO NRW sind für die erfolgreiche Bearbeitung einer Baurechtsklausur absolut unverzichtbar. Bearbeiten Sie deshalb diesen Abschnitt lieber einmal zu viel als einmal zu wenig, bevor Sie sich mit irgendwelchen baurechtlichen Exoten beschäftigen (die das Verständnis des § 75 BauO NRW i.d.R. sogar voraussetzen).

aa) Prüfungsmaßstab des § 75 I BauO NRW

Prüfungsmaßstab:

Einschlägige Vorschriften i.S.d. § 75 I BauO NRW sind solche:

⇨ des Bauplanungsrechts, die sich mit der Zulässigkeit der Nutzung von Grund und Boden befassen, §§ 29 ff. BauGB,

⇨ des Bauordnungsrechts, die sich mit den sicherheitsrechtlichen Anforderungen an bauliche Anlagen befassen, §§ 3 ff. BauO NRW und

⇨ des sonstigen öffentlichen Rechts, die im bauaufsichtlichen Genehmigungsverfahren zu prüfen sind.

---

[95] S. bereits oben Rn. 28 ff.
[96] Boeddinghaus/Hahn/Schulte, § 71 BauO NRW a.F., Rn. 8 ff.
[97] Boeddinghaus/Hahn/Schulte, § 71 BauO NRW a.F. Rn. 9.
[98] Beispielsfall aus dem Examen: 1985 I 8 in BayVBl. 1987, 543, 572.

Überblick über die Stellung des § 75 BauO NRW im Genehmigungsverfahren

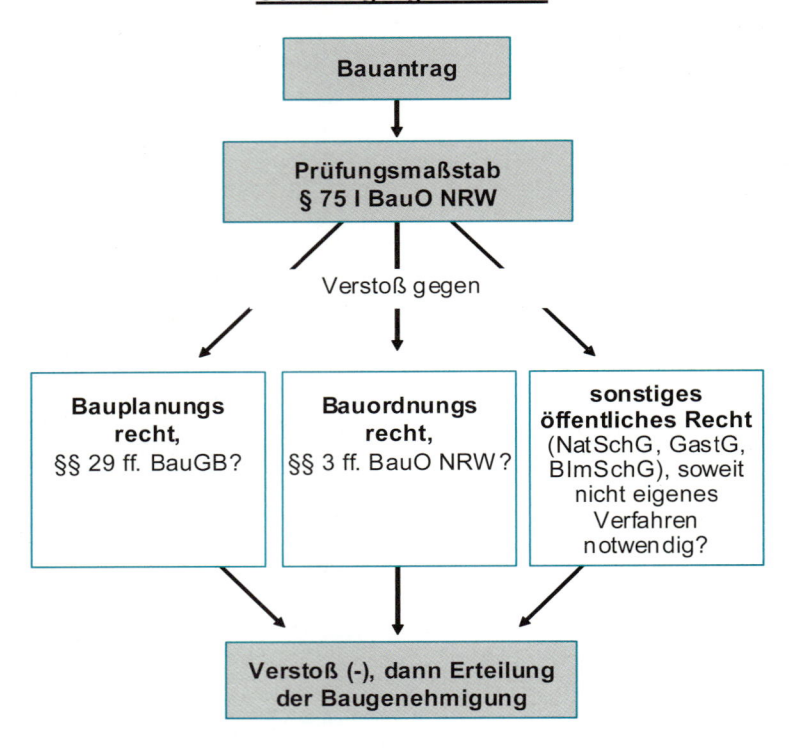

```
                    ┌──────────────┐
                    │  Bauantrag   │
                    └──────┬───────┘
                           ↓
                  ┌─────────────────┐
                  │ Prüfungsmaßstab │
                  │  § 75 I BauO NRW│
                  └────────┬────────┘
                           
                      Verstoß gegen
              ↙            ↓           ↘
   ┌──────────────┐ ┌──────────────┐ ┌──────────────────┐
   │Bauplanungs-  │ │Bauordnungs-  │ │sonstiges         │
   │recht,        │ │recht,        │ │öffentliches Recht│
   │§§ 29 ff.BauGB│ │§§ 3 ff.BauO  │ │(NatSchG, GastG,  │
   │              │ │NRW?          │ │BImSchG), soweit  │
   │              │ │              │ │nicht eigenes     │
   │              │ │              │ │Verfahren         │
   │              │ │              │ │notwendig?        │
   └──────┬───────┘ └──────┬───────┘ └────────┬─────────┘
          ↘                ↓                 ↙
                ┌─────────────────────────┐
                │ Verstoß (-), dann Erteilung│
                │   der Baugenehmigung    │
                └─────────────────────────┘
```

anders, wenn gesondertes Verfahren notwendig	Der Grundsatz, dass ein Vorhaben im Baugenehmigungsverfahren an allen öffentlich-rechtlichen Vorschriften zu messen ist, gilt allerdings dann nicht, wenn die Vereinbarkeit mit bestimmten Vorschriften in einem gesonderten Verfahren zu prüfen ist, das durch eine rechtlich selbstständige Entscheidung mit Außenwirkung abgeschlossen wird.[99]	86
	Bsp.: Ob ein Vorhaben, das einem besonderen atomrechtlichen Verfahren unterliegt, auch die insoweit geltenden Vorschriften einhält, ist von der Bauaufsichtsbehörde nicht zu überprüfen.	
bzgl. Privatrecht gilt § 75 III S. 1 BauO NRW	Die Vereinbarkeit mit privatrechtlichen Vorschriften ist gemäß § 75 III S. 1 BauO NRW irrelevant.[100]	87
formelle Konzentrationswirkung	Umgekehrt wird die Prüfungskompetenz der Bauaufsichtsbehörde in dem Umfang erweitert, in dem im Baugenehmigungsverfahren aufgrund der formellen Konzentrationswirkung der Baugenehmigung über materielles Recht entschieden wird, das an sich in einem anderen Verfahren zu prüfen wäre.	88
	Bsp.: Eine Baugenehmigung ersetzt die aufgrund einer naturschutzrechtlichen Verordnung erforderliche behördliche Gestattung (§ 6 I S. 1, IV LG[101]). Hier ist auch über die Vereinbarkeit mit der Schutzverordnung zu entscheiden (vgl. § 6 I S. 1, 3 LG).	

bb) Schlusspunkttheorie

Schlusspunkttheorie	Fraglich ist, ob die Behörde zu prüfen hat, ob andere erforderliche Genehmigungen vorliegen oder, liegen sie nicht vor, erteilt werden können.	89

---

99 BayVGH, BayVBl. 1978, 79.
100 Vgl. hierzu auch BayVGH, BauR 2001, 779: Durch die bestandskräftige Baugenehmigung einschließlich der darin enthaltenen Auflagen, wird für den Nachbarn keine Duldungspflicht begründet. Insoweit kann das öffentliche Recht die privaten Rechtsbeziehungen an einem Grundstück nicht überlagern.
101 HR 119.

Bsp.: Das Anwesen, das der Bauherr umbauen möchte, liegt in einem nach § 142 BauGB festgelegten Sanierungsgebiet, mit der Folge, dass es neben der Baugenehmigung der Genehmigung der Gemeinde nach § 144 I Nr. 1 BauGB bedarf.

Nach der bisher wohl herrschenden sog. Schlusspunkttheorie darf die Baugenehmigung dann, wenn neben ihr weitere öffentlich-rechtliche Gestattungen zur Ausführung des Vorhabens erforderlich sind, erst nach Vorliegen aller weiteren Gestattungen erteilt werden.[102]

Unabhängigkeit der Verfahren

Der BayVGH ist der Schlusspunkttheorie in seiner Rspr. ausdrücklich entgegengetreten.[103] Eine Baugenehmigung hat grundsätzlich keinen Vorrang gegenüber anderen öffentlich-rechtlichen Erlaubnissen, die verschiedenen Genehmigungsverfahren sind voneinander unabhängig. Außerdem hebt die mit der Genehmigung verbundene Baufreigabe (§ 75 V BauO NRW) ein nach einem anderen Gesetz begründetes Verbot mit Erlaubnisvorbehalt nicht auf (im Beispielsfall oben § 144 I BauGB).[104] Die Rspr. des BayVGH kann sich dabei auf den Wortlaut des Art. 68 I BayBO stützen, der ausdrücklich die Prüfung auf Vorschriften beschränkt, die im bauaufsichtlichen Genehmigungsverfahren zu beachten sind.[105]

Auch das OVG NW hat die Schlusspunkttheorie inzwischen für nicht anwendbar erklärt. Aus der Erteilung der Baugenehmigung kann der Bauherr damit nicht im Sinne einer sogenannten Baufreigabe ableiten, die Bauausführung sei ungeachtet weiterer erforderlicher Erlaubnisse freigegeben.

Zwar stehe aufgrund einer wirksamen Baugenehmigung grundsätzlich fest, dass dem Vorhaben öffentlich-rechtliche Vorschriften nicht entgegenstehen. Dies kann jedoch nur für das gelten, was von der Feststellungswirkung der Baugenehmigung erfasst wird. Die Baugenehmigung lässt jedoch aufgrund anderer Vorschriften bestehende Verpflichtung zum Einholen von Genehmigungen, Erlaubnissen und Zustimmungen oder zum Erstatten von Anzeigen unberührt, § 75 III S. 2 BauO NRW. Daraus folgt, dass der Bauherr auch nach Erteilung der Baugenehmigung derartige Genehmigungen einholen muss. Der Baugenehmigung kann daher keine Konzentrationswirkung in dem Sinne zukommen, dass sie Genehmigungen nach anderen Vorschriften ersetzt.

Weiterhin rechtfertigt sich dieses Ergebnis auch aus dem Zweck des Gesetzes, da unter Annahme der Schlusspunkttheorie der Einfluss der Fachbehörden ausgehöhlt wird.

Auch aus der Regelung des § 75 V BauO NRW kann kein anderes Ergebnis hergeleitet werden, da dieser nur die Mindestvoraussetzungen für eine legale Bautätigkeit regelt. Was aber darüber hinaus für den Baubeginn nötig ist, regelt § 75 V BauO NRW nicht.[106]

Allerdings erstreckt sich die Feststellungswirkung der Baugenehmigung auf die erforderliche Zustimmung anderer Behörden, die nicht dem Bauherrn gegenüber erklärt werden müssen und lediglich behördeninternen Charakter haben.

---

102 Ortloff, NJW 1987, 1665 (1669); Boeddinghaus/Hahn/Schulte § 75 BauO NRW , Rn. 38, 76.
103 Vgl. BayVGH, NVwZ 1994, 304 = JuS 1994, 441.
104 So auch OVG MV, BauR 2001, 1409.
105 Jäde u.a., a.a.O., S. 322.
106 Vgl. hierzu die Entscheidungen OVG NW, BauR 2002, 451; 457.

Kommt einer Entscheidung einer anderen Behörde keine selbstständige Feststellungswirkung zu, sondern dient sie nur dazu, bestimmte Aspekte des öffentlichen Rechts in das Baugenehmigungsverfahren einzubringen, bleibt es bei der Zuständigkeit der Bauaufsichtsbehörde auch für die intern zustimmungsbedürftige Frage.

Bsp.: § 9 II und III FStrG.[107]

hemmer-Methode: Diese Problematik lässt sich gut in eine Examensklausur einbauen. Von einer guten Arbeit werden deren Diskussion und die Kenntnis der neuesten Entwicklung erwartet.

Ausnahmen

Die Erteilung der Baugenehmigung ist jedenfalls im folgenden Fall zu versagen:

Steht aufgrund einer bestandskräftigen, die Bauaufsichtsbehörde bindenden Entscheidung bereits fest, dass eine neben der Baugenehmigung erforderliche Erlaubnis nicht erteilt werden kann, so kann die Bauaufsichtsbehörde das Sachentscheidungsinteresse des Antragstellers verneinen.

Das Gleiche gilt, wenn feststeht, dass die andere Genehmigung sicher nicht erteilt werden wird.

cc) Überschneidung der materiellen Anforderungen paralleler Anlagegenehmigungen

Problem: parallele Genehmigungspflichten

Grundsätzlich stehen mehrere Genehmigungsverfahren unabhängig voneinander nebeneinander. Allerdings ergeben sich bei dem Nebeneinander mehrerer Genehmigungspflichten dann Probleme, wenn sich das jeweils anzuwendende materielle Recht überschneidet.

Gefahr divergierender Entscheidungen

Da es im Interesse der Rechtssicherheit für den Bürger nicht sein kann, dass verschiedene Behörden über dieselbe Frage unter Umständen verschiedene Entscheidungen treffen, müssen Kriterien gefunden werden, nach welchen die in den sich überschneidenden Vorschriften gestellten Anforderungen entweder dem einen oder dem anderen Genehmigungsverfahren zugeordnet werden können.[108]

maßgebl. „stärkster Bezug"

Nach der Rechtsprechung des BVerwG[109] ist jeweils entscheidend, zu welchem Verfahren „der stärkere Bezug" besteht.[110]

Bsp.: Soll im unbeplanten Innenbereich eine Gaststätte errichtet werden, so ist im Baugenehmigungsverfahren darüber zu entscheiden, ob sich das Vorhaben der Art der Nutzung nach in die Eigenart der näheren Umgebung einfügt, vgl. § 34 I BauGB. Im Genehmigungsverfahren hinsichtlich der Gaststättenerlaubnis ist diese Frage i.R.d. § 4 I Nr. 3 GastG[111] zu erörtern.

Hier ist zu differenzieren. Ob die Gaststätte als bauplanungsrechtliche Nutzungsart in diesem Gebiet zulässig ist, ist von der Bauaufsichtsbehörde zu entscheiden.

---

107 OVG NW, BauR 2002, 932.
108 Boeddinghaus/Hahn/Schulte, § 70 BauO NRW a.F., Rn. 35 ff.; Ortloff, NJW 1987, 1965 ff.
109 Z.B. BVerwG, DÖV 87, 293 (296).
110 Vgl. BVerwGE 74, 315 (326).
111 Zur Fortgeltung des GastG trotz Wegfall der Bundesgesetzgebungskompetenz beachte Art. 125a GG.

Einzelheiten der Nutzung jedoch, insbesondere solche, die mit der Person des Betreibers und seiner besonderen Betriebsweise zusammenhängen, fallen in den Aufgabenbereich der Gaststättenbehörde, denn insoweit besteht zu diesem Verfahren der stärkere Bezug ("Feinsteuerung").

Bsp.: Für eine zu errichtende Gaststätte liegt eine unanfechtbare Baugenehmigung vor. Kann eine beantragte Gaststättenerlaubnis unter Hinweis auf § 4 I Nr. 3 GastG abgelehnt werden?

Grundsätzlich ersetzt die Baugenehmigung nicht die Gaststättenerlaubnis und umgekehrt die Gaststättenerlaubnis nicht die Baugenehmigung, auch die Reihenfolge der Genehmigungen spielt keine Rolle (keine Konzentrationswirkung).[112]

Allerdings bindet die Genehmigung die Gaststättenbehörde insoweit, als über fachspezifische Anforderungen des Baurechts entschieden wurde.[113]

Die zuständige Behörde (§ 30 GastG i.V.m. §§ 1, 2 GastV[114] kann die Genehmigung nicht mit der Begründung versagen, die Errichtung oder Nutzung der Gaststätte verstoße gegen Vorschriften des Baurechts.

Auch im Hinblick auf § 4 I Nr. 3 GastG stellt die Bauaufsichtsbehörde bindend fest, dass die genehmigte Anlage den bauplanerischen Anforderungen entspricht. Im Baugenehmigungsverfahren wird aber gerade nicht auf die im konkreten Fall geplante Nutzung durch eben diesen Antragsteller abgestellt; die Baugenehmigung wird gerade personenunabhängig erteilt.

Die Baugenehmigung entfaltet somit keine Bindungswirkung dahingehend, dass § 4 I Nr. 3 GastG als Versagungsgrund ausgeschlossen wird, wenn die Gaststättenerlaubnis im Hinblick auf die zu stellenden persönlichen Anforderungen abzulehnen ist.[115]

hemmer-Methode: Das Verhältnis der Baugenehmigung zur gaststättenrechtlichen Genehmigung ist ein Klassiker. Die wesentlichen Argumentationsstrukturen sollten Ihnen daher bekannt sein.

c) Einschränkungen des behördlichen Prüfungsumfanges

eingeschränkter Prüfungsmaßstab

Durch eine Novelle zur BauO NRW wurden einige Vorschriften eingeführt, welche die Regelung des § 75 I BauO NRW modifizieren.

95

Einschränkungen des Prüfungsumfanges ergeben sich durch die Änderungen im vereinfachten Genehmigungsverfahren nach § 68 BauO NRW und bei der Vorlage von Sachverständigengutachten nach § 72 VI BauO NRW.

96

aa) § 72 VI BauO NRW

§ 72 VI BauO NRW

Nach § 72 VI BauO NRW gelten die bauaufsichtlichen Anforderungen insoweit als eingehalten, als der Bauherr Bescheinigungen eines Sachverständigen i.S.d. Rechtsverordnungen nach § 85 II Nr. 4 BauO NRW vorlegt.

97

---

112 Simon, Art. 74 a.F., Rn. 25c; Michel/Kienzle, § 4 GastG, Rn. 56 ff.
113 Boeddinghaus/Hahn/Schulte, § 70 BauO NRW a.F., Rn. 43. In baurechtlicher Hinsicht ist insoweit zu beachten, dass auch die baurechtliche Zulässigkeit neben der generellen Nutzbarkeit bspw. als Diskothek, inhaltlich beschränkt sein kann. Hier kann bspw. die VStättVO einschlägig sein. Soweit für eine derartige Prüfung erhebliche Unterlagen nicht zur Genehmigung vorlagen, ist die nach der Genehmigung gewährte Nutzungsmöglichkeit beschränkt. Bsp. OVG NW, BauR 2001, 755: Fehlen die nach § 12 II BauPrüfVO erforderlichen Unterlagen, so ist Gegenstand der erteilten Baugenehmigung lediglich die ohne Bescheinigung erlaubte Nutzbarkeit einer Disko für 200 Besucher, nicht wie beantragt für 600 Besucher.
114 H/R Nr. 159.
115 Ähnlich BVerwG, GewArch 89, 100.

bb) § 68 BauO NRW

vereinfachtes Verfahren nach § 68 BauO NRW

Im vereinfachten Verfahren nach § 68 BauO NRW, das nunmehr den gesetzlichen Regelfall darstellt, wird, abweichend von § 75 I BauO NRW, nur die Vereinbarkeit mit den in § 68 I S. 4 Nr. 1 - 4 BauO NRW genannten Vorschriften geprüft.

Danach entfällt v.a. die Prüfung einiger bauordnungsrechtlicher Vorschriften. Für die bauplanungsrechtliche Prüfung ergeben sich hingegen keine Änderungen.

Dies korrespondiert mit der Regelung des § 68 IX BauO NRW, nach der sich die Bauüberwachung (§ 81 BauO NRW) und die Bestandsbesichtigung (§ 82 BauO NRW) auf den bei der Baugenehmigung geprüften Umfang beschränken.[116]

Zu beachten ist allerdings, dass das vereinfachte Verfahren nicht bei den in § 68 I S. 3 BauO NRW genannten Vorhaben durchgeführt wird.

Befugnis und Pflicht zur weitergehenden Prüfung

Die Beschränkungen des Prüfungsumfangs sind aber weder für die Bauaufsichtsbehörde noch für das die Baugenehmigungsrechtmäßigkeit prüfende Gericht absolut. Es nicht nur möglich die Baugenehmigung zu verweigern, wenn nicht zum Prüfungsumfang gehörende Normen verletzt werden. Es besteht sogar eine diesbezügliche Pflicht. Würde die Verletzung einer im vereinfachten Verfahren nicht zu prüfenden Norm zu einer Baueinstellungsverfügung oder einer Beseitigungsanordnung führen, so besteht schon an der Baugenehmigungserteilung kein Sachentscheidungsinteresse.[117] Jedenfalls erhebliche Gefahren für hochrangige Rechtsgüter, wie Leben oder Gesundheit, verursachende Normverstöße begründen daher sogar die Pflicht diese zu berücksichtigen.[118]

> *Bsp.:* Der Bearbeiter des Bauantrages kommen laut Sachverhalt Bedenken, ob er die Genehmigung angesichts des fehlenden zweiten Rettungsweges (oder etwa der extrem schmalen Treppe) überhaupt erteilen darf.

> **hemmer-Methode:** Für die Klausur bedeutet dies, dass auf die Einschlägigkeit des vereinfachten Verfahrens hinzuweisen ist. Auch ist sich in der Prüfung der Rechtmäßigkeit grundsätzlich auf die genannten Normen zu beschränken. Für eine Erweiterung des Prüfungsumfangs finden sich Hinweise im Sachverhalt, sofern diese vom Klausurersteller gewünscht wurde.[119]
> Der absolute Schwerpunkt der Klausur liegt in der sich nun anschließenden Prüfung der bauplanungs- und bauordnungsrechtlichen Zulässigkeit i.R.d. § 75 I BauO NRW. Es ist daher von entscheidender Bedeutung, dass Sie insbesondere das System der §§ 29 ff. BauGB verstehen, weil sie das „Herz" so ziemlich jeder Baurechtsklausur darstellen.
> Die nachfolgend i.R.d. Verpflichtungsklage erfolgte Darstellung der Systematik der §§ 29 ff. BauGB gilt aber auch darüber hinaus z.B. bei der Drittanfechtung[120] oder bei einer Baubeseitigungsanordnung.[121]

---

116 Vgl. hierzu OVG NW, BauR 2001, 1575.
117 OVG NW DVBl. 2009, 461 ff.; Boeddinghaus/Hahn/Schulte § 68 BauO NRW, Rn. 39 ff.; Gädtke/Temme/Heintz/Czepuck § 68 BauO NRW, Rn. 21.
118 OVG Sachsen LKV 1999, 236 (236).
119 Entsprechendes Urteil des VGH München aufgearbeitet in **Life & Law 2009, 691 ff.**
120 Dazu später unter Rn. 263 ff.
121 Dazu ebenfalls später unter Rn. 259 ff. und 391 ff.

d) Bauplanungsrechtliche Zulässigkeit eines Vorhabens

aa) Allgemeines

(1) Gesetzliche Systematik

Bauleitplanung ist Instrument städtebaulicher Entwicklung

Vorbereitung und Leitung der Grundstücksnutzung sollen nach § 1 I BauGB durch die Bauleitplanung erfolgen. Nach diesem sog. Planmäßigkeitsprinzip stellt die Bauleitplanung das zentrale Lenkinstrument der städtebaulichen Entwicklung dar.

99

> **Grundsätzlich sind drei Gebietstypen zu unterscheiden**
> 1. Zulässigkeit von Vorhaben im Geltungsbereich eines qualifizierten Bebauungsplanes, § 30 I BauGB (Sonderfall: § 33 BauGB).
> 2. Zulässigkeit von Vorhaben innerhalb der im Zusammenhang bebauten Ortsteile, § 34 BauGB (i.V.m. § 30 III BauGB bei sog. einfachen Bebauungsplänen).
> 3. Zulässigkeit von Vorhaben im Außenbereich, § 35 BauGB (i.V.m. § 30 III BauGB beim einfachen Bebauungsplan).

drei planungsrechtliche Gebietstypen

Die drei Gebietstypen enthalten eine abschließende bauplanungsrechtliche Einteilung des Gemeindegebietes.

100

trennen: einfacher und qualifizierter BBauPl.

Ein qualifizierter Bebauungsplan (§ 30 I BauGB) verdrängt die Regelungen der §§ 34, 35 BauGB also vollständig. Ein einfacher Bebauungsplan (§ 30 III BauGB, dort auch legal definiert) vermag die vorgegebene Zuordnung eines Gebiets zum Innen- oder Außenbereich nicht zu ändern.[122].

§§ 34 und 35 BauGB subsidiär zum einfachen Bebauungsplan

Zu bestimmen vermag er aber, dass ein Vorhaben in einem konkreten Gebiet zulässig oder unzulässig sein soll. Die Regelungen der §§ 34, 35 BauGB sind insofern subsidiär, als dass eine abschließende Regelung im einfachen Bebauungsplan[123] die Regelung des BauGB verdrängt (vgl. Wortlaut § 30 III BauGB: „ … im Übrigen … ").[124] Abschließend werden die Regelungen in einem einfachen Bebauungsplan aber in der Regel nicht sein, was gerade in der Natur des einfachen (also nicht-qualifizierten) Bebauungsplans liegt.[125]

Vorhabenbezogener BBauPl.

Eine besondere Form des Bebauungsplans ist der vorhabenbezogene Bebauungsplan i.S.d. § 12 BauGB, der in § 30 II BauGB dem qualifizierten Bebauungsplan in seinen Rechtswirkungen gleichgestellt wird.

---

122 Battis/Krautzberger/Löhr, vor § 29 BauGB, Rn. 8; vgl. auch Skizze unten unter Rn. 122.
123 Zu beachten ist aber auch, dass der einfache Bebauungsplan nicht jede Regelung frei abändern kann, ohne dabei rechtswidrig zu werden. - Vgl. dazu Bay VGH, ZfBR 2004, 696: Ein einfacher Bebauungsplan vermag die Beschränkungen des § 35 BauGB hinsichtlich eines nicht privilegierten Vorhabens im Außenbereich nicht aufzuheben, da er als einfacher Bebauungsplan das Planungsziel nicht erreichen kann, folglich nicht „erforderlich" i.S.d. § 1 III BauGB ist.
124 Ernst/Zinkahn/Bielenberg/Krautzberger/Söfker § 30 BauGB, Rn. 34.
125 Vgl. insgesamt auch Battis/Krautzberger/Löhr BauGB, § 34, Rn. 10 ff. und § 35, Rn. 10.

Exkurs: Kurze Qualifikation des Bebauungsplans.

Bauleitpläne:
BBauPl. und FlNPl.

Unter dem Oberbegriff der Bauleitpläne[126] werden der Flächennutzungsplan (FlNPl.) als vorbereitender Bauleitplan und der grundsätzlich gemäß § 8 II S. 1 BauGB aus dem Flächennutzungsplan zu entwickelnde Bebauungsplan als verbindlicher Bauleitplan zusammengefasst, vgl. § 1 II BauGB.

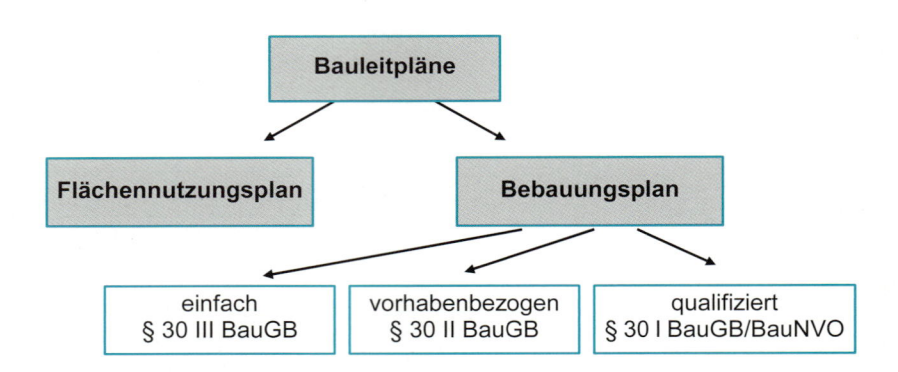

101

```
                    Bauleitpläne
                   /            \
        Flächennutzungsplan    Bebauungsplan
                              /      |      \
                      einfach   vorhabenbezogen   qualifiziert
                    § 30 III BauGB  § 30 II BauGB  § 30 I BauGB/BauNVO
```

Vorbereitung der Grundstücksnutzung

Aufgabe der Bauleitplanung ist es, die bauliche und sonstige Nutzung der Grundstücke in der Gemeinde nach Maßgabe des BauGB vorzubereiten und zu leiten, § 1 I BauGB.

BBaupl. = Satzung

Der Bebauungsplan, der gemäß § 10 BauGB als Satzung beschlossen wird, enthält die in § 9 BauGB abschließend aufgezählten möglichen Festsetzungen. Eine Ausnahme ergibt sich aus § 12 III S. 2 HS 1 BauGB für den vorhabenbezogenen Bebauungsplan, hier besteht keine Bindungswirkung an den Festsetzungskatalog des § 9 BauGB und an die BauNVO. Dem Bebauungsplan kommt i.R.d. Prüfung der bauplanungsrechtlichen Zulässigkeit eine entscheidende Bedeutung zu, vgl. § 30 BauGB.

Exkurs Ende

wenn BBauPl. (-), dann
§§ 34, 35 BauGB

Fehlt ein Bebauungsplan, so richtet sich die Zulässigkeit entweder alleine nach § 34 BauGB (unbeplanter Innenbereich) oder alleine nach § 35 BauGB (unbeplanter Außenbereich).

102

ggf. § 33 BauGB oder Art. 14 GG

Ist das Vorhaben nicht nach den §§ 30, 34, 35 BauGB zulässig, kann sich die Zulässigkeit aus § 33 BauGB ergeben, wenn zu erwarten ist, dass das Vorhaben den künftigen Festsetzungen eines Bebauungsplans entsprechen wird.

hemmer-Methode: Ein Zulassungsanspruch aus dem Grundsatz des aktiven Bestandsschutzes ist jedoch nach neuerer Rechtsprechung des BVerwG nicht mehr möglich.[127]

Folgende Prüfungsreihenfolge ist deshalb im Bereich des Bauplanungsrechts einzuhalten:[128]

103

---

126 Darstellung des Inhalts unter Rn. 416 ff.
127 Vgl. BVerwG, **Life & Law 1998, 600 ff.**
128 Vgl. Sie zur diesbezüglichen Technik der Klausurlösung den Abschlussfall zu diesem Kapitel unter Rn. 236.

```
                    ┌─────────────────────────────────┐
                    │  Vorab: Anlage i.S.d. § 29 BauGB │
                    └─────────────────────────────────┘
                                    │
                    Wenn ja, Zulässigkeit des Vorhabens nach:
                                    │
                         ┌──────────────────┐
                         │    § 30 BauGB    │
                         └──────────────────┘
                                    │
                    ┌─────────────────────────────────┐
                    │  Wenn nicht § 30, dann § 34 BauGB │
                    └─────────────────────────────────┘
                                    │
                    ┌─────────────────────────────────┐
                    │  Wenn nicht §§ 30 u. 34 BauGB, dann │
                    │              § 35 BauGB           │
                    └─────────────────────────────────┘
                                    │
                    ┌─────────────────────────────────┐
                    │  Wenn weder §§ 30, 34 BauGB noch │
                    │   § 35 BauGB, dann ggf. § 33 BauGB │
                    └─────────────────────────────────┘
```

(2) Anwendbarkeit der Vorschriften: §§ 38, 29 BauGB

Einstiegsnorm ist § 29 BauGB

Die §§ 30 bis 37 BauGB kommen nur unter zwei Voraussetzungen zur Anwendung: **104**

In Fällen des § 37 BauGB gelten die §§ 30 ff. BauGB nur eingeschränkt, in Fällen des § 38 BauGB überhaupt nicht.[129]

Vor allem aber müssen für die Anwendbarkeit der §§ 30 bis 37 BauGB die Voraussetzungen des § 29 BauGB vorliegen. Ausgangspunkt bei jeder Prüfung der §§ 30 ff. BauGB muss also immer § 29 BauGB sein, denn nach dem Wortlaut dieser Vorschrift finden die §§ 30 ff. BauGB nur dann Anwendung, wenn die Voraussetzungen von § 29 BauGB gewahrt sind. **105**

Prüfungsschema für § 29 BauGB **106**

1. § 29 I Alt. 1 BauGB

- ⇨ bauliche Anlage (gebaut - ortsfest - planungsrechtlich relevant)
- ⇨ Errichtung, Änderung, Nutzungsänderung (nicht: Abbruch, Beseitigung)

2. § 29 I Alt. 2 BauGB

Aufschüttungen, Abgrabungen, Ausschachtungen, Ablagerungen, Lagerstätten

wenn § 29 BauGB (-), dann ggf. Bauordnungsrecht

Liegen die Voraussetzungen des § 29 I BauGB nicht vor, so sind die §§ 30 ff. BauGB nicht anwendbar. Eine bauordnungsrechtliche Überprüfung ist allerdings auch dann notwendig (§ 29 II BauGB). weiterhin ist zu beachten, dass § 29 II BauGB auch auf sonstige öffentlich-rechtliche Vorschriften verweist. **107**

Vielfach muss daher an dieser Stelle das Verhältnis der Spezialvorschriften zum Regelungsgehalt der §§ 30 bis 35 BauGB beachtet werden.[130]

---

129 Siehe Rn. 523.
130 Bsp.: BVerwG, BauR 2001, 1701 zu der Frage, ob und inwieweit die Verbotsvorschriften einer Wasserschutzgebietsverordnung den Charakter öffentlicher Belangen haben, die einem privilegierten Vorhaben nach § 35 BauGB entgegenstehen können. Sie bilden dabei aber keinen Abwägungsposten, sondern eine selbstständige Zulassungsschranke nach § 29 II BauGB.

BAURECHT NRW

Voraussetzungen: Zu den Voraussetzungen des § 29 BauGB im Einzelnen:

bauliche Anlage i.S.v. § 29 BauGB anders als i.S.v. § 2 BauO NRW

(a) Es muss sich gemäß § 29 I BauGB um eine bauliche Anlage handeln. Dieser Begriff ist im BauGB nicht definiert. Auch wenn sich der Begriff der baulichen Anlage i.S.v. § 29 I BauGB weitgehend mit § 2 I BauO NRW deckt, darf dieser nicht unmittelbar zur Erläuterung herangezogen werden.   **108**

Die BauO NRW als Landesrecht kann nicht zur Interpretation eines bundesrechtlichen Begriffes dienen. Ansonsten hätte der bauplanungsrechtliche Begriff der baulichen Anlage bei unterschiedlicher Regelung in den verschiedenen Ländern einen jeweils unterschiedlichen Inhalt.   **109**

Die bauliche Anlage i.S.v. § 29 I BauGB muss daher als eigenständiger planungsrechtlicher Begriff interpretiert werden.

„bodenrechtliche Relevanz" notwendig

Nach der Rechtsprechung[131] ist eine bauliche Anlage in diesem Sinne eine auf Dauer mit dem Erdboden verbundene künstliche Anlage mit planungsrechtlicher (auch bodenrechtlicher) Relevanz, wobei sich die Dauer nach der Funktion bestimmt, die der Anlage von ihrem Eigentümer beigemessen wird.   **110**

> **Bsp.:** *Ein Wohnwagen soll die Funktion eines (ortsfesten) Wochenendhauses ersetzen. Hier ist Dauerhaftigkeit zu bejahen.*
>
> Wird hingegen ein Wohnwagen, der nur für den Urlaub benutzt werden soll, auf der Straße abgestellt, so liegt keine Anlage i.S.d. § 29 BauGB vor.

„bodenrechtl. Relevanz" notwendig

Ungeschriebenes Tatbestandsmerkmal des § 29 I BauGB ist die planungsrechtliche oder auch bodenrechtliche Relevanz.[132] Hintergrund ist Art. 74 I Nr. 18 GG, wonach der Bund die Kompetenz nur für das Bodenrecht und nicht für das komplette Baurecht hat. Planungsrechtliche Relevanz i.d.S. ist gegeben, wenn die in § 1 VI BauGB genannten Belange in einer Weise berührt werden können, die geeignet ist, das Bedürfnis nach einer die Zulässigkeit regelnden verbindlichen Bauleitplanung hervorzurufen.[133]

Nach der Rspr.[134] kann ein solches Bedürfnis nur bestehen, wenn das Vorhaben auch tatsächlich Gegenstand bauplanerischer Festsetzungen nach § 9 I BauGB sein kann.   **111**

> **hemmer-Methode:** Ein kurzes Eingehen auf die planungsrechtliche Relevanz genügt in der Klausur. Meist werden Sie i.R.v. § 29 I BauGB zum gleichen Ergebnis wie bei § 2 I BauO NRW kommen. Zeigen Sie trotzdem dem Korrektor, dass Sie wissen, dass hier nicht der bauordnungsrechtliche Anlagenbegriff einschlägig ist.

Errichtung, Änderung oder Nutzungsänderung notw.

(b) Das Vorhaben muss die Errichtung, Änderung oder Nutzungsänderung zum Inhalt haben, § 29 I Alt. 1 BauGB. Unter Nutzungsänderungen fallen all diejenigen Veränderungen, die die rechtliche Qualität der bisherigen Nutzung ändern und damit in bodenrechtlicher Hinsicht die Genehmigungsfrage neu aufwerfen[135] (weil z.B. Belange des § 1 V, VI BauGB berührt werden).   **112**

---

131   Z.B. BVerwGE 44, 59 (62), sog. „Wohnboot-Entscheidung" = **Hemmer/Wüst, Classics Öffentliches Recht, E 54**.
132   J/D/W, § 29 BauGB, Rn. 14.
133   Vgl. BVerwGE 44, 59 (61).
134   BVerwG, NVwZ 1994, 1010 = JuS 1995, 273.
135   BVerwG, ZfBR 89, 72 ff.; BVerwG, BauR 2001, 227: Auch die Erhöhung des Nutzungsmaßes kann (auch ohne Änderung des Erscheinungsbildes) eine Nutzungsänderung darstellen.

Ein Indiz hierfür ist, dass die neue Nutzung nach der BauNVO einem anderen Zulässigkeitsmaßstab unterliegt als die bisherige.[136]

> **Bspe.:** Aus einem Kino wird eine Spielhalle, aus einem Einzelhandel ein Großhandel, aus einer Scheune wird eine Appartementwohnung, aus einem Lebensmittelladen ein Bistro.

In beiden Fällen werden die gesunden Wohnverhältnisse, § 1 VI Nr. 1 BauGB, durch die neue Nutzung in anderer Weise berührt als durch die bisherige. Keine planungsrechtlich relevante Nutzungsänderung läge hingegen vor, wenn aus einem Buchladen ein Spielwarengeschäft wird.

ggf. entsprechende Anwendung der §§ 30 ff. BauGB bei Vorhaben i.S.v. § 29 I Alt. 2 BauGB

(c) Stets zu beachten ist § 29 I Alt. 2 BauGB. Auch für die dort genannten Vorhaben gelten die §§ 30 ff. BauGB, und zwar unabhängig davon, ob diese Vorhaben bauliche Anlagen sind.[137] Der Begriff des „größeren Umfangs" in § 29 I Alt. 2 BauGB ist gleichbedeutend mit dem der planungsrechtlichen Relevanz.

stets zu beachten: Festsetzungen des BBauPl.

> **Wichtig:** Auch für Vorhaben, die weder bauliche Anlagen i.S.v. § 29 I Alt. 1 BauGB darstellen, noch unter § 29 I Alt. 2 BauGB fallen, gelten zumindest die Festsetzungen eines Bebauungsplans. Denn diese sind Rechtsnormen und finden somit ohne Rücksicht auf § 29 BauGB kraft ihrer Eigenschaft als objektives gemeindliches Satzungsrecht „ohne weiteres aus sich heraus" Anwendung.[138]

bb) Zulässigkeit von Vorhaben im Geltungsbereich eines qualifizierten Bebauungsplans

qualifizierter BBauPl. § 30 I BauGB maßgeblich

Liegen die Voraussetzungen des § 29 BauGB vor, so ist § 30 BauGB die Einstiegsnorm für die weitere Prüfung der bauplanungsrechtlichen Zulässigkeit des Vorhabens.

(1) Prüfungsschema zu § 30 I BauGB

> **Ein Vorhaben ist gemäß § 30 I BauGB zulässig, wenn**
>
> ⇨ ein qualifizierter BBauPl. besteht,
>
> ⇨ das Vorhaben den Festsetzungen des BBauPl. entspricht (beachten Sie jedoch die Möglichkeiten des § 31 BauGB) und
>
> ⇨ die Erschließung gesichert ist.

(2) Vorliegen eines wirksamen qualifizierten Bebauungsplans

Festsetzungen notwendig

(a) Im Gegensatz zum einfachen Bebauungsplan enthält der qualifizierte Plan - eventuell zusammen mit sonstigen baurechtlichen Vorschriften (BauNVO) - zumindest Festsetzungen über die Art und das Maß der baulichen Nutzung, die überbaubaren Grundstücksflächen und die örtlichen Verkehrsflächen, vgl. § 30 I BauGB.

hemmer-Methode: Achten Sie beim Lesen des Sachverhalts also immer genau darauf, ob für den Bereich des beantragten Vorhabens ein Bebauungsplan aufgestellt wurde. § 30 I BauGB greift dann aber nur bei einem rechtswirksamen Bebauungsplan.

---

136 J/D/W, § 29 BauGB, Rn. 21.
137 So BVerwG, DVBl. 83, 893.
138 BVerwGE 25, 243 (248).

> **Wenn diesbezüglich im Sachverhalt Probleme angelegt sind, müssen Sie daher hier die Wirksamkeit des Bebauungsplans im Rahmen einer Inzidentkontrolle prüfen.[139] Kommen Sie dabei zu dem Ergebnis, dass der Bebauungsplan wegen noch nicht Fehler (vgl. § 214 IV BauGB) keine Rechtswirkungen entfaltet, gar nichtig ist, müssen Sie dann die Prüfung von § 30 BauGB beenden und stattdessen die Zulässigkeit nach § 34 BauGB oder § 35 BauGB beurteilen.[140]**

119 Innerhalb seines Geltungsbereiches ist dieser Plan alleiniger Maßstab für die planungsrechtliche Zulässigkeit eines Vorhabens.

Voraussetzungen der Zulässigkeit

120 Das Vorhaben ist gemäß § 30 I BauGB zulässig, wenn es den Festsetzungen des Bebauungsplans nicht widerspricht und die Erschließung gesichert ist.

Die Zulässigkeit von Vorhaben im Geltungsbereich eines vorhabenbezogenen Bebauungsplans (§ 12 I S. 1 BauGB) ist in § 30 II BauGB geregelt. Ein vorhabenbezogener Bebauungsplan muss nicht unbedingt die Voraussetzungen eines qualifizierten Bebauungsplanes erfüllen. Damit in diesen Fällen für die Zulässigkeit von Vorhaben nicht wie beim einfachen Bebauungsplan ergänzend auf die §§ 34, 35 BauGB zurückgegriffen werden muss, ist der vorhabenbezogene Bebauungsplan in § 30 II BauGB in seinen Rechtswirkungen dem qualifizierten Bebauungsplan gleichgestellt worden.

Auch bei ihm richtet sich also die Zulässigkeit eines Vorhabens allein danach, ob es seinen Festsetzungen und – da der vorhabenbezogene Bebauungsplan nach § 12 III S. 1 BauGB nicht an die Festsetzungen des § 9 BauGB und der BauNVO gebunden ist – sonstigen Inhalten nicht widerspricht und die Erschließung gesichert ist.

121
> **Exkurs: Die rechtliche Bedeutung der sog. einfachen Bebauungspläne innerhalb der §§ 33 - 35 BauGB**

einfacher BBauPl. hat keine Festsetzungen

Der einfache Bebauungsplan ist nicht zu verwechseln mit dem sog. Flächennutzungsplan,[141] denn dieser stellt eine Vorstufe zum Bebauungsplan dar. Einfache Bebauungspläne sind solche, die nicht die Mindestfestsetzungen des § 30 I BauGB zum Inhalt haben, vgl. § 30 III BauGB.

> **hemmer-Methode:** Ein einfacher Bebauungsplan kann dadurch entstehen, dass in einem als qualifiziert beschlossenen Bebauungsplan die getroffenen Festsetzungen unwirksam sind, die seine Eigenschaft als qualifizierter Bebauungsplan i.S.d. § 30 I BauGB hätten begründen können.

122 Soweit dieser Plan bestimmte Festsetzungen nicht enthält, z.B. über das Maß der baulichen Nutzung, finden je nach Lage des Grundstücks ergänzend die Bestimmungen der §§ 34, 35 BauGB Anwendung.

---

139 Inzidentkontrolle bedeutet, dass die Wirksamkeit des Bebauungsplans als Grundlage der erteilten Baugenehmigung vom Verwaltungsgericht ebenfalls überprüft wird und der Plan ggf. nicht angewendet wird (Inzidentverwerfung); das Verwaltungsgericht kann dann aber nicht den Bebauungsplan für unwirksam erklären (das kann nur der VGH im Rahmen einer Normenkontrolle, § 47 VwGO, vgl. unten Rn. 411 ff.); ist die Wirksamkeit des Bebauungsplans in einem Normenkontrollverfahren dagegen bereits rechtskräftig festgestellt (vgl. § 121 VwGO), so ist das Verwaltungsgericht daran gebunden. Sehr strittig ist, ob die Baubehörde auch ein Inzidentverwerfungsrecht hat, also den unwirksamen Plan auch unangewendet lassen kann, vgl. m.w.N. BGH, NVwZ 2004, 1143 = **Life & Law 2004, 775**.

140 So auch im abschließenden Fallbeispiel unter Rn. 236.

141 Dazu bei der Normenkontrolle, Rn. 416 f.

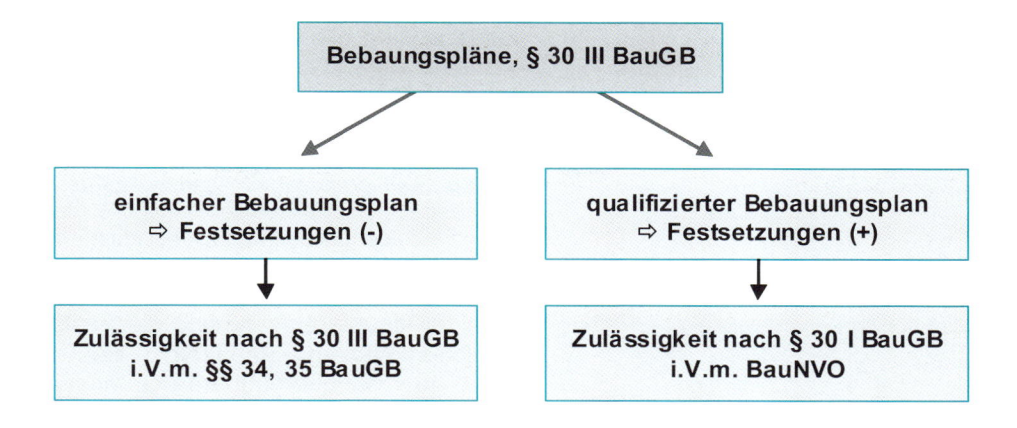

§ 2 DAS BEGEHREN EINER BAUGENEHMIGUNG

```
                    Bebauungspläne, § 30 III BauGB
                    /                            \
   einfacher Bebauungsplan              qualifizierter Bebauungsplan
   ⇨ Festsetzungen (-)                  ⇨ Festsetzungen (+)
              ↓                                      ↓
   Zulässigkeit nach § 30 III BauGB     Zulässigkeit nach § 30 I BauGB
   i.V.m. §§ 34, 35 BauGB               i.V.m. BauNVO
```

Einen abschließenden bauplanungsrechtlichen Maßstab bildet nur der qualifizierte Bebauungsplan. Beide Pläne sind somit zwar gleichartig, jedoch nicht gleichwertig.

Bsp.: In einem zum Innenbereich gehörenden Gebiet besteht ein einfacher Bebauungsplan. Dem Bauvorhaben stehen Festsetzungen des Plans entgegen. Der Bauherr beruft sich darauf, dass sich das Vorhaben gleichwohl in die nähere Umgebung i.S.d. § 34 I BauGB einfügt.

Für die Frage nach der Zulässigkeit ist das Vorbringen des Bauherrn nicht von Bedeutung. Nach § 30 III BauGB richtet sich die Zulässigkeit eines Vorhabens zunächst nach den Festsetzungen des Planes. Nur ergänzend („im Übrigen") findet § 34 BauGB Anwendung. Über die Unzulässigkeit kann der einfache Bebauungsplan somit allein entscheiden (zu beachten ist allerdings § 31 BauGB), über die Zulässigkeit dagegen nur in Verbindung mit § 34 (bzw. § 35) BauGB.

Exkurs Ende

typisierte Betrachtungsweise bei Art der baul. Nutzung

(b) Festsetzungen über die Art der baulichen Nutzung (§ 9 I Nr. 1 BauGB i.V.m. §§ 1 ff. BauNVO; gemäß § 1 III S. 2 BauNVO werden die §§ 2 - 14 BauNVO Inhalt des Bebauungsplans) regeln die Frage, welche Vorhaben in den einzelnen Baugebieten zulässig sind.

Nach der Rechtsprechung gilt hierbei generell eine „typisierende Betrachtungsweise", die aber ihrerseits die Typisierungen des Immissionsschutzrechts nicht undifferenziert in das Bauplanungsrecht übertragen darf.[142]

Dass die so gefundenen Ergebnisse nicht immer überzeugen, zeigt eine Entscheidung des VGH Mannheim[143]. Nach Ansicht der Richter sollte ein Altenpflegeheim in einem reinen Wohngebiet nicht zulässig sein.

Nach einer Ergänzung der BauNVO ist ein solches Heim nun in § 3 IV BauNVO ausdrücklich den „normalen" Wohngebäuden i.S.d. § 3 II BauNVO zugeordnet.

Abweichungen von den Typenvorgaben der BauNVO und dessen Grenzen

Der grundsätzlich, gesetzlich angeordnete Übergang der Regelungen der §§ 2 – 14 BauNVO in den Bebauungsplan, kann beschränkt werden (vgl. § 1 III S. 2 BauNVO a.E.). Diese Abweichungen sind in den § 1 IV - X BauNVO geregelt und als eine Art „planerische Feinsteuerung"[144] zu verstehen.

---

142 Z.B. BayVGH, BayVBl. 84, 432; BVerwG, DÖV 1993, 253.
143 In NVwZ 1989, 2278 ff.; dasselbe Gericht ebenso unverständlich zu Gemeinschaftsunterkünften für Asylbewerber in NVwZ 1989, 2282 f.
144 Erbguth Öffentliches Baurecht, § 8, Rn. 11.

Zulässig sind alle diese Ausnahmen aber nur insoweit, wie die allgemeine Zweckbestimmung des Baugebietes gewahrt bleibt. Dies gilt auch für die Fälle des Absatz 4, der diese Voraussetzung nicht ausdrücklich nennt.[145]

> **Bsp.:** Der grundsätzlich generelle Ausschluss von Einzelhandelsbetrieben in einem Mischgebiet ist nach § 1 V BauNVO zulässig, wenn dieser durch Gegenausnahmen für bestimmte Einzelhandelsarten ein Stück relativiert wird.[146]

Maß der baulichen Nutzung

Weniger klausurrelevant sind die Festsetzungen über das Maß der baulichen Nutzung (§ 9 I Nr. 1 BauGB i.V.m. §§ 16 ff. BauNVO) sowie über die überbaubaren Grundstücksflächen (§§ 22, 23 BauNVO) und die örtlichen Verkehrsflächen.

> **hemmer-Methode:** Wichtig ist das Verständnis für das System der Regelungen. Zur Vertiefung können Sie sich Einzelfälle unter Zuhilfenahme eines Kommentars erschließen.
> Bedenken Sie schließlich noch, dass die verschiedenen Gebietstypen der BauNVO nicht nur i.R.d. § 30 BauGB eine Rolle spielen können. In den Fällen des § 34 II BauGB können diese ebenfalls als Orientierungsmaßstab gelten.[147]

im Einzelfall Ausschluss nach § 15 BauNVO

(c) Zu beachten ist, dass nach § 15 BauNVO die in den einzelnen Baugebieten zulässigen Vorhaben im Einzelfall unzulässig sein können:

⇨ wenn sie nach Anzahl, Lage, Umfang oder Zweckbestimmung der Eigenart des Baugebiets widersprechen (§ 15 I S. 1 BauNVO);

⇨ wenn von ihnen für das Baugebiet oder dessen Umgebung unzumutbare Belästigungen oder Störungen ausgehen können (§ 15 I S. 2 BauNVO);

⇨ oder sie solchen Belästigungen oder Störungen ausgesetzt werden (§ 15 I S. 2 BauNVO).

gesetzlicher Fall des Gebots der Rücksichtnahme

Für den beplanten Innenbereich stellt § 15 BauNVO die gesetzliche Regelung des baurechtlichen Gebots der Rücksichtnahme dar.[148]

Die Vorschrift ermöglicht, in einzelnen Genehmigungsverfahren bestimmte Probleme zu lösen, die im Planaufstellungsverfahren offen blieben und offen bleiben durften.[149]

> **hemmer-Methode:** Beachten Sie den mit § 15 BauNVO verbundenen zweistufigen Prüfungsaufbau:
> 1. Die grds. Zulässigkeit des Vorhabens nach den Festsetzungen des Bebauungsplans muss gegeben sein.
> 2. Dann erst ist die ausnahmsweise Unzulässigkeit nach § 15 BauNVO zu überprüfen.

(3) Ausnahmen und Befreiungen

Dispens, § 31 I, II BauGB

Das Bauvorhaben darf den Festsetzungen des Bebauungsplans grundsätzlich nicht widersprechen (Baugenehmigung als gebundener Verwaltungsakt). Der Komplexität städtebaulicher Planung und Ordnung kann dieser Grundsatz nicht immer gerecht werden.

---

145 Ernst/Zinkahn/Bielenberg/Krautzberger/Söfker § 1 BauNVO, Rn. 48 m.w.N.
146 BVerwG NWVBl. 2009, 471.
147 Zu § 34 BauGB später unter Rn. 135 ff.
148 Z.B. BVerwGE 67, 334.
149 Vgl. unten Rn. 553.

§ 2 DAS BEGEHREN EINER BAUGENEHMIGUNG

Einzelfallgerechtigkeit

§ 31 BauGB räumt daher Abweichungsvorbehalte ein, die in erster Linie der Einzelfallgerechtigkeit und damit dem rechtsstaatlichen Übermaßverbot dienen.[150] § 31 BauGB bietet eine Dispensmöglichkeit für einfache und qualifizierte Bebauungspläne.

Begriffe trennen

Das BauGB (und damit das Bauplanungsrecht) unterscheidet zwei Arten von Abweichungstatbeständen. Die Ausnahme nach § 31 I BauGB und die Befreiung nach § 31 II BauGB. Oberbegriff für beide ist der Begriff der Abweichung. Die BauO NRW (und damit das Bauordnungsrecht) unterscheidet seit 1995 nicht mehr[151] zwischen den beiden Typen. In § 73 BauO NRW findet sich die einheitliche Regelung der Abweichung (vgl. Rn. 230). Verwenden Sie die Begriffe also nicht als Synonyme.

(a) Ausnahmen § 31 I BauGB

Ausnahmen : im BBauPl. vorgesehen ⇨ § 31 I BauGB

Nach § 31 I BauGB kann die Gemeinde Ausnahmen hinsichtlich bestimmter Festsetzungen nach Art und Umfang ausdrücklich im Bebauungsplan vorsehen. Die Ausnahme ist ein planinternes Institut.

130

Von besonderer Bedeutung sind insoweit die jeweiligen Absätze drei der §§ 2 - 9 BauNVO. Nach § 1 III S. 2 BauNVO werden die dort vorgesehenen Ausnahmen Bestandteil des Bebauungsplans (es sei denn, die Gemeinde macht von den Möglichkeiten des § 1 IV - X BauNVO Gebrauch).

> **Bsp.:** *Tankstellen im allgemeinen Wohngebiet (§ 31 I BauGB i.V.m. § 4 III Nr. 5 BauNVO) oder Lebensmittelläden im reinen Wohngebiet (§ 31 I BauGB i.V.m. § 3 III BauNVO).*

(b) Befreiungen § 31 II BauGB

Befreiungen : im BBauPl. nicht vorgesehen ⇨ § 31 II BauGB

Nach § 31 II BauGB sind darüber hinaus im Einzelfall Befreiungen von bestimmten Festsetzungen möglich. Hierbei handelt es sich also um ein planexternes Institut.

131

Die Befreiung ist das Mittel, um unvorhersehbaren Besonderheiten Rechnung tragen zu können. Der Zielsetzung entsprechend sind die Zulässigkeitsvoraussetzungen streng:[152]

Alternative Voraussetzungen:

⇨ entweder Gründe des Wohls der Allgemeinheit oder

⇨ städtebauliche Vertretbarkeit der Abweichung oder

⇨ offenbar nicht beabsichtigte, grundstücksbezogene Härte bei der Durchführung des Planes.

Zusätzliche kumulative Voraussetzungen stets:

⇨ Vereinbarkeit der Abweichung mit den öffentlichen Belangen auch unter Würdigung nachbarlicher Interessen und

⇨ Beibehaltung der Grundzüge der Planung.

---

150 Battis/Krautzberger/Löhr, § 31 BauGB, Rn. 1.
151 Zuvor in § 68 BauO NRW 1984 beide Formen aufgeführt.
152 Koch/Hosch, a.a.O. S. 238.

(c) Allgemein

kein konkludenter Dispens, aber konkludenter Antrag

Ein Dispens muss stets ausdrücklich erfolgen und in der Baugenehmigung hervorgehoben werden. Eine konkludente Erteilung des Dispenses durch bloße Erteilung der Baugenehmigung ist damit nicht möglich. Ein ausdrücklicher Befreiungsantrag des Bauwerbers neben dem Bauantrag ist dagegen nicht erforderlich.[153]

hemmer-Methode: Der Dispens ist ein eigener Verwaltungsakt, was Sie weniger in der Klausur, der Bauherr vielmehr an dem Kostenbescheid der Baubehörde merken wird. Er wird nicht nur die Kosten für die Baugenehmigung, sondern auch für den Dispens zu tragen haben.

genehmigungsfreie Vorhaben

Ist das Vorhaben hingegen genehmigungsfrei (§§ 65 – 67 BauO NRW), so fehlt es an einem Bauantrag. Erfordert ein solches Vorhaben für seine materielle Baurechtmäßigkeit eine Ausnahme (§ 31 I BauGB) oder eine Befreiung (§ 31 II BauGB), so ist hierfür gem. § 74a BauO NRW ein schriftlicher Antrag erforderlich.

§ 31 I BauGB vor § 31 II BauGB prüfen

Bei der Klausurlösung ist zunächst mit den Ausnahmemöglichkeiten des § 31 I BauGB zu beginnen. Liegen dessen Voraussetzungen nicht vor, so ist die Befreiungsmöglichkeit des § 31 II BauGB zu überprüfen.

Bsp.: In einem reinen Wohngebiet wird die Genehmigung für den Umbau eines Wohnhauses in eine Gaststätte unter Befreiung von den Festsetzungen des BBauPl. beantragt. Derartige Ausnahmen sind im Plan weder ausdrücklich noch in § 3 III BauNVO vorgesehen.

Das Vorhaben entspricht nicht den Festsetzungen des Planes. Da auch derartige Ausnahmen nicht vorgesehen sind (§ 31 I BauGB), kommt lediglich die Möglichkeit einer Befreiung nach § 31 II BauGB in Betracht. Denkbar wäre hier § 31 II Nr. 2 BauGB. Die Abweichung wäre städtebaulich vertretbar, wenn sie nach § 1 BauGB zulässiger Inhalt eines BBauPl. sein könnte.[154] Im vorliegenden Fall ist dies grundsätzlich vorstellbar.

Auch die Grundzüge der Planung (also die dem Plan insgesamt zugrundeliegende planerische Konzeption) dürfte hierdurch wohl nicht berührt werden. Ob die Abweichung auch unter Würdigung nachbarlicher Interessen mit den öffentlichen Belangen vereinbar ist, ist Frage des Einzelfalles.

hemmer-Methode: § 31 II BauGB enthält als Mischtatbestand auf der Tatbestandsseite unbestimmte Rechtsbegriffe und auf der Rechtsfolgenseite eine Ermessensermächtigung.[155] Nach bisher h.M. sind die nachbarlichen Interessen auf der Tatbestandsseite zu würdigen und im Anschluss daran das Ermessen auszuüben. Vertretbar erscheint aber auch, den Prozess der Würdigung innerhalb des Ermessens anzusiedeln.[156] Jedenfalls sollten Sie durch einen klaren Prüfungsaufbau zeigen, für welchen Weg Sie sich entscheiden.

Einvernehmen beachten

Beachte: Da Ausnahme und Befreiung in das Gefüge des von der Gemeinde beschlossenen Bebauungsplanes eingreifen, hat die entscheidende Baugenehmigungsbehörde nach § 36 I S. 1 BauGB das Einvernehmen der plangebenden Gemeinde einzuholen.

hemmer-Methode: Denken in Zusammenhängen! Wird ein Dispens von einer (nachbarschützenden) Vorschrift erteilt, so wird sich der Nachbar i.d.R. besonders ärgern und die Baugenehmigung anfechten. Der Dispens ist deshalb besonders im Bereich der Nachbarklage von Bedeutung.

---

153 Vgl. Ernst/Zinkahn/Bielenberg/Krautzberger/Söfker, § 31 BauGB, Rn. 63 ff.; Dürr/König, Rn. 148.
154 So BVerwG, ZfBR 90, 198 (200).
155 **Hemmer/Wüst, Verwaltungsrecht I, Rn. 359**; Maurer, § 7 Rn. 24 f.
156 Vgl. Dürr/König, Rn. 153.

cc) Zulässigkeit von Vorhaben im Innenbereich, § 34 BauGB

(1) Abgrenzung

§ 30 BauGB ggü. § 34 BauGB vorrangig zu prüfen

Liegt ein qualifizierter Bebauungsplan vor, so entscheidet alleine § 30 I BauGB über die Zulässigkeit des Vorhabens (s.o. Rn. 117 ff.).

Bei einem einfachen Bebauungsplan (§ 30 III BauGB) und im unbeplanten Bereich kommt § 34 BauGB zur Anwendung, wenn sich das Vorhaben im sog. Innenbereich befindet.

Abgrenzung Innen- zu Außenbereich

Die Zuordnung zu dem einen oder anderen Gebietstyp entscheidet in zahlreichen Fällen über die bauliche Nutzbarkeit eines Grundstücks überhaupt.

Innenbereich grds. bebaubar

Während der Innenbereich nach Vorstellung des Gesetzgebers grundsätzlich bebaubar sein soll, besteht für sog. nicht-privilegierte Vorhaben im Außenbereich praktisch ein Bauverbot.

Definition: Im Zusammenhang bebauter Ortsteil

Definition: Unter „im Zusammenhang bebaute Ortsteile" i.S.d. § 34 BauGB ist mit der ständigen Rechtsprechung[157] jede Bebauung im Gebiet einer Gemeinde zu verstehen, die - trotz vorhandener Baulücken - den Eindruck von Geschlossenheit und Zusammengehörigkeit erweckt, nach der Zahl der vorhandenen Bauten ein gewisses Gewicht hat und Ausdruck einer organischen Siedlungsstruktur ist. Maßgeblich für die Beurteilung ist die jeweils vorhandene Bebauung.[158]

Für die Beurteilung der Frage, ob eine zusammenhängende Bebauung ein Ortsteil i.S.v. § 34 I BauGB ist, ist nur auf die Bebauung im jeweiligen Gemeindegebiet - nicht auf die in der angrenzenden Nachbargemeinde - abzustellen.[159] Auch zwei unmittelbar aneinandergrenzende Grundstücke können unterschiedlichen Baugebieten angehören, wenn z.B. einem Steilhang oder anderen topographischen Gegebenheiten eine trennende Funktion zukommt.[160]

> *Bsp.: K will seinen Gewerbebetrieb erweitern. Im Süden des Grundstücks schließen sich andere Betriebe an, die Bebauung geht in den Ort über. Im Osten und Westen befinden sich nur landwirtschaftlich genutzte Flächen. Auf dem nördlich angrenzenden Grundstück befindet sich die Zufahrt zu dem Betrieb des K und ein kleiner Parkplatz, der Rest wird landwirtschaftlich genutzt. Hier will K eine Ausstellungshalle errichten. Weitere Bebauung findet sich nördlich des Grundstücks nicht.*
>
> *Findet § 34 BauGB Anwendung?*
>
> Der Betrieb des K steht noch am Rand eines im Zusammenhang bebauten Ortsteils, da sich anschließend weitere Gewerbebetriebe befinden. Der Betrieb selbst könnte demnach ein Innenbereichsvorhaben darstellen.
>
> Das bedeutet aber nicht automatisch, dass auch das angrenzende Vorhaben zum Innenbereich gehört. Der vorhandene Parkplatz wird ebenfalls noch vom Bebauungszusammenhang umfasst, der Rest des Grundstücks allerdings wird landwirtschaftlich genutzt.

---

[157] Grundlegend BVerwGE 31, 20 (21); vgl. auch BverwG, JuS 2001, 405 f.
[158] Unter den Begriff der Bebauung fällt dabei nicht jede Anlage, sondern nur solche, die geeignet sind, den städtebaulichen Charakter zu prägen. Rglm. erforderlich ist daher die Eignung zum ständigen Aufenthalt von Menschen, BVerwG, BauR 2002, 277.
[159] BverwG, NVwZ 1999, 527 = **Life & Law 1999, 389 ff.**
[160] J/D/W, § 34 BauGB, Rn. 26.

Somit stellt der Parkplatz das Ende der Bebauung dar, an ihn angrenzend beginnt der Außenbereich. Die Abgrenzung ist nicht abhängig von Grundstücks- oder Parzellengrenzen, sondern nur von den Baugrenzen. Der Außenbereich kann also auch mitten in einem Grundstück beginnen.[161]

> **hemmer-Methode:** Gerade im Zusammenhang mit der Beurteilung von Baugrenzen (oft sogar anhand von Skizzen) ist § 34 BauGB beliebter Prüfungsgegenstand im Examen. Die Abgrenzung von § 34 BauGB und § 35 BauGB ist dann ein zentrales Problem der Arbeit, bei dem pauschales Lernen nicht zum Erfolg führt, sondern einzig und allein die genaue Würdigung des Einzelfalles.
> Vergegenwärtigen Sie sich daher die Abgrenzungskriterien und beachten Sie vor allem die Wertung des Gesetzgebers: Liegt das Vorhaben im Außenbereich, so ist es i.d.R. nur dann zulässig, wenn es sich um ein privilegiertes Vorhaben handelt. Fällt es dagegen in den unbeplanten Innenbereich, so gelten die Grundsätze des § 34 BauGB, die gegenüber § 35 BauGB bei nicht-privilegierten Vorhaben eine vereinfachte Zulassung ermöglichen.[162]

ggf. in Satzung festlegbar

Nach § 34 IV BauGB können die Gemeinden die Abgrenzung von Innen- und Außenbereich durch Satzung festsetzen. Während die Klarstellungssatzung (Nr. 1) nur deklaratorischen Charakter hat, wirken Entwicklungs- (Nr. 2) und Abrundungssatzung (Nr. 3) konstitutiv.[163]

(2) Zulässigkeit von Bauvorhaben nach § 34 I BauGB

§ 34 I BauGB, BBauPl. ist vorrangig

Liegt im Innenbereich ein Bebauungsplan vor, so richtet sich die Zulässigkeit eines Vorhabens zunächst nach den Festsetzungen dieses Plans.

Widerspricht es diesen Festsetzungen, so ändert auch das Vorliegen der Voraussetzungen des § 34 BauGB nichts an der Unzulässigkeit.

> **hemmer-Methode:** Aus genau diesem Grunde versuchen viele Rechtsanwälte, einen Bebauungsplan mit aller Gewalt (und viel Erfindungsreichtum) als unwirksam darzustellen!
> Dann würde nämlich im Innenbereich doch wieder unmittelbar § 34 BauGB gelten - was das Vorhaben möglicherweise entgegen der Festsetzungen wieder zulässig machen würde. In der Praxis kann es so zu einem „Eiertanz" zwischen §§ 35, 34 und 30 BauGB kommen. Meist liefert § 34 BauGB die einfachsten Genehmigungsvoraussetzungen.

Prüfungsschema § 34 BauGB

Für § 34 I BauGB bietet sich folgendes Prüfungsschema an:

Nach § 34 I BauGB ist ein Bauvorhaben zulässig, wenn:

1. es im Innenbereich liegt,

2. es sich hinsichtlich

  ⇨ der Art der baulichen Nutzung,

  ⇨ des Maßes der baulichen Nutzung,

  ⇨ der Bauweise,

  ⇨ der Grundstücksfläche, die überbaut werden soll

  ⇨ in die Eigenart der näheren Umgebung einfügt (vgl. anschließendes Schema),

---

161 BVerwG, BauR 1993, 435 ff.
162 Zum Außenbereich und zu nicht-privilegierten Vorhaben anschließend ausführlich unter Rn. 150 ff.
163 Battis/Krautzberger/Löhr, § 34 BauGB, Rn. 59 ff.

§ 2 DAS BEGEHREN EINER BAUGENEHMIGUNG

> 3. die Erschließung gesichert ist,
> 4. die Anforderungen an gesunde Wohn- und Arbeitsverhältnisse gewahrt bleiben, § 34 I S. 2 BauGB,
> 5. das Ortsbild nicht beeinträchtigt wird, § 34 I S. 2 BauGB,
> 6. es den Festsetzungen eines evtl. bestehenden einfachen BBauPl. (§ 30 III BauGB) nicht widerspricht,
> 7. keine schädlichen Auswirkungen auf zentrale Versorgungsbereiche in der Gemeinde oder in anderen Gemeinden zu erwarten sind, § 34 III BauGB,
> 8. die Gemeinde ihr Einvernehmen nach § 36 I S. 1 BauGB erteilt hat.[164]

Die Punkte 3., 4. und 5. sind in Examensklausuren meist von nur geringer Bedeutung.

Hinsichtlich Punkt zwei empfiehlt sich folgende Vorgehensweise:[165]

„Einfügen"

„Einfügen in die nähere Umgebung":

⇨ Feststellung der Umgebung (Bereich, auf den sich das Vorhaben auswirken kann und der andererseits selbst das Baugrundstück prägt).

⇨ Feststellung der dortigen Bebauung (anhand der oben genannten Kriterien: Art und Maß, Bauweise, überbaute Fläche; diesbzgl. ist die BauNVO als Auslegungshilfe heranzuziehen). Fremdkörper in der Umgebung bleiben außer Betracht.

⇨ Prüfung, ob das geplante Vorhaben diesen Rahmen einhält.

⇨ Überprüfung des Vorhabens anhand des Gebots der Rücksichtnahme (Abwägung).

⇨ Sollte das Vorhaben sich nach diesen Kriterien als unzulässig erweisen, ist eine Befreiung nach § 34 IIIa BauGB zu prüfen.

Das Gebot der Rücksichtnahme folgert die Rechtsprechung[166] aus dem Tatbestandsmerkmal des „Einfügens".

abschließende Abwägung

Im Ergebnis bedeutet das, dass eine nach den ersten drei Prüfungsschritten festgestellte Zulässigkeit durch eine abschließende Abwägung nochmals zur Disposition gestellt wird.

Zu berücksichtigen ist in der Abwägung, wie empfindlich und schutzwürdig die Stellung derer ist, zu deren Gunsten Rücksicht genommen wird, und wie gewichtig andererseits das Interesse derer ist, die ein bauliches Vorhaben verwirklichen wollen.[167]

hemmer-Methode: Das Gebot der Rücksichtnahme ist ein Klassiker des Baurechts. Die Bedeutung dieses Instituts, welches das ganze Baurecht betrifft, muss Ihnen bekannt sein. Eine sehr wichtige Rolle kommt dem Gebot der Rücksichtnahme bei der Beurteilung zu, ob eine Vorschrift nachbarschützende Wirkung aufweist.[168]

---

164 S. dazu später unter Rn. 183 u. 380 ff.
165 Vgl. E/Z/B, § 34 BauGB, Rn. 30, 32; Dürr/König, Rn. 163 ff., der sich an BVerwGE 55, 369 orientiert.
166 Ausgehend von BVerwGE 52, 122.
167 BVerwGE 52, 122 (126).
168 Vgl. dazu Rn. 324 ff.

Bsp.: Geplant ist im Innenbereich ein großflächiger Einzelhandelsbetrieb. In der Umgebung befinden sich Wohngrundstücke.

Umgebung und die dortige Bebauung (der sog. Rahmen) sind hier vorgegeben. Zu überprüfen bleibt, ob das geplante Vorhaben diesen Rahmen einhält. Das ist hier eindeutig (Art der baulichen Nutzung) nicht der Fall.

Die Prüfung wäre damit beendet. Allerdings kann ein Vorhaben, das den Rahmen überschreitet, ausnahmsweise dennoch zulässig sein, § 34 IIIa BauGB.[169]

Hier ist die Abweichung mit den nachbarlichen Belangen nicht vereinbar, § 34 IIIa Nr. 3 BauGB, sodass eine Genehmigung nicht in Betracht kommt.[170]

Abwandlung: In der Umgebung des geplanten Vorhabens befinden sich bereits Einzelhandelsbetriebe. Es ist zu erwarten, dass durch das Vorhaben die vorhandenen Betriebe erheblich Umsatzeinbußen zu verzeichnen haben werden.

§ 34 III BauGB

In diesem Fall scheint das Vorhaben den vorgegebenen Rahmen einzuhalten.

Zu prüfen bleibt, ob nicht ein Verstoß gegen § 34 III BauGB[171] vorliegt. Diese Vorschrift verlangt eine Berücksichtigung der städtebaulichen Auswirkung durch das geplante Vorhaben über die maßgebliche Umgebung bis möglicherweise zur Nachbargemeinde hinaus. Dabei dürfen von dem geplanten Vorhaben keine schädlichen Auswirkungen auf zentrale Versorgungsbereiche der Gemeinde oder der Nachbargemeinde ausgehen. Ein Vorhaben ist demnach unzulässig, wenn das Vorhaben einen vorhandenen zentralen Versorgungsbereich durch den Abzug von Kaufkraft für zentrenrelevante Sortimente beeinträchtigt.[172] War eine Nachbargemeinde nach bisheriger Rechtslage machtlos gegen eine solche Fernwirkung eines Vorhabens im unbeplanten Innenbereich, so ist nun zu beachten, dass § 34 III BauGB drittschützend wirkt.

momentane Bebauung entscheidend

Entscheidend ist jeweils die tatsächlich momentan vorhandene Bebauung.

143

Bsp.: N betreibt einen Bauernhof mit Viehhaltung. Momentan werden die Nachbargrundstücke durch Geruchsemissionen nicht belästigt. Gegen ein Vorhaben auf einem Nachbargrundstück wendet er sich mit der Begründung, eine Wohnbebauung dort würde es ihm unmöglich machen, seinen Betrieb zukünftig ganz auf Mast umzustellen. Er sei deshalb in der künftigen Nutzung des Grundstücks beeinträchtigt.

Ein (Wohn-)Vorhaben kann auch dann nach § 34 I BauGB unzulässig sein, wenn es sich in der Umgebung bereits vorhandenen Immissionen aussetzt. Da in einer solchen Situation gerichtliche Auseinandersetzungen über die Zulässigkeit der Immissionen zu erwarten sind, verletzt das geplante Vorhaben u.U. das Gebot der Rücksichtnahme.[173]

Problematisch ist hier allerdings, dass die beeinträchtigenden Immissionen noch gar nicht vorliegen, sondern allenfalls von N geplant sind.

Grundsätzlich können künftige Entwicklungen nur insoweit berücksichtigt werden, als sie im vorhandenen baulichen Bestand ihren Niederschlag gefunden haben.

Die bloße Möglichkeit zukünftiger Betriebserweiterungen kann schon vollzogenen Änderungen nicht gleichgestellt werden. Andernfalls könnte jeder Nachbar durch bloße Absichtserklärungen die Bebaubarkeit der Grundstücke in seiner Umgebung beeinflussen.[174]

---

169 Vgl. zu § 34 IIIa BauGB Battis/Krautzberger/Löhr, § 34 BauGB, Rn. 56.
170 J/D/W, § 34 BauGB, Rn. 103 ff.
171 Battis/Krautzberger/Löhr, § 34 BauGB, Rn. 54.; vgl. auch allgemein zu § 34 III BauGB den Aufsatz „Die Neuregelung des § 34 III BauGB" von Dr. S. Gatawis in NVwZ 2006, 273 ff. und „Der Schutz zentraler Versorgungsbereiche vor großflächigen Einzelhandelsbetrieben" von Dr. A. Scheidler NWVBl. 2010, 336 ff.
172 Vgl. Uechtriz, NVwZ 2004, 1025, 1152.
173 BGH, BayBl. 2002, 536.
174 BVerwG, BauR 1993, 445 ff.

(3) Die Zulässigkeit nach § 34 II BaugB

§ 34 II BauGB i.V.m. BauNVO

Entspricht die Eigenart der näheren Umgebung einem der Baugebiete der BauNVO, so ist ein Vorhaben nach seiner Art nur zulässig, wenn es nach der BauNVO in dem Gebiet zulässig wäre. Gemäß § 34 II HS 2 BauGB findet § 31 BauGB entsprechende Anwendung auf nach der BauNVO ausnahmsweise zulässige Vorhaben.

Bleiben hinsichtlich der Zuordnung Zweifel, so ist allein § 34 I BauGB anzuwenden.

BauNVO nur bzgl. Art der baul. Nutzung

Diese Bezugnahme auf die BauNVO gilt allerdings nur für die Art der baulichen Nutzung. Es bedarf insoweit keiner Prüfung, ob sich das Vorhaben einfügt oder nicht.[175]

Hinsichtlich der anderen in § 34 I S. 1 BauGB genannten Kriterien bleibt es bei der oben dargestellten Prüfung.

Gebot der Rücksichtnahme

Zu beachten ist, dass auch bei § 34 II BauGB das Gebot der Rücksichtnahme gilt. Das ergibt sich aus § 15 BauNVO, der eine Ausprägung des baurechtlichen Gebots der Rücksichtnahme ist und von der Bezugnahme des § 34 II BauGB mit umfasst wird.[176]

hemmer-Methode: § 34 II BauGB ist ein beliebtes Klausurthema, denn zum einen kann man so vorab die Abgrenzung von § 34 BauGB zu § 35 BauGB prüfen, zum anderen können Fragen der BauNVO einfließen. Insbesondere die Vorschrift des § 15 BauNVO kann dann im Einzelfall ein eigentlich zulässiges Vorhaben wieder unzulässig werden lassen: Hier können (bzw. müssen) Sie dann zeigen, dass Sie die Systematik des § 34 II BauGB verstanden haben.

dd) Zulässigkeit von Vorhaben im Außenbereich, § 35 BauGB

(1) Allgemeines

Bauen im Außenbereich, § 35 BauGB

Der Begriff des Außenbereichs wird dadurch negativ definiert, dass keiner der in §§ 30 I, 34 BauGB genannten Bereiche einschlägig ist.

grds. keine Bebauung erwünscht

Von den drei Planungsbereichen (§§ 30, 34, 35 BauGB) ist der Außenbereich derjenige, in dem grundsätzlich nicht gebaut werden soll.

hemmer-Methode: Dieser Grundsatz erleichtert Ihnen das Verständnis der §§ 30 ff. BauGB. Daraus folgt, dass die Zulässigkeit von Vorhaben nur unter strengeren Voraussetzungen als bei den §§ 30 I, 34 BauGB gegeben sein kann.

aber: privilegierte Vorhaben

Hinsichtlich bestimmter (sog. privilegierter) Vorhaben macht § 35 I BauGB hiervon grundsätzliche Ausnahmen.

nicht: sonstige Vorhaben

Sonstige (nicht-privilegierte) Vorhaben sind nur in Einzelfällen zulässig (§ 35 II BauGB).

Abwägung der Belange

Beide Vorhabentypen (privilegierte, wie auch nicht-privilegierte) haben gemeinsam, dass sich ihre Zulässigkeit letztlich nach einer Abwägung zwischen den Belangen des Bauherrn und den öffentlichen Belangen richtet.[177]

---

[175] Battis/Krautzberger/Löhr, § 34 BauGB, Rn. 46.
[176] E/Z/B, § 34 BauGB, Rn. 48 ff. m.w.N.
[177] St. Rspr. BVerwGE 28, 148 (151); vgl. auch Finkelnburg/Ortloff/Kment Öffentliches Baurecht Band I, § 27, Rn. 34 und 39.

Der wesentliche Unterschied zwischen den Absätzen liegt in der gesetzgeberisch vorgegeben, grundsätzlichen Gewichtung der Belange.[178]

⇨ *bei privilegierten Vorhaben*

Der Wortlaut des § 35 I BauGB fordert, dass die öffentlichen Belange nicht „entgegenstehen" dürfen. So betont der Gesetzgeber für die privilegierten Vorhaben den grundsätzlichen Vorrang der Belange des Bauherrn (vgl. Rn. 157 ff.).

⇨ *bei nicht-privilegierten Vorhaben*

Nach § 35 II BauGB reicht es für die Unzulässigkeit des Vorhabens aus, dass die öffentlichen Belange „beeinträchtigt" werden. Auch spricht Absatz 2 davon, dass Vorhaben nur „im Einzelfall zugelassen werden" können. So hat der Gesetzgeber für nicht-privilegierte Vorhaben eine Vorentscheidung zugunsten der öffentlichen Belange getroffen. Dies geht aber nicht so weit, dass es keiner Abwägung mehr bedarf. Ob ein berührter öffentlicher Belang auch beeinträchtigt wird oder nicht, ist aber weiterhin im Wege der Abwägung festzustellen (vgl. Rn. 165).

öffentliche Belange, § 35 III BauGB

§ 35 III BauGB zählt die wichtigsten Gründe auf, die gegen ein Vorhaben im Außenbereich sprechen können und somit bei der Entscheidung über die Zulässigkeit mit den für das Vorhaben sprechenden Gründen abgewogen werden müssen.[179]

151

hemmer-Methode: Genauigkeit im Detail! § 35 III S. 1 BauGB gilt nach dem Wortlaut („Beeinträchtigung") eigentlich nur für die Fälle des § 35 II BauGB. Die dort aufgeführten Belange sind aber grds. ebenso für die Fälle des § 35 I BauGB heranzuziehen. Dort sind sie aber nur Ausgangspunkt für eine Interessenabwägung im Einzelfall!

§ 35 IV BauGB bei bestimmten sonstigen Vorhaben

Für bestimmte sonstige Vorhaben nach § 35 II BauGB (sog. teilprivilegierte Vorhaben) fingiert § 35 IV BauGB, dass einige öffentliche Belange, die derartige Vorhaben typischerweise beeinträchtigen, als nicht beeinträchtigt angesehen werden.

152

Alle nach § 35 I - IV BauGB zulässigen Vorhaben müssen in einer flächensparenden und den Außenbereich schonenden Weise ausgeführt werden (§ 35 V BauGB).

153

(2) Zulässigkeit gemäß § 35 I BauGB

(a) Prüfungsschema zu § 35 I BauGB

Prüfungsschema § 35 I BauGB

Ein Vorhaben ist gemäß § 35 I BauGB zulässig, wenn:

1. es im Außenbereich liegt,
2. einer der Fälle des § 35 I Nr. 1 - 7 BauGB vorliegt,
3. öffentliche Belange (insb. i.S.v. § 35 III BauGB) nicht entgegenstehen,
4. die Voraussetzungen des § 35 V BauGB gegeben sind,
5. es den Festsetzungen eines evtl. bestehenden einfachen BBauPl. (§ 30 III BauGB) nicht widerspricht,
6. die ausreichende Erschließung gesichert ist und
7. die Gemeinde ihr gemäß § 36 I S. 1 BauGB erforderliches Einvernehmen erteilt hat.

154

---

178 Battis/Krautzberger/Löhr, § 35 BauGB, Rn. 45 f.
179 BVerwGE 28, 148 (151).

(b) Privilegierte Vorhaben

privilegierte Vorhaben;
§ 35 I BauGB abschließend

Die im Außenbereich privilegierten Vorhaben hat der Gesetzgeber enumerativ und abschließend in § 35 I BauGB geregelt. Damit wird dem Umstand Rechnung getragen, dass es für bestimmte Vorhaben gerade besondere Gründe für einen Standort im Außenbereich gibt.

hemmer-Methode: Anhand kleiner Fälle werden im Folgenden die wichtigsten Tatbestände des § 35 I BauGB aufgezeigt.

Bsp. 1: A plant einen Schweinemastbetrieb im Außenbereich.

Das Vorhaben könnte einem landwirtschaftlichen Betrieb i.S.d. § 35 I Nr. 1 BauGB dienen.

Der Begriff der Landwirtschaft wird als Tätigkeit definiert, bei der der Boden planmäßig und eigenverantwortlich bewirtschaftet werden kann, um den Ertrag (pflanzliche und tierische Erzeugnisse) zu nutzen (vgl. die beispielhafte Aufzählung in § 201 BauGB).[180] Ein landwirtschaftlicher Betrieb liegt somit nur vor, wenn das Futter überwiegend selbst erzeugt wird.[181] Dies einmal vorausgesetzt, müsste das Vorhaben dem landwirtschaftlichen Betrieb dienen.

Ein Betrieb ist ein nachhaltiges, ernsthaftes, auf Dauer angelegtes und lebensfähiges Unternehmen mit einer bestimmten Organisation.[182] Davon ist bei dem Unternehmen des A auszugehen. Dafür spricht insbesondere die Möglichkeit und Absicht des A, einen Gewinn zu erzielen.

Beim Begriff des Dienens ist darauf abzustellen, ob ein „vernünftiger" Landwirt, der die Entscheidung des Gesetzes, dass im Außenbereich grundsätzlich nicht gebaut werden soll, soweit wie möglich respektiert, für einen entsprechenden Betrieb das Vorhaben in etwa gleicher Weise errichten würde.[183] Da man vorliegend auch davon ausgehen kann, ist das Vorhaben des A bei eigener Fütterungsgrundlage privilegiert i.S.v. § 35 I Nr. 1 BauGB.

hemmer-Methode: Verständnis schaffen! In der Praxis kommt es häufig vor, dass ein Landwirt einen Schaf- bzw. Kuhstall im Außenbereich beantragt.
Kommt dann die Bauaufsicht tatsächlich einmal an dem Vorhaben vorbei, muss nicht selten festgestellt werden, dass der Stall als (teuer vermietete) Behausung für Reitpferde fungiert, welche gerade nicht dem landwirtschaftlichen Betrieb dienen. Dann muss i.d.R. eine Teilabrissverfügung ergehen.

Sollte A das Futter nicht im eigenen Betrieb erzeugen können, fällt das Vorhaben jedenfalls unter § 35 I Nr. 4 BauGB.[184] Aufgrund der von Schweinemastbetrieben ausgehenden nachteiligen Wirkungen auf die Umgebung (Geruchsbelästigung) sollen derartige Vorhaben nur im Außenbereich ausgeführt werden.[185]

hemmer-Methode: Beachten Sie auch hier die Zusammenhänge! Landwirtschaftliche Gebäude sind häufig Gegenstand von Baurechtsklausuren, denn hier müssen Sie zunächst prüfen, ob nicht bereits eine Ausnahme nach § 65 I Nr. 1, 4 u. 5 BauO NRW vorliegt.[186]
Außerdem eröffnen sich bei landwirtschaftlichen Vorhaben sehr oft Fragen des Immissionsschutzrechts (z.B. bei einem Schweinemastbetrieb).

---

180 Vgl. BVerwG, BayVBl. 1981, 119 (121); DÖV 1983, 816; DÖV 1993, 869.
181 OVG Münster NWVBl. 2009, 481 (482).
182 Vgl. BVerwG, NVwZ 1986, 916.
183 Vgl. BVerwG, DÖV 1986, 573; DÖV 1992, 73.
184 OVG Münster NWVBl. 2009, 481 (482).
185 Battis/Krautzberger/Löhr, § 35 BauGB, Rn. 44.
186 Dazu schon Rn. 59; dies wird aber i.d.R. nicht der Fall sein, da Sie ansonsten gar nicht mehr zu § 35 BauGB vorstoßen würden - erwähnen sollten Sie § 65 I Nr. 1, 4, 5 BauO NRW dennoch.

> Hier kann es sein, dass auch eine immissionsschutzrechtliche Genehmigung nach § 4 BImSchG erforderlich ist und damit nach § 13 BImSchG die Baugenehmigung entfällt (formelle Konzentrationswirkung). Die bauplanungsrechtliche Zulässigkeit ist dann trotzdem zu prüfen, vgl. § 6 I Nr. 2 BImSchG.

limitierte Generalklausel, § 35 I Nr. 4 BauGB

I.R.d. Privilegierungstatbestände kommt dem § 35 I Nr. 4 BauGB ganz allgemein die Funktion eines Auffangtatbestandes zu.[187] In Form einer limitierten Generalklausel fasst er alle Vorhaben zusammen, die auf einen Standort im Außenbereich angewiesen sind.

Die Voraussetzungen sind stets genau zu prüfen.

Wochenendhäuser

Bsp. 2: Im Außenbereich ist ein Wochenendhaus geplant. „Richtige Erholung ist nur im Grünen möglich."

Wochenendhäuser müssen weder wegen der besonderen Anforderungen an die Umgebung, noch wegen ihrer besonderen Zweckbestimmung (auch wenn der Antragsteller dies häufig anders sehen wird) im Außenbereich gebaut werden. Sie dienen allein der individuellen Erholung und schließen gleichzeitig die Allgemeinheit von der Nutzung des Außenbereichs als Erholungsgebiet aus.[188]

Das Tatbestandsmerkmal „soll" des § 35 I Nr. 4 BauGB ist daher nicht erfüllt.[189]

> **hemmer-Methode:** Würde man tatsächlich Wochenendhäuser im Außenbereich zulassen, so gäbe es bald keine unberührte Natur mehr! In den Bauaufsichtsbehörden werden sogar regelmäßig Luftbildaufnahmen herangezogen, um zu prüfen, wo ungenehmigte Wochenendhäuser gebaut wurden.
> Auch ein Golfplatz erfüllt regelmäßig nicht die Anforderungen des § 35 I Nr. 4 BauGB; ausführlich zu diesem Problem: Buchner, BayVBl. 1989, 673. Ein klassisches Problem i.R.d. § 35 I Nr. 4 BauGB ist (gerade in Abgrenzung zu den Wochenendhäusern) die Zulässigkeit von Jagdhütten.[190] Diese können angesichts der Bedeutung der Jagd für die Pflege des Waldes durchaus privilegiert sein, dürfen aber nach Ausstattung und Einrichtung dann keine „verkappten" Wochenendhäuser sein.

Bsp. 3: Eine im Außenbereich gelegene Skihütte soll in Zukunft ganzjährig genutzt werden. Die Gemeinde macht geltend, die Nutzung sei nur im Winter gestattet.

Das BVerwG[191] führt dazu aus, dass die Funktion der Hütte als Versorgungsstützpunkt zu einer Einschränkung der Genehmigung in jahreszeitlicher Hinsicht führt. Ein Überschreiten dieser Funktion sei nämlich eine Überschreitung der Privilegierung und stelle eine Nutzungsänderung dar, die bei Nichtvorliegen der Voraussetzungen des § 35 BauGB nicht genehmigt werden muss. I.R.d. demnach erforderlichen neuen Genehmigung seien insbesondere die speziellen Verhältnisse im Sommer mit zu berücksichtigen.

Transportbeton

Bsp. 4: X plant ein Kiesabbauunternehmen mit einer Transportbetonanlage im Außenbereich.

Bei dem Vorhaben des X könnte es sich um ein privilegiertes Vorhaben i.S.d. § 35 I Nr. 3 BauGB handeln. Dann müsste es einem ortsgebundenen gewerblichen Betrieb dienen. Ortsgebunden in diesem Sinne sind Betriebe, die aufgrund geologischer oder geographischer Gegebenheiten nur an einer bestimmten Stelle realisiert werden können, insbesondere Betriebe, die Bodenschätze abbauen. Das Kiesabbauunternehmen des X ist also ortsgebunden.

---

187 OVG Münster, NWVBl. 2009, 481 (481).
188 Vgl. z.B. BVerwG, BayVBl. 2001, 22 (24).
189 BayVGH, BayVBl. 1988, 656.
190 J/D/W, § 35 BauGB, Rn. 77.
191 BauR 2001, 220.

§ 2 DAS BEGEHREN EINER BAUGENEHMIGUNG

Allerdings ist fraglich, in welchem Umfang neben dem Abbau auch nichtortsgebundene Betriebszweige (Verarbeitung der abgebauten Rohstoffe) unter § 35 I Nr. 3 BauGB fallen. Das BVerwG stellt darauf ab, ob zu dem ortsgebundenen Betrieb aufgrund technischer Erfordernisse typischerweise auch nicht ortsgebundene Tätigkeiten gehören.[192] Daran angelehnt hat der BayVGH entschieden, dass zu einem Kiesabbauunternehmen nicht typischerweise eine Transportbetonanlage gehört.[193] Insofern ist das Vorhaben des X nicht privilegiert.

Bsp. 5: M will im Außenbereich eine Mobilfunkbasisstation errichten.

Die Mobilfunkbasisstation stellt nach § 35 I Nr. 3 BauGB ein privilegiertes Vorhaben dar. Diesem könnte jedoch der öffentliche Belang des § 35 III Nr. 5 BauGB, der drohenden Verunstaltung des Orts- und Landschaftsbildes entgegengehalten werden.

Dies ist nach Auffassung des BayVGH[194] aber nur bedingt der Fall. Hier sei der privilegierten Nutzung die verunstaltende Wirkung bereits immanent. Daraus folge, dass eine Verunstaltung im Sinne des Gesetzes nur dann angenommen werden könne, wenn der betroffene Landschaftsteil besonders schutzwürdig sei.[195]

hemmer-Methode: Bei den verschiedenen Ziffern des § 35 I BauGB sollten Sie regelmäßig alle denkbaren Varianten in der Klausur kurz durchdenken. Oft will der Klausurersteller sogar, dass drei oder vier verschiedene Varianten angeprüft werden.

(c) Kein Entgegenstehen öffentlicher Belange

Belange müssen „entgegenstehen"

Zulässig sind privilegierte Vorhaben nur, wenn öffentliche Belange nicht entgegenstehen, § 35 I BauGB.

157

Die Formulierung „Entgegenstehen" bringt zum Ausdruck, dass sich die privilegierten Vorhaben in der Regel gegen die berührten öffentlichen Belange durchsetzen werden, während sonstige Vorhaben i.S.d. § 35 II BauGB schon unzulässig sind, wenn sie öffentliche Belange nur beeinträchtigen.

158

hemmer-Methode: Die Privilegierung eines Außenbereichsvorhabens wirkt quasi wie ein Planersatz. Sonstige Vorhaben sind im Außenbereich regelmäßig unzulässig. Machen Sie sich diesen Unterschied zwischen privilegierten und sonstigen Vorhaben klar.

Belange in § 35 III BauGB

§ 35 III S. 1 BauGB enthält einen allerdings nicht abschließenden Katalog der in Betracht kommenden Belange.[196] Die Vorschrift des § 35 III S. 1 BauGB ist entgegen seinem Wortlauts auch bei § 35 I BauGB zumindest entsprechend heranzuziehen, der vom „Entgegenstehen" öffentlicher Belange spricht.[197].

159

Allerdings kann die Berührung eines Belanges i.S.d. Abs. 3 Satz 1 im Abs. 1 immer nur Ausgangspunkt für eine Abwägung sein![198] § 35 III S. 2 u. 3 BauGB sind hingegen direkt auf privilegierte Vorhaben nach § 35 I BauGB anwendbar.[199]

---

192 BVerwG, BayVBl. 1977, 20.
193 BayVGH, BayVBl. 1979, 501; weitere Beispiele bei E/Z/B, § 35 BauGB, Rn. 53.
194 BauR 2002, 439.
195 Ähnlich insoweit OVG NW, BauR 2002, 886, 894; beachten Sie aber auch BVerwG, BauR 2002, 1052.
196 An dieser Stelle ist bspw. auch an das interkommunale Rücksichtnahmegebot aus § 2 II BauGB zu denken. Ein solcher ist gegeben, wenn das Vorhaben zu unzumutbaren Auswirkungen auf die städtebauliche Entwicklung und Ordnung der benachbarten Gemeinde führt, OVG RhlPf, BauR 2002, 577. Vgl. hierzu auch OVG Münster, NVwZ-RR 2006, 450.
197 BVerwG, **Life & Law 1998, 808**.
198 J/D/W, § 35 BauGB, Rn. 249.
199 § 35 III S. 3 BauGB soll den Wildwuchs von Windenergieanlagen verhindern. Durch die Ausweisung von Konzentrationsgebieten für diese Art der Nutzung im Flächennutzungsplan sind Windenergieanlagen an anderen Stellen der Gemeinde grundsätzlich unzulässig; Vgl. im Einzelnen OVG NW BauR 2002, 884.

Nr. 1: Darstellungen des FlNPl.

Bei einem Widerspruch zu den Darstellungen des Flächennutzungsplanes (§ 35 III S. 1 Nr. 1 BauGB) ist zu beachten, dass nur sachlich konkrete, standortbezogene Aussagen in einem Flächennutzungsplan der Zulässigkeit eines privilegierten Vorhabens entgegenstehen.

Die bloße Darstellung von Flächen für die Landwirtschaft enthält im Allgemeinen keine solche qualifizierte Standortzuweisung.[200]

> *Bsp.:[201] Eine Gemeinde stellt in ihrem Flächennutzungsplan ein Baugebiet dar. Diese Darstellung kann als konkrete Standortaussage einem privilegierten Vorhaben entgegenstehen, das in diesem Bereich angesiedelt werden soll und dessen Realisierung die Baugebietsausweisung erschweren oder unmöglich machen würde.*

Ein Flächennutzungsplan kann aber infolge der tatsächlichen Entwicklungen die ihm vom Gesetz zugewiesene Bedeutung als Konkretisierung eines öffentlichen Belangs i.S.d. § 35 III BauGB verlieren, wenn seine Darstellungen den besonderen örtlichen Verhältnissen nicht mehr gerecht werden, diese also durch die zwischenzeitliche Entwicklung überholt sind.[202]

Nr. 3: Gebot der Rücksichtnahme

Der Belang in § 35 III S. 1 Nr. 3 BauGB („schädliche Umwelteinwirkungen") ist eine gesetzliche Ausformung des Gebots der Rücksichtnahme. Darüber hinaus verankert die Rechtsprechung seit BVerwGE 52, 122 an diesem Punkt das Gebot der Rücksichtnahme als umfassenden öffentlichen Belang i.S.d. § 35 III BauGB.[203]

Splittersiedlungen

Regelmäßig sind in Klausuren auch Probleme der Entstehung und der Verfestigung von Splittersiedlungen Thema. Grund für deren Qualifikation als entgegenstehender öffentlicher Belang ist die Befürchtung, dass andernfalls eine Zersiedlung des bebaubaren Land zu erwarten ist. Bereits die Errichtung nur eines Hauses kann diesen Belang aufgrund seiner Vorbildwirkung auslösen.

> *Bsp.: (vereinfacht, nach BVerwG, BauR 2001, 75) Das zu bebauende Baugrundstück liegt innerhalb der Gemeinde A, abseits der anderen Bebauung an einer Straße, die zugleich die Grenze zur Nachbargemeinde N markiert. Hinter dieser Straße beginnt bereits die Bebauung der N. Die A verweigert die beantragte Baugenehmigung, weil sonst eine Splittersiedlung entstehe. Der Antragsteller macht demgegenüber geltend, es handele sich um die Bebauung innerhalb eines Ortsteils nach § 34 BauGB (wegen der Häuser jenseits der Straße), daher könne nicht die Entstehung einer Splittersiedlung zu befürchten sein und eine Baugenehmigung sei zu erteilen.*

Nach der Rechtsprechung des BVerwG ist für die somit notwendige Unterscheidung zwischen § 34 BauGB und § 35 BauGB auf die Siedlungsstruktur in der Gemeinde A abzustellen. Dies folgt letztlich aus der Planungshoheit der Gemeinde. § 35 II, III und IV BauGB stellen insoweit einen gesetzlichen Planersatz dar. Im Rahmen einer solchen Ersatzplanung ist der Gemeinde aber nur das zuzurechnen, was sie durch eigene Planung abwenden könnte.

Da ihr aber planungsrechtlich keine Möglichkeit zusteht, die heranrückende Bebauung durch die Nachbargemeinde zu beeinflussen, kann auch für die Beurteilung der Siedlungsstruktur nur auf das Gemeindegebiet abgestellt werden. Stellt man hier isoliert auf die Gemeinde A ab, so liegt eine Splittersiedlung vor.[204]

---

[200] Vgl. BVerwG, NuR 1990, 79.

[201] Nach Dürr/König, Rn. 196.

[202] BVerfG, NVwZ 1997, 899 (900).

[203] Battis/Krautzberger/Löhr, § 35BauGB, Rn. 54 ff.; An dieser Stelle kann auch die Berücksichtigung des Immissionsschutzes in die Prüfung des Baugenehmigungsverfahrens Eingang finden. vgl. dazu BayVGH, **Life & Law 1999, 54 ff.**

[204] Die Verfestigung einer Splittersiedlung droht jedenfalls dann, wenn sie sich um die Hälfte des Bestandes vergrößert, BVerwG, BauR 2001, 1560.

§ 2 DAS BEGEHREN EINER BAUGENEHMIGUNG

Abwägung der öffentlichen Belange mit privaten Interessen notw.

Bei der Beurteilung der Zulässigkeit ist eine Abwägung zwischen den privaten Interessen des Bauwilligen und den öffentlichen Belangen vorzunehmen.[205] Im Gegensatz zu § 1 VII BauGB handelt es sich hierbei um eine „nachvollziehende, die allgemeine gesetzliche Wertung für den Einzelfall konkretisierende Abwägung".[206]

161

Dabei ist **zu beachten**, dass ein Vorhaben, das bestimmten öffentlichen Belangen zuwiderläuft, auch nicht im Wege der Kompensation mit anderen öffentlichen Belangen, die für das Vorhaben sprechen mögen, genehmigt werden kann.[207]

ggf. Rechtsanspruch auf Genehmigung

Liegen die Voraussetzungen (a) bis (c) vor und ist auch die Erschließung gesichert, besteht ein Rechtsanspruch auf Zulassung des Vorhabens.

162

(3) Zulässigkeit gemäß § 35 II BauGB

(a) Prüfungsschema zu § 35 II BauGB

Zulässigkeit nach § 35 II BauGB

Ein Vorhaben ist gemäß § 35 II BauGB zulässig, wenn:

163

1. es im Außenbereich liegt,
2. kein Fall des § 35 I BauGB gegeben ist,
3. das Vorhaben öffentliche Belange (insb. i.S.v. § 35 III BauGB) nicht beeinträchtigt,
4. die Voraussetzungen des § 35 V BauGB erfüllt sind,
5. es den Festsetzungen eines evtl. bestehenden einfachen BBauPl. (§ 30 III BauGB) nicht widerspricht,
6. die ausreichende Erschließung gesichert ist und
7. die Gemeinde ihr gemäß § 36 I S. 1 BauGB erforderliches Einvernehmen erteilt hat.

(b) Nichtprivilegierte Vorhaben

nichtprivilegierte Vorhaben nach § 35 II BauGB

Alle nicht nach § 35 I BauGB privilegierten Vorhaben sind sonstige Vorhaben im Sinne des § 35 II BauGB.

164

(c) Keine Beeinträchtigung öffentlicher Belange

für Unzulässigkeit ist Beeinträchtigung ausreichend

Während privilegierte Vorhaben öffentlichen Belangen (lediglich) nicht entgegenstehen dürfen, dürfen sonstige Vorhaben öffentliche Belange nicht beeinträchtigen.

165

Diese unterschiedliche Bewertung ergibt sich aus dem Umstand, dass Vorhaben nach § 35 I BauGB ihrem Wesen nach in den Außenbereich gehören und deswegen privilegiert zulässig sind, sie also den öffentlichen Belangen gegenüber ein stärkeres „Durchsetzungsvermögen" haben.[208] Sonstige Vorhaben hingegen sollen nur im Einzelfall zugelassen werden.

---

205 So BVerwG, DVBl. 69, 256.
206 Vgl. BVerwG, NVwZ 1988, 54 (56) zu § 1 VI BauGB a.F.
207 Battis/Krautzberger/Löhr, § 35 BauGB, Rn. 47.
208 Battis/Krautzberger/Löhr, § 35 BauGB, Rn. 40.

> **hemmer-Methode:** Die Abwägung liegt im Rahmen des Abs. 2 in der Frage, ob die Berührung eines öffentlich-rechtlichen Belangs eine Beeinträchtigung darstellt oder nicht.
> Ob bspw. durch das Vorhaben schädliche Umwelteinwirkungen i.S.d. § 35 III Nr. 3 BauGB hervorgerufen werden, richtet sich nach § 3 I BImSchG, in dessen Rahmen es wiederum auf die Erheblichkeit und somit die Zumutbarkeit der Beeinträchtigung ankommt.
> Ob eine Beeinträchtigung aber noch zumutbar ist oder nicht, muss letztlich durch eine umfassende Abwägung aller relevanten Belange im Einzelfall festgestellt werden. Anders ausgedrückt: Nicht jede Berührung eines Belangs ist zugleich eine Beeinträchtigung.[209]

§ 35 BauGB nicht abschließend

Bereits dem Wortlaut des § 35 III S. 1 BauGB ist zu entnehmen, dass die Aufzählung der Belange nicht abschließend ist („insbesondere"). Es gibt über den Wortlaut des § 35 III S. 1 BauGB hinaus weitere, ungeschriebene Belange, bei deren Beeinträchtigung ein Vorhaben unzulässig sein kann.

Bsp.: Ein Investor will im Außenbereich ein sog. factory-outlet-center (FOC) von bislang nicht gekannter Größe errichten.

Nach BVerwG beeinträchtigt dieses Vorhaben den ungeschriebenen Belang des Planungserfordernisses. Durch ein solch überdimensionales Vorhaben werden Fragen aufgeworfen, die nur im Rahmen einer Abwägung nach § 1 VII BauGB, nicht aber i.R.e. Einzelfallgenehmigung geklärt werden können.[210]

(d) Kein Ermessen entgegen dem Wortlaut

entgegen Wortlaut kein Ermessen der Behörde

Dem Wortlaut nach („können") räumt § 35 II BauGB der Genehmigungsbehörde einen Ermessensspielraum ein. Der Bauwillige hätte somit lediglich Anspruch auf eine ermessensfehlerfreie Entscheidung. Nach h.M. besteht jedoch ein Rechtsanspruch auf Zulassung des Vorhabens,[211] wenn die Voraussetzungen vorliegen.

keine Inhaltsbestimmung von Eigentum durch Behörde

Begründet wird diese Ansicht damit, dass die Prüfung der Beeinträchtigung öffentlicher Belange die Entscheidung über einen unbestimmten Rechtsbegriff zum Gegenstand hat. Stehen öffentliche Belange dem Vorhaben nicht entgegen, sei nach dem Gesetz kein Raum für weitere, zusätzliche rechtliche Erwägungen, die eine Ablehnung zur Folge haben könnten. Ein zusätzlicher Ermessensspielraum in diesem Bereich bringe der Genehmigungsbehörde die Möglichkeit, den Inhalt des Eigentums zu bestimmen. Das jedoch sei dem Gesetzgeber vorbehalten (Art. 14 I S. 2 GG). Es wäre überdies unverhältnismäßig eine Baugenehmigung auch dann zu versagen, wenn keinerlei Belange beeinträchtigt sind. Das Ermessen der Behörde ist quasi immer auf Null reduziert.

Es handelt sich somit letztendlich um eine verfassungskonforme Auslegung des § 35 II BauGB.

(e) Gesicherte Erschließung

Erschließung notw.

Auch hier muss eine ausreichende Erschließung gesichert sein.

---

[209] Umfassend dazu; insbesondere genauer zwischen gestaltender und nachvollziehender Abwägung differenzierend: J/D/W, § 35 BauGB, Rn. 249 ff.
[210] BVerwG DVBl. 2003, 62 = NVwZ 2003, 86 = IBR 2003, 10 = **Life & Law 2003, 287**, bspr. v. Wurzel/Probst, DVBl. 2003, 197; J/D/W, § 35 BauGB, Rn. 238 ff.
[211] BVerwGE 18, 247 oder Battis/Krautzberger/Löhr, § 35 BauGB, Rn. 43; **Hemmer/Wüst, Classics Öffentliches Recht, E 56**.

(4) Teilprivilegierte Vorhaben

§ 35 IV BauGB

Einzelne Vorhaben i.S.d. § 35 II BauGB werden gemäß § 35 IV BauGB in ihrer Durchführung rechtlich dadurch begünstigt, dass ihnen bestimmte öffentliche Belange i.S.d. § 35 III BauGB nicht entgegengehalten werden können.

Gedanke des Bestandsschutzes

Gerechtfertigt wird diese gesetzgeberische Entscheidung dadurch, dass es in allen Fällen um schon im Außenbereich bestehende Anlagen geht. Es liegen also Gedanken des (aktiven) Bestandsschutzes zugrunde.

Hierbei ist zu beachten, dass nicht jede Änderung der Bausubstanz eine Neuerrichtung beinhaltet. Aus § 35 IV S. 1 Nr. 1b BauGB, wonach die äußere Gestalt im Wesentlichen gewahrt bleiben muss, ergibt sich, dass die Begünstigung nicht auf die reine Nutzungsänderung beschränkt ist, sondern das mit dem Vorhaben auch Änderungen der baulichen Substanz verbunden sein können. Die Wahrung der äußeren Gestalt wird nämlich auch dann erreicht, wenn größere Teile entfernt, dann aber in der gleichen Art und Weise wieder errichtet werden.

Die Änderung der bisherigen Nutzung muss sich dabei nicht auf den gesamten landwirtschaftlichen Betrieb beziehen, es ist vielmehr ausreichend, wenn ein Teil der Bausubstanz durch eine nachhaltige Betriebsumstellung freigeworden ist.[212]

Für die Frage, ob die Bausubstanz erhaltenswert ist (Nr. 1a), ist regelmäßig auf das gesamte Gebäude abzustellen.

ee) Zulässigkeit nach § 33 BauGB[213]

(1) Prüfungsschema zu § 33 BauGB

Zulässigkeit nach § 33 I BauGB

Ein Vorhaben ist gemäß § 33 I BauGB zulässig, wenn

1. es nicht schon nach §§ 30 I, 34, 35 BauGB zulässig ist,
2. ein BBauPl.-Aufstellungsbeschluss gefasst ist,[214]
3. die formelle Planreife nach § 33 I Nr. 1 BauGB gegeben ist (s. aber auch § 33 II BauGB),
4. anzunehmen ist, dass das Vorhaben den künftigen Festsetzungen des BBauPl. nicht entgegensteht (materielle Planreife),
5. der Antragsteller diese Festsetzungen für sich und seine Rechtsnachfolger schriftlich anerkennt,
6. die Erschließung gesichert ist und
7. die Gemeinde ihr gemäß § 36 I S. 1 BauGB erforderliches Einvernehmen erteilt hat.

(2) Die Regelung im Einzelnen

§ 33 BauGB

Die Behandlung des § 33 BauGB an dieser Stelle, also nach den §§ 30, 34, 35 BauGB weicht zwar von der gesetzlichen Reihenfolge ab, gleichwohl entspricht allein dies dem Prüfungssystem.

---

212 Vgl. hierzu BayVGH, BauR 2002, 48; dagegen Jäde, UPR 1991, 401, 405.
213 Zur Neufassung des § 33 BauGB durch das EAG-BauG 2004 vgl. den Aufsatz „Bauplanungsrechtliche Zulässigkeit von Vorhaben während der Planaufstellung" von Dr. A. Scheidler in BauR 2006, 310 ff.
214 Rn. 473.

> **hemmer-Methode:** Hier schlägt sich wieder der klausurtaktische Aufbau dieses Skripts nieder. Sie müssen die §§ 30 ff. BauGB in der Klausur in derselben Reihenfolge prüfen und nacheinander „abschießen". Erst wenn §§ 30, 34 und 35 BauGB nicht greifen, kommt § 33 BauGB zur Anwendung.
>
> Dass nach § 33 BauGB gefragt ist, werden Sie auch i.d.R. leicht am Sachverhalt erkennen können, denn dann werden dort Ausführungen darüber enthalten sein, dass ein Aufstellungsbeschluss für einen Bebauungsplan vorliegt und dass der Baubewerber z.B. für sich und seinen Rechtsnachfolger die Festsetzungen anerkennt (vgl. § 33 I Nr. 3 BauGB).

nur positiver Zulässigkeitstatbestand

Die Vorschrift schafft keinen zusätzlichen, neben §§ 30, 34, 35 BauGB bestehenden planungsrechtlichen Bereich, sondern enthält ausschließlich einen die zunächst negative Beurteilung nach §§ 30, 34 oder 35 BauGB aufhebenden positiven Zulässigkeitstatbestand.[215]

172

Stets ist also zuerst zu prüfen, ob ein Vorhaben nach §§ 30, 34, 35 BauGB zulässig ist. Ist dies der Fall, findet § 33 BauGB keine Anwendung.

173

§ 33 I BauGB bzgl. formeller Planreife ⇨ Anspruch

Liegen die Voraussetzungen des § 33 I BauGB vor (insbesondere die sog. formelle Planreife nach Nr. 1 und die materielle Planreife nach Nr. 2), so hat der Antragsteller einen Rechtsanspruch darauf, so behandelt zu werden, als ob die zu erwartenden Festsetzungen schon rechtswirksam wären.[216]

174

Hinsichtlich der materiellen Planreife ist zu beachten, dass diese nur dann vorliegt, wenn die sichere Prognose gerechtfertigt ist, dass der vorliegende Planentwurf mit seinem konkreten Inhalt gültiges Ortsrecht werden wird. Dies ist zu verneinen, wenn das Planungsverfahren an rechtserheblichen Mängeln leidet oder wenn noch nicht allseitige Übereinstimmung über die Planungskonzeption besteht bzw. noch Bedenken von Bürgern bestehen. Auch in sachlicher Hinsicht muss die Planung abgeschlossen sein.[217]

Schematisches Beispiel für eine typische Klausurvariante zu § 33 BauGB:

175

1. § 30 BauGB scheitert, da bislang noch kein wirksamer BBauPl. vorhanden ist.

2. § 34 BauGB scheitert, da Vorhaben nach ausführlicher Abgrenzung zu § 35 BauGB im Außenbereich liegt.

3. § 35 I BauGB scheitert, da kein privilegiertes Vorhaben vorliegt; § 35 II BauGB scheitert, da öffentliche Belange beeinträchtigt sind.

4. Vorhaben aber nunmehr nach § 33 BauGB zulässig bzw. nach §§ 34, 35 BauGB unzulässig (vgl. Punkte 2./3.).

---

215 BVerwGE 20, 127 (130).
216 Battis/Krautzberger/Löhr, § 33 BauGB, Rn. 5.
217 Vgl. zum Ganzen OVG NW, BauR 2001, 1394.

§ 2 DAS BEGEHREN EINER BAUGENEHMIGUNG

bei § 33 II BauGB Ermessen

Beachte: Während § 33 I BauGB einen Anspruch auf Genehmigung begründet, ist § 33 II BauGB als Ermessensentscheidung ausgestaltet.[218]

Unzulässigkeit ergibt sich aus § 34 oder § 35 BauGB

Aus § 33 BauGB kann sich nie die Unzulässigkeit eines Vorhabens ergeben. Dies widerspräche dem Charakter dieser Vorschrift als positivem Zulässigkeitstatbestand. Wenn § 33 BauGB nicht weiterhilft, ist das Vorhaben gemäß § 30 BauGB, § 34 BauGB oder § 35 BauGB unzulässig.

ff) Bestandsschutz; eigentumskräftig verfestigte Anspruchsposition

Bestandsschutz

Im Einzelfall kann ein Vorhaben auch dann zulässig sein, wenn die Voraussetzungen der §§ 30, 34, 35, 33 BauGB nicht vorliegen.

ggf. Zulässigkeit unmittelbar aus Art. 14 GG

Die Rspr.[219] hat unter den Gesichtspunkten des Bestandsschutzes und der eigentumskräftig verfestigten Anspruchsposition Grundsätze für die Zulässigkeit von Vorhaben entwickelt, die sich unmittelbar aus Art. 14 GG ergeben.

(1) Bestandsschutz

Der aus Art. 14 GG hergeleitete Bestandsschutz bezog sich in erster Linie auf die Fälle nunmehr nicht rechtmäßiger baulicher Anlagen, die zu irgendeinem Zeitpunkt rechtmäßig gewesen sind.

Recht, bestimmten Zustand zu erhalten ⇨ passiver Bestandsschutz

Aus dem Grundsatz des Bestandsschutzes ergab sich das Recht, diesen Zustand erhalten zu dürfen. Kommt dem Bestandsschutz eine solche bewahrende, abwehrende Funktion zu, spricht man vom passiven Bestandsschutz.[220]

hemmer-Methode: Dieses Problem spielt vor allem dann eine Rolle, wenn es um eine angedrohte Baubeseitigung geht.

aktiver Bestandsschutz bzgl. Erweiterungsmaßnahmen

Hier, also i.R.d. beantragten Baugenehmigung von Bedeutung ist der sog. aktive (oder überwirkende) Bestandsschutz.[221] In Ausnahmefällen konnten dadurch Nutzungsänderungen oder Erweiterungsbaumaßnahmen zulässig werden, die für eine sinnvolle Nutzung der im Bestand geschützten Anlage erforderlich sind.[222]

besondere Voraussetzungen notw.

Nach der früheren Rspr. konnte damit aufgrund des Schutzes einer bereits vorhandenen baulichen Anlage ein hiermit zusammenhängendes weiteres bauliches Vorhaben gestattet werden, auch wenn es nach der aktuellen Rechtslage nicht zulässig ist.[223]

Neue Rechtsprechung

Das BVerwG hat seine Rechtsprechung zum aktiven Bestandsschutz ausdrücklich aufgegeben.[224] Es stellt fest, dass das BauGB z.B. in § 35 IV BauGB ausdrückliche Regelungen zum Bestandsschutz enthält. Diese gesetzlichen Regelungen stellen Inhalts- und Schrankenbestimmungen der Eigentumsgarantie gem. Art. 14 I S. 2 GG dar, welche auch die Baufreiheit umfasst.

---

218 Letzteres ist str.; vgl. Steiner, DVBl. 1991, 739.
219 Vgl. zusammenfassend BVerwGE 47, 126.
220 Rn. 403.
221 Hierzu kritisch Dürr/König, Rn. 361.
222 BVerwGE 72, 362.
223 BVerwGE 50, 49 = **Hemmer/Wüst, Classics Öffentliches Recht, E 57**.
224 BVerwG, **Life & Law 1998, 600 ff.**

Kein Zulassungsanspruch aus aktivem Bestandsschutz

Vorhaben, die nicht von den gesetzlichen Regelungen umfasst sind, werden daher nicht durch Art. 14 I S. 1 GG geschützt. Somit scheidet ein auf Art. 14 I S. 1 GG gestützter aktiver Bestandsschutz für diese Vorhaben aus. Damit besteht für diese Vorhaben auch kein auf aktiven Bestandsschutz gestützter Zulassungsanspruch.

> **hemmer-Methode:** Der aktive Bestandsschutz ist also aufgegeben worden, damit nicht auf diesem Weg die in den Baugesetzen vom Gesetzgeber explizit vorgegebenen Bestimmungen (vgl. Art. 35 IV BauGB) umgangen werden.

> **Bsp.:** Für ein ehemaliges Bauernhaus im Außenbereich ist eine Garage geplant. Nach § 35 II oder IV BauGB ist dies im konkreten Fall nicht zulässig.
>
> Das ehemalige Bauernhaus ist in seinem Bestand geschützt. Bei dem Garagenbau handelt es sich um eine begrenzte Erweiterung dieses Bestandes. Obwohl hier ein „untrennbarer Funktionszusammenhang" wohl nicht zu bejahen ist, soll die Erweiterung zulässig sein, soweit eine zeitgemäße und funktionsgerechte Nutzung dies erfordert.[225]
>
> Nach der neueren Rechtsprechung des BVerwG kann sich aus Art. 14 GG jedoch kein Zulassungsanspruch mehr ergeben. Das Vorhaben kann nur unter den Voraussetzungen des § 35 BauGB genehmigt werden. Da diese hier jedoch nicht erfüllt sind, ist das Vorhaben unzulässig.

(2) Die eigentumskräftig verfestigte Anspruchsposition

Anders bzgl. ehemaliger Bebauungsmöglichkeit

Nach diesem Grundsatz waren Vorhaben, die nach §§ 30, 34, 35 BauGB nicht zulässig waren, ausnahmsweise dann zu genehmigen, wenn unbebaute Grundstücke früher bebaubar waren und sich diese einstmalige Bebauungsmöglichkeit nach der Verkehrsauffassung so verfestigt hatte, dass sie wie Eigentum zu behandeln war.

Dieser Grundsatz wurde von der neueren Rechtsprechung[226] aufgegeben mit der Begründung, dass die Rechtsfigur hinreichend durch § 35 IV BauGB und §§ 39 ff. BauGB kompensiert worden ist.

gg) Einvernehmen der Gemeinde

gemeindliches Einvernehmen, § 36 BauGB

Da für den Außenbereich kein Bebauungsplan existiert, ist zur Wahrung der gemeindlichen Planungshoheit die Erteilung des gemeindlichen Einvernehmens notwendig.

> **hemmer-Methode:** Das gemeindliche Einvernehmen spielt in der Baurechtsklausur vor allem dann eine Rolle, wenn die bereits existente Baugenehmigung ohne gemeindliches Einvernehmen von der zuständigen Bauaufsichtsbehörde erteilt wurde. Aus diesem Grunde erfolgt eine ausführliche Darstellung der mit dem gemeindlichen Einvernehmen verbundenen Fragen in einem eigenen Kapitel. Die diesbezüglichen Ausführungen gelten aber hier i.R.d. Verpflichtungsklage auf Erteilung der Baugenehmigung entsprechend.[227]

Im Rahmen der Verpflichtungsklage des Bauherrn sind neben der Subsumtion unter § 36 I S. 1 BauGB (Rn. 383) zwei Gesichtspunkte anzudenken.

Ist die Gemeinde selber Träger der Bauaufsichtsbehörde, so ist zu thematisieren, dass Einvernehmen nach h.M. in solchen Fälle entbehrlich ist und eine dennoch erklärte Verweigerung allein deswegen unbeachtlich ist (Rn. 384).

---

225 So BVerwG, NJW 1986, 2126.
226 Z.B. BVerwG, BayVBl. 1991, 180.
227 Zum Einvernehmen ausführlich unten Rn. 380 ff.

§ 2 DAS BEGEHREN EINER BAUGENEHMIGUNG

In den anderen Fällen ist, sofern das Einvernehmen nicht ausdrücklich erklärt wurde, an eine Fiktion zu denken (Rn. 387) bzw. sofern das Einvernehmen ausdrücklich verweigert wurde, eine Ersetzung zu prüfen (Rn. 388). Im Rahmen der Ersetzungsprüfung ist dann der Prüfungsumfang der Gemeinde (Rn. 385) und die Frage nach einem möglichen Ermessen zu erörtern.

hh) Zustimmung der höheren Verwaltungsbehörde

Keine Zustimmung der höheren Behörde in NRW erforderlich

Von dem nach § 36 I S. 4 BauGB eingeräumten Recht der Länder, durch Rechtsverordnung die Zustimmung der höheren Verwaltungsbehörde vorauszusetzen, hat das Land NRW keinen Gebrauch gemacht.

184

ii) Erschließung

Erschließung

Alle Zulässigkeitstatbestände der §§ 30 ff. BauGB verlangen die (ggf. ausreichende) Sicherung der Erschließung des Grundstücks, auf dem gebaut werden soll.

185

Auch die Erschließung, geregelt in den §§ 123 ff. BauGB, gehört sachlich zur Verwirklichung (oder den Folgeaufgaben) der Bauleitplanung.[228]

Was gehört zur Erschließung?

(1) Zur Erschließung im umfassenden Sinn gehört, dass das Gebiet sowohl verkehrsmäßig und technisch als auch in sozialer Hinsicht (z.B. Grünanlagen) erschlossen ist.[229]

186

(2) Die Erschließung i.S.d. §§ 30 ff. BauGB erfordert zumindest den Anschluss des Baugrundstücks an das öffentliche Straßennetz, seine Versorgung mit Wasser und (zumindest im Innenbereich) mit Strom sowie eine Möglichkeit zur Abwasserbeseitigung.[230]

187

im Zeitpunkt der Fertigstellung notwendig

(3) „Gesicherte" Erschließung bedeutet nicht „Erschlossensein". Es genügt, wenn aufgrund der objektiven Gegebenheiten (Finanzierung!) und des Standes der Erschließungsarbeiten damit gerechnet werden kann, dass die Erschließungsanlagen im Zeitpunkt der Fertigstellung des Bauvorhabens hergestellt sein werden,[231] vgl. hierzu auch § 123 II BauGB.

188

> *Bsp.:* Das gemeindliche Kanalprojekt ist bereits in Bau. Es ist abzusehen, dass das geplante Vorhaben in etwa einem halben Jahr an die Kanalisation angeschlossen werden kann.

grundsätzlich kein Anspruch auf Erschließung

(4) Das Gesetz bürdet den Gemeinden zwar die Erschließungslast auf, ein Rechtsanspruch auf Erschließung wird dem Bauwilligen grundsätzlich jedoch nicht eingeräumt (§ 123 I und III BauGB).[232]

189

ein Erschließungskostenanspruch besteht hingegen schon

(5) Zum Ausgleich der entstehenden Kosten erhebt die mit der Erschließungslast belegte Gemeinde einen Erschließungsbeitrag, §§ 127 ff. BauGB. Hierzu ist sie nicht nur berechtigt, sondern auch verpflichtet (Beitragserhebungszwang §§ 127 I, 132 BauGB).[233] Die Verteilung des Aufwands ist in der Erschließungssatzung zu regeln, § 132 Nr. 2 BauGB. Beitragsfähig sind nicht nur die Kosten für den Erwerb der Grundstücke und die Errichtung der Erschließungsanlagen, sondern auch Fremdkapitalkosten und damit die Zinsen.[234]

---

228 Zum Ganzen: Weyreuther, DVBl. 1970, 3 ff.
229 Battis/Krautzberger/Löhr, vor § 123 BauGB, Rn. 1.
230 E/Z/B, § 30 BauGB, Rn. 42.
231 BVerwG, DVBl. 1986, 685.
232 Ausnahme siehe BVerwG, DVBl. 1982, 540 ff.
233 Erbguth Öffentliches Baurecht, § 7, Rn. 32.
234 BVerwG, NWVBl. 2010, 69.

kk) Sicherung der Bauleitplanung durch Veränderungssperre und Zurückstellung von Baugesuchen

(1) Sinn und Zweck

Veränderungssperre

Veränderungssperre und Zurückstellung von Baugesuchen (§§ 14 - 18 BauGB) bezwecken die Sicherung der beabsichtigten bauplanerischen Festsetzungen im Zeitraum der Aufstellung, Änderung, Nutzungsänderung oder Aufhebung von Bebauungsplänen. Durch die Untersagung von Errichtung, Änderung oder Beseitigung baulicher Anlagen kann die mit einem Aufstellungsbeschluss eingeleitete Planung gesichert werden.

> **hemmer-Methode:** Beachten Sie bitte den geänderten § 14 III BauGB. Danach bleiben nicht nur die bereits genehmigten Vorhaben unberührt von einer Veränderungssperre. Vielmehr sind nun auch die genehmigungsfreien Vorhaben nach § 67 BauO NRW gleichgestellt, wenn vor Inkrafttreten der Veränderungssperre die Gemeinde von dem Vorhaben Kenntnis erlangt hat und mit dem Bau hätte begonnen werden dürfen (vgl. § 67 II BauO NRW).

(2) Auswirkung auf die Zulässigkeit eines Vorhabens

Rechtsfolge

Der Erlass einer (wirksamen) Veränderungssperre hat nach § 14 I Nr. 1 BauGB zur Folge, dass die Baugenehmigung nicht erteilt werden darf. Gleiches gilt für die Erteilung einer Bebauungsgenehmigung (§ 71 BauO NRW) oder einer Teilungsgenehmigung.[235]

> *Bsp.: Eine Baugenehmigung für ein Gebäude auf einem Grundstück, das im Gebiet einer Veränderungssperre liegt, wird abgelehnt, weil der in der Aufstellung befindliche Plan in diesem Gebiet vorhandene Grünflächen sichern soll.*
>
> Die Verweigerung der Genehmigung erfolgte zu Recht, da das Vorhaben gemäß § 75 I BauO NRW maßgeblichen öffentlich-rechtlichen Vorschriften widerspricht.
>
> Die Errichtung einer baulichen Anlage ist gemäß § 14 I Nr. 1 BauGB unzulässig. Zu prüfen bliebe, ob ein Fall des § 14 III oder eine Ausnahme nach § 14 II BauGB vorliegen.

vor Aufstellungsbeschluss Aussetzungsantrag möglich

Liegen die Voraussetzungen für den Erlass einer Veränderungssperre vor, wurde diese aber nicht beschlossen bzw. ist sie noch nicht in Kraft getreten, so ist die Entscheidung über die Zulässigkeit des Vorhabens auf Antrag der Gemeinde nach Maßgabe des § 15 I BauGB auszusetzen, wenn zu befürchten ist, dass die Durchführung der Planung durch das Vorhaben unmöglich gemacht oder wesentlich erschwert werden würde. Dafür muss der Inhalt des aufzustellenden Bebauungsplans hinreichend konkretisiert sein. Allein das Ziel, ein bestimmtes Vorhaben zu verhindern, reicht nicht aus.[236]

---

[235] OVG Lüneburg, NJW 1971, 447; str.
[236] BVerwG, DÖV 1990, 476; BauR 2005, 1892; NVwZ-RR 2005, 386 ff.

e) Übersicht zu denkbaren Fallvarianten im Bauplanungsrecht[237]

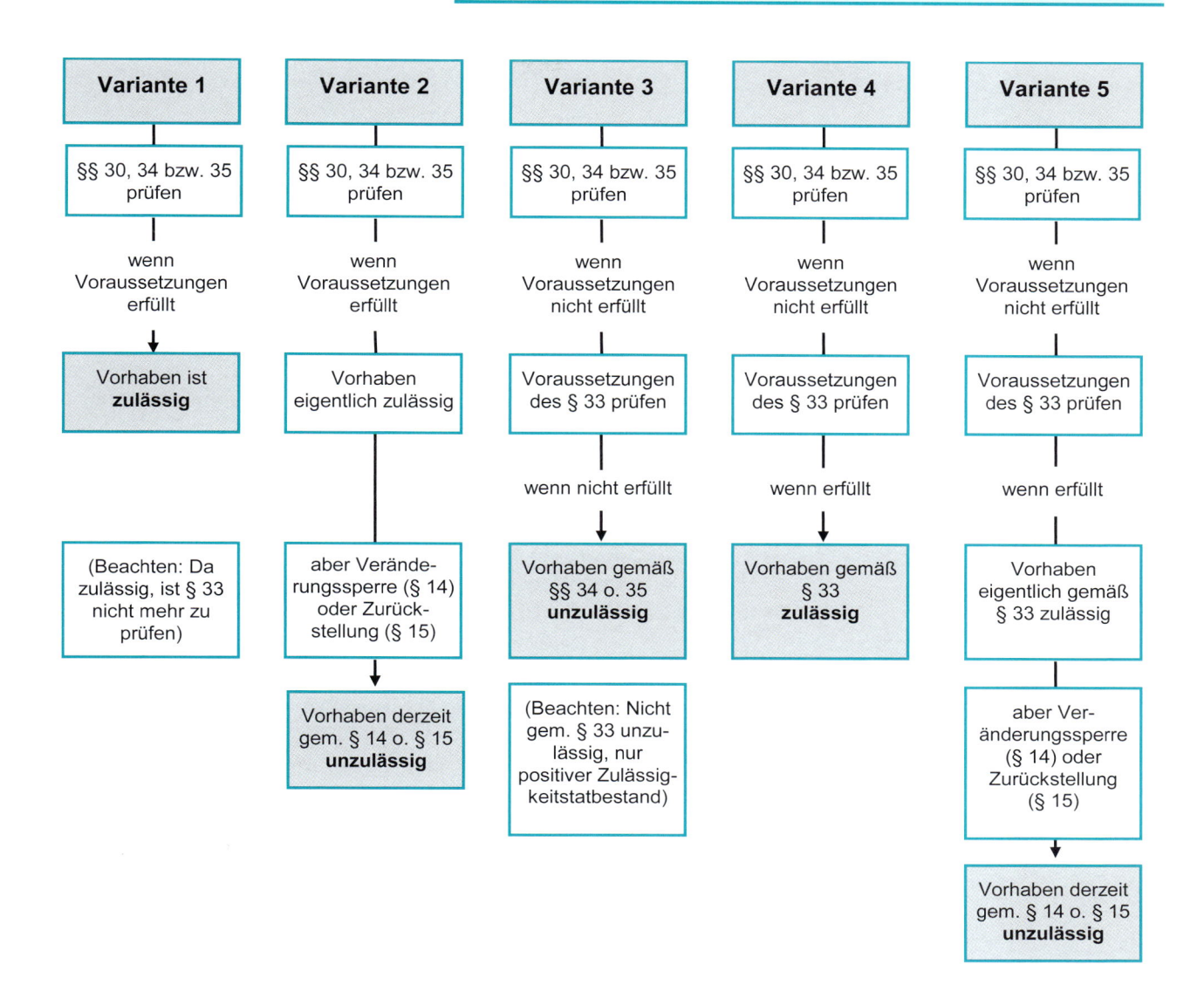

Variante 1: §§ 30, 34 bzw. 35 prüfen → wenn Voraussetzungen erfüllt → **Vorhaben ist zulässig** (Beachten: Da zulässig, ist § 33 nicht mehr zu prüfen)

Variante 2: §§ 30, 34 bzw. 35 prüfen → wenn Voraussetzungen erfüllt → Vorhaben eigentlich zulässig → aber Veränderungssperre (§ 14) oder Zurückstellung (§ 15) → **Vorhaben derzeit gem. § 14 o. § 15 unzulässig**

Variante 3: §§ 30, 34 bzw. 35 prüfen → wenn Voraussetzungen nicht erfüllt → Voraussetzungen des § 33 prüfen → wenn nicht erfüllt → **Vorhaben gemäß §§ 34 o. 35 unzulässig** (Beachten: Nicht gem. § 33 unzulässig, nur positiver Zulässigkeitstatbestand)

Variante 4: §§ 30, 34 bzw. 35 prüfen → wenn Voraussetzungen nicht erfüllt → Voraussetzungen des § 33 prüfen → wenn erfüllt → **Vorhaben gemäß § 33 zulässig**

Variante 5: §§ 30, 34 bzw. 35 prüfen → wenn Voraussetzungen nicht erfüllt → Voraussetzungen des § 33 prüfen → wenn erfüllt → Vorhaben eigentlich gemäß § 33 zulässig → aber Veränderungssperre (§ 14) oder Zurückstellung (§ 15) → **Vorhaben derzeit gem. § 14 o. § 15 unzulässig**

> **hemmer-Methode:** Die bauplanungsrechtlichen Aspekte der Baurechtsklausur sind damit abgeschlossen. Während zuvor die Frage gestellt wurde „wo" das Vorhaben gebaut werden soll, wird nachfolgend die Frage zu beantworten sein, „wie" das konkrete Vorhaben gestaltet werden darf.
> Überschneidungen treten allerdings dann auf, wenn Fragen des „Wie" bereits in den Festsetzungen eines Bebauungsplans integriert sind (z.B. Abstandsflächen). Dann gehen diese als Spezialregelungen dem Bauordnungsrecht vor.

f) Prüfung der bauordnungsrechtlichen Zulässigkeit

bauplanungsrechtliche Zulässigkeit

Ist das in Frage stehende Vorhaben bauplanungsrechtlich zulässig, so ist i.R.d. § 75 I BauO NRW weiterhin die bauordnungsrechtliche Zulässigkeit zu überprüfen.

---

237 Mit Ausnahme von Vorbescheid, Teilbaugenehmigung, Teilungsgenehmigung etc., dazu schon oben Rn. 74 ff.

aa) Sinn und Zweck des Bauordnungsrechts

Zweck

Das Bauordnungsrecht regelt die Errichtung, Änderung, Nutzung und den Abbruch von baulichen Anlagen, insbesondere von Gebäuden.

einzelnes Bauwerk maßgeblich

Im Mittelpunkt steht das einzelne Bauwerk mit seinen Eigenschaften (z.B. Benutzbarkeit) sowie seine Beziehung zur unmittelbaren Nachbarschaft.[238]

An einzelne Anlagen können dabei Anforderungen gestellt werden, die über diejenigen des Bauplanungsrechts hinausgehen.[239]

> **Bsp.:** Selbst wenn bauplanungsrechtlich eine Grenzbebauung zulässig sein sollte, kann bauordnungsrechtlich die Einhaltung von Grenzabständen verlangt werden.

wichtig: Gefahrenabwehr

Zentrale Funktion des Bauordnungsrechts ist die Gefahrenabwehr (Erhaltung der öffentlichen Sicherheit und Ordnung[240]).

Daneben soll es Verunstaltungen vorbeugen und Missstände bei der Benutzung der Gebäude verhindern.

maßgeblich: §§ 3 ff. BauO NRW

I.R.d. Genehmigungsfähigkeit eines Vorhabens interessieren alleine die materiell-rechtlichen Anforderungen an bauliche Anlagen, die in den §§ 3 ff. BauO NRW geregelt sind.

> **hemmer-Methode:** Nordrhein-Westfälische Landesgesetze zeichnen sich regelmäßig durch eine klare Systematik sowie eine Vielzahl von Definitionen aus. Verschaffen Sie sich zunächst einen groben Überblick und arbeiten Sie anschließend die einzelnen Normen nach.

Eine Vielzahl dieser materiell-rechtlichen Anforderungen der BauO NRW hat trotz großer praktischer Relevanz für das Examen keine Bedeutung (z.B. § 15 (Standsicherheit), § 17 (Brandschutz) oder §§ 20 ff. (Baustoffe)). Die Darstellung ist aus diesem Grund auf das Wesentliche beschränkt.

bb) Die Generalklausel des § 3 BauO NRW

Grundnorm: § 3 BauO NRW

§ 3 BauO NRW ist die materiell-rechtliche Grundsatznorm des gesamten Bauaufsichtsrechts, die klarstellt, welche allgemeinen Anforderungen bauliche Anlagen, andere Anlagen und Einrichtungen i.S.v. § 1 I S. 2 BauO NRW erfüllen müssen.

Diese Anforderungen beziehen sich auf alle baurechtlich bedeutsamen Sachverhalte, nämlich:

Anordnung, Errichtung, Änderung, Instandhaltung (Abs. 1), Abbruch und Nutzungsänderung (Abs. 4).

Rahmen für bauordnungsrechtliche Anforderungen

Die Vorschrift steckt damit den Rahmen ab für die speziellen bauordnungsrechtlichen Anforderungen und begrenzt so auch die Reichweite bauaufsichtlicher Anordnungen, die auf der Grundlage einzelner Befugnisnormen der BauO NRW ergehen.[241]

---

[238] Zum Unterschied zum Bauplanungsrecht oben Rn. 10 f.
[239] Friauf, S. 549.
[240] Vgl. die frühere Bezeichnung „Baupolizeirecht".
[241] Vgl. Boeddinghaus/Hahn/Schulte, § 3 BauO NRW, Rn. 2 zum Verhältnis von § 3 BauO NW zu bauaufsichtlichen Anordnungen.

§ 2 DAS BEGEHREN EINER BAUGENEHMIGUNG

Verdrängung durch Spezialregelungen

Sind in spezielleren Vorschriften einzelne Anforderungen normiert, kann die Aufsichtsbehörde nur unter besonderen Voraussetzungen (vgl. § 61 II BauO NRW) weitergehende Anforderungen stellen. Grundsätzlich verdrängt die speziellere Zugriffsermächtigung die Generalklausel.

> **Bsp.:** *Brandwände müssen nur unter den in § 33 II BauO NRW aufgeführten Voraussetzungen errichtet werden. Die Aufsichtsbehörde kann auch unter Berufung auf § 3 BauO NRW keine darüber hinausgehenden Anforderungen stellen.*

„Schutzgut" des § 3 BauO NRW sowie des Bauordnungsrechts insgesamt sind:

(1) Die öffentliche Sicherheit und Ordnung

Schutzgut: öffentl. Sicherheit und Ordnung

Diesen Begriffen kommt hier keine andere Bedeutung zu als im allgemeinen Ordnungsrecht.[242] Zur öffentlichen Sicherheit gehört die Erhaltung der Unversehrtheit von Leben, Gesundheit, Freiheit, Ehre und Vermögen sowie der Rechtsordnung und der grundlegenden Einrichtungen des Staates.

Unter der öffentlichen Ordnung ist die Gesamtheit jener ungeschriebenen Regeln für das Verhalten des Einzelnen in der Öffentlichkeit zu verstehen, deren Beachtung nach den jeweils herrschenden Anschauungen als unerlässliche Voraussetzung eines geordneten staatsbürgerlichen Gemeinschaftslebens betrachtet wird.

(2) Die natürlichen Lebensgrundlagen

Schutz natürlicher Lebensgrundlagen

Nach Aufnahme des Staatsziels Umweltschutz in Art. 29a LVerfNW (Gesetz v. 19.03.85; auch in Art. 20a GG) und entsprechender Änderung des § 3 BauO NRW stellt dieser ausdrücklich klar, dass bauliche Anlagen die natürlichen Lebensgrundlagen nicht gefährden dürfen.

unbestimmte Rechtsbegriffe

Bei den Schutzgütern (1) - (2) handelt es sich jeweils um unbestimmte Rechtsbegriffe, die in vollem Maße der richterlichen Nachprüfung unterliegen.[243]

(3) Der Schutz durch die Regeln der Technik, § 3 I S. 2 BauO NRW

Sonderfall: Baugestaltung

In § 3 I S. 2 BauO NRW wird in Ansehung der genannten Schutzgüter ausdrücklich erwähnt, dass die der Wahrung dieser Belange dienenden allgemein anerkannten Regeln der Technik zu beachten sind[244] (siehe Rn. 207).

Das Bauordnungsrecht begnügt sich bei der Baugestaltung (vgl. §§ 12, 13 II BauO NRW) im Wesentlichen mit der Abwehr von negativen Auswirkungen, kann im Einzelfall aber auch auf eine positive ästhetische Gestaltung abzielen.[245]

---

242 Boeddinghaus/Hahn/Schulte, § 3 BauO NRW, Rn. 4 ff.
243 BVerwGE 2, 172 ff. (175 ff.).
244 Boeddinghaus/Hahn/Schulte, § 3 BauO NRW, Rn. 31 ff.
245 „Positive Baupflege" durch sog. Gestaltungssatzungen nach § 86 BauO NRW.

66 BAURECHT NRW

technische Regeln beachtlich

§ 3 III S. 1 BauO NRW verlangt die Beachtung der technischen Regeln, die von der obersten Bauaufsichtsbehörde durch öffentliche Bekanntmachung als Technische Baubestimmungen eingeführt worden sind. Abweichungen sind gemäß §§ 3 I S. 3, 73 BauO NRW möglich. Gemäß § 72 IV BauO NRW ist die Beachtung der technischen Regeln i.S.d. § 3 III BauO NRW zu prüfen. [207]

cc) Einzelne materiell-rechtliche Vorschriften

(1) Abstandsflächen (§§ 6, 7 BauO NRW)

§§ 6, 7 BauO NRW bzgl. Abstandsflächen

Unter Abstandsflächen sind die Flächen vor den Außenwänden von Gebäuden zu verstehen, die von (oberirdischen) baulichen Anlagen freizuhalten sind (§ 6 I S. 1 BauO NRW). [208]

Gemäß § 6 X BauO NRW gilt diese Vorschrift auch für andere bauliche Anlagen sowie andere Anlagen und Einrichtungen sinngemäß, wenn von diesen Wirkungen wie von Gebäuden ausgehen.[246]

Wahrung nachbarlichen Wohnfriedens

Abstandsflächen dienen in erster Linie der ausreichenden Belichtung, Belüftung und Besonnung von Gebäuden sowie dem Brandschutz. Sie schaffen Freiflächen für notwendige Nebenanlagen (z.B. Spielplätze, Stellplätze) und sollen insgesamt dazu beitragen, den nachbarlichen Wohnfrieden zu wahren.[247] [209]

Die §§ 6 und 7 BauO NRW müssen im Zusammenhang mit bauplanungsrechtlichen Vorschriften gesehen werden: [210]

Darf oder muss aus planungsrechtlichen Gründen an die Grundstücksgrenze gebaut werden, müssen keine Abstandsflächen eingehalten werden (§ 6 I S. 2 BauO NRW - Vorrang des Planungsrechts).

Ob § 6 I S. 2 BauO NRW voraussetzt, dass das Vorhaben in seiner Gesamtheit planungsrechtlich zulässig ist, ist streitig. Systematisch erscheint es überzeugender, lediglich auf Kriterien abzustellen, die gerade die Zulässigkeit einer Grenzbebauung betreffen.[248]

Vorrang des Bauplanungsrechts

Der Vorrang des Planungsrechts gilt nicht im Fall des § 6 I S. 4 BauO NRW. Selbst wenn nach planungsrechtlichen Vorschriften an die Grenze eines Grundstücks gebaut werden muss, kann die Einhaltung von Abstandsflächen gestattet oder verlangt werden, wenn auf dem Nachbargrundstück ein Gebäude mit Abstand zu dieser Grenze vorhanden ist.

Den umgekehrten Fall (trotz einzuhaltender Abstandsflächen steht bereits ein Gebäude an der Grenze) regelt § 6 I S. 3 BauO NRW. [211]

insbes. bzgl. Festsetzungen im BBauPl.

Zu beachten ist der Vorrang der Festsetzungen des Bebauungsplans nach § 6 XVII BauO NRW. Außerdem kann die Gemeinde in örtlichen Bauvorschriften gemäß § 86 I Nr. 7 BauO NRW andere Abstandsflächen festlegen. [212]

---

246 OVG NW, BauR 2001, 1090 für ein Rankgerüst für Kletterpflanzen.
247 Boeddinghaus/Hahn/Schulte, § 6 BauO NRW, Rn. 2.
248 So Dürr/König, Rn. 246, vgl. BayVGH, BauR 1992, 605.

§ 2 DAS BEGEHREN EINER BAUGENEHMIGUNG

Weiter zu beachten sind:[249]

⇨ Die Grundregeln, § 6 II - V BauO NRW

⇨ Das sog. 16 m - Privileg § 6 VI BauO NRW

⇨ Nach § 6 XI BauO NRW sind untergeordnete oder unbedeutende Anlagen (z.B. kleinere Gewächshäuser) zulässig.

⇨ Ausnahmen in § 6 VII, XIII - XVII BauO NRW.

hemmer-Methode: Auch im Bereich der Abstandsflächen gilt: Regelmäßig wird kein Einzelwissen verlangt, es genügt vielmehr, das System verstanden zu haben. Zu beachten ist die 2006 eingeführte Sonderregelung zur Abweichung von Abstandsflächen, vgl. Rn. 230.

(2) Baugestaltung (§ 12 BauO NRW)

Verunstaltungsverbot, § 12 I BauO NRW

Anforderungen an die Baugestaltung werden allgemein in § 12 BauO NRW aufgestellt:

Bauliche Anlagen sind demnach (insb. hinsichtlich Form und Farbe) so zu gestalten, dass sie nicht verunstaltend wirken (Abs. 1).

ästhetisches Empfinden

Verunstaltend wirkt die Anlage nur, wenn sie „das ästhetische Empfinden eines gebildeten Durchschnittsbetrachters verletzt".[250] Dass die Anlage als unschön empfunden wird, genügt nicht.

> **Bsp.:** Verunstaltung des Giebels eines Baudenkmals durch eine großflächige Werbetafel.[251]

§ 12 II BauO NRW bzgl. Umgebung

Während § 12 I BauO NRW sich nur auf die bauliche Anlage selbst bezieht, stellt § 12 II BauO NRW auf die Auswirkungen der Anlage auf die Umgebung ab.[252]

Straßen-, Landschafts- und Ortsbild

Die Anlage steht dann mit ihrer Umgebung im Einklang, wenn der Gegensatz zwischen baulicher Anlage und der Umgebung „von dem für ästhetische Eindrücke offenen Betrachter nicht als belastend oder unlusterregend empfunden wird".[253] Maßstab ist das bestehende (oder beabsichtigte) Straßen-, Orts- oder Landschaftsbild.

> **Bsp.:** Verunstaltung einer durch klassizistische Wohnhäuser geprägten Umgebung durch das Ersetzen der Stuckverzierung einer Fassade mit Glattputz.[254]

Für Werbeanlagen gilt neben § 12 BauO NRW zusätzlich die Regelung des § 13 II BauO NRW.[255]

(3) Werbeanlagen (§ 13 BauO NRW)

Werbeanlagen sind:

⇨ Ortsfeste Einrichtungen

---

249 Zu Abstandsflächen insgesamt sehr ausführlich Mampel, NWVBl. 1995, 452 ff.; Boeddinghaus/Hahn/Schulte, § 6 BauO NRW, Rn. 25 ff.
250 Grundlegend BVerwGE 2, 172 (177).
251 BayVGH, BayVBl. 1980, 21.
252 Boeddinghaus/Hahn/Schulte, § 12 BauO NRW a.F., Rn. 6.
253 BVerwGE 2, 172 (177).
254 OVG Berlin, BauR 1984, 624.
255 Boeddinghaus/Hahn/Schulte, § 13 BauO NRW a.F., Rn. 28.

⇨ mit gewerblichen oder beruflichen Ankündigungen und Anpreisungen oder Hinweise auf Gewerbe oder Beruf,

⇨ die vom öffentlichen Verkehrsraum aus sichtbar sind.

Diese müssen dann den Vorgaben des § 13 II BauO NRW genügen, d.h. insbesondere nicht die Sicherheit des Straßenverkehrs beeinträchtigen.

Bei herkömmlicher Werbung ist eine solche Beeinträchtigung nur ausnahmsweise dann gegeben, wenn die Werbung besonders auffällig ist, vom Üblichen stark abweicht, die verkehrliche Situation in der Nähe der Anbringungsstelle besonders schwierig ist oder mit greller Beleuchtung oder Lichteffekten Aufmerksamkeit erzeugt wird.[256]

Ausgenommen hiervon sind insbesondere sog. Werbemittel und die Wahlwerbung, vgl. § 13 VI Nr. 1 - 4 BauO NRW. Neben den speziell in § 13 VI BauO NRW genannten Ausnahmen lässt zudem schon die Wortwahl „Anlagen der Außenwerbung" erkennen, dass Anlagen im Innern, die nicht von außen aus sichtbar sind, nicht erfasst sind.

220 Allerdings ist zwischen den Ausnahmen in § 13 VI BauO NRW und den nicht von § 13 BauO NRW erfassten werbenden Anlagen im Innern zu unterscheiden:

Vom Wortlaut erfasste werbende Anlagen im Innern können je nach ihrer Ausgestaltung bauliche Anlagen i.S.d. § 2 I BauO NRW oder andere Anlagen i.S.d. § 1 I S. 2 BauO NRW sein, die den bauordnungsrechtlichen Vorschriften etwa an die Standsicherheit (§ 15 BauO NRW) genügen müssen.

221 Auf die in § 13 VI BauO NRW genannten Ausnahmen sind weder § 13 BauO NRW noch andere Vorschriften der Bauordnung anzuwenden, sodass für sie auch kein Baugenehmigungsverfahren durchgeführt wird. Unberührt bleiben Regelungen anderer Normen, etwa § 14 OBG oder das Erfordernis straßenrechtlicher Sondernutzungserlaubnisse (§§ 18 ff. StrWG).

Anlagen der Außenwerbung dagegen sind entweder bauliche Anlagen oder andere Anlagen i.S.d. § 1 I S. 2 BauO NRW, weil an sie u.a. in § 13 OBG Anforderungen gestellt werden, sodass sie gem. § 63 I BauO NRW grundsätzlich genehmigungsbedürftig sind. Beachten Sie aber § 65 I Nr. 33 - 35 BauO NRW.

222 Die Absätze 3 und 4 enthalten weitere Konkretisierungen.

Eine Werbeauflage an der Stätte der Leistung i.S.d. § 13 IV BauO NRW liegt nur vor, wenn allein oder vorrangig für das konkrete Unternehmen im Wohngebiet geworben wird. Eine damit einhergehende Fremdwerbung ist nur zulässig, wenn nach den Umständen, u.a. nach dem Aussagewert der Werbeauflage und dem Erscheinungsbild die Werbung für das Unternehmen im Vordergrund steht.[257] Für den umgekehrten Fall liegt keine Werbung an der Stelle der Leistung vor, wenn ein Werbeunternehmen Fremdwerbung an großen Tafeln an einem Verbrauchermarkt macht, dessen Inhaber auf Art, Umfang und Dauer keinen Einfluss hat. Dies gilt selbst dann, wenn die Produkte, für die geworben wird, in dem Markt erhältlich sind.[258]

---

256 Vgl. hierzu und zum Sonderfall der Werbung mit beweglichen Plakaten OVG NW, BauR 2002, 1231.
257 OVG NW, NWVBl. 97, 467.
258 OVG Bln, BauR 2001, 768.

> hemmer-Methode: Werbeanlagen sollen natürlich von vielen Menschen gesehen werden. Deshalb will der Werbende sie regelmäßig in der Nähe von Straßen aufstellen, weil dort eine hohe Frequentierung erfolgen kann. Beachten Sie dabei, dass dann das Vorhaben auch wegen eines Verstoßes gegen §§ 18 ff. StrWG / § 9 BFernStrG unzulässig sein kann.

(4) Baustellen (§ 14 BauO NRW)

Baustellen

223 Baustellen sind Plätze, auf denen bauliche Anlagen errichtet, geändert oder abgebrochen werden.[259]

224 Baustellen sind so einzurichten, dass bauliche Anlagen ordnungsgemäß errichtet, geändert, abgebrochen oder instandgehalten werden können und dass keine Gefahren, vermeidbare Nachteile oder Belästigungen entstehen (§ 14 I BauO NRW).

225 *Bsp.:* Hierunter fällt z.B. das Gebot, übermäßigen Baustellenlärm zu verhindern.

226 Zu beachten ist, dass manche Baustelleneinrichtungen selbst eine bauliche Anlage darstellen (z.B. Mischanlagen, die fest mit dem Erdboden verbunden sind) und daher ihrerseits den Anforderungen der BauO NRW entsprechen müssen (§ 3 BauO NRW, aber z.B. auch §§ 15, 17, 19 BauO NRW).

(5) Garagen und Stellplätze

Garagen und Stellplätze

227 Werden bauliche Anlagen oder andere Anlagen errichtet, bei denen ein Zu- oder Abfahrtsverkehr zu erwarten ist, so sind gemäß § 51 I S. 1 BauO NRW Stellplätze (vgl. § 2 VIII S. 1 BauO NRW) in ausreichender Zahl und Größe und in geeigneter Beschaffenheit herzustellen. Ob Stellplätze oder Garagen (vgl. § 51 I S. 1 BauO NRW) errichtet werden, kann grundsätzlich (Ausnahme: § 51 IV, VII BauO NRW) der Bauherr entscheiden. Auch bei Änderungen und Nutzungsänderungen von baulichen Anlagen sind nach Maßgabe des § 51 II BauO NRW für den Mehrbedarf Stellplätze herzustellen.

vier Möglichkeiten

228 Folgende vier Möglichkeiten bestehen zur Erfüllung der Stellplatzpflicht:

> **Herstellung der Stellplätze:**
> 1. auf dem Baugrundstück selbst, § 51 III S. 1 BauO NRW (Regelfall),
> 2. in der Nähe des Baugrundstücks, § 51 III S. 1 BauO NRW,
> 3. durch die Gemeinde im Wege der Ablösung, § 51 V BauO NRW,
> 4. durch Beteiligung an einer Gemeinschaftsanlage, vgl. § 11 BauO NRW.

Ermessensentscheidung der Gemeinde bzgl. Ablösung

229 Bei der Frage des Einverständnisses der Bauaufsichtsbehörde (im Einvernehmen mit der Gemeinde) mit einer Ablösung handelt es sich grundsätzlich um eine Ermessensentscheidung.[260] Ausnahmsweise kann die Ablösung nach § 51 V S. 2 BauO NRW verlangt werden, wenn die Gemeinde die „Realherstellung" durch Satzung i.S.d. § 51 IV Nr. 2 BauO NRW ausgeschlossen hat.[261]

---

[259] Thiel/Rößler/Schumacher, § 14 BauO NRW a.F., Rn. 2.
[260] Boeddinghaus/Hahn/Schulte, § 47 BauO NRW a.F., Rn. 103, 106 ff.
[261] In einer vergleichbaren Vorschrift des Bundeslandes Hamburg erblickte das BVerwG eine zulässige Sonderabgabe, BVerwG, IBR 2005, 116 = NVwZ 2005, 215.

> **hemmer-Methode:** Garagen und Stellplätze sind beliebter Prüfungsstoff! Beachten Sie dabei, dass der Baubewerber kein Wahlrecht zwischen den verschiedenen Möglichkeiten der Stellplatzverpflichtung hat, diese sind vielmehr abgestuft bzw. stehen im Ermessen der Bauaufsichtsbehörde bzw. der Gemeinde i.R.d. Abs. 4 oder bei der Erklärung des Einvernehmens nach § 51 V BauO NRW.
> Soweit die Garagen auf einem Nachbargrundstück erstellt werden, muss diese Nutzung dinglich (z.B. durch eine Grunddienstbarkeit) gesichert sein. Ein schuldrechtlicher Vertrag reicht nicht aus, da er nicht bindend ist.
> In Hinblick auf die Entfernung zum Nachbargrundstück kommt es auf die Häufigkeit der Nutzung an, so kann ein Firmenparkplatz durchaus weiter von der Firma entfernt sein, wenn die Angestellten nur einmal morgens und einmal abends den Weg vom bzw. zum Parkplatz zurücklegen müssen. Anders, wenn der Weg häufig zurückgelegt werden müsste: Dann ist bei größerer Entfernung davon auszugehen, dass der Parkplatz tatsächlich nicht genutzt wird.

Gemäß § 51 VIII S. 1 BauO NRW dürfen Stellplätze nicht zweckfremd benutzt werden. Bei Zuwiderhandlung kann die Bauaufsichtsbehörde die Erfüllung der Stellplatzpflicht verlangen.[262]

dd) Abweichungen § 73 BauO NRW

Abweichung § 73 BauO NRW

In Parallele zur bauplanungsrechtlichen Regelung von Ausnahmen und Befreiungen in § 31 BauGB (vgl. dazu Rn. 129 ff.), stellt § 73 BauO NRW die Einzelfallgerechtigkeit durch einen Abweichungsvorbehalt hinsichtlich der bauordnungsrechtlichen Regelungen sicher. Dabei hat der Landesgesetzgeber seit 1995 auf die Unterscheidung von planinternen und planexternen Sonderfällen verzichtet und eine einheitliche Abweichungsregelung geschaffen.

Ermessensentscheidung

Abweichungen von bauordnungsrechtlichen Vorschriften können gem. § 73 I S. 1 BauO NRW zugelassen werden, wenn sie unter Berücksichtigung des Zwecks der jeweiligen Anforderung und unter Würdigung der nachbarschaftlichen Interessen mit den öffentlichen Belangen vereinbar sind. Es handelt sich um eine Ermessensentscheidung der Bauaufsichtsbehörde. Ein Anspruch besteht nur bei einer Ermessensreduzierung auf Null.[263]

restriktive Interpretation

Das OVG Münster bestätigt auch in neuerer Rechtsprechung, dass die Norm insgesamt nur restriktiv anzuwenden ist. Eine Abweichung soll nur erlaubt werden, wenn im konkreten Einzelfall eine besondere, d.h. „atypische" Situation vorliegt, die sich vom gesetzlichen Regelfall derart unterscheidet, dass die Nichtberücksichtigung oder Unterschreitung des normativ festgelegten Standards gerechtfertigt ist.[264]

Konkludenter Antrag

Der Bauantrag ist zugleich konkludenter Antrag auf Gewährung einer Abweichung von dem Vorhaben entgegenstehenden Vorschriften.[265]

genehmigungsfreie Vorhaben

Genehmigungsfreie Vorhaben bedürfen naturgemäß keines Bauantrags, sind aber ebenfalls an das materielle Baurecht und damit auch das Bauordnungsrecht gebunden. Erfordert ein genehmigungsfreies Vorhaben eine Abweichung von Bauordnungsrecht[266], so ist nach § 73 II BauO NRW hierfür ein schriftlicher Antrag erforderlich.

---

[262] S. dazu BayVGH, BayVBl. 1986, 438.
[263] Erbguth Öffentliches Baurecht, § 13, Rn. 25.
[264] Zuletzt OVG Münster NVwZ-RR 2007, 510 ff.; BauR 2007, 1027 ff.
[265] Dürr/Middeke Baurecht NRW, Rn. 253.
[266] Für die Abweichungen von Bauplanungsrecht (also Ausnahmen und Befreiungen nach § 31 BauGB) bei genehmigungsfreien Vorhaben ist das Antragserfordernis in § 74a BauO NRW geregelt; vgl. Rn. 129 ff.

§ 2 DAS BEGEHREN EINER BAUGENEHMIGUNG

Insbesondere für Abstandsflächen relevant

Der Dezember 2006 eingeführte § 73 I S. 2 BauO NRW nimmt die Regelungen der Abstandsflächen nach § 6 BauO NRW als Sonderfall auf. Dort ist die Beeinträchtigung der Nachbarinteressen im Falle der Abweichung mit der normativ geforderten Situation zu vergleichen. Die Beeinträchtigung darf nur ebenso groß oder unwesentlich stärker sein. Auch für die Fälle des Satz 2 hält das OVG Münster eine „atypische" Situation für erforderlich.[267]

g) Prüfung sonstigen öffentlichen Rechts

sonstiges öffentliches Recht

Nach Bejahung der bauplanungs- und bauordnungsrechtlichen Zulässigkeit ist i.R.d. § 75 I BauO NRW schließlich noch zu prüfen, ob das Vorhaben sonstigen öffentlich-rechtlichen Vorschriften widerspricht.

231

z.B. Wasser-, Straßen-, Natur-, Gaststätten und Immissionsrecht

Hier kommen insbesondere wasserrechtliche[268] Vorschriften in Betracht, denn fast jede Nutzung erfordert ja eine ordnungsgemäße Wasserbeseitigung. Außerdem ist, je nach den Besonderheiten des Bauvorhabens, z.B. an Vorschriften des Straßen-,[269] Immissionsschutz-,[270] Naturschutz-,[271] Denkmalschutz-[272] und Gaststättenrechts[273] zu denken.

232

hemmer-Methode: Im Ersten Staatsexamen werden hier meist keine Probleme auftauchen. Sollte doch auf das sonstige öffentliche Recht einzugehen sein, ist ein ausdrücklicher Hinweis im Sachverhalt wahrscheinlich. Auf jeden Fall sollten Sie diesen Prüfungspunkt kurz ansprechen, um Ihre Arbeit abzurunden.

IV. Rechtsverletzung

Rechtsverletzung notwendig

Wenn nach eingehender Prüfung ein Anspruch aus § 75 I BauO NRW zu bejahen ist, ist die Klage wegen der rechtswidrigen Versagung der Baugenehmigung und der Verletzung des Klägers in seinen Rechten aus § 75 I BauO NRW, Art. 14 I (2 I) GG begründet. Da die Sache i.d.R. spruchreif ist,[274] ergeht ein Vornahmeurteil i.S.d. § 113 V S. 1 VwGO.

233

V. Entscheidungsrelevanter Zeitpunkt

maßgeblicher Zeitpunkt bei der Verpflichtungsklage i.d.R. letzte mündliche Verhandlung

Als Faustregel gilt für die Verpflichtungsklage: Der Anspruch auf Vornahme des VA bzw. erneute Bescheidung muss im Zeitpunkt der letzten mündlichen Verhandlung bestehen.[275]

234

Entscheidet das Gericht ohne mündliche Verhandlung gemäß § 84 VwGO durch Gerichtsbescheid, kommt es auf den Zeitpunkt der gerichtlichen Entscheidung an.[276]

---

267 OVG Münste,r NVwZ-RR 2007, 510 ff.; BauR 2007, 1027 ff; Dies ist nicht unproblematisch in Hinblick auf die Regelungsintension des § 73 I S. 2 BauO NRW, vgl. hierzu Peus/Krenzer, NWVBl. 2010, 11 ff.
268 v.a. LWG (Wassergesetz für das Land Nordrhein-Westfalen) [HR 125].
269 FStrG (Bundesfernstraßengesetz) [SA 932].
270 BImSchG [SA 296] und LImSchG [HR 158].
271 BNatSchG (Bundesnaturschutzgesetz) [SA 880].
272 DSchG NRW (Denkmalschutzgesetz) [HR 116].
273 GaststättenG [SA 810].
274 Ausnahmefall in **Hemmer/Wüst, Verwaltungsrecht II, Rn. 56**.
275 Vgl. BVerwG, NVwZ 2008, 437 = **Life & Law 2008, 553**.
276 H.M. bei Kopp/Schenke, § 113 VwGO, Rn. 217.

Auch wenn im Zeitpunkt der letzten Behördenentscheidung der Anspruch noch möglich gewesen wäre, (aber jetzt wegen Änderung der Rechtslage nicht mehr realisierbar ist) gilt dieser Grundsatz.[277]

Denn anderenfalls müsste die Behörde einen VA erlassen, den sie alsbald mangels Rechtsanspruch nach § 48 VwVfG NRW wieder aufheben müsste.

> **hemmer-Methode:** In diesen Fällen bleiben aber die Möglichkeiten einer Klageumstellung analog § 113 I S. 4 VwGO sowie die Geltendmachung evtl. Staatshaftungsansprüche offen (dazu ausführlich Hemmer/Wüst, Verwaltungsrecht II, Rn. 126 ff.).

F) Vorläufiger Rechtsschutz, § 123 VwGO[278]

§ 123 VwGO i.d.R. (-)

Bei der Verpflichtungsklage als Hauptsache steht für den vorläufigen Rechtsschutz die einstweilige Anordnung nach § 123 VwGO zur Verfügung (zum Verhältnis zu §§ 80, 80a VwGO siehe § 123 V VwGO).

Es ist jedoch zu beachten, dass i.R.d. vorläufigen Rechtsschutzes die Hauptsache nicht vorweggenommen werden darf. Deshalb ist die Erteilung einer einstweiligen vorläufigen Baugenehmigung ausgeschlossen.[279] Eine Ausnahme ist unter dem Blickwinkel des Art. 19 IV GG insoweit denkbar, als der effektive Rechtsschutz ohne den Erlass einer einstweiligen Anordnung nicht ermöglicht werden kann. Dafür bedarf es jedoch ganz enger Voraussetzungen.[280]

Im Regelfall kann der Bauherr daher nicht mit Aussicht auf Erfolg vorläufigen Rechtsschutz im Hinblick auf den Erlass einer Baugenehmigung beantragen.

G) Klausurfall zur Verpflichtungsklage[281]

Klausurfall zur Verpflichtungsklage

Bauherr B ist Eigentümer eines am Waldrand gelegenen Grundstücks in der nordrhein-westfälischen großen kreisangehörigen Stadt K. Der für diesen Bereich erst vor kurzem erlassene Bebauungsplan enthält Festsetzungen über die bebaubaren Grundstücksflächen, die örtlichen Verkehrsflächen sowie Art und Maß der baulichen Nutzung. Das maßgebliche Gebiet ist als allgemeines Wohngebiet festgesetzt.

B will auf seinem Grundstück ein Haus errichten, in dessen beiden obersten Geschossen er mit seiner Familie wohnen möchte. Im Erdgeschoss will er eine Schank- und Speisewirtschaft einrichten, die den Bewohnern der geplanten weiteren Wohnhäuser als Treffpunkt dienen soll. Die Erschließung des Grundstücks ist gesichert. Allerdings ist es nicht möglich, dort oder in der Nähe Stellplätze herzustellen. B bietet der Stadt K daher an, die Kosten für die Herstellung der erforderlichen Stellplätze zu übernehmen. Die Stadt K lehnt dies jedoch ab.

B beantragt daraufhin eine Baugenehmigung bei der Stadt K. Diese lehnt den Erlass jedoch mit der Begründung ab, dass der Bebauungsplan wegen Widerspruchs zu den Festsetzungen des Flächennutzungsplanes, der für das fragliche Gebiet ein Industriegebiet vorgesehen hat, in einem Normenkontrollverfahren vor dem OVG für unwirksam erklärt worden ist. Zudem würden auch die nötigen Stellplätze fehlen. B erhebt Klage zum zuständigen Verwaltungsgericht mit dem Antrag, die Stadt K zur Erteilung der Baugenehmigung zu verurteilen.

---

277 BayVGH, Beschl. v. 23.06.2003, bespr. bei Jäde, BayVBl. 2004, 481 (487).
278 Zur Prüfung des § 123 VwGO siehe **Hemmer/Wüst, Verwaltungsrecht III, Rn. 202 ff.**
279 BayVGH, Beschl. v. 02.04.1976, BRS 30 Nr.130, S. 249 ff.
280 Vgl. Schmitt Glaeser, Verwaltungsprozessrecht, 11. Aufl. 1992, Rn. 323 m.w.N.
281 Nach Häde, JuS 1993, 225.

§ 2 DAS BEGEHREN EINER BAUGENEHMIGUNG

Hat die Klage Aussicht auf Erfolg?

Die Klage des B hat Erfolg, wenn sie zulässig und begründet ist.

A) Zulässigkeit

I. Verwaltungsrechtsweg

Im vorliegenden Fall handelt es sich um eine Streitigkeit auf dem Gebiet des öffentlichen Baurechts. Sie ist nichtverfassungsrechtlicher Art, eine anderweitige Rechtswegzuweisung ist nicht ersichtlich. Der Verwaltungsrechtsweg ist daher nach § 40 I VwGO eröffnet.

II. Klageart

B begehrt den Erlass einer Baugenehmigung. Da diese als Verwaltungsakt (VA) i.S.v. § 35 S. 1 VwVfG NRW zu qualifizieren ist, ist die Verpflichtungsklage nach § 42 I Alt. 2 VwGO die richtige Klageart. Wegen der vorausgegangenen Ablehnung durch die Stadt K ist der Unterfall der Versagungsgegenklage einschlägig.

III. Klagebefugnis

Gemäß § 42 II VwGO müsste B geltend machen, durch die Ablehnung des VA möglicherweise in subjektiv-öffentlichen Rechten verletzt zu sein. Klagebefugt im Sinne des § 42 II VwGO wäre B, wenn ihm möglicherweise ein Anspruch auf die Baugenehmigung zustünde. Das Recht zur Bebauung des eigenen Grundstücks i.R.d. Gesetze ergibt sich schon aus der in Art. 14 I GG enthaltenen Baufreiheit. Zudem kommt die Verletzung des einfachgesetzlichen Anspruchs aus § 75 I BauO NRW in Betracht. B ist klagebefugt.

IV. Rechtsschutzbedürfnis

Da B einen Antrag auf Erlass der Baugenehmigung gestellt hat, ist kein einfacherer Weg als die Inanspruchnahme gerichtlicher Hilfe ersichtlich, um zu seinem Ziel zu kommen. Das allgemeine Rechtsschutzbedürfnis ist somit gegeben.

V. Vorverfahren

Das gemäß § 68 II, I S. 1 VwGO grundsätzlich erforderliche Widerspruchsverfahren ist gem. § 110 I S. 2 JustG NRW entbehrlich.

VI. Klagegegner, Beteiligungs- und Prozessfähigkeit

B ist nach § 61 Nr. 1 VwGO beteiligungs- und gemäß § 62 I Nr. 1 VwGO prozessfähig.

Klagegegner ist gem. § 78 I Nr. 1 VwGO die Stadt K. Sie ist gem. § 61 Nr. 1 VwGO auch beteiligtenfähig, jedoch selber nicht prozessfähig. Sie wird daher gem. § 62 III VwGO i.V.m. § 63 I GO NRW durch ihren Bürgermeister im Prozess vertreten.

Da weitere Zulässigkeitsprobleme insbesondere Fristprobleme nicht ersichtlich sind, ist die Klage zulässig.

B) Begründetheit

Die Verpflichtungsklage ist als Vornahmeklage begründet, wenn die Ablehnung des VA rechtswidrig und der Kläger dadurch in seinen Rechten verletzt ist, § 113 V S. 1 VwGO (da der Anspruch aus § 75 I BauO NRW ein gebundener Anspruch ist, ist die Spruchreife nicht anzusprechen). Dies ist der Fall, wenn der Kläger einen Anspruch auf die Erteilung der Baugenehmigung hat.

I. Anspruchsgrundlage

B würde ein Anspruch aus § 75 I BauO NRW auf Erteilung der Baugenehmigung zustehen, wenn sein Vorhaben genehmigungsbedürftig und -fähig wäre.

II. Formelle Voraussetzungen (+)

III. Materielle Voraussetzungen:

1. Genehmigungsbedürftigkeit

Gemäß § 63 I BauO NRW ist die Errichtung einer baulichen Anlage genehmigungspflichtig, soweit in §§ 64 bis 67, 79 und 80 BauO NRW nichts anderes bestimmt ist.

B beabsichtigt die Errichtung eines Wohn- und Geschäftshauses. Dieses ist zweifellos eine bauliche Anlage i.S.d. Legaldefinition des § 2 I BauO NRW. Eine Ausnahme von der Genehmigungspflicht kommt nicht in Betracht. Insbesondere § 67 BauO NRW ist nicht einschlägig, da für eine Qualifikation des Hauses als Wohngebäude mittlerer oder geringer Höhe (§ 2 III BauO NRW) nichts ersichtlich ist.

Das Vorhaben des B ist damit genehmigungspflichtig.

2. Genehmigungsfähigkeit

Das Vorhaben ist gemäß § 75 I BauO NRW zu genehmigen, wenn es öffentlich-rechtlichen Vorschriften nicht widerspricht, die im bauaufsichtlichen Genehmigungsverfahren zu prüfen sind. Der vereinfachte Prüfungsmaßstab des § 68 I BauO NRW ist heranzuziehen, da keines der in § 68 I S. 3 BauO NRW genannten Vorhaben einschlägig ist. Die Behörde prüft daher nur die Vereinbarkeit des Vorhabens mit den in § 68 I S. 4 Nr. 1 - 4 BauO NRW genannten Vorschriften.

Problematisch erscheint vorliegend alleine die bauplanungs- und bauordnungsrechtliche Zulässigkeit. Für Verstöße gegen sonstiges öffentliches Recht ist nichts ersichtlich.

a) Bauplanungsrechtliche Zulässigkeit

aa) Nach § 29 I BauGB gelten die §§ 30 bis 37 BauGB für Vorhaben, die die Errichtung baulicher Anlagen zum Inhalt haben. Der Begriff der baulichen Anlage deckt sich nicht mit dem in § 2 I BauO NRW verwendeten Begriff, wenngleich man in den meisten Fällen zum gleichen Ergebnis kommt. Vorausgesetzt wird eine auf Dauer mit dem Erdboden verbundene künstliche Anlage mit planungsrechtlicher Relevanz. Daran ist bei dem Wohn- und Geschäftshaus des B nicht zu zweifeln. Die §§ 30 bis 37 BauGB sind demnach anwendbar.

bb) Das Haus des B soll auf einem Grundstück errichtet werden, das im Geltungsbereich eines Bebauungsplanes liegt, der den Anforderungen des § 30 I BauGB entspricht. Die Zulässigkeit des Vorhabens richtet sich grundsätzlich nach § 30 I BauGB. § 30 BauGB kann aber nur dann Anwendung finden, wenn der zugrundeliegende Bebauungsplan rechtswirksam ist. Laut Sachverhalt wurde jedoch die Unwirksamkeit des Bebauungsplanes durch das OVG in einem Normenkontrollverfahren festgestellt.

Diese Unwirksamkeitserklärung wirkt nach § 47 V S. 2 HS 2 VwGO allgemeinverbindlich (inter omnes). Als Folge der Unwirksamkeit des Bebauungsplanes beurteilt sich die bauplanungsrechtliche Zulässigkeit des Vorhabens nicht nach § 30 BauGB, sondern nach den §§ 33, 34, 35 BauGB.

> **hemmer-Methode:** In diesem Punkt ist der Fall vereinfacht. In der Klausur werden Sie regelmäßig die Wirksamkeit des Bebauungsplanes im Wege einer Inzidentprüfung beurteilen müssen. Die dabei einzuhaltende Vorgehensweise wird unter § 4 ausführlich dargestellt.

cc) Läge das Grundstück innerhalb der im Zusammenhang bebauten Ortsteile der Stadt K, käme § 34 BauGB zur Anwendung. Entspricht die Eigenart der näheren Umgebung einem der Baugebiete, die in der aufgrund des § 9a BauGB erlassenen Verordnung (also der BauNVO) bezeichnet sind, dann beurteilt sich die Zulässigkeit des Vorhabens gemäß § 34 II BauGB ausschließlich danach, ob es nach der BauNVO in dem Baugebiet allgemein zulässig wäre. Die entgegenstehenden Festsetzungen des Flächennutzungsplanes sind insoweit unschädlich.

Im Sachverhalt ist von zahlreichen weiteren Wohnhäusern in der Umgebung die Rede; diese Gebäude sind jedoch bisher nur geplant. Daraus ist zu folgern, dass das Haus des B das erste in diesem Gebiet wäre. Damit liegt sein Grundstück nicht innerhalb der im Zusammenhang bebauten Ortsteile. Es liegt vielmehr im Außenbereich. Die Zulässigkeit seines Vorhabens richtet sich also nach § 35 BauGB.

dd) § 35 BauGB unterscheidet zwischen privilegierten Vorhaben in Abs. 1, die der Gesetzgeber selbst dem Außenbereich zugewiesen hat und die dort allgemein zulässig sind, und den sonstigen Vorhaben in Abs. 2. Privilegierten Vorhaben können Festsetzungen des Flächennutzungsplanes jedenfalls nur sehr eingeschränkt entgegengehalten werden. Die Errichtung eines Wohnhauses mit Speisewirtschaft gehört aber nicht zu den nach § 35 I BauGB privilegierten Vorhaben.

Nach § 35 II BauGB kann die Bauaufsichtsbehörde sonstige Vorhaben zulassen, wenn sie öffentliche Belange nicht beeinträchtigen. Trotz dieser Formulierung besteht ein Rechtsanspruch auf Erteilung, wenn diese Voraussetzung erfüllt ist. § 35 III BauGB zählt beispielhaft auf, wann eine Beeinträchtigung öffentlicher Belange vorliegt. Dies ist nach § 35 III S. 1 Nr. 1 BauGB der Fall, wenn das Vorhaben den Darstellungen des Flächennutzungsplanes widerspricht. Der Flächennutzungsplan weist das fragliche Gebiet als Industriegebiet aus. Wegen des ausreichend konkret zum Ausdruck kommenden entgegenstehenden Planungswillens der Stadt ist daher das Vorhaben des B auch nicht gemäß § 35 II BauGB zulässig.

ee) Somit kann das Vorhaben höchstens über den positiven Zulässigkeitstatbestand des § 33 BauGB planungsrechtlich zulässig sein. Gemäß § 33 I BauGB ist ein Aufstellungsbeschluss bzgl. des Bebauungsplanes Grundvoraussetzung. Die Stadt K hat zweifelsohne im Zusammenhang mit dem für unwirksam erklärten Bebauungsplan einen entsprechenden Aufstellungsbeschluss gefasst. Allerdings führte dieser Beschluss nicht zur Verabschiedung eines rechtswirksamen Bebauungsplanes. Somit wurden auch die in § 33 I Nr. 1 BauGB für die sog. formelle Planreife erforderlichen Schritte für die Aufstellung eines neuen, wirksamen Planes nicht getroffen. Die Voraussetzungen des § 33 I Nr. 2 BauGB, wonach anzunehmen sein müsste, dass das Vorhaben den künftigen Festsetzungen des Bebauungsplanes nicht entgegensteht, sind auch nicht gegeben, da überhaupt nicht ersichtlich ist, wie die Stadt K auf die Unwirksamkeit des Planes reagieren wird. Auch § 33 BauGB führt nicht zur planungsrechtlichen Zulässigkeit. Das Vorhaben ist aber nicht gemäß § 33 BauGB, sondern gemäß § 35 BauGB unzulässig. Es ist mit der Funktion des § 33 BauGB als positivem Zulassungstatbestand nicht vereinbar, daraus die Unzulässigkeit herzuleiten.

ff) Ein weiteres Problem könnte sich daraus ergeben, dass die Stadt K ihr gemäß § 36 I S. 1 BauGB erforderliches Einvernehmen nicht erteilt hat. Hier hat die große kreisangehörige Stadt K, die zugleich Baugenehmigungsbehörde ist, den Antrag des B negativ verbeschieden.

Zwar bedarf es bei einer Gemeinde, die zugleich Bauaufsichtsbehörde ist, der Erklärung des Einvernehmens nicht (h.M.). Das Verwaltungsgericht kann grundsätzlich bei rechtswidriger Versagung des Einvernehmens die Baugenehmigungsbehörde ohne weiteres zum Erlass der Baugenehmigung verurteilen. Dies wird aber in diesem Fall nicht geschehen, da das Vorhaben unzulässig ist, s.o.

b) Bauordnungsrechtliche Zulässigkeit

hemmer-Methode: Soweit diese Probleme aufwirft, müssen Sie in einem Gutachten auch dann zur bauordnungsrechtlichen Zulässigkeit Stellung nehmen, wenn Sie zuvor schon zur bauplanungsrechtlichen Unzulässigkeit gekommen sind. Eine Bezeichnung als Hilfsgutachten ist möglich, aber wohl überflüssig.

I.R.d. bauordnungsrechtlichen Zulässigkeit ist mangels anderer Angaben im Sachverhalt nur die Frage relevant, ob B seiner ihm gemäß § 51 I S. 1 BauO NRW obliegenden Pflicht, Stellplätze in ausreichender Zahl und Größe und in geeigneter Beschaffenheit herzustellen, nachgekommen ist. Die Vereinbarkeit des Vorhabens mit § 51 BauO NRW wird gem. § 68 I S. 4 Nr. 2 BauO NRW auch im vereinfachten Verfahren überprüft. Wegen der beabsichtigten Errichtung einer Speisewirtschaft durch B ist zu erwarten, dass ein relativ großer Zu- und Abfahrtsverkehr entsteht.

Das hat Einfluss auf die Höhe der Zahl der erforderlichen Stellplätze. Grundsätzlich hat die Erfüllung der Stellplatzpflicht gemäß § 51 III S. 1 BauO NRW real, entweder auf dem Baugrundstück oder auf einem geeigneten, in der Nähe befindlichen Grundstück, dessen Nutzung zu diesem Zweck rechtlich gesichert ist, zu erfolgen.

Diese Realherstellung ist laut Sachverhalt jedoch nicht möglich. In diesem Fall kommt die Stellplatzablösung nach § 51 V BauO NRW in Betracht. Die Ablösung kann gemäß § 51 V S. 2 BauO NRW verlangt werden, wenn die Gemeinde die Realherstellung von Stellplätzen durch Satzung i.S.d. § 51 IV Nr. 2 BauO NRW ausgeschlossen hat. Dies ist hier jedoch nicht der Fall. Daher liegt es im Ermessen der Stadt K, ob sie ihr Einverständnis mit der Ablösung erklärt.[282] Die Stadt darf die Ablösung auch dann verweigern, wenn das Vorhaben ansonsten baurechtlich zulässig wäre. Hier ist nichts dafür ersichtlich, dass die Stadt die Ablösung ermessensfehlerhaft verweigert hat. Aber selbst wenn die Ablehnung rechtswidrig wäre, könnte B daraus keinen Anspruch auf Erteilung der Baugenehmigung herleiten. Der Beschluss der Stadt stellt einen der Erteilung der Baugenehmigung vorgreiflichen selbständigen VA dar. B hätte zunächst das Einverständnis der Stadt mit der Verpflichtungsklage erstreiten müssen. Da er dies nicht getan hat, kann er seine Verpflichtung aus § 51 I S. 1 BauO NRW nicht erfüllen.

Das Vorhaben des B ist somit auch bauordnungsrechtlich unzulässig.

V. Ergebnis

Da das Vorhaben des B maßgeblichen öffentlich-rechtlichen Vorschriften widerspricht, steht ihm kein Anspruch aus § 75 I BauO NRW auf Erteilung der Baugenehmigung zu. Die Ablehnung der Baugenehmigung durch die große kreisangehörige Stadt K war somit nicht rechtswidrig. Die zulässige Klage des B ist daher durch Sachurteil als unbegründet abzuweisen.

---

282 Vgl. BayVGH, BayVBl. 1987, 185.

§ 3 WEITERE FÄLLE DER VERPFLICHTUNGSKLAGE

Hauptfall ist Baugenehmigung

Neben dem Hauptfall der Klage auf Erteilung einer Baugenehmigung sind noch weitere Verpflichtungsklagen im Baurecht denkbar. Im Folgenden werden einige typische Konstellationen hierfür angerissen. Um Wiederholungen zu § 2 zu vermeiden, wird jedoch nur zu den spezifischen Problempunkten Stellung genommen. Es empfiehlt sich daher, zur Verdeutlichung die Schemata zu den Sachentscheidungsvoraussetzungen (Rn. 18) und zur Begründetheit (Rn. 41) der Klage auf Erteilung einer Baugenehmigung heranzuziehen. 238

A) Klage auf Vorbescheid oder Teilbaugenehmigung

Verwaltungsakte

Der Vorbescheid (§ 71 BauO NRW) und die Teilbaugenehmigung (§ 76 BauO NRW) sind Verwaltungsakte i.S.d. § 35 VwVfG NRW. Statthafte Klageart für das Begehren dieser Verwaltungsakte ist daher die Verpflichtungsklage.

hemmer-Methode: Zur rechtlichen Einordnung von Vorbescheid und Teilbaugenehmigung siehe bereits Rn. 22 ff.

I. Anspruch auf den Vorbescheid

Anspruchsgrundlage

Anspruchsgrundlage für die Erteilung des Vorbescheides ist § 71 I, II BauO NRW i.V.m. § 75 I BauO NRW. Entgegen des Wortlauts des § 71 I S. 1 BauO NRW besteht für die Bauaufsichtsbehörde kein Ermessensspielraum in der Frage, ob ein Vorbescheid zu erteilen ist. Das Wort „kann" bezieht sich vielmehr auf die Möglichkeit des Bauwerbers, einen Vorbescheid zu beantragen. Argument hierfür ist der Verweis in Abs. 2 auf den § 75 I BauO NRW. 239

formelle Voraussetzungen

Für die formellen Anspruchsvoraussetzungen verweist § 71 II BauO NRW auf die §§ 69, 74 BauO NRW. 240

Hauptfall des Vorbescheides: Bebauungsgenehmigung = Vorbescheid über planungsrechtliche Zulässigkeit

Der Hauptfall des Vorbescheides ist die Bebauungsgenehmigung, die die grundsätzliche Bebaubarkeit des Grundstücks unter planungsrechtlichen Gesichtspunkten klarstellt. Dementsprechend wäre in einer Klausur an dieser Stelle mit einer Prüfung der §§ 29 ff. BauGB zu rechnen.

II. Anspruch auf die Teilbaugenehmigung

Anspruchsgrundlage

Anspruchsgrundlage der Teilbaugenehmigung ist § 76 I BauO NRW i.V.m. § 75 I BauO NRW. Der Erlass einer Teilbaugenehmigung ist eine echte Ermessensentscheidung. Eine Vornahmeklage kann somit erfolgreich nur bei einer Ermessensreduzierung auf Null erhoben werden. Anderenfalls hat nur die Bescheidungsklage (§ 113 V S. 2 VwGO) Aussicht auf Erfolg. 241

hemmer-Methode: Zur Prüfung eines Anspruchs aufgrund gebundenen Ermessens und zum Problem der Bescheidungsklage siehe Hemmer/Wüst, Verwaltungsrecht II, Rn. 26, 55, 78 ff.

formelle Voraussetzungen

Als formelle Voraussetzung muss ein den Anforderungen des § 69 BauO NRW entsprechender Bauantrag bereits eingereicht sein (§ 76 I S. 1 BauO NRW). 242

materielle Voraussetzung	Materiell ist die grundsätzliche Vereinbarkeit des Gesamtvorhabens (str. s.o. Rn. 29) mit dem im baurechtlichen Verfahren zu prüfenden öffentlichen Recht anspruchsbegründende Voraussetzung.	243-258

B) Klage auf bauaufsichtliches Einschreiten gegenüber einem Dritten

bauaufsichtliche Befugnisse	Die Bauaufsichtsbehörde stützt sich stets auf § 61 BauO NRW, um baurechtlichen Missverständnissen entgegenzutreten. Unterschiedliche Befugnisnormen, wie etwa in der BayBO für die Baueinstellung (Art. 75 I BayBO) oder die Baubeseitigungsanordnung (Art. 76 S. 1 BayBO) kennt die BauO NRW nicht.	259

hemmer-Methode: Ratschlag für die mündliche Prüfung: Halten Sie die Begriffe Anordnung und Verfügung streng auseinander. Manche Prüfer legen hierauf besonderen Wert. Nur die Anordnung ist als VA nach außen gerichtet. Die Verfügung ist ein bloßes Verwaltungsinternum.

Funktion als „Baupolizei"	Diese Befugnisse sind ordnungsrechtlicher Natur (Stichwort „Baupolizei"). Auch in der Baurechtsklausur kann daher die aus dem Polizeirecht bekannte Problematik des Anspruchs auf ordnungsbehördliches Tätigwerden relevant werden.	260
Problem bei Drittbeteiligung: subjektives Recht	Ein Problemschwerpunkt liegt in diesen Konstellationen wie in allen Drittbeteiligungsfällen bei der Herausarbeitung eines drittschützenden Rechts als mögliche Anspruchsgrundlage in der Klagebefugnis und in der Begründetheit. Ein weiterer Schwerpunkt liegt darin, dass § 61 BauO NRW eine Ermessensnorm darstellt. Ein Anspruch auf ein bestimmtes bauaufsichtliches Einschreiten besteht damit nur bei einer Ermessensreduktion auf Null.[283]	261

hemmer-Methode: Die Probleme der einzelnen Befugnisnormen werden weiter unten (Rn. 391 ff.) im Zusammenhang mit der Anfechtung durch den Adressaten behandelt. Da sich im Kontext der Anfechtungsklage weitere vollstreckungsrechtliche Probleme einbauen lassen, ist diese die typische Klausurvariante für baupolizeiliche Maßnahmen.

---

[283] Vgl. hierzu OVG Lüneburg, NVwZ-RR 2008, 374 und die bestätigende Entscheidung des BVerwG, Beschluss vom 04.06.2008, 4 B 35.08, beide bspr. in **Life & Law 2008, 830**.

§ 4 DIE ANFECHTUNG VON VERWALTUNGSAKTEN

Anfechtungsklage im Baurecht

Folgende Anfechtungsvarianten haben im Bereich des Baurechts erhöhte Klausurrelevanz:

> **Anfechtungsvarianten:**
> ⇨ Anfechtung einer Baugenehmigung (bzw. eines Vorbescheides/einer Teilbaugenehmigung) durch den Nachbarn
> ⇨ Einstweiliger Rechtsschutz des Nachbarn gegen eine Baugenehmigung, etc.
> ⇨ Anfechtung eines Aufhebungsbescheides durch den Bauherrn
> ⇨ Anfechtung der Baugenehmigung durch eine Gemeinde bei fehlendem Einvernehmen.
> ⇨ Anfechtung einer bauaufsichtlichen Maßnahme (z.B. Baubeseitigungs-, Nutzungsuntersagungsanordnung).
> ⇨ Isolierte Anfechtung von Nebenbestimmungen der Baugenehmigung.

A) Die Nachbarklage

wichtigster Fall: Nachbarklage

Dass der Nachbar einen dem Bauwilligen gegenüber ergangenen VA (Baugenehmigung bzw. Vorbescheid) mit Rechtsbehelfen angreifen kann, ist heute unstreitig. Die grundsätzliche Zulässigkeit der Anfechtungsklage im Bereich des Nachbarrechtsschutzes ergibt sich auch unmittelbar aus der Regelung des § 80a VwGO, der die Möglichkeit der Drittanfechtung voraussetzt. Gleichwohl gibt es eine Fülle von Einzelfallproblemen, die mit der Drittanfechtung verbunden sind.

> *Ausgangsfall:* A beantragt bei der zuständigen Behörde eine Baugenehmigung. Diese wird ihm auch antragsgemäß erteilt, obwohl Nachbar N dem Vorhaben nicht zugestimmt hat. N möchte klagen.

Die Klage des N hat Erfolg, wenn sie zulässig und begründet ist.

Sachentscheidungsvor. Anfechtungsklage

> **Kurzübersicht zu den Sachentscheidungsvoraussetzungen der Klage**
> I. Eröffnung des Verwaltungsrechtsweges
> II. Zulässigkeitsvoraussetzungen
>   1. Klageart = Anfechtungsklage, da die Aufhebung eines VA begehrt wird (§ 42 I Alt. 1 VwGO)
>   2. Klagebefugnis aus drittschützendem Recht (§ 42 II VwGO)
>   3. Vorverfahren ist entbehrlich gem. § 110 I S. 1, III S. 1 u. 2 Nr. 7 JustG NRW
>   4. Beteiligten- und Prozessfähigkeit
>   5. ggf. sonstige Voraussetzungen

I. Eröffnung des Verwaltungsrechtsweges

§ 40 I VwGO (+)

Die streitentscheidenden Normen sind dem BauGB und der BauO NRW zu entnehmen, sodass nach der Zuordnungstheorie der Verwaltungsrechtsweg (§ 40 I VwGO) eröffnet ist.

II. Zulässigkeit der Nachbarklage

1. Klageart

da Aufhebung des VA begehrt
⇨ Anfechtungsklage

Die Klageart richtet sich nach dem Klagebegehren, § 88 VwGO. N begehrt hier die Beseitigung eines bereits erlassenen VA i.S.d. § 35 VwVfG NRW, nämlich die Beseitigung der gegenüber A erteilten Baugenehmigung.[284] Es liegt ein bekannt gemachter und damit anfechtbarer VA vor (§§ 41 ff. VwVfG NRW). Richtige Klageart ist deshalb die Anfechtungsklage, § 42 I Alt. 1 VwGO.[285]

> **hemmer-Methode:** Die richtige Klageart ist bei der Nachbarklage i.d.R. genauso unproblematisch wie die Eröffnung des Verwaltungsrechtsweges.
> Fassen Sie sich deshalb bei der Abhandlung dieser beiden Prüfungspunkte möglichst kurz. Längere Ausführungen können i.R.d. Klageart allerdings dann notwendig sein, wenn der Kläger beabsichtigt, die noch nicht erteilte, sondern lediglich „drohende" Baugenehmigung anzufechten. Dann käme wenigstens theoretisch die sog. Vorbeugende Unterlassungsklage in Betracht.[286] Für sie fehlt es aber meist an dem dafür notwendigen besonderen Rechtsschutzbedürfnis, da die Anfechtungsklage in aller Regel ausreichend Rechtsschutz gewährt.[287]

2. Klagebefugnis, § 42 II VwGO

Problem: Klagebefugnis,
§ 42 II VwGO

Eine der wichtigsten Fragen der Zulässigkeit ist bei der Nachbarklage das Bestehen der Klagebefugnis auf Seiten desjenigen, der die erteilte Baugenehmigung angreifen will (§ 42 II VwGO).

a) Möglichkeitstheorie und Schutznormtheorie

Möglichkeit ausreichend

Die Klagebefugnis ist grds. dann gegeben, wenn der Kläger möglicherweise in eigenen subjektiv-öffentlichen Rechten verletzt ist, § 42 II VwGO (sog. Möglichkeitstheorie). Umgekehrt kann eine Klagebefugnis nur dann nicht angenommen werden, wenn unter jedem Blickwinkel eine Verletzung subjektiv-öffentlicher Vorschriften des Klägers ausscheidet.

Die Klagebefugnis aus der Adressatenstellung zu folgern kommt bei der Nachbarklage nicht in Betracht, da der Nachbar nicht unmittelbarer Adressat der Baugenehmigung selbst, sondern nur Adressat einer Ausfertigung der Baugenehmigung ist (§ 74 IV S. 1 BauO NRW).

---

284 Ebenso, wenn ein Vorbescheid angegriffen wird, § 71 BauO NRW; zum Vorbescheid schon ausführlich oben Rn. 23 ff.

285 Dass der angefochtene VA nicht an N, sondern gegenüber A erlassen wurde, ist keine Frage der Klageart, sondern vielmehr der Klagebefugnis, § 42 II VwGO.

286 Dazu ausführlich **Hemmer/Wüst, Verwaltungsrecht III, Rn. 271 ff.**

287 Pietzner/Ronellenfitsch, § 15 II, Rn. 14 sieht unter bestimmten Voraussetzungen die vorbeugende Unterlassungsklage des Nachbarn als zulässig an, z.B. bei einer Zusage der Verwaltung, das objektive Recht einzuhalten.

> **hemmer-Methode:** Dass eine Begründung der Klagebefugnis über die Adressatenstellung bei der Drittanfechtung nicht erfolgen kann, sollten Sie in der Klausur dennoch kurz erwähnen. Beachten Sie in diesem Zusammenhang außerdem noch, dass es sich bei einer Baugenehmigung für den tatsächlichen Adressaten (also den Bauherrn) grds. nicht um einen belastenden, sondern im Gegenteil um einen begünstigenden VA geht. Dieser hat allerdings eine drittbelastende Doppelwirkung. Belastend für den Bauherrn wirken allenfalls Nebenbestimmungen (Hemmer/Wüst, Verwaltungsrecht I, Rn. 407 ff.).

Verletzung drittschützender Norm prüfen; Schutznormtheorie

In Betracht kommt daher in erster Linie die Verletzung von drittschützenden Vorschriften des materiellen Baurechts. Ob eine Vorschrift des Baurechts dem betroffenen Nachbarn tatsächlich eigene Rechte gewährt, ist nach einhelliger Meinung[288] durch Auslegung der Norm zu ermitteln.

Insbesondere der Wortlaut der Vorschrift, der systematische Zusammenhang sowie der Schutzzweck der Norm (man spricht insoweit auch von der „Schutznormtheorie") sind heranzuziehen. Wichtig ist dabei vor allem, dass der Nachbarschutz nicht lediglich faktisch (als bloßer Rechtsreflex) erfolgt, sondern auch ausdrücklich vom Normgeber beabsichtigt ist.

> **Bsp.:** Die Gemeinde G erlässt einen Bebauungsplan, in dessen Festsetzungen ein Mindestabstand von zehn Metern zwischen den verschiedenen Bauwerken eingehalten werden muss. Nach der Planbegründung soll diese Regelung eine offene Bauweise ermöglichen, die einen großzügigen Eindruck macht und damit vermögende Bauherren anlockt.

Auch wenn der Mindestabstand dem Nachbarn faktisch zugutekommt, so ist die Festsetzung der Abstandsflächen hier nicht im Interesse der Nachbarn, sondern der Gemeinde selbst erfolgt. Nach der Schutznormtheorie sind damit die Festsetzungen speziell dieses Bebauungsplans nicht nachbarschützend.

bestimmbarer Kreis der Nachbarn notwendig

Weiter eingeengt wird dieser Kreis von Schutznormen durch das Erfordernis, dass der Kreis der geschützten Nachbarn aus der Norm heraus bestimmbar und abgrenzbar sein muss.[289] Auf eine erkennbare zahlenmäßige Begrenzung der Berechtigten kommt es hierbei jedoch nicht an.[290]

Bauordnungsrecht meist (-)

Anerkanntermaßen nachbarschützende Vorschriften ergeben sich selten aus dem Bauordnungsrecht, z.B.:

⇨ §§ 6, 7 BauO NRW in Hinblick auf die Einhaltung von Abstandsflächen, soweit keine diesbezüglichen Festsetzungen in einem Bebauungsplan vorhanden sind.

⇨ §§ 14 und 16 BauO NRW in Hinblick auf Baustellen und sonstige mögliche Einwirkungen auf Grundstücke, sowie §§ 17, 18 BauO NRW (Lärmschutz).

> **hemmer-Methode:** Zu beachten ist jedoch, dass eine nachbarschützende Norm nur dann Drittschutz entfalten kann, wenn sie im Genehmigungsverfahren auch zu prüfen ist. So kann ein Nachbar nicht aufgrund eines Verstoßes gegen eine Norm, die z.B. im vereinfachten Genehmigungsverfahren nach § 68 BauO NRW nicht geprüft wurde, gegen eine Baugenehmigung vorgehen.

---

288 Ausführlich dazu Friauf, DVBl. 71, 713 ff.
289 Battis/Krautzberger/Löhr, § 31 BauGB, Rn. 56 a.E.
290 Weitere Einzelheiten später i.R.d. Begründetheit, vgl. Rn. 318 ff.

Der Baugenehmigung fehlt eine diesbezügliche Feststellungswirkung und kann den Nachbarn somit nicht in seinen Rechten verletzen. Dieser muss einen Anspruch auf bauaufsichtliches Einschreiten mittels Verpflichtungsklage geltend machen.[291]

Bauplanungsrecht grds. (-)

Ansonsten kommt den planungsrechtlichen Vorschriften der §§ 30 I, 31, 34, 35 BauGB aus sich allein heraus grds. keine nachbarschützende Bedeutung zu. Nachbarschutz ist allenfalls i.V.m. dem Gebot der Rücksichtnahme anzunehmen. Ausnahmen stellen insoweit folgende Vorschriften dar:

s. aber einzelne Vorschriften

⇨ Festsetzungen des Bebauungsplans, soweit diese Nachbarschutz beabsichtigen

⇨ § 15 BauNVO als gesetzlich geregelter Fall des Gebots der Rücksichtnahme

⇨ § 31 II BauGB in Hinblick auf die Würdigung nachbarlicher Interessen (vgl. Wortlaut)

⇨ § 34 I BauGB bzgl. des Merkmals „Einfügen"

⇨ § 35 III S. 1 Nr. 3 BauGB als Niederschlag des Gebotes der Rücksichtnahme, bzw. die sonstigen öffentlich rechtlichen Vorschriften.

hemmer-Methode: Vergleichen Sie zu den Einzelfällen später Rn. 321 ff. Eine Kurzübersicht finden Sie auch im Skript Hemmer/Wüst, Verwaltungsrecht I, Rn. 125 ff.

b) Gebot der Rücksichtnahme

ggf. i.V.m. Gebot der Rücksichtnahme

Lässt sich ein Nachbarschutz nicht unmittelbar aus dem Gesetz selbst herleiten, so kann eine Rechtsvorschrift gleichwohl noch i.V.m. dem Gebot der Rücksichtnahme nachbarschützend sein.

Das Rücksichtnahmegebot besagt, dass derjenige, der ein Bauvorhaben verwirklichen will, dabei Rücksicht auf die Umgebung nehmen muss. Beachten Sie aber, dass das Gebot der Rücksichtnahme kein allgemeingültiger, isolierter Rechtssatz ist, sondern stets an eine Norm angebunden werden muss. Das Gebot der Rücksichtnahme ist zunächst objektiv-rechtlich. Subjektiviert wird es nur, wenn die Realisierung des Vorhabens in qualifizierter und individualisierter Weise in schutzwürdige Belange Dritter eingreift.

c) Grundrechte

auch Art. 14, 2 II GG

Subjektiv-öffentliche Rechte des Nachbarn sind vor allem noch die Grundrechte als Abwehrrechte gegen staatliche Eingriffe (insbes. Art. 2 II, 14 GG),[292] welche in der Klausurprüfung allerdings den „Notnagel" darstellen sollten.

hemmer-Methode: Die Frage, wie ausführlich der Drittschutz von Normen in der Zulässigkeit der Klage zu prüfen ist, richtet sich vor allem nach der sog. Möglichkeitstheorie. Insofern ist i.R.d. Zulässigkeit fast immer vom Vorliegen der Klagebefugnis auszugehen, weil eine Verletzung des Gebotes der Rücksichtnahme bzw. die Verletzung von Grundrechten eigentlich immer „möglich", bzw. „nicht völlig auszuschließen" ist.

---

291 Vgl. schon oben Rn. 116 ff.
292 Rn. 329 f.

§ 4 DIE ANFECHTUNG VON VERWALTUNGSAKTEN

Regelmäßig wird es daher genügen, dass Sie bei § 42 II VwGO die Schutznormtheorie kurz andiskutieren und einige denkbare Möglichkeiten der Rechtsverletzung erwähnen. Achten Sie aber darauf, dass die Prüfung der Zulässigkeit nicht zu breit und unübersichtlich wird.
Ob eine drittschützende Norm tatsächlich einschlägig ist bzw. ob sie auch wirklich verletzt ist, sollte dann aber umso ausführlicher in der Begründetheit der Anfechtungsklage bei der Frage der subjektiven Rechtsverletzung geprüft werden (§ 113 I VwGO), insofern sei auf die diesbezüglichen Ausführungen verwiesen[293] (zu diesem Grundsatz auch über das Baurecht hinaus, vgl. Hemmer/Wüst, Verwaltungsrecht I, Rn. 124). Anders als der Richter in der Praxis, der eher dazu neigen wird, eine Klage als unzulässig abzuweisen, sollten Sie grds. von der Zulässigkeit der Klage ausgehen, weil zumindest Art. 14 GG verletzt sein könnte. Lehnen Sie die Zulässigkeit ab, müssten Sie ansonsten hilfsgutachtlich weiterprüfen, was vom Klausurersteller i.d.R. nicht gewollt ist.

d) Der Nachbarbegriff im Baurecht

Problem, ob Kläger = Nachbar i.S.d. Norm

Eine Klagebefugnis scheidet jedenfalls dann aus, wenn der Kläger kein Nachbar i.S.d. nachbarschützenden Vorschrift ist. Zu fragen bleibt stets, welchen Kreis von Personen eine als drittschützend eingestufte Norm begünstigt: Nachbar i.d.S. ist jeder, der von der Errichtung oder Nutzung der baulichen Anlage in seinem subjektiv-rechtlichen Interesse betroffen wird.[294] Insoweit wird auch vom materiellen Nachbarbegriff gesprochen.

Nachbar ≠ Angrenzer

An manchen Stellen spricht das Gesetz vom Angrenzer. Angrenzer sind nach der Legaldefinition des § 74 I S. 1 BauO NRW nur Eigentümer und Erbbauberechtigte eines angrenzenden Grundstücks. Der Begriff des Angrenzers entspricht dem formellen Nachbarbegriff.

aa) Räumliche Abgrenzung

räumlich i.d.R. Grundstücksnachbarn

Eine räumliche Abgrenzung nach festen Kriterien (z.B. Entfernung in Metern) ist nicht denkbar. Jeder einzelnen drittschützenden Norm kommt eine eigene räumliche Reichweite zu. Nachbarn sind jeweils all diejenigen, deren Grundstücke von den Auswirkungen des geplanten Vorhabens berührt werden können.

> **Bsp.:** Geht es um einzuhaltende Abstandsflächen, so sind in der Regel nur die unmittelbar an das Baugrundstück angrenzenden Grundstücke betroffen.
>
> Die Vorschriften über den Schutz gegen Einwirkungen (§ 16 BauO NRW), beispielsweise von Rauch oder Ruß, begünstigen hingegen eine ungleich größere Zahl Betroffener.

hemmer-Methode: Der Nachbar im Baurecht ist gerade in Hinblick auf die räumliche Betroffenheit zusätzlich noch vom Nachbarn im Sinne des Immissionsschutzrechts (BImSchG) abzugrenzen. Bei letzterem können durchaus auch größere Distanzen zwischen Baugrundstück und Nachbargrundstück liegen, ohne dass die Nachbareigenschaft verloren geht.[295]
Im immissionsschutzrechtlichen Bereich ist aber ebenso der Kreis der personell Betroffenen weiter zu ziehen (vgl. anschließend).

Vergleich mit Angrenzer

Im Unterschied dazu sind die räumlichen Grenzen des Angrenzerbegriffs starr. Dieser erfasst nur angrenzende Grundstücke.[296]

---

293 Dazu unten Rn. 318 ff.
294 BVerwGE 28, 131 (134); Dietlein/Burgi/Hellermann Öffentliches Recht NRW, § 4 Rn. 310.
295 Zum Nachbarbegriff im Immissionsschutzrecht, **Hemmer/Wüst, Verwaltungsrecht I, Rn. 135 ff.**
296 Boeddinghaus/Hahn/Schulte, § 74 Rn. 6: ablehnend zu der Frage, ob der Begriff personell zu erweitern ist.

bb) Personelle Abgrenzung

personell i.d.R. dinglich Berechtigte

Geschützt sind zunächst grundsätzlich die Eigentümer der benachbarten Grundstücke, bei Miteigentum oder Wohnungseigentum jeder Rechtsinhaber.

Diesen Personen gleichgestellt sind die Inhaber beschränkt dinglicher Rechte, die in Bezug auf das Grundstück eine eigentümerähnliche Stellung haben (z.B. Erbbauberechtigte).

Auch der durch eine Vormerkung (§ 883 BGB) gesicherte Käufer ist Nachbar in diesem Sinn.[297] Dagegen ist nicht Nachbar der durch ein dingliches Vorkaufsrecht gesicherte Käufer, da der Eintritt des Vorkaufsfalles ungewiss ist und damit die Rechtsstellung des Vorkaufsberechtigten nicht in der vergleichbaren Weise gesichert ist.[298]

Nach der einhelligen älteren Rechtsprechung sind keine Nachbarn die nur obligatorisch Berechtigten (z.B. Mieter, Pächter). Diese Ansicht, die zwischenzeitlich aufgrund des Urteils des BVerfG, in dem die Position des Mieters als von Art. 14 GG geschützt angesehen wurde[299], in Frage gestellt wurde, ist nun auch heute wieder herrschend. Das BVerwG[300] hat entschieden, dass die Entscheidung des BVerfG ohne Auswirkungen auf das grundsätzlich grundstücksbezogene öffentliche Baurecht ist.

anders bei BImSchG, hier auch Mieter

Wird die Verletzung immissionsschutzrechtlicher Vorschriften (z.B. § 5 I Nr. 1 BImSchG) gerügt, so ist jedenfalls auch der Mieter anerkanntermaßen aufgrund der Nutzung des Grundstücks als Nachbar anzusehen.[301]

> **hemmer-Methode:** Zur Erinnerung: Ist ein Vorhaben nach § 4 BImSchG genehmigungspflichtig, entfällt nach § 13 BImSchG das Erfordernis einer gesonderten Baugenehmigung. In einem solchen Fall sind die baurechtlichen Anforderungen nach § 6 I Nr. 2 BImSchG im immissionsschutzrechtlichen Verfahren zu prüfen.

Vergleich mit Angrenzer

Auch hinsichtlich der personellen Grenzen ist der Angrenzerbegriff starr. Erfasst sind nur Eigentümer und Erbbauberechtigte.[302]

nachbarschützende Vorschriften

Prüfungsschema bei nachbarschützenden Vorschriften:

A) Landesbauordnung

⇨ § 6 BauO ist drittschützend (OVG Münster, NVwZ-RR 2000, 205)

⇨ § 12 BauO (Verunstaltungsschutz) ist nicht drittschützend (OVG Münster)

⇨ §§ 16, 17 BauO sind drittschützend

⇨ § 51 I BauO (Stellplatzpflicht) ist nicht drittschützend (OVG Münster, NVwZ-RR 1999, 365)

---

297 BVerwG, NJW 1983, 1626.
298 VGH Mannheim, NJW 1995, 1308.
299 NJW 1993, 2035.
300 BVerwG, DVBl 98, 899 = **Life & Law 1998, 673**, vgl. auch OVG Lüneburg, NVwZ 1996, 918 = **Hemmer/Wüst, Classics Öffentliches Recht, E 51**.
301 Der Nachbarbegriff im Immissionsschutzrecht ist damit wesentlich weiter als im Bereich des Baurechts, vgl. NJW 1983, 2844.
302 Boeddinghaus/Hahn/Schulte, § 74 Rn. 6: ablehnend zu der Frage, ob der Begriff personell zu erweitern ist.

> **B) Bauplanungsrecht**
>
> Differenzieren nach Gebiet
>
> 1. Qualifizierter Bebauungsplan:
>   a) Schutz aus § 30 I BauGB in Verbindung mit Bebauungsplan
>   b) Schutz aus § 30 I BauGB in Verbindung mit BauNVO (Art der baulichen Nutzung)
>   aa) Schutz aus § 30 I BauGB in Verbindung mit § 15 BauNVO
>   bb) § 31 I BauGB i.V.m. § 15 I BauNVO
>   cc) § 31 II BauGB (Wortlaut)
> 2. unbeplanter Innenbereich
>   a) § 34 I BauGB „Einfügen"
>   b) § 34 II BauGB in Verbindung mit BauNVO
>   c) § 34 IIIa S. 1 Nr. 3 BauGB: Würdigung nachbarlicher Interessen
> 3. Außenbereich
>   a) § 35 III S. 1 Nr. 3 BauGB für privilegierten Nutzer
>   b) Rücksichtnahmegebot
> 4. Gebot der Rücksichtnahme
>   a) anbinden an Norm
>   b) objektives Prinzip. Nur subjektiviert, wenn in individualisierter und qualifizierter Weise eingegriffen wird
> 5. Art. 14 GG
>   I.d.R. (-), da das einfache Recht eine verfassungsmäßige Inhalts- und Schrankenbestimmung darstellt.

cc) Sonderfall: Eigentümer als „Nachbar"

wenn Eigentümer nicht Bauherr, dann keine Klagebefugnis ggü. Bauherrn

Bauherr und Grundstückseigentümer brauchen nicht identisch zu sein. So kann z.B. der Pächter eines Grundstücks selbstständig eine eigene Baugenehmigung auch ohne Mitwirken des Eigentümers beantragen (vgl. § 69 II S. 3 BauO NRW).

Wird diese dann ohne Zustimmung des Eigentümers erteilt, so hat dieser gleichwohl keine Klagebefugnis i.S.d. § 42 II VwGO: Zum einen hat der Eigentümer kein förmliches Beteiligungsrecht in Hinblick auf den Erlass der Baugenehmigung (Wortlaut „kann" i.S.d. § 69 II BauO NRW), zum anderen wird die Baugenehmigung „unbeschadet der Rechte Dritter" erteilt, vgl. § 75 III S. 1 BauO NRW. Schließlich ist auch eine Verletzung des Eigentumsrechts aus Art. 14 GG nicht möglich, da die Baugenehmigung lediglich einen rechtlichen Vorteil („es darf gebaut werden") für das Grundstück darstellt und damit keine Verletzung möglich ist. Insoweit bleibt es dem Eigentümer allein vorbehalten, zivilrechtlich gegen die Verwirklichung der Baugenehmigung vorzugehen (§ 75 III S. 1 BauO NRW i.V.m. BGB).[303]

---

[303] So auch Kopp/Schenke, § 42 VwGO, Rn. 81.

e) Verzicht/Verwirkung

aa) Nachbarunterschrift

Nachbarunterschrift

I.R.d. Klagebefugnis kann das Problem auftauchen, dass der Nachbar dem Bauvorhaben vor Erlass der Baugenehmigung bereits unterschriftlich zugestimmt hat.

> **hemmer-Methode:** Hier findet sich häufig der Verweis auf § 74 III BauO NRW. Die Norm regelt das Problem aber nicht vollständig, sondern lediglich einen Sonderfall. Erstens geht es dort nur um Angrenzer, nicht um alle Nachbarn. Zweitens geht es nur um das Entfallen einer Informationspflicht, nicht um die Klagebefugnis.

> **Bsp.:** Anders als im Ausgangsfall hat N den Bauantrag des A diesmal zuvor unterschrieben. Kann er trotzdem klagen?

Unterschrifteneinholung freiwillig

Die Einholung der Unterschriften der Nachbarn ist kein Erfordernis des Baugenehmigungsverfahrens. Es ist lediglich ratsam die Nachbarn auf diese Weise einzubinden, um langwierige und teure Konfliktbewältigung im Drittrechtschutz zu vermeiden. Lediglich im Fall des § 74 BauO NRW (vgl. Rn. 289 und 306) ist die Angrenzerbenachrichtigung vorgeschrieben.

auch keine Pflicht zu unterschreiben

Auf der anderen Seite besteht auch keine öffentlich-rechtliche Verpflichtung des Nachbarn, die Bauvorlagen zu unterschreiben.

wenn Unterschrift erfolgt, dann Klage unzulässig

Erfolgt allerdings die Unterschrift, so erteilt der Nachbar damit seine Zustimmung zum Bauvorhaben bzw. er verzichtet damit auf die ihm zustehenden subjektiv-öffentlichen Rechte. Rechtsbehelfe sind nach der Nachbarunterschrift deshalb nicht mehr möglich, da ansonsten ein widersprüchliches Verhalten des Nachbarn vorliegen würde. Eine Klage ist deshalb nach wohl h.M. entweder wegen fehlender Klagebefugnis oder wegen fehlendem Rechtsschutzinteresse unzulässig.[304]

aber ggf. Widerruf, Anfechtung, inhaltliche Beschränkung mögl.

Die Zustimmung des Nachbarn kann jedoch bis zum Eingang bei der Bauaufsichtsbehörde widerrufen werden (§ 130 BGB),[305] zudem besteht die Möglichkeit, die Zustimmung als Willenserklärung entsprechend §§ 119 ff. BGB gegenüber der Bauaufsichtsbehörde anzufechten, so dass unter diesen Umständen die Klagebefugnis wieder auflebt. Weiterhin kann der Nachbar seine Zustimmung auch auf bestimmte Teile des Vorhabens begrenzen. Dies folgt bereits daraus, dass er in seiner Entscheidung über die Erteilung der Zustimmung als solcher frei ist.[306]

> **hemmer-Methode:** Weniger entscheidend ist, ob Sie die Klage wegen fehlenden Rechtsschutzbedürfnisses oder aber wegen fehlender Klagebefugnis als unzulässig abweisen. Wichtig ist vielmehr, dass Sie das Problem überhaupt als Frage der Zulässigkeit erkennen und diskutieren.
> Beachten Sie schließlich noch, dass die Nachbarunterschrift noch im Hinblick auf die zivilrechtlichen Abwehransprüche des Nachbarn von Bedeutung ist.

---

[304] Man kann in der Unterschrift auch einen vorweggenommenen Rechtsmittelverzicht sehen. Im Einzelnen ist hier die genaue Rechtsfolge strittig, vgl. Kopp/Schenke, § 42 VwGO, Rn. 97 a. E., 179, der entgegen der ganz h.M. sogar die Klage zulässig, aber wegen fehlender Rechtsverletzung unbegründet sein lassen will.

[305] A.A.: Widerrufbar bis zum Erlass des Genehmigungsbescheids (Arg.: § 183 BGB); BayVGH, BayVBl. 2005, 693 = **Life & Law 2006, 119**.

[306] OVG NW, BauR 2001, 89; 380.

§ 4 DIE ANFECHTUNG VON VERWALTUNGSAKTEN

Zwar wird nach § 75 III S. 1 BauO NRW die Genehmigung unbeschadet der Rechte Dritter erteilt, sodass zivilrechtliche Abwehransprüche des Nachbarn grds. erhalten bleiben, allerdings kann es ein widersprüchliches Verhalten darstellen, wenn der Nachbar einerseits unterschreibt, dann aber nachträglich zivilrechtlich gegen das Vorhaben vorgehen will (sog. venire contra factum proprium, § 242 BGB).[307]

bb) Materielle Präklusion nach § 10 III S. 3 BImSchG

bei Präklusion (-), z.B. § 10 BImSchG

Wegen der Konzentrationswirkung des § 13 BImSchG kann in der Baurechtsklausur die Ausschlussvorschrift des § 10 III S. 3 BImSchG Bedeutung gewinnen. Zwar sind die baurechtlichen Aspekte des Vorhabens bei Erteilung einer immissionsschutzrechtlichen Genehmigung ebenfalls zu prüfen. Allerdings ist die Klage eines Nachbarn wegen fehlender Klagebefugnis bereits unzulässig, wenn die Frist des § 10 III S. 3 BImSchG abgelaufen ist.[308]

282

f) Unzulässige Rechtsausübung

Kauf v. Sperrgrundstück problematisch

Ein weiteres Sonderproblem ist die Klagebefugnis in den Fällen, in denen der Kläger sich erst ein Grundstück kauft, um dann als „frischgebackener" Nachbar mit einem Sperrgrundstück gegen eine Baugenehmigung klagen zu können.

283

> *Bsp.: Das Möbelhaus S plant den Bau einer neuen Filiale mit 50.000 qm Verkaufsfläche. Da keiner der Nachbarn dem Vorhaben widersprechen will, kauft sich der Konkurrent, Möbelhändler K - der um seine Existenz fürchtet - ein unmittelbar angrenzendes Nachbargrundstück, dessen Nutzung er aber gar nicht anstrebt. Anschließend erhebt er Nachbarklage.*

Fraglich ist, ob K hier wegen einer möglichen Verletzung von Art. 14 GG klagebefugt sein kann. Jedenfalls nimmt ein Teil der Literatur in den Fällen „erkaufter Klagebefugnis" an, dass eine Geltendmachung des Rechts wegen Rechtsmissbrauchs (analog §§ 226, 242 BGB) unzulässig sei.[309]

Die diesbezüglichen Ansichten, die vor allem in Hinblick auf Klagen gegen einen Planfeststellungsbeschluss bei Großvorhaben von Bedeutung sind, können aber nicht ohne weiteres auf das Baurecht übertragen werden. Allerdings erscheint auch hier die Versagung der Klagebefugnis nicht ausgeschlossen, weil K das Sperrgrundstück nur erworben hat, weil er als Konkurrent - und eben nicht als Nachbar - gegen die Baugenehmigung vorgehen will.[310]

Je nach Einzelfall ist die Klage somit als unzulässig abzuweisen.

> **hemmer-Methode:** Die erkaufte Klagebefugnis spielte früher in erster Linie bei der Klage gegen einen Planfeststellungsbeschluss eine Rolle (hier gab es auch schon vor Einführung des § 110 JustG NRW kein Vorverfahren, vgl. §§ 74 I, 70 VwVfG NRW!). Hier entfällt die Klagebefugnis dann, wenn die Eigentümerstellung rechtsmissbräuchlich begründet worden ist. Dies ist dann der Fall, wenn das Grundstück nur erworben worden ist, um die formale Voraussetzung für eine Klage zu schaffen. Hierbei ist insbesondere zu beachten, ob das Eigentum neben der formalen Hülle auch materiellen Inhalt hat, sich an der tatsächlichen Nutzung etwas geändert hat und ob für die Eigentumsübertragung ein wirtschaftlicher Gegenwert geflossen ist.

---

[307] Maßgeblich ist diesbezüglich die vorherige Erkennbarkeit für den Nachbarn, dazu informativ und interessant zur allgemeinen Einordnung der Nachbarunterschrift JuS 1993, 20; zu den möglichen zivilrechtlichen Ansprüchen des Nachbarn vgl. Palandt, § 903 BGB, Rn. 7 ff.

[308] Missverständlich ist auch hier Kopp/Schenke, § 42 VwGO, Rn. 104 a.E., der zwar eine Zulässigkeit annimmt, dafür aber auch hier die Klage unbegründet sein lassen will.

[309] Vgl. **Hemmer/Wüst, Verwaltungsrecht I, Rn. 145** m.w.N.

[310] BVerwG, DVBl. 2001, 385 = **Life & Law 2001, 584** = BayBl. 2001, 569.

> Ein weiteres Anzeichen kann sich aus dem zeitlichen Ablauf des Vorgangs ergeben (im hierzu entschiedenen Fall verweigerte das BVerwG (BauR 2001, 742) die Klagebefugnis: Ein Naturschutzverband hatte ein Grundstück im Bereich einer künftigen Autobahn erworben. Die Übertragung erfolgte dabei unentgeltlich, den Voreigentümern wurde ein unentgeltliches Nießbrauchrecht auf Lebenszeit eingeräumt. Für den Fall der Veräußerung des Grundstücks ohne Zustimmung der Voreigentümer wurde eine Schadensersatzpflicht in Höhe des Erlöses zzgl. 15.000,- DM vereinbart. Nach Vertragsschluss wurde das Grundstück wie vorher genutzt.).[311] Nun ist dieses Problem auch i.R.d. Klage gegen eine Baugenehmigung zu beachten.

g) Rechtsmittelverzicht

Verzicht auf Rechtsmittel

Verzichtet der Nachbar[312] (z.B. gegen Entgelt) auf die ihm möglichen Rechtsmittel, so ist die spätere Klage unzulässig.[313]

einseitig

Zu unterscheiden ist insofern aber zwischen dem einseitigen Verzicht und dem rechtsgeschäftlich Verzicht. Der einseitige Verzicht stellt als gegenüber dem Gericht abzugebende Erklärung eine Prozesshandlung dar. Er kann daher erst nach Ergehen der durch die Klage anzugreifenden Entscheidung (z.B. Erteilung der Baugenehmigung) wirksam abgegeben werden und ist unanfechtbar, unwiderruflich und von Amts wegen zu berücksichtigen. Es ist allenfalls eine Wiederaufnahme des Verfahrens nach § 153 VwGO, §§ 579, 580 ZPO denkbar.

rechtsgeschäftlich

Wird der Verzicht nur dem Bauherren gegenüber erklärt, so handelt es sich um einen rechtsgeschäftlich erklärten Verzicht. Ein solcher ist bis zur Unanfechtbarkeit der behördlichen Entscheidung über die Regelungen des BGB angreifbar und ist vom Gericht nur auf entsprechend Einrede zu berücksichtigen.[314]

Jeglicher Form von Verzicht stehen fehlerhafte Belehrung durch das Gericht, Täuschung, Drohung oder sonstige unzulässige Beeinflussung seitens des Klagegegners, sowie in dem Berufen auf den Verzicht liegende Arglist oder Rechtsmissbrauch der Wirksamkeit des Verzichts entgegen.[315]

3. Vorverfahren

Vorverfahren entbehrlich, aber als Sonderfall

Bei der Anfechtungsklage ist grds. das nach §§ 68 ff. VwGO erforderliche Vorverfahren durchzuführen, welches aber gem. § 110 I S. 1 JustG NRW entbehrlich ist. Zwar ist die Norm gem. § 110 III S. 1 JustG NRW auf den Drittwiderspruch grundsätzlich nicht anwendbar, jedoch findet sich für Entscheidungen der Baugenehmigungsbehörde eine Ausnahme in § 110 III S. 2 Nr. 7 JustG NRW.

4. Klagefrist

Klagefrist

Wie es bei Drittanfechtungsklagen die Regel ist, ergibt sich auch für die Nachbarklage die Besonderheit der fehlenden Bekanntgabe des Verwaltungsaktes an diesen. Früher führte dies i.R.d. Widerspruchsverfahrens zu einigen Folgeproblemen.

---

311 Die frühere Rechtsprechung ließ in diesen Fällen die Klage nicht bereits in der Zulässigkeit scheitern. Hier scheiterten die Klagen rglm. erst i.R.d. Begründetheit bei der Interessenabwägung wegen fehlender Schutzwürdigkeit des Sperrgrundstücksinhaber.

312 Für Rechtsreferendare: Zu den prozessualen Konsequenzen, wenn statt des Nachbarn der Bauherr selbst während des Prozesses auf die Ausübung seiner Baugenehmigung verzichtet, vgl. BVerwG, NVwZ-RR 1992, 276.

313 Kopp/Schenke VwGO § 74, Rn. 21.

314 Kopp/Schenke VwGO § 74, Rn. 23, 24.

315 Ein Rechtsbehelf ist damit dann zwar zulässig, wohl aber unbegründet, Pietzner/Ronellenfitsch, § 36 Rn. 5; hier erfolgt auch eine Bindung gegenüber dem Rechtsnachfolger.

§ 4 DIE ANFECHTUNG VON VERWALTUNGSAKTEN

Hierbei wurden fehlende Regelungen über Analogien zur Klagefrist gelöst. Nach Wegfall des Vorverfahrens haben sich diese nun teilweise in die Klagefrist verschoben. Es sind zwei Konstellationen zu unterscheiden.

a) Fehlende Mitteilung an den Nachbarn

Erster Fall: § 57 I VwGO darüber hinaus § 58 I VwGO

Ohne einen ausdrücklichen Hinweis auf eine Bekanntgabe gegenüber dem Nachbarn ist davon auszugehen, dass diese nur dem Bauherrn gegenüber erfolgte. Damit beginnt die Frist schon gem. § 57 I VwGO nicht zu laufen.

Darüber hinaus ist davon auszugehen, dass wenn schon der Verwaltungsakt selber nicht bekanntgegeben wurde, auch keine ordnungsgemäße Rechtsbehelfsbelehrung erfolgt sein wird, was gem. § 58 I VwGO ebenfalls den Fristbeginn verhindert.

hemmer-Methode: Dass die Klagefrist aufgrund eines Verstoßes gegen § 57 VwGO nicht in Gang gesetzt wird ist ein Sonderfall der Drittanfechtung. Dieser Fall ist ungewohnt, da in der Klausur normalerweise der Verwaltungsakt zugestellt wird und nur die Rechtsbehelfsbelehrung unterbleibt oder fehlerhaft ist.
Anderenfalls wäre der Verwaltungsakt gem. § 43 I S. 1 VwVfG gar nicht wirksam geworden und könnte daher auch nicht im Wege der Anfechtungsklage angegriffen werden. Im Falle der Drittanfechtung wird der Verwaltungsakt aber durch Bekanntgabe gegenüber dem Adressaten der Regelung wirksam. [316]

aber § 58 II VwGO analog oder Verwirkung möglich

Im Ergebnis würde die Klage zeitlich unbegrenzt möglich sein, was allerdings zu einer unzumutbaren Rechtsunsicherheit auf Seiten des Bauherrn führen würde. Deshalb verpflichtet die tatsächliche Kenntnisnahme den Nachbarn aufgrund des nachbarschaftlichen Gemeinschaftsverhältnisses[317] dazu, baldmöglichst festzustellen, ob und mit welchem Inhalt eine Genehmigung erteilt wurde.

Dementsprechend ist nach h.M. davon auszugehen, dass wenigstens ab dem Zeitpunkt, in dem der N von dem Bauvorhaben erfährt, die Frist des § 58 II VwGO[318] entsprechende Anwendung findet. N hätte danach ein Jahr lang nach Kenntnisnahme Zeit, die Baugenehmigung anzufechten. Andere lehnen diese Analogie ab und gehen über die Grundsätze der Verwirkung (vgl. dazu Rn. 292).

b) Falsche Form der Mitteilung an den Angrenzer

Zweiter Fall: § 74 BauO NRW grds. kein Klagefristproblem

Je nach Ablauf des vorgeschalteten Verwaltungsverfahrens kann sich eine Abweichung bei der Klagefristberechnung ergeben. I.R.d. Baugenehmigungsverfahrens sollen nämlich die Angrenzer (legal definiert in § 74 I S. 1 BauO NRW) gem. § 74 II S. 1 BauO NRW benachrichtigt werden, wenn zu erwarten ist, dass durch eine in Frage stehende Abweichung öffentlich-rechtlich geschützte nachbarschaftliche Belange berührt werden. Abweichung i.S.d. § 74 BauO NRW meint nicht nur die Abweichung i.S.d. § 73 BauO NRW, sondern auch die bauplanungsrechtlichen Abweichungstatbestände des BauGB, also Ausnahmen (§ 31 I BauGB) und Befreiungen (§ 31 II BauGB).[319]

---

316 Vgl. Kopp/Schenke, § 57 VwGO, Rn. 16.
317 Aus diesem Grunde sind die hier ausgeführten Grundsätze über das Baurecht hinaus nicht allgemein auf VA mit Doppelwirkung zu verallgemeinern; die hier gefundene Regelung des BVerwG beruht in erster Linie auf dem nachbarschaftlichen Gemeinschaftsverhältnis, das eine Erkundigungspflicht nach Treu und Glauben gebietet, vgl. Pietzner/Ronellenfitsch, § 33 II, Rn. 11 ff.
318 Nach a.A. soll zwar nicht die Regelung des § 58 II VwGO gelten, dafür sollen die Grundsätze der Verwirkung Anwendung finden; vgl. nachfolgende Ausführungen.
319 Boeddinghaus/Hahn/Schulte, § 74 BauO NRW Rn. 15.; a.A. Dürr/Middeke Baurecht NRW, Rn. 237.

Die Pflicht zu Benachrichtigung besteht dabei bereits, wenn ein derartiger Verstoß nicht auszuschließen ist. Als Vorschrift zum Verwaltungsverfahren schlägt ihre Nichteinhaltung nicht auf die Voraussetzungen der Klagefrist durch, sondern ist lediglich eine Frage der formellen Rechtmäßigkeit der Baugenehmigung. Es bliebe hinsichtlich die Klagefrist bei den obigen Ausführungen.

> **hemmer-Methode:** Wird eine Baugenehmigung tatsächlich einmal Monate nach Erlass erfolgreich angefochten, weil die Behörde die Zustellung an den Nachbarn vergessen hat, so ist dies zwar für den Bauherrn denkbar unbefriedigend. Gleichwohl können dann Amtshaftungsansprüche des Bauherrn bestehen.

aber Abweichungsentscheidung für Fristbeginn relevant

Werden die Angrenzer hingegen seitens der Behörde informiert, so haben sie einen Monat Zeit ihre Einwände schriftlich oder zu Protokoll vorzubringen, § 74 II S. 2 BauO NRW. Erteilt die Behörde die Baugenehmigung dennoch ohne den Einwänden zu entsprechen, so ist sie gem. § 74 IV S. 1 BauO NRW verpflichtet den Angrenzern die Entscheidung über die Abweichung zuzustellen (lesen).

Zustellung im Baurecht

Die formelle Zustellung bestimmt sich für das Baurecht mittlerweile ausschließlich nach dem LZG NRW. Dieses löste am 01.02.2006 das alte LZG ab, welches über § 1 auf das Bundesrecht (das alte VwZG) verwies. Für das gleichzeitig mit dem Landesrecht neugefasste VwZG verbleibt im Baurecht kein Anwendungsbereich.

290

Dieses war nur i.R.d. nun abgeschafften Widerspruchsverfahrens anzuwenden. Die Entscheidung über die Art der Zustellung liegt bei der Behörde, § 2 III LZG NRW.

Heilung

Bei einem Verstoß gegen das Gebot der formellen Zustellung ist die Heilungsmöglichkeit des § 8 LZG NRW zu beachten. Ein einfacher Brief seitens der Behörde etwa würde keine formelle Zustellung darstellen, aber sein nachweislicher Zugang würde die Klagefrist im Wege der Heilung dennoch in Gang setzen.

> **hemmer-Methode:** Als zweiter im Baurecht bedeutender Fall des Zustellungserfordernisses ist die Baugenehmigung an den Bauantragstellenden zuzustellen, § 75 I S. 3 BauO NRW. Dies wird in der Klagefrist relevant, wenn sich dieser gegen eine in Teilen oder im Ganzen ihm erteilte Baugenehmigung wenden will.

Nur die Baugenehmigung selber ist angreifbar

Zu beachten ist, dass die Mitteilung über die Nichtberücksichtigung der Einwendungen nur für den Fristbeginn entscheidend ist. Gegenstand der Klage bleibt in jedem Fall die erteilte Baugenehmigung. Die ablehnende Entscheidung über seine Einwendungen ist im Gegensatz zu der Benachrichtigung nach § 74 II BauO NRW zwar ein Verwaltungsakt, aber wegen § 44a VwGO als Verwaltungshandlung nicht selbstständig anfechtbar ist (siehe Rn. 307).

291

c) Verwirkung

daneben auch Verwirkung möglich ⇨ Vertrauen des Bauherrn berechtigt?

Der Nachbar kann seine Abwehrrechte aber auch innerhalb der (entsprechend anzuwendenden) Frist des § 58 II VwGO anderweitig verwirken. Dieser auf Treu und Glauben beruhende Grundsatz bedeutet, dass ein Recht nicht mehr ausgeübt werden kann, wenn seit der Möglichkeit der Geltendmachung eine längere Zeit verstrichen ist und besondere Umstände hinzutreten, die eine verspätete Geltendmachung als treuwidrig erscheinen lassen.[320]

292

---

[320] BVerwGE 44, 339 (343).

§ 4 DIE ANFECHTUNG VON VERWALTUNGSAKTEN

Das ist dann der Fall, wenn der Bauherr aufgrund des Verhaltens des Nachbarn darauf vertrauen konnte, dass dieser von möglichen Abwehrrechten keinen Gebrauch macht und sich darauf eingerichtet hat. Maßgebend sind die Umstände des Einzelfalles.[321]

Einer der denkbaren Fälle wurde oben bereits erwähnt. Lehnt man mit der Mindermeinung die analoge Anwendung des § 58 II VwGO auf die Fälle anderenfalls fehlenden Fristbeginns für den Nachbarn (oben Rn. 288) ab, so wäre eventuell eine Verwirkung des Klagerechts anzudenken. Jedoch ist dem Klagenden auch i.R.d. Verwirkung eine Jahresfrist nach Kenntniserlangung oder Kennenmüssen zuzusprechen. Anderenfalls stünde er schlechter als der, welchem gegenüber zumindest der Verwaltungsakt selber bekanntgegeben wurde. Die Jahresfrist ist insoweit als Ausdruck eines allgemeinen Rechtsgedankens anzusehen.[322]

5. Sonstige Zulässigkeitsvoraussetzungen

sonstige Zulässigkeitsvoraussetzungen

Zu den sonstigen Zulässigkeitsvoraussetzungen sollten nur dann Ausführungen gemacht werden, wenn diesbezüglich Probleme in der Klausur angelegt sind.[323]

293

III. Beiladung, § 65 VwGO

wichtig: Beiladung, § 65 VwGO

Insbesondere im Bereich der Nachbarklage liegt stets ein Fall der notwendigen Beiladung vor (§ 65 II VwGO), da der Bauherr durch die Gerichtsentscheidung unmittelbar betroffen ist und die Entscheidung auch ihm gegenüber erfolgen muss. Der Bauherr ist damit ebenfalls Beteiligter des Rechtsstreits, §§ 63 Nr. 3, 65 II VwGO.

294

> **hemmer-Methode:** Dass bei der Nachbarklage stets ein Fall der notwendigen Beiladung vorliegt, müssen Sie sich unbedingt einprägen! Zeigen Sie dem Korrektor außerdem durch den Aufbau der Klausur, dass Sie die Systematik der VwGO im Bereich der Drittanfechtung verstanden haben: Die Beiladung ist keine Frage der Zulässigkeit, sondern ein separater Prüfungspunkt, den Sie als solchen auch von Zulässigkeit und Begründetheit abheben müssen.
> Für die Fortgeschrittenen: Bedenken Sie, dass neben den Parteien des Rechtsstreits auch der sog. Vertreter des öffentlichen Interesses (VÖI) in jedem Verfahren am Prozess beteiligt sein kann (§ 63 Nr. 4 VwGO und § 36 VwGO).
> Wenn er die Beteiligung erklärt, muss auch er alle Schriftsätze, gerichtlichen Anordnungen usw. zugesendet bekommen, außerdem kann er sich durch Anträge am Prozess ggf. aber auch bei Unterliegen an den Prozesskosten beteiligen.[324]

IV. Begründetheit

Begründetheit d. Anfechtungsklage

Prüfungsschema der Begründetheit:
I. Ermächtigungsgrundlage
II. Formelle Rechtmäßigkeit
   1. Zuständigkeit
   2. Verfahren
   3. Form
   4. Bekanntgabe usw.

295

---

321 NVwZ 2004, 315; bestätigt durch OVG Münster, NVwZ-RR 2006, 236 = NWVBl. 2006, 25.
322 Vgl. Kopp/Schenke, § 74 VwGO, Rn. 20.
323 Dazu schon oben Rn. 37 bei der Verpflichtungsklage, wo die Problematik der Partei- und Prozessfähigkeit in Hinblick auf das Landratsamt bereits ausgeführt wurde.
324 Zum VÖI vgl. Kopp/Schenke, § 63 VwGO, Rn. 5 und § 36 VwGO, Rn. 3.

> **III. Materielle Rechtmäßigkeit**
>   1. Bauplanungsrechtliche Zulässigkeit des Vorhabens
>   2. Bauordnungsrechtliche Zulässigkeit des Vorhabens
>
> **IV. Rechtsfolge**
>
> **V. Rechtsverletzung des Klägers, § 113 I S. 1 VwGO**
>   1. Festlegung der nachbarschützenden Vorschrift des Baurechts
>   a) Räumlicher Anwendungsbereich
>   b) Personeller Anwendungsbereich
>   2. Verletzung von Grundrechten

§ 113 I S. 1 VwGO

Die Nachbarklage ist begründet, wenn die erteilte Baugenehmigung rechtswidrig und der Kläger dadurch in eigenen subjektiv-öffentlichen Rechten verletzt ist, § 113 I S. 1 VwGO.

> **hemmer-Methode:** Wenn Sie auch stets diesen Obersatz so oder so ähnlich als Einleitung der Begründetheit zitieren, so sollten Sie dennoch die Überschrift „Obersatz" weglassen, weil es zu schematisch wirkt. Erster bezifferter Prüfungspunkt in der Klausur sollte damit für Sie die Ermächtigungsgrundlage sein.

1. Ermächtigungsgrundlage

Rechtsgrundlage festlegen i.d.R. § 75 I BauO NRW

Rechtsgrundlage ist für die Baugenehmigung die Vorschrift des § 75 I BauO NRW. Wird ein Vorbescheid oder eine Teilbaugenehmigung angefochten, so ist die Rechtsgrundlage entweder § 71 BauO NRW (beim Vorbescheid) oder aber § 76 BauO NRW (bei der Teilbaugenehmigung).

Besonderheit bezüglich des maßgeblichen Beurteilungszeitpunkts

Bei der Frage nach der Rechtmäßigkeit eines Verwaltungsaktes ist i.R.d. Anfechtungsklage normalerweise auf die Sach- und Rechtslage zum Zeitpunkt der letzten mündlichen Verhandlung abzustellen. Im Rahmend der baurechtlichen Nachbarklage gilt dieser Grundsatz aber nicht. Hier ist auf den Zeitpunkt der Genehmigungserteilung abzustellen.[325]

> **hemmer-Methode:** Nach dem Vorbehalt des Gesetzes ist grds. nur bei belastenden VA eine Ermächtigungsgrundlage notwendig, da nur diese in die Rechte des Adressaten eingreift. Zwar ist die Baugenehmigung in erster Linie ein für den Bauherrn begünstigender VA, allerdings ist es von grundsätzlicher Bedeutung, dass man die Rechtsgrundlage vor der formellen und der materiellen Rechtmäßigkeit festlegt. So kann z.B. erst durch die Vorschrift des § 71 II BauO NRW beim Vorbescheid bestimmt werden, welche Verfahrensvorschriften Anwendung finden (z.B. Verweis auf § 69 BauO NRW). Die Prüfung der formellen Rechtmäßigkeit ist somit ohne die Kenntnis der Rechtsgrundlage oftmals gar nicht möglich.

2. Formelle Rechtmäßigkeit

formelle Rechtmäßigkeit: Zuständigkeit und Verfahren

Anders als bei der Verpflichtungsklage spielt die formelle Rechtmäßigkeit im Bereich der Drittanfechtung der Baugenehmigung eine wichtige Rolle, ähnlich wie bei einer gewöhnlichen Anfechtungsklage im Zwei-Personen-Verhältnis.

---

[325] OVG Münster NWVBl. 2008, 228.

§ 4 DIE ANFECHTUNG VON VERWALTUNGSAKTEN

Prüfungspunkte der formellen Rechtmäßigkeit sind im Bereich des Baurechts insbesondere sachliche und örtliche Zuständigkeit (§§ 60 ff. BauO NRW, § 3 VwVfG NRW), besondere Verfahrensvorschriften (§§ 69 ff. BauO NRW), Bekanntgabe des VA (§§ 41 ff. VwVfG NRW), dessen Begründung (§ 39 VwVfG NRW) und ggf. die Heilung von Fehlern nach § 45 VwVfG NRW bzw. Unbeachtlichkeit nach § 46 VwVfG NRW. Letztere ist allerdings keine Heilungsvorschrift. Der VA bleibt rechtswidrig, auch wenn die Voraussetzungen des § 46 VwVfG NRW vorliegen. § 46 VwVfG NRW bewirkt lediglich, dass eine subjektive Rechtsverletzung des Klägers fehlt.

a) Sachliche Zuständigkeit

Verstoß gegen sachliche Zuständigkeit

Gemäß § 62 BauO NRW ist die untere Bauaufsichtsbehörde sachlich zuständig. Wer untere Bauaufsichtsbehörde ist, bestimmt sich, wie dargestellt, nach § 60 I Nr. 3 BauO NRW.

Untere Bauaufsichtsbehörden

Untere Bauaufsichtsbehörden sind:
1. Die Landräte gem. § 60 I Nr. 3 lit. b BauO NRW, §§ 42 ff. KrO NRW (für die kleinen kreisangehörigen Gemeinden)
2. Die kreisfreien Städte, § 60 I Nr. 3 lit. a BauO NRW
3. Die Großen und Mittleren kreisangehörigen Städte, § 60 I Nr. 3 lit. a BauO NRW

Ein Verstoß gegen die sachliche Zuständigkeit führt grundsätzlich zur Rechtswidrigkeit des Verwaltungsaktes.

hemmer-Methode: Beachten Sie, dass die Frage der funktionellen Zuständigkeit nicht mit der sachlichen Zuständigkeit verwechselt werden darf. Wird also z.B. die Baugenehmigung vom falschen Dezernat bzw. vom falschen Sachbearbeiter innerhalb des Kreises erteilt, so hat nach außen gleichwohl die betreffende Behörde gehandelt.

Exkurs: Allgemeiner Behördenaufbau im Bereich des Baurechts

allgemeiner Behördenaufbau

Für die Bauaufsicht als eine der klassischen Sparten der Gefahrenabwehr (§ 60 II S. 1 BauO NRW) gilt der typische dreistufige Verwaltungsaufbau (vgl. § 60 I BauO NRW).

Der typische dreistufige Verwaltungsaufbau:
1. **Oberste** Bauaufsichtsbehörde gem. § 60 I Nr. 1 BauO NRW: Das für die Bauaufsicht zuständige Ministerium, vgl. § 4 LOG NRW.
2. **Obere** Bauaufsichtsbehörde gem. § 60 I Nr. 2 BauO NRW: Bezirksregierungen für die kreisfreien Städte und die Kreise in deren Funktion als untere Bauaufsichtsbehörde. Die Landräte als unter staatliche Verwaltungsbehörde (also i.S.d. §§ 58 ff. KrO NRW) sind obere Bauaufsichtsbehörde für die mittleren und großen kreisangehörigen Gemeinden (also die Fälle des § 60 I Nr. 3 lit. a Alt. 2 und 3 BauO NRW).
3. **Untere** Bauaufsichtsbehörde: nach § 60 I Nr. 3 lit. a BauO NRW die kreisfreien Gemeinden, die großen und die mittleren kreisangehörigen Gemeinden selbst. Nach § 60 I Nr. 3b BauO NRW die Kreise (im Sinne der §§ 42 ff. KrO NRW und nicht als untere staatliche Verwaltungsbehörde i.S.d. §§ 58 ff. KrO NRW).

Exkurs Ende

b) Örtliche Zuständigkeit

örtl. § 3 I Nr. 1 VwVfG NRW

Da die örtliche Zuständigkeit in der BauO NRW nicht geregelt ist, gilt allgemeines Verwaltungsrecht. Zuständig ist danach grundsätzlich die Bauaufsichtsbehörde, in deren Bezirk das Baugrundstück liegt (§ 3 I Nr. 1 VwVfG NRW).

c) Das Genehmigungsverfahren

Verfahrensablauf

Häufig ist bei der Nachbarklage auf den Ablauf des Genehmigungsverfahrens einzugehen. Dieses stellt sich i.d.R. wie folgt dar:

> **Das baurechtliche Genehmigungsverfahren:**
> 1. Antrag des Baubewerbers
> 2. Bauvorlageberechtigung
> 3. Nachbarbeteiligung
> 4. Beteiligung anderer Körperschaften, Behörden oder Dienststellen
> 5. Schriftlicher Erlass der Baugenehmigung und Zustellung
> 6. Keine Begründung

aa) Antrag

Antrag notwendig

Das Baugenehmigungsverfahren ist ein Antragsverfahren (§ 69 I BauO NRW). Der Bauantrag ist schriftlich (Abs. 1) und unterschrieben (vom Bauherrn und dem Entwurfsverfasser - Abs. 2) bei der Bauaufsichtsbehörde einzureichen.

> **hemmer-Methode: Denken in Zusammenhängen!** Die Baugenehmigung ist damit ein sog. mitwirkungsbedürftiger VA. Bedeutung kann dieser Umstand dann gewinnen, wenn ein beantragter Bauantrag nur unter einer sog. modifizierten Auflage[326] gestattet wird: Hier liegt eine vollständige Ablehnung des Antrags nach dem Motto „zwar nicht so, aber dafür anders" vor, sodass für das neue Angebot der Behörde eigentlich auch ein neuer Antrag des Bewerbers notwendig wäre.

Mit dem Antrag sind alle für die Beurteilung des Verfahrens erforderlichen Unterlagen einzureichen (§ 69 I BauO NRW). Ist der Bauherr weder Grundstückseigentümer noch Erbbauberechtigter, so kann weiter verlangt werden, dass der Eigentümer oder der Erbbauberechtigte dem Vorhaben zustimmt (Abs. 2 S. 3).

bb) Bauvorlageberechtigung

Bauvorlageberechtigung

Der Entwurfsverfasser muss nach § 70 BauO NRW bauvorlageberechtigt sein.

> **hemmer-Methode:** Bauantrag und Bauvorlageberechtigung spielen im Gegensatz zur Nachbarbeteiligung fast nie eine Rolle. In der Klausur sollte man deshalb nur dann darauf eingehen, wenn sich diesbezügliche Probleme aus dem Sachverhalt ergeben.

---

326 Vgl. **Hemmer/Wüst**, Verwaltungsrecht I, Rn. 426 ff.

cc) Nachbarbeteiligung

Die Ausführungen zur Beteiligung des Nachbarn am Baugenehmigungsverfahren sind in der Klausur kurz zu halten. Im Ergebnis kann die Verletzung von Beteiligungsrechten allein praktisch nie zur Begründetheit einer Nachbarschaftsklage führen (vgl. unten Rn. 308).

Dennoch differenzieren:

Zunächst ist aber festzustellen, inwiefern man die Nachbarn überhaupt am Verfahren beteiligen muss. Dabei ist zu differenzieren, denn eine allgemeine gesetzliche Anordnung die Nachbarn zu beteiligen gibt es in NRW nicht.

Beteiligung nach § 74 BauO NRW

Einzig in § 74 BauO NRW wird die Baugenehmigungsbehörde zur Beteiligung verpflichtet, jedoch nur in einem personell und sachlich eingeschränkten Umfang:

⇨ Personell: Nur Angrenzer, also gem. § 74 I S. 1 BauO NRW die Eigentümer und Erbbauberechtigten angrenzender Grundstücke.

⇨ Sachlich: Nur in den Fällen, wo die Zulassung von Abweichungen (i.w.S., also § 73 BauGB, § 31 I oder II BauO NRW)[327] öffentlich-rechtlich geschützte nachbarliche Belange berühren können.

Es besteht die Pflicht zur Benachrichtigung (Abs. 2) und die Pflicht die Entscheidung zuzustellen, falls den Einwendungen nicht entsprochen wird (Abs. 4). Insoweit soll gem. § 74 I S. 2 BauO NRW das VwVfG NRW keine Anwendung finden. Damit scheiden insbesondere Rechte nach §§ 13 und 28 VwVfG NRW aus.[328]

Sonstige Nachbarbeteiligung

Wie dem Begriff „insoweit" in § 74 I S. 2 BauO NRW zu entnehmen ist,[329] verbleibt das VwVfG NRW aber anwendbar für:

⇨ alle Nachbarn, welche nicht zugleich Angrenzer sind

⇨ Angrenzer von Bauvorhaben, welche ohne Abweichungen auskommen

Diese Nachbar sind gem. § 13 II VwVfG NRW Beteiligte des Baugenehmigungsverfahrens und somit nach § 28 VwVfG NRW anzuhören, sofern in ihre Rechte eingegriffen werden soll.[330] Die Beteiligung der in ihren öffentlich-rechtlich geschützten Rechte berührten Dritten folgt zudem nicht nur aus dem Untersuchungsgrundsatz nach § 24 VwVfG NRW, sondern ist auch im Sinne des Bauherrn, da die frühzeitige Auseinandersetzung mit Drittrechten erhebliche finanzielle Schäden vermeiden kann.[331]

Rechtsfolge fehlender Beteiligung

Wie bereits oben erwähnt, führen Fehler bei der Beteiligung allein nicht zur Begründetheit der Drittanfechtung. Da es sich um reine Verfahrensregelungen handelt, finden bei Verstoß gegen Beteiligungsrechte die Heilungsvorschriften der §§ 45 sowie 46 VwVfG NRW, dabei insbesondere § 45 II VwVfG NRW, Anwendung.[332]

---

327 Boeddinghaus/Hahn/Schulte, § 74 BauO NRW, Rn. 13: Erfasst sind Abweichungen (§ 73 BauO NRW), Ausnahmen (§ 31 I BauGB) und Befreiungen (§ 31 II BauGB).
328 Becker/Brilla/Keller u.a. BauO NRW, § 74, Anm. 1.
329 Hier zu ausführlich Boeddinghaus/Hahn/Schulte, § 74 BauO NRW, Rn. 9 f.; auch Gädtke/Temme/Heintz/Czepuck § 74 BauO NRW, Rn. 6 f.
330 Gädtke/Temme/Heintz/Czepuck § 74 BauO NRW, Rn. 3; Hauth, LKV 195, 387 ff.
331 Gädtke/Temme/Heintz/Czepuck § 74 BauO NRW, Rn. 7.
332 Vgl. hierzu: VG Düsseldorf Urteil vom 28.11.2007 Az.: 11 K 6454/06; VG Gelsenkirchen Urteil vom 26.02.2008 Az.: 6 K 1103/06; Gädtke/Temme/Heintz/Czepuck § 74 BauO NRW, Rn. 5 m.w.N.

Darüber hinaus ist zu beachten, dass der Verstoß wegen § 44a VwGO nicht eigenständig angegriffen werden kann.[333] Rechtsbehelfe muss der Nachbar unmittelbar gegen die Baugenehmigung richten.

Umgekehrt sind Rechtsbehelfe nach erfolgter Unterschrift nicht mehr möglich.[334] Jedoch wird die Bauaufsichtsbehörde durch die Verzichtserklärung des Nachbarn rechtlich nicht gebunden. Trotz Unterschrift des Nachbarn muss sie also die Genehmigung gegebenenfalls ablehnen.[335]

dd) Beteiligung anderer Körperschaften, Behörden oder Dienststellen

Beteiligung anderer Behörden etc.

Gemäß § 72 II, III BauO NRW hat die Bauaufsichtsbehörde die Zustimmung, das Einvernehmen oder das Benehmen einer anderen Körperschaft, Behörde oder Dienststelle zu ersuchen, wenn diese nach landesrechtlichen Vorschriften erforderlich sind (vgl. z.B. § 25 StrWG NW).

Die Erteilungsfiktion des § 72 II S. 1 BauO NRW gilt natürlich nicht für das Einvernehmen der Gemeinde nach § 36 BauGB, da es sich nicht um eine landesrechtliche Vorschrift handelt. Allerdings gilt dabei die Fiktion nach § 36 II S. 2 BauGB.

wichtig, § 36 BauGB

Das Mitwirkungsrecht der Gemeinden aus § 36 BauGB bezieht sich dabei allein auf das Planungsrecht.

> **hemmer-Methode:** Die Problematik des gemeindlichen Einvernehmens (§ 36 BauGB) ist häufig Gegenstand von Zwischenprüfungs- und Examensklausuren. Beachten Sie dabei den wichtigen Unterschied zwischen dem seltenen Fall gänzlich unterlassener Beteiligung der Gemeinde (nur dann formeller Fehler) und dem häufigen Fall, dass die Gemeinde zwar beteiligt wird, sie aber ihr Einvernehmen verweigert (dann Frage des materiellen Rechts).
> Da der Bauantrag bei der betroffenen Gemeinde selbst eingereicht wird, erscheint die Variante des formellen Fehlers praktisch kaum möglich, es sei denn der Antrag wird direkt beim Kreis gestellt und verbeschieden. Das fehlende Einvernehmen ist aber ansonsten fast immer i.R.d. materiellen Rechtmäßigkeit zu prüfen.

ee) Schriftlicher Erlass

schriftlicher Erlass

Die Baugenehmigung wird schriftlich erteilt (§ 75 I S. 2 HS 1 BauO NRW). Mündliche Zusagen, die Genehmigung zu erteilen, sind keine rechtlich wirksamen, die Behörde bindenden Zusicherungen (§ 38 I S. 1 VwVfG NRW). Ebenso wenig gibt es stillschweigende Baugenehmigungen oder die „Ersitzung" einer Genehmigung (wenn z.B. eine widerrechtliche Anlage ausdrücklich oder stillschweigend geduldet wird).[336]

Zustellung

Die Baugenehmigung ist dem Bauherrn gemäß § 75 I S. 3 BauO NRW zuzustellen.

---

333 Boeddinghaus/Hahn/Schulte, § 74 BauO NRW, Rn. 22.
334 Auch dazu schon oben Rn. 280.
335 Gädtke/Temme/Heintz/Czepuck § 74 BauO NRW, Rn. 21.
336 Zur Bindungswirkung vgl. schon oben i.R.d. Verpflichtungsklage Rn. 74 ff.

ff) Keine Begründung

Die Genehmigung bedarf gem. § 75 I S. 2 HS 2 BauO NRW keiner Begründung.

hemmer-Methode: Diese klausurrelevante Ausnahme zu § 39 II Nr. 1 VwVfG NRW müssen Sie kennen.

3. Materielle Rechtmäßigkeit der Baugenehmigung

Genehmigungspflichtigkeit

Die Baugenehmigung ist nur in den Fällen zu erteilen, in denen eine Genehmigungspflicht besteht, §§ 63 I, 65 - 67 BauO NRW.

Genehmigungsfähigkeit

Besteht eine Genehmigungspflicht, so darf die Baugenehmigung nur dann erteilt werden, wenn diese nicht gegen öffentlich-rechtliche Vorschriften verstößt, die im bauaufsichtlichen Verfahren zu prüfen sind, § 75 I BauO NRW. Hierzu gelten die diesbezüglichen Ausführungen i.R.d. Verpflichtungsklage entsprechend (oben Rn. 84 ff.). Zu überprüfen sind danach insbesondere die bauplanungsrechtliche (§§ 29 ff. BauGB) und bauordnungsrechtliche Zulässigkeit (BauO NW) des Vorhabens sowie der Verstoß gegen Immissionsschutzrecht und Naturschutzrecht.

wichtig: Dispens

Besonders häufig ist bei der Nachbarklage die Rechtmäßigkeit eines Dispenses nach § 31 I, II BauGB zu überprüfen.[337]

hemmer-Methode: Meist wird die Baugenehmigung entweder aus formellen oder materiellen Gründen rechtswidrig sein. Man will damit erreichen, dass Sie zum nächsten wichtigen Prüfungspunkt - der Verletzung eigener Rechte - vorstoßen können.

4. Beeinträchtigung des Klägers

tatsächliche Beeinträchtigung des Klägers

Durch die Errichtung der zu Unrecht genehmigten baulichen Anlage müsste der Nachbar zunächst tatsächlich beeinträchtigt werden.[338]

Abzustellen ist hierfür im Grundsatz auf die Sach- und Rechtslage im Zeitpunkt der Genehmigungserteilung. Nachträgliche Änderungen zugunsten des Bauherrn sind jedoch zu berücksichtigen.

Dem liegt die Erwägung zugrunde, dass es mit der nach Maßgabe des einschlägigen Rechts gewährleisteten Baufreiheit nicht vereinbar wäre, eine zur Zeit des Erlasses rechtswidrige Baugenehmigung aufzuheben, die sogleich nach der Aufhebung wieder erteilt werden müsste.

Der Nachbar hat jedenfalls keinen Anspruch auf Einhaltung der Norm um ihrer selbst willen.

Bei der Art der Beeinträchtigung sind zwei Varianten denkbar:

defensive Nachbarklage

aa) Der Nachbar will regelmäßig Anlagen verhindern, die sein Grundstück nachteilig zu beeinflussen drohen. Mit seiner Klage will er diese negativen Beeinträchtigungen abwehren (sog. defensive Nachbarklage).

---

337 Dazu oben schon Rn. 129 ff.
338 BayVGH, BRS 42, 462 (463).

offensive Nachbarklage

bb) Es gibt aber auch Fälle, in denen der Nachbar sich gegen die Bebauung eines angrenzenden Grundstücks wendet, um sich z.B. selbst die Möglichkeit des Aussendens von Emissionen offenzuhalten und somit einer später möglichen Inanspruchnahme als Störer zuvorzukommen (sog. offensive Nachbarklage).

> **Bsp.:** *Neben einer emissionsträchtigen Industrieanlage sollen Wohnhäuser errichtet werden. Die Betreiber klagen, um damit zu verhindern, dass ihnen später zum Schutz der Bewohner Beschränkungen auferlegt werden.*

In Fällen, in denen der Nachbar selbst rechtswidrig gebaut hat, ist es ihm regelmäßig verwehrt, sich auf die Beeinträchtigung zu berufen (Verstoß gegen den Grundsatz von Treu und Glauben).

Dies ist jedoch nicht grundsätzlich der Fall, maßgeblich ist jeweils die Art des eigenen Rechtsverstoßes und der Zusammenhang mit der rechtswidrigen Beeinträchtigung durch den Nachbarn.

> **hemmer-Methode:** Die Beantwortung der Frage, ob dieser Punkt nicht bereits zur Unzulässigkeit der Klage führt, hängt wohl davon ab, wie evident die Baurechtswidrigkeit auf Seiten des Klägers vorliegt. Muss diese erst in umfangreicher Prüfung festgestellt werden, so empfiehlt sich auch hier eine Prüfung i.R.d. Begründetheit.

5. Verletzung des Nachbarn in eigenen Rechten

Hauptproblem: Verletzung eigener Rechte

Letzte Voraussetzung für die Begründetheit ist, dass der Nachbar in seinen eigenen Rechten verletzt ist. Der Verwaltungsrechtsschutz der VwGO dient gerade nur der Gewährleistung von Individualrechten.

> **hemmer-Methode:** Vermeidung typischer Fehlerquellen! Der Prüfungspunkt „Verletzung eigener Rechte des Klägers" wird in der Klausur von vielen Bearbeitern gänzlich übersehen. Häufig geben sich - auch außerhalb des Baurechts - die Klausurbearbeiter mit der Frage der Rechtswidrigkeit des zugrundeliegenden VA zufrieden. Dabei gehen wertvolle Punkte verloren, da die Anfechtungsklage nach dem Wortlaut des § 113 I VwGO nur dann begründet ist, wenn über die Rechtswidrigkeit hinaus gleichzeitig eine Verletzung eigener Rechte des Klägers erfolgt ist. Dass dies so sein muss, zeigt schon die Notwendigkeit der Klagebefugnis als solcher (§ 42 II VwGO). Die für die Zulässigkeit der Klage ausreichende Möglichkeitstheorie wird dann aber in der Begründetheit durch die genaue Prüfung der Rechtsverletzung ergänzt. Bedenken Sie stets, dass der Gesetzgeber eine Popularklage nur in den gesetzlich vorgeschriebenen Fällen wollte.

dient verletzte Norm öffentlichen oder Nachbarinteressen?

Es ist demnach im Einzelfall jeweils zu prüfen, ob die Vorschrift, von der der VA zum Nachteil des Nachbarn abweicht, nicht lediglich öffentlichen Interessen dient, sondern gerade auch nachbarschützenden Charakter hat, dem Nachbarn also eine eigene Rechtsposition einräumt und ob der klagende Nachbar in den sachlichen und personellen Schutzbereich dieser Vorschrift fällt.

aber kein „Planverfolgungsanspruch"

Einen allgemeinen „Planverfolgungsanspruch", der allen im Plangebiet gelegenen Grundstückseigentümern das subjektiv-öffentliche und damit klagbare Recht gegen alle den Plan nicht einhaltenden Maßnahmen gewährt, gibt es nicht.[339]

Begründet wird diese Ablehnung damit, dass es von einem solchen Planverfolgungsanspruch zu einem allgemeinen Gesetzesbefolgungsanspruch und von diesem zur (unzulässigen) Popularklage nur Schritte wären.

---

339 So BVerwG, DVBl. 70, 61.

§ 4 DIE ANFECHTUNG VON VERWALTUNGSAKTEN

> **hemmer-Methode:** Erhebt ein Nachbar Verpflichtungs- oder Leistungsklage, stellt sich dieselbe Frage. Kann er sich auf eine Vorschrift berufen, die gerade auch zu seinem Schutz besteht (ihm also einen Anspruch einräumt, der gerichtlich durchsetzbar ist)?

6. Wichtige nachbarschützende Vorschriften

a) Drittschützende Normen im Bauplanungsrecht:

nachbarschützende Vorschriften im Bauplanungsrecht:

Im Planungsrecht ergibt sich der Kreis der nachbarschützenden Vorschriften vor allem aus den Festsetzungen der Bebauungspläne selbst und darüber hinaus auch aus dem Gebot der Rücksichtnahme:

> **hemmer-Methode:** Ein häufiges Problem ist die Frage, wie ausführlich die Prüfung einzelner nachbarschützender Vorschriften bereits i.R.d. Zulässigkeit zu problematisieren ist. Beachten Sie dabei folgende Faktoren:
> - Die Prüfung nachbarschützender Vorschriften i.R.d. Zulässigkeit darf nicht zur Vorwegnahme der Begründetheit ausarten; bei der Zulässigkeit reicht die Möglichkeit der Verletzung nachbarschützender Vorschriften bereits aus.
> - In der Zulässigkeit wissen Sie regelmäßig noch nicht einmal, in welchem Planbereich sich das Vorhaben befindet (z.B. wenn ein Bebauungsplan unwirksam sein könnte), sodass Sie ggf. verschiedene Alternativen andiskutieren müssten, also Nachbarschutz durch §§ 30, 34 oder 35 BauGB evtl. i.V.m. dem Gebot der Rücksichtnahme.
> - Nur dann, wenn unter jedem auch nur denkbaren Blickwinkel eine Rechtsverletzung aussichtslos erscheint, darf die Klage als unzulässig abgewiesen werden. Das ist fast nie der Fall, es sei denn, es liegt ein Rechtsmittelverzicht, ein Fall der Verwirkung oder des Rechtsmissbrauchs vor.
>
> Ob nachbarschützende Vorschriften des Bauplanungsrechts verletzt sind, prüfen Sie in diesem letzten Punkt des Klageaufbaus - anders als bei § 42 II VwGO, wo Sie regelmäßig von mehreren Alternativen ausgehen müssen - nur noch anhand des im Einzelfall einschlägigen Gebietstyps.

aa) Im Bereich eines (einfachen oder qualifizierten) Bebauungsplans

(1) Festsetzungen eines Bebauungsplans.

bei qualifiziertem BBauPl. nur einzelne Festsetzungen

§ 30 BauGB selbst kann nach der Rspr. keinen Nachbarschutz vermitteln, sondern immer nur einzelne Festsetzungen des Bebauungsplans[340] Ob das der Fall ist, ist nach denselben Grundsätzen zu ermitteln wie bei förmlichen Gesetzen.[341] Entscheidend ist in erster Linie der Wille des Ortsgesetzgebers, der Plan ist also (unter Berücksichtigung seiner Begründung) auszulegen.

> *Bsp.:* Der Bebauungsplan setzt eingeschossige Bebauung fest. Begründet wird dies mit dem Schutz der Aussicht für andere Wohnhäuser. Ein Nachbar klagt gegen eine für ein mehrgeschossiges Gebäude erteilte Genehmigung.

---

340 BVerwG, NVwZ 1985, 748.
341 BVerwG, NVwZ 1993, 1100.

Grundsätzlich gewährt das öffentliche Recht keinen Schutz dahingehend, dass eine freie Aussicht nicht verbaut wird. Dem widerspricht nicht, dass Festsetzungen eines Bebauungsplans, die eine schöne Aussicht schützen, dem Nachbarn ein Recht auf Erhaltung einräumen, wenn der Begründung des Plans entnommen werden kann, dass gerade dies die Norm bezweckt.[342] Der Nachbar ist hier somit in eigenen Rechten verletzt.

Auslegung maßgeblich

Ebenso durch Auslegung zu ermitteln ist, ob der Nachbarschutz an den Grenzen des Plangebietes enden soll oder ob auch angrenzende Zonen eingeschlossen sind (sog. plangebietsüberschreitender Nachbarschutz).[343]

Bsp.: Wie oben; geschützt werden soll aber gerade auch die Aussicht von Wohnhäusern, die sich außerhalb des Plangebietes befinden.

bzgl. Art der baulichen Nutzung (+)

Festsetzungen über die Art der baulichen Nutzung (vgl. §§ 1 ff. BauNVO) sind nach h.M. auch ohne besondere Begründung nachbarschützend, weil sie die Grundstückseigentümer wechselseitig vor Immissionen schützen wollen.[344]

Bsp.: Der Eigentümer eines Grundstückes in einem „reinen Wohngebiet" kann erfolgreich gegen die Baugenehmigung für einen (gem. §§ 1 III S. 2, 3 BauNVO) dort unzulässigen großen Gewerbebetrieb vorgehen.

Ebenfalls grundsätzlich nachbarschützend sind Festsetzungen zum Schutz vor schädlichen Umwelteinwirkungen (§ 9 I Nr. 24 BauGB).[345]

(2) § 30 BauGB i.V.m. § 15 I BauNVO (Gebot der Rücksichtnahme)

§ 15 BauNVO als gesetzlich normiertes Gebot der Rücksichtnahme

Gem. §§ 2 bis 14 BauNVO an sich zulässige Vorhaben sind dann unzulässig, wenn sie nach Anzahl, Lage, Umfang oder Zweckbestimmung der Eigenart des Baugebiets widersprechen (§ 15 I S. 1 BauNVO) oder wenn von ihnen für das Baugebiet selbst oder dessen Umgebung unzumutbare Belästigungen oder Störungen ausgehen können oder sie solchen Belästigungen ausgesetzt werden können (§ 15 I S. 2 BauNVO).

In § 15 I BauNVO sieht das BVerwG die gesetzliche Normierung des Gebots der Rücksichtnahme (im Folgenden mit GdR abgekürzt) für den beplanten Innenbereich.[346]

aber GdR nicht per se nachbarschützend

Das GdR ist nicht per se nachbarschützend. Die drittschützende Wirkung ist nur dann zu bejahen, wenn nach den Umständen des konkreten Einzelfalles in qualifizierter und zugleich individualisierter Weise auf schutzwürdige Interessen eines erkennbar abgegrenzten Kreises Dritter Rücksicht zu nehmen ist.[347]

Das ist insbesondere dann der Fall, wenn entweder die tatsächlichen Umstände handgreiflich ergeben, auf wen Rücksicht zu nehmen ist, oder aber eine besondere rechtliche Schutzwürdigkeit des Betroffenen anzuerkennen ist.

---

342 Battis/Krautzberger/Löhr, § 31 BauGB, Rn. 56.
343 BVerwGE 44, 244;. BVerwG, IBR 2003, 452; grds. endet der Nachbarschutz an den Grenzen des Plangebietes, vgl. BVerwG, NVwZ 2008, 427 = DVBl. 2008, 401 = **Life & Law 2008, 401**.
344 BVerwG, DVBl. 1994, 284; BVerfG, IBR 2003, 452; Dürr/König, Rn. 382 m.w.N.
345 Boeddinghaus/Hahn/Schulte, § 69 BauO NRW a.F., Rn. 24; vgl. Dürr/König, Rn. 382.
346 BVerwGE 67, 334; 68, 369. Nach BVerwG, BauR 2001, 914 kann die Anwendung des § 15 BauNVO nicht durch bauordnungsrechtliche Vorschriften ausgeschlossen werden. Grund: Durch Verdrängung des § 15 BauNVO würde Bundesrecht in den einzelnen Ländern unterschiedlich gewährt. Die Reichweite der bundesrechtlichen Norm würde nämlich von der jeweiligen Landesbauordnung bestimmt. Weiterhin besteht auch deshalb kein Spezialitätsverhältnis, weil es sich um unterschiedliche Regelungsmaterien handelt (Baupolizeirecht – Bodenrecht).
347 BVerwG, NVwZ 1985, 37.

> **hemmer-Methode:** Die angegebene Definition, die klarstellt, wann das GdR nachbarschützende Wirkung aufweist, sollten Sie beherrschen. Sie ist derart anerkannt, dass der Korrektor sie in einer guten Klausur erwartet. Beachten Sie, dass diese Einschränkung nicht nur bei § 15 I BauNVO, sondern immer dann zu beachten ist, wenn es um das GdR geht.

(3) § 31 BauGB

Dispensierung, § 31 BauGB

Sofern es im Einzelfall um die Befreiung von Festsetzungen eines Bebauungsplans geht, ist zwischen einer im Bebauungsplan vorgesehenen Befreiung nach § 31 I BauGB und einem Dispens nach § 31 II BauGB zu unterscheiden.

(aa) In den Fällen des § 31 I BauGB ist Drittschutz dann zu bejahen, wenn die Festsetzung des Bebauungsplans, von der eine Befreiung erteilt wird, drittschützenden Charakter hat.[348] Ist dies nicht der Fall kann Drittschutz nur über den Rechtsgedanken des § 15 I BauNVO hergeleitet werden.[349]

(bb) Auch im Fall des § 31 II BauGB ist der Drittschutz unproblematisch, wenn von einer drittschützenden Vorschrift befreit wird.[350]

In den sonstigen Fällen entnimmt das BVerwG - unter Abkehr von seiner früheren Rechtsprechung - aus dem Gebot des § 31 II BauGB, bei der Befreiung auch nachbarliche Interessen zu würdigen, dass § 31 II BauGB auch die Interessen der Nachbarn schützen will.[351] Nachbarschutz ergibt sich dann aus § 31 II BauGB i.V.m. dem Gebot der Rücksichtnahme, wenn die oben genannten Voraussetzungen erfüllt sind.

bb) Der nicht qualifiziert beplante Innenbereich, § 34 BauGB

ansonsten § 34 BauGB

(1) Sofern ein einfacher Bebauungsplan besteht, ist - wegen des in § 30 III BauGB enthaltenen Vorrangs der Festsetzungen dieses Bebauungsplans[352] zunächst wie unter (a) beschrieben vorzugehen.[353]

Nur soweit der einfache Bebauungsplan bestimmte Festsetzungen nicht enthält, ist auf § 34 BauGB zurückzugreifen, wenn das Vorhaben im Innenbereich in diesem Sinne liegt. Besteht kein Bebauungsplan für das fragliche Gebiet, so kommt im Innenbereich alleine § 34 BauGB zur Anwendung.

(2) § 34 I BauGB

Nach der Rspr. des BVerwG ist § 34 I BauGB insoweit nachbarschützend, als die Vorschrift mit dem Gebot des „Einfügens" in qualifizierter und individualisierter Weise Rücksichtnahme auf schutzwürdige Interessen eines erkennbar abgegrenzten Kreises Dritter verlangt und diese damit vor unzumutbaren Beeinträchtigungen schützt.[354] Die Rspr. sieht also das GdR i.R.d. „Einfügens" bereits als Tatbestandsmerkmal des § 34 I BauGB an. Nach der Rspr. muss also das GdR nicht mehr gesondert herangezogen werden.[355]

---

348 Simon, Art. 71 BayBO, Rn. 384.
349 J/D/W, § 29 BauGB, Rn. 58.
350 Vgl. Dürr/König, Rn. 443, J/D/W, § 29 BauGB, Rn. 59, 89.
351 BVerwG, BayVBl. 1987, 151 = BauR 1987, 70 (73).
352 S. dazu oben Rn. 119 ff.
353 Vgl. zum Abwehrrecht landwirtschaftlicher Betriebe gegen heranrückende Wohnbebauung Diehr/Geßner, NVwZ 2001, 985.
354 Z.B. BVerwG, DÖV 1981, 672.
355 Stimmen in der Lit. (z.B. Breuer, DVBl. 1983, 437; Dürr, NVwZ 1985, 719), die die Rspr. kritisieren, gehen daher zumindest insoweit fehl, als sie Nachbarschutz unmittelbar aus § 34 I BauGB herleiten wollen. Auch die Rspr. folgt ja diesem Ansatz.

> **hemmer-Methode:** Es ist auch nicht falsch, § 34 I BauGB i.V.m. dem GdR heranzuziehen. Geschickter ist es allerdings zu zeigen, dass Sie wissen, wie die Rspr. vorgeht. Die Rspr. misst dem GdR eher eine Auffangfunktion zu. Im Endeffekt führen beide Wege zum gleichen Ergebnis. Auf jeden Fall müssen Sie die beim GdR gebräuchliche Definition bringen, um festzustellen, ob Nachbarschutz zu bejahen ist.

Bsp.: Ein Nachbar erhebt Klage gegen eine Baugenehmigung, weil diese gegen § 34 I BauGB verstößt.

Fraglich ist, ob der Nachbar in seinen Rechten verletzt ist. § 34 I BauGB kommt im Grundsatz keine nachbarschützende Wirkung zu.[356] Wäre dies der Fall, würde die Vorschrift einen nicht mehr übersehbaren Kreis von angeblich Berechtigten schützen, der keineswegs auf die Nachbarn im eigentlichen Sinn beschränkt wäre; das Risiko für den Bauherrn wäre nicht kalkulierbar. Allerdings entnimmt die Rspr. dem Wort „einfügen", dass das (allgemeine baurechtliche) GdR auch Tatbestandsmerkmal des § 34 I BauGB sei. Nachbarschutz ist gegeben, wenn in „qualifizierter und individualisierter Weise" auf schutzwürdige Interessen eines erkennbar abgegrenzten Kreises Dritter Rücksicht zu nehmen ist. Das ist eine Frage des Einzelfalles.

(3) § 34 II, IIIa BauGB

§ 34 II BauGB ⇨ wie bei BBauPl.

Soweit das Vorhaben in einem Gebiet durchgeführt werden soll, das dem § 34 II BauGB unterfällt, gilt bzgl. des Nachbarschutzes nach der neueren Rspr.[357] dasselbe wie bei einer Festsetzung des Baugebietes durch Bebauungsplan.[358] Wird eine Befreiung nach § 34 IIIa BauGB erteilt, entspricht der Drittschutz dem nach § 31 II BauGB.[359]

(4) § 34 III BauGB

§ 34 III BauGB: drittschützende Norm

§ 34 III BauGB vermittelt (Nachbar-)Gemeinden Drittschutz, soweit durch das streitige Vorhaben zumindest möglicherweise zentrale Versorgungsbereiche in dieser Gemeinde beeinträchtigt werden.[360] Sinn und Zweck dieser Vorschrift ist es, der Nachbargemeinde eine Möglichkeit zu geben, sich vor Vorhaben in der Gemeinde, in der das Vorhaben realisiert werden soll, zu schützen, wenn zu erwarten ist, dass es zu einem Kaufkraftabfluss von der Nachbargemeinde in die Gemeinde kommen würde.

Denn gibt es keinen Bauplan, so hat es auch keine interkommunale Abstimmung[361] i.S.d. § 2 II BauGB gegeben. Bisher war eine Nachbargemeinde, sofern sich das Vorhaben „einfügte", gegen die Bebauung machtlos.

cc) Vorhaben im Außenbereich, § 35 BauGB

Außenbereich

Die Rspr. zählt das GdR zu den öffentlichen Belangen i.S.d. § 35 III BauGB.[362]

Dies folgt aus § 35 III S. 1 Nr. 3 BauGB („schädliche Umwelteinwirkungen", s.o. Rn. 160). Aus dieser Privilegierung wurde früher direkt der Abwehranspruch gefolgert. Im Unterschied zu dieser früheren Rspr. stellt das BVerwG inzwischen auch beim nachbarrechtlichen Abwehranspruch eines privilegierten Vorhabens auf das GdR ab.[363]

---

356 E/Z/B, § 34 BauGB, Rn. 141 ff.
357 BVerwG, DVBl. 1994, 284.
358 Vgl. oben Rn. 323.
359 Vgl. oben Rn. 325.
360 § 34 III BauGB dient allerdings nicht dem Schutz etwaiger Konkurrenten, vgl. OVG Münster, NVwZ 2007, 735.
361 Vgl. hierzu auch OVG Münster, NVwZ-RR 2006, 450.
362 Vgl. zum Abwehrrecht landwirtschaftlicher Betriebe gegen heranrückende Wohnbebauung Diehr/Geßner, NVwZ 2001, 985.
363 Klarstellung der Rspr. NVwZ 2000, 552.

§ 35 III S. 1 Nr. 3 BauGB überschneidet sich aber im Übrigen mit dem ungeschriebenen Belang des Gebots der Rücksichtnahme, da das Gebot der Rücksichtnahme über die schädlichen Umwelteinwirkungen hinaus auch alle sonstigen nachteiligen Wirkungen erfasst.[364]

Das Gebot der Rücksichtnahme darf einem privilegierten Außenbereichsvorhaben nicht entgegenstehen und durch ein nichtprivilegiertes Vorhaben nicht beeinträchtigt sein.[365] Natürlich ist auch hier das GdR aber nur dann nachbarschützend, wenn in qualifizierter und individualisierter Weise auf schutzwürdige Interessen eines erkennbar abgegrenzten Kreises Dritter Rücksicht zu nehmen ist.

hemmer-Methode: Auch hier zieht die Rspr. das GdR nicht gesondert heran, sondern entnimmt es direkt aus § 35 III BauGB. Die Prüfung ist jedoch wieder identisch. Zu beachten ist allerdings, dass die Argumentation der Rechtsprechung dogmatisch nicht sehr sauber ist, denn prinzipiell ist das GdR ein Interesse, das seinen Ansatzpunkt im individuellen Fall findet, in diesem Sinne ist es eigentlich weniger als „öffentliches" Interesse zu qualifizieren.

Bsp.:[366] *Der privilegiert im Außenbereich Ansässige (Typischer Fall: Die stark emissionsträchtige Schweinemästerei, § 35 I Nr. 4 BauGB) kann sich gegen eine heranrückende Wohnbebauung, die ihn zu Einschränkungen seines Betriebes zwingen würde, zur Wehr setzen. Die i.R.d. GdR vorzunehmende Interessenabwägung geht hier also zu Lasten des Neubaus.*

Umstritten ist aber, ob und inwieweit auch das Erweiterungsinteresse des Betreibers eines privilegierten Vorhabens einen Abwehranspruch gegen heranrückende Bebauung begründen kann. In der Literatur wird das Abwehrrecht vielfach auf die ausgeübte Nutzung und die vorhandenen Gebäude beschränkt; Erweiterungsabsichten werden nicht geschützt.[367]

In der Rspr. wird die Abwehrmöglichkeit demgegenüber teilweise anerkannt. Nach OVG NW vermittelt die Erweiterungsabsicht einen Abwehranspruch, wenn sie betriebswirtschaftlich sinnvoll und auch sonst realistisch ist.[368] Auch nach der Rspr. ist es aber nicht ausreichend, wenn das Erweiterungsinteresse nur vage und unrealistisch ist.[369]

Diese Überlegungen zur heranrückenden Wohnbebauung betreffen das Ausweiten des beplanten oder unbeplanten Innenbereichs (§ 30 bzw. § 34 BauGB). Nicht zu verwechseln ist dies mit den Interessenkollisionen zu anderer Bebauung im Außenbereich (§ 35 BauGB). Die Schutzwürdigkeit eines Gebiets bemisst sich nach dem, was dort planungsrechtlich zulässig ist.[370] So ist der bestehenden Wohnbebauung im Außenbereich außenbereichstypische Belästigung i.S.v. Gerüche oder Lärm grundsätzlich zuzumuten.[371]

dd) Erschließung

Die §§ 30, 33, 34 und 35 BauGB erfordern für die bauplanungsrechtliche Zulässigkeit die Sicherung der Erschließung.[372] Die Erschließung dient regelmäßig nur dem Allgemeininteresse

327

---

364 BVerwGE, BauR 1994, 354.
365 BVerwGE 52, 122; vgl. dazu bereits oben Rn. 165.
366 Weitere Beispiele bei Dürr/König, Rn. 386.
367 Schrödter/Schmaltz, BauGB, 6. Aufl. 1998, § 35 Rn. 170; Brügelmann/Dürr, § 35 BauGB, Rn. 187
368 So zuletzt OVG NW, BauR 2001, 84.
369 BVerwG, BauR 2001, 83.
370 BVerwG, NVwZ 2000, 679.
371 OVG Münster, NWVBl. 2010, 277.
372 S. dazu oben Rn. 185.

Ihr kommt ausnahmsweise dann Nachbarschutz zu, wenn ein Bauvorhaben ohne ausreichende straßenmäßige Erschließung zugelassen wird und der Nachbar deshalb mit der Geltendmachung des Notwegerechts nach § 917 BGB durch den Bauherrn rechnen muss, damit dieser von seinem Grundstück zu den öffentlichen Straßen gelangen kann.[373]

GdR im Bauplanungsrecht

Abschließender Überblick: Das GdR im Bauplanungsrecht (teilweise als Tatbestandsmerkmal):

⇨ § 30 BauGB i.V.m. § 15 I BauNVO („Belästigung, Störung")

⇨ § 31 II BauGB („nachbarliche Interessen")

⇨ § 34 I BauGB („einfügen")

⇨ § 34 II BauGB i.V.m. § 15 I BauNVO

⇨ § 35 III S. 1 Nr. 3 BauGB („schädliche Umwelteinwirkungen")

b) Nachbarschutz im Bauordnungsrecht

Im Bereich des Bauordnungsrechts hat sich eine nicht mehr übersehbare kasuistische Einzelnormrechtsprechung entwickelt.[374]

Eine Norm ist grundsätzlich dann nachbarschützend, wenn sie gerade darauf abzielt, eine Baumaßnahme zu verhindern, die typischerweise die Nachbargrundstücke beeinträchtigt.

Es sollen hier nur die wichtigsten Vorschriften aufgeführt werden:

nachbarschützende Vorschriften

Nachbarschützend sind die Vorschriften über

⇨ Abstandsflächen (§ 6 und § 7 BauO NRW): Es soll gerade auch die ausreichende Besonnung, Belichtung und Belüftung der Nachbargebäude gewährleistet werden.

⇨ Baustellen (§ 14 BauO NRW): Gefahren, Nachteile oder Belästigungen für die Nachbargrundstücke sollen vermieden werden.

⇨ Schutz gegen Einwirkungen (§ 16 BauO NRW): Nach Sinn und Zweck der Vorschrift ist hierdurch auch der Nachbar geschützt.[375]

⇨ Brandschutz (§§ 17, 33, teilweise 35 BauO NRW): Es soll Ausbreitung von Feuer auf Nachbargrundstücke vermieden werden.

⇨ Lärmschutz und Erschütterungsschutz (§ 18 BauO NRW).

hemmer-Methode: Eine umfassende Erörterung aller nachbarschützenden Vorschriften des Bauordnungsrechts ist im Rahmen dieses Skriptes nicht möglich. Ohnehin genügt das bloße Auswendiglernen nachbarschützender Vorschriften zum Schreiben einer guten Klausur nicht!
Wichtig ist vielmehr, dass Sie in der Klausurbearbeitung gerade bei der Frage, ob eine Rechtsnorm Drittschutz verleiht, gut argumentieren. Leitlinie für Ihre Argumentation sind dabei stets die Schutznormtheorie[376] und die damit verbundene Auslegung der Norm.

---

373 Dürr/König, Rn. 387.

374 Zusammenfassend Boeddinghaus/Hahn/Schulte, § 69 BauO NRW a.F., Rn. 87 ff.; knapper Thiel/Rößler/Schumacher, § 69 BauO NRW a.F. Rn. 2, 3.

375 Strittig, vgl. Simon, Art. 73 BayBO a.F., Rn. 15.

376 Dazu schon ausführlich i.R.d. Zulässigkeit der Klage, oben Rn. 269.

Beachten Sie zudem die Besonderheiten im vereinfachten Genehmigungsverfahren. Wird der Inhalt der im vereinfachten Baugenehmigungsverfahren erteilten Baugenehmigung durch Landesrecht bestimmt, können auf Bauordnungsrecht beruhende Nachbarrechte durch die Baugenehmigung nicht verletzt sein, wenn über sie nicht in der Genehmigung entschieden worden ist. Macht der Nachbar geltend, durch nachbarschützende bauordnungsrechtliche Vorschriften in seinen Rechten verletzt zu sein, kommt nur eine Verletzung durch das Vorhaben selbst, nicht aber durch die Genehmigung in Betracht.

Eine Anfechtung der Baugenehmigung geht daher ins Leere, Rechtsschutz kann nur mit einem Antrag auf Verpflichtung zum bauaufsichtlichen Einschreiten gegen das Vorhaben selbst begehrt werden.[377]

c) Grundrechte

aa) Art. 14 I GG

In Ausnahmefällen kann sich der Nachbarschutz auch unmittelbar aus Art. 14 I GG ergeben.

329

Durch eine gegen bauplanungsrechtliche Vorschriften verstoßende Genehmigung kann ein Nachbar in seinem Eigentumsrecht verletzt sein, wenn diese die vorgegebene Grundstückssituation nachteilig verändert und dadurch den Nachbarn schwer und unerträglich trifft.[378]

Diese strengen Voraussetzungen sind nur in Ausnahmefällen erfüllt. Zudem hat der Rückgriff auf Art. 14 I GG nur geringe praktische Bedeutung, weil die Rspr. durch die Entwicklung des Gebots der Rücksichtnahme in allen Planbereichen die Möglichkeit für eine Nachbarklage eröffnet hat.[379]

bb) Art. 2 II GG

Neben dem objektbezogenen Nachbarschutz aus Art. 14 GG gibt es auch einen personenbezogenen Schutz aus Art. 2 II GG.

330

Einen solchen, auf die Verletzung der körperlichen Unversehrtheit abstellenden Nachbarschutz hat das BVerwG[380] grundsätzlich anerkannt. Konkretisierende Ausführungen zu den Voraussetzungen im Einzelnen fehlen bisher.[381]

d) Verfahrensvorschriften

bei Verfahrensvorschriften: Mühlheim-Kärlich-Entscheidung des BVerfG

Nach der Rechtsprechung des BVerfG[382] sollen zumindest i.R.d. AtomG auch dessen Verfahrensregelungen den durch Art. 2 II GG gebotenen Schutz gewährleisten.

331

Auf das Baurecht lassen sich diese Gedanken jedoch nicht übertragen.

---

377 BVerwG, NVwZ 1998, 58.
378 So BVerwGE 32, 173 (179).
379 Vgl. Dürr/König, Rn. 391.
380 In BVerwGE 54, 211 ff. (222 ff.).
381 Vgl. zur Kritik Dürr/König, Rn. 392.
382 In BVerfGE 53, 30 (Mühlheim-Kärlich).

Bsp.: Ein Großvorhaben wird nach § 35 I BauGB genehmigt. Ein Nachbar ist der Ansicht, ein derartiges Vorhaben könne nur auf der Grundlage eines unter Bürgerbeteiligung zustande gekommenen Bebauungsplans genehmigt werden und erhebt Klage.

Der Nachbar ist hier schon deswegen nicht in eigenen Rechten verletzt, weil es ein subjektives Recht des Einzelnen auf Durchführung eines Bebauungsplanverfahrens nicht gibt (§ 1 III S. 2 BauGB). Selbst wenn im Beispielsfall die Planaufstellung objektiv-rechtlich geboten gewesen wäre (und somit auch eine Bürgerbeteiligung), kann der Einzelne durch das Unterbleiben nicht in eigenen Rechten verletzt sein.[383]

Zudem stellen die Vorschriften über die Bürgerbeteiligung im Bauleitplanverfahren[384] keine grundrechtlich gebotene staatliche Schutzpflicht dar.[385]

hemmer-Methode: Eine besonders häufige Klausurvariante i.R.d. Nachbarklage ist das fehlende Einvernehmen der Gemeinde, § 36 BauGB.[386] Damit ist dann zwar die Baugenehmigung ggf. rechtswidrig, dennoch fehlt es hier an der Verletzung eigener subjektiver Rechte des Klägers, da das gemeindliche Einvernehmen Ausfluss der gemeindlichen Planungshoheit ist und damit allein ein Recht der betroffenen Gemeinde darstellt.
Anders stellt sich die Situation nur dann dar, wenn statt eines Nachbarn die Gemeinde selbst gegen die erteilte Baugenehmigung Klage erhebt, denn diese kann tatsächlich in eigenen Rechten verletzt sein.[387]

B) Einstweiliger Rechtsschutz des Nachbarn gegen die Baugenehmigung[388]

einstweiliger Rechtsschutz des Nachbarn

Die Anfechtungsklage des Nachbarn hat gem. § 212a I BauGB grds. keine aufschiebende Wirkung.

332

Es fehlt also am sog. Suspensiveffekt, der nach § 80 I S. 2 VwGO grds. auch bei der Anfechtung von VAen mit Doppelwirkung eintritt. § 212a I BauGB ist damit eine Ausnahmevorschrift i.S.d. § 80 II S. 1 Nr. 3 VwGO.

Bsp. 1: A beantragt die Baugenehmigung für ein Wohnhaus. Diese wird ihm vom LR erteilt. Nachbar N, der dem Vorhaben nicht zugestimmt hat, überlegt sich, wie er gegen den unmittelbar bevorstehenden Baubeginn vorgehen kann.

Bsp. 2: Die Gemeinde G hat Probleme mit der zügigen Entsorgung von organischen Abfällen aus der sog. Biotonne. Eine Baugenehmigung des Z, der eine Kompostieranlage im Außenbereich errichten will, wird deshalb antragsgemäß erteilt. Nachbar N, dessen Haus je nach Windrichtung von starken Immissionen betroffen ist, will auch hier den drohenden Baubeginn verhindern.

wichtig, wenn Suspensiveffekt fehlt

In diesen Fällen hat die Erhebung der Anfechtungsklage entgegen der Regel des § 80 I S. 2 VwGO zur Folge, dass während des laufenden Klageverfahrens ausnahmsweise doch mit dem Bau begonnen werden darf, weil dem Rechtsbehelf des Dritten der Suspensiveffekt fehlt.

333

---

383 BVerwG, DVBl. 82, 1096. anders wurde dies aber für die Nachbargemeinde entschieden, die sich gegen ein Großvorhaben wendet, das ohne gültigen Bebauungsplan genehmigt wurde. Hier ließ das BVerwG ein Berufen auf ein Planungserfordernis zu, da nur in einem Planaufstellungsverfahren, die von § 2 II BauGB geschützten Belange der Nachbargemeinde hinreichend geschützt werden können vgl. BVerwG, NVwZ 2003, 86 = **Life & Law 2003, 287**.

384 Oben Rn. 65 ff.

385 Vgl. E/Z/B, § 1 BauGB, Rn. 42b; Dürr/König, Rn. 394.

386 Zu den Einzelheiten dieser Problematik Rn. 373 ff.

387 Dazu Rn. 382.

388 Umfassend zum Rechtsschutz gemäß §§ 80a, 80 V VwGO siehe **Hemmer/Wüst, Verwaltungsrecht III, Rn. 73 ff.**

§ 4 DIE ANFECHTUNG VON VERWALTUNGSAKTEN

A (aus Beispiel 1) und Z (aus Beispiel 2) könnten somit trotz Anfechtung mit dem Bau ihrer Vorhaben beginnen. Das hätte aber zur Folge, dass Nachbar N vor vollendete Tatsachen gestellt werden könnte, bevor in einem möglicherweise langjährigen Prozess eine gerichtliche Entscheidung getroffen wird.

Verzögerung des Baubeginns

In diesen Fällen muss der Nachbar die Anordnung der aufschiebenden Wirkung des Rechtsbehelfs beantragen, um einen ansonsten drohenden Baubeginn hinauszuzögern (§§ 80 V, 80a III VwGO). In der Klausur muss diese Möglichkeit bzw. Notwendigkeit erkannt und in ihren Aussichten untersucht werden.

> **hemmer-Methode: Das Antragsverfahren nach §§ 80 V, 80a III VwGO ist speziell im Baurecht besonders examensrelevant. Fundierte Kenntnisse der damit verbundenen Problemkreise sind deshalb unverzichtbar. Wichtig ist hier zunächst die begrifflich genaue Unterscheidung von Anordnung der aufschiebenden Wirkung (Fälle des § 80 II Nr. 1 - 3 VwGO) und Wiederherstellung der aufschiebenden Wirkung (Fall des § 80 II Nr. 4 VwGO). Die Regelung des § 212a BauGB dient der schnelleren Verwirklichung von Bauvorhaben. Der Bauherr soll mit dem Bauen nicht erst solange warten müssen, bis ein (oft absehbar aussichtsloser) Nachbarprozess gewonnen ist.**
> **Eine Baueinstellungsverfügung (§ 61 I S. 2 BauO NRW) kann also während des laufenden Prozesses mit dem Nachbarn nicht erfolgen, da die Baugenehmigung bereits vollziehbar und das Bauen damit formell rechtmäßig ist. Die Gefahr für den Bauherrn besteht allerdings dann darin, dass er bei einem verlorenen Prozess ein möglicherweise formell und materiell baurechtswidriges Haus erstellt hat - mit den sich daraus ergebenden Konsequenzen.[389] Dieses Risiko ist allerdings kalkulierbar, da bei dem Verfahren nach §§ 80 V, 80a III VwGO bereits eine summarische Prüfung der Hauptsache erfolgt, was den letztendlichen Ausgang eines Prozesses i.d.R. vorhersehbar sein lässt.**

Prognose der Erfolgsaussichten

Soweit ein Antrag nach §§ 80 V, 80a III VwGO in Betracht gezogen wird, sind die Erfolgsaussichten dieses Antrags zu prognostizieren. Der Antrag hat Aussicht auf Erfolg, wenn er zulässig und begründet ist.

I. Zulässigkeit des Antrags nach §§ 80 V, 80a III VwGO

häufig wiederkehrende Probleme i.R.d. Zulässigkeit

I.R.d. Zulässigkeit bestehen speziell im Bereich des Baurechts immer wiederkehrende Problemfelder, die bei den meisten Verfahren eine wichtige Rolle spielen.

> **Prüfungsschema zur Zulässigkeit des Verfahrens nach §§ 80 V, 80a III VwGO:**
> 1. Eröffnung des Verwaltungsrechtsweges, § 40 I VwGO
> 2. Statthaftigkeit des Antrags
>   - Abgrenzung zu § 123 VwGO
>   - Abgrenzung von § 80 V VwGO zu § 80a III VwGO
> 3. Antragsbefugnis, § 42 II VwGO analog
> 4. Zuständigkeit, § 80 V VwGO (evtl. i.V.m. § 80a III VwGO)
> 5. Rechtsschutzbedürfnis
>   - Einlegung von Widerspruch notwendig?
>   - Antrag bei Behörde notwendig?
> 6. Sonstige Zulässigkeitsvoraussetzungen

---

389 Zur Baubeseitigungsanordnung später Rn. 391 ff.

1. Eröffnung des Verwaltungsrechtsweges

§ 40 I VwGO

Da eine Streitigkeit aus dem Bereich des öffentlichen Baurechts vorliegt, ist der Verwaltungsrechtsweg eröffnet (§ 40 I VwGO).

2. Statthaftigkeit des Antrags

Abgrenzung zu § 123 VwGO

In Abgrenzung zum Rechtsschutz nach § 123 VwGO greift der Rechtsschutz nach §§ 80 V, 80a III VwGO nur in den Fällen, in denen in der Hauptsache die Anfechtungsklage richtige Klageart ist. Da in den beiden Beispielsfällen eine Baugenehmigung als VA angefochten werden soll, ist hier das Verfahren nach §§ 80 V, 80a III VwGO einschlägig.

Abgrenzung v. § 80 V zu § 80a III VwGO

Fraglich ist allerdings, welche dieser beiden Antragsverfahren, also entweder § 80 V VwGO oder § 80a III VwGO in obigen Beispielsfällen einschlägig ist.

Nach einer Ansicht[390] soll das § 80a III VwGO-Verfahren wegen dessen Wortlauts nur in den Fällen gelten, in denen der durch den VA Begünstigte alleiniger Adressat des VA ist. Muss allerdings - etwa wegen § 74 IV S. 1 BauO NRW - auch an den Nachbarn zugestellt werden, so sei dagegen das Verfahren nach § 80 V VwGO einschlägig.

nach h.M. § 80a III VwGO

Die Rspr. differenziert in diesen Fällen nicht, sondern wendet bei VA mit Doppelwirkung stets das Verfahren nach § 80a III VwGO an.[391]

Da es sich in den Beispielsfällen um drittbelastende VAe mit Doppelwirkung handelt, ist das Verfahren nach § 80a III VwGO statthaft.

hemmer-Methode: Denken in Zusammenhängen! Dieser Streit spielt vor allem dann eine Rolle, wenn es auf den Verweis des § 80a III VwGO auf § 80 VwGO ankommt. Dieser Verweis umfasst auch § 80 VI VwGO, wodurch sich das Folgeproblem ergibt, ob stets ein vorheriger Antrag bei der Behörde nach § 80 IV VwGO erforderlich ist.[392] Würde der Antrag des Nachbarn einen solchen nach § 80 V VwGO darstellen, so stellte sich dieses Problem hingegen nicht.

3. Antragsbefugnis, § 42 II VwGO analog

Antragsbefugnis notw.

Da auch im Hauptverfahren eine Klagebefugnis notwendig ist, muss diese ebenfalls - als Antragsbefugnis - für das Verfahren nach §§ 80 V, 80a III VwGO vorliegen.[393] Diesbezüglich gelten die obigen Ausführungen.[394]

hemmer-Methode: Achten Sie auf die genaue Wortwahl! Verwenden Sie hier i.R.d. Zulässigkeit nur den Begriff der Antragsbefugnis, da es sich um ein Antragsverfahren, nicht um eine Klage handelt; § 42 II VwGO gilt deshalb auch nicht direkt, sondern nur analog. Allein bei der Begründetheit des Antrags kommt es dann wieder auf die Klagebefugnis an.

---

390 Kopp/Schenke, § 80a VwGO, Rn. 12.
391 So z.B. BayVGH, BayVBl. 1992, 692 und 1994, 722.
392 Zu diesem Streit vgl. schon **Hemmer/Wüst, Verwaltungsrecht III, Rn. 188, 191**.
393 Kopp/Schenke, § 42 VwGO, Rn. 64.
394 Rn. 267 ff.

§ 4 DIE ANFECHTUNG VON VERWALTUNGSAKTEN

4. Zuständigkeit

zuständig ist Gericht der Hauptsache

Zuständig ist das Gericht der Hauptsache, §§ 80a III, 80 V VwGO i.V.m. §§ 45, 52 VwGO.

5. Rechtsschutzbedürfnis

a) Vorherige Rechtsbehelfseinlegung in der Hauptsache

Erfordert das Rechtsschutzbedürfnis einen Hauptsacherechtsbehelf?

Der Wortlaut des § 80a I, II VwGO („legt ein Dritter/ein Betroffener ... einen Rechtsbehelf ein...") scheint die vorherige Eröffnung der Hauptsache zu fordern. Dies scheint aber auch deswegen erforderlich zu sein, weil §§ 80 V, 80a III VwGO aufschiebende Wirkung herstellt, womit sich die Frage aufdrängt, wer diese aufschiebende Wirkung haben soll, wenn nicht der Hauptsacherechtsbehelf.

Vorherige Einlegung eines Widerspruchs

In diesem Rahmen wird grundsätzlich überlegt, ob es daher der vorherigen Einlegung eines Widerspruchs bedürfe.[395] Ohne eine solche würde es am Anordnungsgegenstand fehlen und daher das Rechtsschutzbedürfnis entfallen. Diese von der h.M. abgelehnte Überlegung hat sich mit der Abschaffung des Vorverfahrens für NRW erledigt.

Vorherige Erhebung der Anfechtungsklage erforderlich?

Somit verbleibt nur die Möglichkeit, eine vorherige Anfechtungsklage zu fordern, welche dann Anordnungsgegenstand des Antrags nach §§ 80 V, 80a III VwGO wäre. Aber hier gilt § 80 V S. 2 VwGO, welcher die vorherige Erhebung der Anfechtungsklage für nicht erforderlich erklärt. Wohl aber erforderlich ist, dass diese noch möglich ist. So fehlt das Rechtsschutzbedürfnis für einen Antrag nach §§ 80a, 80 V VwGO, wenn die Klagefrist in der Hauptsache abgelaufen, der VA also schon bestandskräftig geworden ist.[396] Hier eröffnen sich Möglichkeiten, Zustellungs- und Fristprobleme in die Klausur einzubauen.

Mithin erfordert der Antrag nach §§ 80 V, 80a III VwGO keine vorherige Einlegung eines Hauptsacherechtsbehelfs.

b) Antrag bei der Behörde nach § 80 IV VwGO

Erfordert das Rechtsschutzbedürfnis einen vorherigen Antrag bei der Behörde?

Ein weiteres Problem des Rechtsschutzbedürfnisses ist die Frage, ob nicht ein vorheriger Antrag auf Herstellung der aufschiebenden Wirkung bei der Behörde gem. § 80 IV VwGO gestellt werden müsste. Im Rahmen eines Antrags nach § 80 V VwGO könnte man dies als einfacheren Weg sein Rechtsschutzziel zu erreichen betrachten. Diese Überlegung wird aber von der h.M. abgelehnt. Es handelt sich bei dem behördlichen und dem gerichtlichen um zwei voneinander unabhängige Verfahren.[397]

§ 80a VwGO-Klassiker

Im Rahmen des Antrags nach §§ 80 V, 80a III VwGO tritt zu der allgemeinen Überlegung ein gesetzlicher Verweis hinzu, welcher die Frage zu dem Klassiker der § 80a-Zulässigkeits-Prüfung macht.[398]

hemmer-Methode: Da das Problem seinen Hauptanwendungsfall im Rechtsschutz des Nachbarn findet, müssen Sie den Streit für die Baurechtsklausur kennen.

---

[395] Vgl. Streitdarstellung bei **Hemmer/Wüst**, Verwaltungsrecht III, Rn. 142 ff.
[396] **Hemmer/Wüst**, Verwaltungsrecht III, Rn. 141.
[397] Vgl. Streitdarstellung bei **Hemmer/Wüst**, Verwaltungsrecht III, Rn. 138 ff.
[398] Vgl. Streitdarstellung bei **Hemmer/Wüst**, Verwaltungsrecht III, Rn. 191.

Gem. § 80a III S. 2 VwGO finden die Absätze 5 bis 8 des § 80 VwGO entsprechende Anwendung. Damit ist auch auf § 80 VI VwGO[399] verwiesen, der für die Fälle des § 80 II S. 1 Nr. 1 VwGO die Durchführung eines behördlichen Antragsverfahrens nach § 80 IV VwGO vor dem gerichtlichen Verfahren nach §§ 80 V, 80a III VwGO anordnet. Strittig ist, wie dieser Verweis zu verstehen ist.

Rechtsfolgenverweis

Teilweise wird hierin ein Rechtsfolgenverweis gesehen. Danach wäre der vorherige Antrag bei der Behörde für alle Anträge nach § 80a III VwGO zwingende Voraussetzung. Begründet wird dies vor allem damit, dass die Norm bei Annahme eines Rechtsgrundverweises keinen Sinn machen würde. Lediglich für eine (ansonsten zulässige) Drittanfechtung von Abgabenbescheiden wäre die Norm einschlägig und ein solcher Fall sei nicht denkbar.

BayVGH

Der BayVGH hält einen solchen Antrag ebenfalls für erforderlich, betrachtet ihn jedoch nicht Zugangs-, sondern als nachholbare Sachentscheidungsvoraussetzung. Dabei genüge aber bereits rügelose Einlassung der Behörde im gerichtlichen Verfahren um die zu fordernde behördliche Befassung als ausreichend zu betrachten.

Rechtsgrundverweis (h.M.)

Die h.M. hingegen sieht in dem Verweis einen Rechtsgrundverweis. Begründet wird dies zum einen damit, dass § 80 VI eine Ausnahmebestimmung sei, welche aus fiskalischen Gründen eine Einschränkung des Rechtsschutzes in den Fällen des § 80 II S. 1 Nr. 1 VwGO bezweckt. Eine solche Ausnahme zum Regelfall zu erklären, war nicht bezweckt. Das System des Zwei-Personen-Verhältnisses sollte vielmehr beibehalten werden.

Darüber hinaus stellt das gerichtliche Verfahren nach §§ 80 V, 80a III VwGO kein Rechtsmittelverfahren zum behördlichen Verfahren nach § 80 IV VwGO dar. Sie stehen vielmehr im Alternativverhältnis.

Auch steht Grundsatz der rechtsstaatlich gebotenen Rechtsmittelklarheit einer anderweitigen Auslegung entgegen. Sollte dem gerichtlichen Rechtmittel ein zwingendes Verwaltungsverfahren vorgeschaltet werden, so hätte der Gesetzgeber dies klar und ausdrücklich anordnen müssen.

Die Annahme eines Rechtsgrundverweises auf § 80 VI VwGO ist daher vorzugwürdig.

c) Bauvorbescheid

Sonderproblem: Bauvorbescheid

Begehrt der Antragsteller vorläufigen Rechtsschutz nach §§ 80 V, 80a VwGO gegen einen Bauvorbescheid, so ist zu bedenken, dass der Vorbescheid noch nicht zum Beginn der Bauarbeiten berechtigt. Materiell-rechtliche Einwendungen gegen das Bauvorhaben kann der Nachbar hingegen auch mit der gegen eine noch zu erteilende Baugenehmigung eingelegten Klage geltend machen. Damit ist sein Rechtsschutz in hinreichender Weise gewährleistet, sodass ihm i.R.d. Antrags nach §§ 80 V, 80a VwGO das Rechtsschutzbedürfnis fehlt.[400]

6. Sonstige Zulässigkeitsvoraussetzungen

Das Verfahren unterliegt normalerweise keinen Rechtsbehelfsfristen. Besonderheiten können sich aber ausnahmsweise aus Spezialgesetzen ergeben. Antragsgegner ist analog § 78 I Nr. 1 VwGO der Rechtsträger der handelnden Behörde.

---

399 Zu § 80 VI VwGO und § 80 II S. 1 Nr. 1 vgl. auch **Life & Law 2011, 56 ff.**
400 OVG Koblenz, NVwZ 1998, 651.

II. Beiladung

Beiladung

Die Vorschrift des § 65 VwGO gilt ebenfalls i.R.d. Verfahrens nach §§ 80a, 80 V VwGO.[401] Die Bauherren sind damit notwendig beizuladen, § 65 II VwGO.

345

III. Begründetheit

1. Prüfungsmaßstab

Interessenabwägung bzgl. aufschiebender Wirkung; summarische Prüfung

Da beim Verfahren nach §§ 80a, 80 V VwGO kein Urteil, sondern ein Beschluss ergeht, erfolgt auch keine abschließende Beurteilung der Hauptsache. Vielmehr erfolgt eine Interessenabwägung bzgl. der Interessen des Antragstellers und des Antragsgegners in Hinblick auf den Vollzug.

346

Der Antrag ist folglich auch nur dann begründet, wenn die Interessen des Antragstellers an der Anordnung der aufschiebenden Wirkung die öffentlichen Interessen an der Möglichkeit des Vollzugs überwiegen. Indiz für die Interessenlage sind die Erfolgsaussichten der Hauptsache, die damit vom Gericht in einer summarischen Prüfung zu untersuchen sind. Das Gericht trifft damit eine originäre Ermessensentscheidung ohne große Beweisaufnahme.

hemmer-Methode: Achtung Rechtsreferendare! Im Zweiten Examen ist eine häufige Klausurvariante die Beschwerde zum OVG (vgl. §§ 146 ff. VwGO) gegen den Beschluss nach §§ 80 V, 80a VwGO. Das Beschwerdegericht prüft dann ebenfalls selbstständig, also in einer eigenen Ermessensentscheidung, ob der Vollzug ausgesetzt wird oder nicht.[402] Insoweit ist die diesbezügliche Begründetheitsprüfung mit dem Verfahren nach §§ 80 V, 80a VwGO identisch.

Prüfungsschema für die Begründetheit eines Antrags nach §§ 80a, 80 V VwGO

1. Voraussetzungen des gesetzlichen Ausschlusses der aufschiebenden Wirkung bzw. des Sofortvollzugs

2. Interessenabwägung

   a) Abwägung der konkreten Interessen, insbesondere:

   b) Summarische Prüfung des Hauptsacheverfahrens

   ⇨ Zulässigkeit der Anfechtungsklage

   ⇨ Begründetheit der Anfechtungsklage

   - Formelle Rechtmäßigkeit der Baugenehmigung
   - Materielle Rechtmäßigkeit der Baugenehmigung
   - Rechtsverletzung des Klägers

   c) Ergebnis

---

[401] Kopp/Schenke, § 80a VwGO, Rn. 20.
[402] Kopp/Schenke, § 146 VwGO, Rn. 27 ff., 43.

2. Voraussetzungen für den Ausschluss der aufschiebenden Wirkung bzw. des Sofortvollzugs

a) Ausschluss der aufschiebenden Wirkung aufgrund gesetzlicher Regelung, § 80 II Nr. 3 VwGO

gesetzliche Regelung, § 80 II Nr. 3 VwGO

In diesem Prüfungsschritt ist zu fragen, ob überhaupt die Voraussetzungen für den gesetzlichen Ausschluss der aufschiebenden Wirkung vorgelegen haben oder nicht. Im Baurecht ist dies durch die Einführung des § 212a I BauGB grundsätzlich unproblematisch.

b) Formelle Rechtmäßigkeit der Vollzugsanordnung nach § 80 II Nr. 4, III VwGO

bei § 80 II Nr. 4 VwGO Begründung notw. (Abs. 3)

Beruht der Ausschluss der aufschiebenden Wirkung nicht auf Gesetz, sondern auf einer behördlichen Anordnung nach § 80 II Nr. 4 VwGO, so ist zu prüfen, ob die formellen Voraussetzungen des § 80 III VwGO eingehalten sind.

Die **Begründung** gem. § 80 III VwGO muss immer ausdrücklich erfolgen und erkennen lassen, warum die Anordnung der sofortigen Vollziehung im Einzelfall ausnahmsweise geboten war.

Zuständig für die Anordnung der sofortigen Vollziehung ist die Ausgangsbehörde, vgl. § 80 II Nr. 4 VwGO.

Eine gesonderte **Anhörung** ist nach h.M. vor Erlass der Anordnung nicht erforderlich, da die Vollziehungsanordnung kein VA, sondern nur ein Annex zum VA sei.

Das **öffentliche Interesse**, das den Erlass des Verwaltungsaktes als solchen rechtfertigt, reicht regelmäßig nicht aus, um gegenüber dem Interesse des Betroffenen an der Erhaltung des Suspensiveffekts zu überwiegen.

Das gilt insbesondere für bauaufsichtliche Ordnungsverfügungen, die die Beseitigung von Bausubstanz bzw. sogar weitergehend die Wiederherstellung eines früher gegebenen Bautenbestandes fordern.[403]

Oft taucht an dieser Stelle auch die Frage auf, ob bzw. wie lange die Behörde Gründe für das Vollzugsinteresse nachschieben kann.[404] Andernfalls ist der Sofortvollzug schon aus diesen Gründen aufzuheben.

> **hemmer-Methode:** Achtung Referendare: Bei einem Verstoß gegen § 80 III VwGO ist zwischen der Aufhebung des Sofortvollzugs nach § 80 II Nr. 4 VwGO und der Wiederherstellung der aufschiebenden Wirkung zu unterscheiden! Nach h.M. führt ein Verstoß gegen § 80 III VwGO nur zur Aufhebung der Vollziehungsanordnung, nicht dagegen zur Wiederherstellung der aufschiebenden Wirkung. Dies ist gerade im Tenor zu beachten! (Vgl. dazu Redeker/v. Oertzen, § 80 VwGO, Rn. 27a; a.A. Kopp/Schenke, § 80 VwGO, Rn. 148 m.w.N.). Die Behörde kann dann eine neue Anordnung der sofortigen Vollziehung mit ordnungsgemäßer Begründung erlassen.

---

403 OVG Münster, NVwZ 1998, 977.
404 **Hemmer/Wüst**, Verwaltungsrecht III, Rn. 163 ff.

3. Interessenabwägung

a) Abwägung der Interessen

Abwägung der Interessen

350 Im Falle der §§ 80a, 80 V VwGO stehen sich private Interessen des Bauwerbers und des Nachbarn gegenüber, die gegeneinander umfassend abzuwägen sind. Wie im direkten Anwendungsfall des § 80 II Nr. 4, V VwGO sind die Erfolgsaussichten der Hauptsache ein Indiz für die Interessenabwägung.[405]

hemmer-Methode: Achten Sie hier wiederum auf die Besonderheit des Nachbarrechtsschutzes: Die objektive Rechtswidrigkeit der Baugenehmigung reicht nicht aus, um Erfolg in der Hauptsache zu haben. Hinzutreten muss die subjektive Rechtsverletzung des Nachbarn (vgl. Hemmer/Wüst, Verwaltungsrecht III, Rn. 199).

351 Im Falle des gesetzlich vorgesehenen Wegfalls der aufschiebenden Wirkung gemäß § 80 II S. 1 Nr. 3 VwGO ergibt sich die Berücksichtigung der Erfolgsaussichten aus der Wertung des § 80 IV S. 3 VwGO.

352 **Beachten Sie** i.R.d. Abwägung, dass der Gesetzgeber nach Ansicht des OVG Münster[406] mit der Regelung des § 212a I BauGB keine materielle Bewertung der Interessen des Bauherrn und des die Baugenehmigung anfechtenden Nachbarn in dem Sinne vorgenommen hat, dass dem Interesse des Bauherrn an der sofortigen Vollziehbarkeit der Baugenehmigung regelmäßig ein höheres Gewicht zukommt.

hemmer-Methode: Regelmäßig wird es an einem ganz evident überwiegenden Interesse des Antragenden fehlen. Man will natürlich, dass Sie Zulässigkeit und Begründetheit der Hauptsache ebenfalls prüfen. Sie sollten dem Korrektor jedoch zeigen, dass die Erfolgsaussichten der Hauptsache nur ein Indiz für die Interessenlage ist. Bedenken Sie nämlich, dass das Hauptsacheverfahren einen ganz anderen Zweck als das § 80 V-Verfahren hat! Jedoch gilt ganz allgemein, dass dann, wenn in der Hauptsache Aussicht auf Erfolg besteht, tatsächlich kein Interesse der Allgemeinheit an einem Sofortvollzug gegeben sein kann: Die Öffentlichkeit kann kein Interesse daran haben, dass möglichst schnell Zustände geschaffen werden, die mit aller Wahrscheinlichkeit nachträglich wieder beseitigt werden müssen.

b) Summarische Prüfung der Hauptsache

Indiz: Prognose bzgl. Hauptsache

353 Hier prüfen Sie quasi wie bei der normalen Nachbarklage die Zulässigkeit und Begründetheit des eingelegten Rechtsbehelfs. Aufgrund der summarischen Prüfung ist die Bearbeitung in der Praxis vereinfacht (z.B. Verzicht auf umfangreiche Beweiserhebung).

hemmer-Methode: Für die Klausur spielt das jedoch keine große Rolle, da Ihnen entweder ein unstreitiger Sachverhalt vorliegt (1. Examen) oder ein umfangreicher Sachverhalt vorgelegt wird (2. Examen).

---

[405] Eine mustergültige Darstellung des Prüfungsablaufs der materiellen Begründetheitsstation finden Sie in der Entscheidung des BayVGH, NJW 1991, 1561.

[406] OVG Münster, NVwZ 1998, 980.

C) Klage des Bauherrn gegen Aufhebungsbescheid der Ausgangsbehörde

Klage des Bauherrn gegen Aufhebungsbescheid

Nimmt die Ausgangsbehörde eine einmal erteilte Baugenehmigung wieder zurück, so stellt sich für den Bauherrn die Frage, mit welchem Rechtsbehelf er eine Baugenehmigung wiedererlangen kann.

Bsp.: Die Stadt S erteilt B eine Baugenehmigung. Als N daraufhin gegen die Baugenehmigung klagt, nimmt die Stadt S während des laufenden Prozesses die Baugenehmigung wieder zurück, weil sie nunmehr der Auffassung ist, dass die Genehmigung zu Unrecht erteilt wurde. B ist entsetzt und geht zu seinem Rechtsanwalt, um nach Rat zu fragen.

Fraglich ist hier vor allem, ob B erneut Verpflichtungsklage auf Erlass der Baugenehmigung erheben muss oder ob es ausreicht, wenn er isoliert gegen die Aufhebung Anfechtungsklage erhebt.

Grobgliederung des Klausurtyps bei Rücknahme durch die Ausgangsbehörde:

1. Zulässigkeit der Klage
   a) Klageart
   b) Klagebefugnis
   c) Vorverfahren
2. Begründetheit der Klage
   a) Rechtsgrundlage, §§ 48, 49 VwVfG NRW?
      aa) formelle Rechtmäßigkeit der Baugenehmigung
      bb) materielle Rechtmäßigkeit der Baugenehmigung
         ⇨ Genehmigung rechtswidrig
   b) Rücknahme nach § 48 VwVfG NRW
      aa) formelle Rechtmäßigkeit des Aufhebungsbescheids
      bb) materielle Rechtmäßigkeit des Aufhebungsbescheids
         ⇨ Anwendbarkeit von § 50 VwVfG NRW?
         ⇨ Summarische Prüfung von:
         (1) Zulässigkeit der Anfechtungsklage des Nachbarn
         (2) Begründetheit der Anfechtungsklage des Nachbarn
         (3) Wenn evident unzulässig oder unbegründet, ggf. Ermessensprüfung
   c) ggf. Rechtsverletzung des Klägers

I. Eröffnung des Verwaltungsrechtsweges

Der Verwaltungsrechtsweg ist eröffnet. Zur Formulierung des Obersatzes vergleichen Sie die Rn. 19 und 265.

hemmer-Methode: Unproblematische Prüfungspunkte werden im Folgenden nicht mehr ausgeführt. Um die Übersichtlichkeit des Prüfungsablaufes zu wahren, werden diese jedoch durch Überschriften kenntlich gemacht.

II. Zulässigkeit der Klage

1. Klageart

Abgrenzung Verpflichtungs- zu Anfechtungsklage

Einerseits ist die Verpflichtungsklage in Betracht zu ziehen (§ 42 I Alt. 2 VwGO), wenn B eine neue Baugenehmigung begehrt.

§ 4 DIE ANFECHTUNG VON VERWALTUNGSAKTEN

Andererseits würde einer Verpflichtungsklage das Rechtsschutzbedürfnis fehlen, wenn B sein Ziel (Erteilung der Baugenehmigung) einfacher und bereits mit der Anfechtungsklage erreichen könnte, § 42 I Alt. 1 VwGO. Fraglich ist deshalb, ob hier eine Anfechtungsklage ausreicht.

wichtig: § 43 VwVfG NRW

Soweit sie sich gegen den Aufhebungsbescheid richtet, ist die Anfechtungsklage auch grds. statthaft, da der Aufhebungsbescheid ein VA i.S.v. § 35 VwVfG NRW ist (actus contrarius).

Da bei erfolgreicher Anfechtung die ursprünglich erteilte Baugenehmigung auch wieder wirksam ist (vgl. § 43 II VwVfG NRW), reicht das Erheben der Anfechtungsklage für das Ziel des B aus. Richtige Klageart ist demnach die Anfechtungsklage.

> **hemmer-Methode:** Bedenken Sie, dass gerade im Baurecht die Frage nach der Wirkung des Rechtsschutzes eine Rolle spielen kann, z.B. dann, wenn wie hier die Aufhebung der Baugenehmigung angefochten wird. In Zusammenhang mit dem Suspensiveffekt der Anfechtungsklage (§ 80 I VwGO) sollten Ihnen die Begriffe Wirksamkeits- und Vollziehbarkeitstheorie geläufig sein.[407]

2. Klagebefugnis, § 42 II VwGO

§ 42 II VwGO

Diese ergibt sich aus § 75 I BauO NRW i.V.m. Art. 14 GG bzw. aufgrund seiner Adressatenstellung schon aus Art. 2 I GG i.V.m. der sog. Adressatentheorie.

3. Widerspruchsverfahren

Vorverfahren entbehrlich

Ein Vorverfahren ist entbehrlich. Dies folgt für die Anfechtungsklage aus § 110 I S. 1 JustG NRW.

4. Sonstige Zulässigkeitsvoraussetzungen

Hinsichtlich der sonstigen Zulässigkeitsvoraussetzungen wie §§ 61 f., 74, 81 f. VwGO ergeben sich hier keine Besonderheiten.

III. Beiladung

Wird eine Baugenehmigung im Rahmen einer Anfechtungsklage des Nachbarn durch die Ausgangsbehörde aufgehoben und erhebt der Bauherr daraufhin gegen den Aufhebungsbescheid Klage, so ist der Nachbar notwendig beizuladen.

IV. Begründetheit

1. Rechtmäßigkeit der Baugenehmigung

Rechtsgrundlage festlegen

Nach dem Vorbehalt des Gesetzes bedarf der Aufhebungsbescheid einer Rechtsgrundlage. Diese könnte in den §§ 48 ff. VwVfG NRW liegen.

---

[407] Ausführlich dazu **Hemmer/Wüst**, Verwaltungsrecht III, Rn. 83 ff.

Problem, ob VA rechtswidrig oder rechtmäßig

Fraglich ist, ob es sich bei der Baugenehmigung um einen rechtswidrigen VA (dann § 48 VwVfG NRW) oder um einen rechtmäßigen VA (dann § 49 VwVfG NRW) handelt. Die Baugenehmigung muss folglich auf ihre Rechtmäßigkeit hin überprüft werden.

a) Formelle Rechtmäßigkeit der Baugenehmigung[408]

b) Materielle Rechtmäßigkeit der Baugenehmigung[409]

> **hemmer-Methode**: Richtige Einordnung! Hier beginnt in Ihrer Klausur die spezifisch baurechtliche Problematik, denn nunmehr müssen Sie zur Bestimmung der Rechtsgrundlage prüfen, ob die Baugenehmigung rechtmäßig oder aber rechtswidrig war. Dabei müssen Sie die formelle und materielle Rechtmäßigkeit der Baugenehmigung genau unter die Lupe nehmen. In dieser Klausurvariante ist die Baugenehmigung dann fast immer rechtswidrig, weshalb die Rechtsgrundlage für die Rücknahme meist § 48 I, III VwVfG NRW ist. Deren Voraussetzungen müssen im Folgenden geprüft werden.

2. Festlegen der Rechtsgrundlage für Aufhebung

⇒ *i.d.R. rechtswidrig, sodass § 48 VwVfG NRW einschlägig*

Ist die Baugenehmigung nach dem Sachverhalt rechtswidrig, so ist hier § 48 VwVfG NRW Rechtsgrundlage.

Ist die Baugenehmigung aber rechtmäßig, so ist § 49 VwVfG NRW einschlägig.

Da der Aufhebungsbescheid Gegenstand der Anfechtungsklage ist, muss nunmehr die formelle und materielle Rechtmäßigkeit des Aufhebungsbescheides überprüft werden.

3. Formelle Rechtmäßigkeit des Aufhebungsbescheides

formelle Rechtmäßigkeit

Hier geht es nur um die formelle Rechtmäßigkeit des Aufhebungsbescheides, also ob diesbezüglich Zuständigkeit und Verfahren eingehalten sind (§§ 60, 62 BauO NRW, §§ 3, 48 V VwVfG NRW).[410] Da die Aufhebung ein belastender VA ist, muss eine Anhörung durchgeführt werden, § 28 VwVfG NRW.

4. Materielle Rechtmäßigkeit

Prüfung des Rücknahmeermessens nicht notwendig, wenn § 50 VwVfG NRW (+)

Da i.d.R. § 48 I, III VwVfG NRW vorliegen werden, muss nunmehr geprüft werden, ob die Behörde ihr diesbezügliches Ermessen eingehalten hat bzw. ob eine ausreichende Vertrauensabwägung erfolgt ist.

Allerdings wird das Vertrauen des Bauherrn i.R.d. Ermessensentscheidung nach § 48 I VwVfG NRW nur untergeordnet berücksichtigt, wenn ein Fall des § 50 VwVfG NRW vorliegt, also die Baugenehmigung durch einen Dritten angefochten und infolgedessen im verwaltungsgerichtlichen Verfahren aufgehoben wurde.

Hier musste der Bauherr nämlich nach wie vor mit einer Aufhebung rechnen, da die Genehmigung noch nicht bestandskräftig geworden war.[411]

---

408 Vgl. ausführlich oben Rn. 299 ff.
409 Vgl. ausführlich oben Rn. 312 ff.
410 Vgl. auch **Hemmer/Wüst, Verwaltungsrecht I**, Rn. 293 ff.
411 Gesichtspunkte des Vertrauensschutzes sind dabei i.R.d. Ermessensentscheidung zu berücksichtigen. Wird die Genehmigung von vornherein nur

§ 4 DIE ANFECHTUNG VON VERWALTUNGSAKTEN

dessen Erfolgsaussichten müssen geprüft werden

Strittig ist dann allerdings, welche konkreten Anforderungen an die Anfechtbarkeit durch Dritte zu stellen sind. Nach herrschender Meinung reicht es aus, wenn der Rechtsbehelf nicht offensichtlich aussichtslos ist.[412]

5. Erfolgsaussichten der Anfechtungsklage des Nachbarn

a) Nicht offensichtlich unzulässig

b) Nicht offensichtlich unbegründet

> **hemmer-Methode:** Die Vorschrift des § 50 VwVfG NRW ist der absolute Clou dieser Klausurvariante! Er stellt eine Ausnahme zu den strengen Rücknahmevoraussetzungen der §§ 48, 49 VwVfG NRW dar. Der aufbautechnische Trick der Klausur besteht nunmehr darin, dass Sie die Erfolgsaussichten der Anfechtungsklage des Nachbarn i.R.d. Rechtmäßigkeit des Aufhebungsbescheides summarisch prüfen müssen.

c) Ggf. Ermessensprüfung

wenn § 50 VwVfG NRW (+), dann Klage i.d.R. unbegründet

Ist die Anfechtungsklage des Nachbarn nicht offensichtlich aussichtslos, so ist die Aufhebung der Baugenehmigung i.d.R. rechtmäßig und die Klage als unbegründet abzuweisen.

wenn § 50 VwVfG NRW (-), dann Abwägung

Hat die Anfechtungsklage des Nachbarn allerdings evident keine Aussicht auf Erfolg, z.B. weil es an der Verletzung eigener Rechte fehlt, so muss weiterhin geprüft werden, ob die Voraussetzungen des § 48 I, III VwVfG NRW vorliegen.[413]

6. Rechtsverletzung des Klägers[414]

ggf. Rechtsverletzung des Klägers

Ist der Aufhebungsbescheid rechtswidrig, so ist der Kläger (Bauherr) auch in seinem Recht aus § 75 I BauO NRW i.V.m. Art. 14 GG verletzt.

> **hemmer-Methode:** Diese Klausurvariante ist deshalb besonders tückisch, weil Gegenstand der Klage nur der Aufhebungsbescheid ist und nicht die Baugenehmigung und auch nicht der Anfechtungsklage des Nachbarn! Die Baugenehmigung ist erst i.R.d. Rechtsgrundlage zu prüfen, der Nachbarwiderspruch dagegen erst i.R.d. § 50 VwVfG NRW. Wer diese Elemente dann durcheinander wirft und den Aufbau der Klausur damit unlogisch werden lässt, zeigt, dass er das Verwaltungs(gerichts)verfahren nicht richtig verstanden hat. Passen Sie deshalb ganz besonders auf die richtige Gliederung der Klausur auf, die Ihnen die Skizze unter Rn. 355 noch einmal anschaulich verdeutlichen kann.

---

unter Widerrufsvorbehalt erteilt, so können die zum Widerruf berechtigenden Belange in der Ermessensentscheidung i.R.d. § 48 VwVfG einbezogen werden, OVG Berlin, BauR 2001, 618.

412 Im Einzelnen ist hier vieles strittig, vgl. Kopp/Ramsauer, § 50 VwVfG, Rn. 17 ff., 22 ff. oder **Hemmer/Wüst, Verwaltungsrecht I, Rn. 502**.
413 Vgl. ausführlich **Hemmer/Wüst, Verwaltungsrecht I, Rn. 482**.
414 Rn. 318.

D) Klage der Gemeinde gegen die Baugenehmigung

370-372[415]

Klage der Gemeinde

Wird eine Baugenehmigung ohne gemeindliches Einvernehmen erteilt, so wird die betroffene Gemeinde die erteilte Baugenehmigung regelmäßig anfechten wollen.[416]

373

> *Bsp.: F beantragt eine Baugenehmigung für ein Vorhaben im Außenbereich. Ein Bebauungsplan liegt nicht vor. Obwohl die Gemeinde G, in deren Gebiet das Grundstück liegt, ihr Einvernehmen (§ 36 BauGB) verweigert hat, erteilt der Landrat als Baugenehmigungsbehörde die Baugenehmigung. G will nun gegen die Baugenehmigung vorgehen.*

Gliederungsübersicht zu der gemeindlichen Klage:

[Rechtswegeröffnung]

I. Zulässigkeit der Klage
  1. Klageart = Anfechtungsklage
  2. Klagebefugnis wegen § 36 BauGB
  3. sonstige Zulässigkeitsvoraussetzungen

II. Beiladung

III. Begründetheit der Klage
  1. Rechtmäßigkeit der Baugenehmigung
  2. Rechtsverletzung der Gemeinde

I. Zulässigkeit der Klage[417]

1. Klageart

bei fehlendem Einvernehmen

Die Gemeinde G begehrt im Ausgangsfall die Aufhebung der Baugenehmigung, mithin eines VA i.S.d. § 35 VwVfG NRW. Richtige Klageart ist damit die Anfechtungsklage, § 42 I Alt. 1 VwGO.

374

Exkurs: Maßnahmen der Aufsichtsbehörde

bei aufsichtlichen Maßnahmen

Wird eine Bauaufsichtsbehörde aufgrund ihrer Eigenschaft als Aufsichtsbehörde tätig und beanstandet sie im Genehmigungsverfahren eine gemeindliche Entscheidung, so wird die Gemeinde sich gegen diesen Aufsichtsakt wenden wollen. Fraglich ist dann vor allem die richtige Klageart.[418]

375

> *Bsp.: Die Stadt S beschließt im Stadtrat die Befreiung von Festsetzungen des Bebauungsplans in Hinblick auf das Vorhaben der V. Die Bezirksregierung erlässt daraufhin einen Bescheid an die Stadt S mit dem Inhalt, dass die Voraussetzungen einer Befreiung nicht vorliegen würden.*

Hier ist stets eine Qualifikation der aufsichtlichen Maßnahme durchzuführen. Der Bürgermeister der Stadt S hat hier als untere Bauaufsichtsbehörde gehandelt.

---

415 Die Randnummern 370 - 372 wurden ersatzlos gestrichen; der in den Vorauflagen folgende Exkurs zur Aufhebung der Baugenehmigung durch Abhilfe- bzw. Widerspruchsbescheid ist mit dem Entfallen des Vorverfahrens überflüssig geworden.

416 Gleiches gilt für Genehmigungen, die vergleichbare Rechtswirkungen haben (Bsp.: Erteilung einer Plangenehmigung durch das Eisenbahn Bundesamt, VGH BW, BauR 2002, 1217).

417 Beschränkt auf die wichtigsten Elemente.

418 Zu diesem Problemkreis schon **Hemmer/Wüst, Verwaltungsrecht I, Rn. 89 ff.**

§ 4 DIE ANFECHTUNG VON VERWALTUNGSAKTEN

Die Aufgaben der unteren Bauaufsichtsbehörden werden nach § 60 II BauO NRW i.V.m. § 3 I OBG als Pflichtaufgaben zur Erfüllung nach Weisung ausgeführt. Nach § 116 II GO NRW regelt sich die Sonderaufsicht nach den hierzu erlassenen Gesetzen, in diesem Fall nach § 9 OBG.

Der Rechtsschutz gegen die Aufsichtsmaßnahme hängt nun von dessen Rechtsnatur ab. Die Rechtsnatur einer im Bereich der Pflichtaufgaben zur Erfüllung nach Weisung ergangenen Aufsichtsmaßnahme ist im Einzelnen strittig, wobei das OVG Münster jedenfalls dann einen anfechtbaren Verwaltungsakt annimmt, wenn die Maßnahme unmittelbare Auswirkungen auf den gemeindlichen Selbstverwaltungsbereich hat oder haben kann.[419]

Durch Art. 78 IV LVerf werden die Pflichtaufgaben grundsätzlich dem eigenverantwortlichen Wirkungskreis der Gemeinden zugewiesen. Das Land kann sich nur im begrenzten Umfang eine Weisungsmöglichkeit „vorbehalten". Dieses ausdrückliche Erfordernis gesetzlicher Begrenzung der Sonderaufsicht rückt die Pflichtaufgabe in die Nähe der Selbstverwaltungsaufgaben. Daher tritt die Gemeinde auch bei diesen Aufgaben regelmäßig dem Staat gegenüber als selbstständiger Rechtsträger auf, sodass die Aufsichtsmaßnahme Außenwirkung hat und als VA mit der Anfechtungsklage angefochten werden kann (im Einzelnen str.).

Exkurs Ende

2. Klagebefugnis

§ 42 II VwGO

Die Gemeinde G rügt das Fehlen des gemeindlichen Einvernehmens, § 36 BauGB. Dieses ist ein gesetzliches Recht der Gemeinde zur Sicherung der gemeindlichen Planungshoheit (Art. 28 II GG, bzw. § 78 LVerf).[420] G könnte möglicherweise in diesem Recht verletzt sein, sodass sie gemäß § 42 II VwGO klagebefugt ist.

3. Sonstige Voraussetzungen

hemmer-Methode: Auf Zusammenhänge achten! Klagt eine Gemeinde, so werden sich in den allermeisten Fällen auch Fragen der Partei- und Prozessfähigkeit und Vertretung ergeben. Partei ist die Gemeinde, § 61 Nr. 1 VwGO. Hier kann es dann aber in Hinblick auf die Erhebung des Rechtsbehelfs zu Sonderproblemen kommen. Z.B. dann, wenn der Bürgermeister ohne Gemeinderatsbeschluss selbstständig Klage erhoben hat. Dann müssen Sie i.R.d. Zulässigkeit alle theoretischen Möglichkeiten der Vertretungsmacht prüfen, z.B. unmittelbar aus § 63 I GO NRW, dann aus § 62 III GO NRW i.V.m. § 41 III GO NRW, § 60 II GO NRW bzw. dann §§ 177 ff. BGB analog, sodass die Gemeinde ggf. das eigenmächtige Handeln des Bürgermeisters nachträglich genehmigen kann.

II. Beiladung

F als Inhaber der angefochtenen Genehmigung ist notwendig beizuladen, § 65 II VwGO.

III. Begründetheit[421]

§ 113 I VwGO

Die Klage ist begründet, wenn die Baugenehmigung rechtswidrig und die Gemeinde dadurch in ihren eigenen Rechten verletzt ist, § 113 I VwGO.

---

419 Dazu Vietmeier, DVBl. 1992, 413 ff.
420 Näher dazu unten unter Rn. 385.
421 Beschränkt auf die wichtigsten Elemente.

Bei der Anfechtungsklage der Gemeinde gegen eine Baugenehmigung ist (wie bei der Klage des Nachbarn) auf die Sach- und Rechtslage im Zeitpunkt der Genehmigungserteilung abzustellen.[422]

1. Formelle Rechtmäßigkeit

nur dann formeller Fehler, wenn Gemeinde gar nicht beteiligt wurde

Von der formellen Rechtmäßigkeit der Baugenehmigung ist auszugehen.[423] Insbesondere ist zu betonen, dass die Verweigerung des Einvernehmens keinen formellen Fehler, sondern allenfalls einen materiellen Fehler der Baugenehmigung bewirken kann. Anders nur dann, wenn die Gemeinde überhaupt nicht gefragt wird.

378

2. Materielle Rechtmäßigkeit

a) Bauplanungs- und bauordnungsrechtliche Zulässigkeit[424]

BauGB und BauO NRW prüfen

Hier gelten die allgemeinen Grundsätze. Handelt es sich allerdings um ein Vorhaben im Außenbereich und erteilt die Gemeinde ihr Einvernehmen nicht, so ist i.d.R. noch danach zu fragen, ob die gemeindliche Planungshoheit ein öffentlicher Belang i.S.d. § 35 III BauGB ist. Dagegen spricht jedoch, dass die Möglichkeiten zur Sicherung der Bauleitplanung für die Gemeinde ausreichend sind, vgl. §§ 14, 15, 36 BauGB.

379

b) Gemeindliches Einvernehmen, § 36 BauGB

Kernproblem: gemeindliches Einvernehmen

Die Gemeinde stützt sich hier konkret darauf, dass sie ihr Einvernehmen nach § 36 BauGB nicht erteilt habe.[425] Da das Vorhaben im Außenbereich liegt, war ein Einvernehmen jedoch notwendig.

380

Exkurs: Allgemeines zum gemeindlichen Einvernehmen

gemeindliches Einvernehmen, § 36 BauGB

Für gewisse Konstellationen sieht § 36 I S. 1 BauGB vor, dass die Baugenehmigungsbehörde im bauaufsichtlichen Verfahren nur im Einvernehmen mit der Gemeinde entscheiden darf.[426]

381

(1) Zweck

Zweck

Zweck der Vorschrift ist es, den Gemeinden zur Gewährleistung ihrer Planungshoheit (Art. 28 II GG) eine Beteiligung am Baugenehmigungsverfahren der Bauaufsichtsbehörde zu sichern.[427]

382

---

422 OVG Münster, NWVBl. 2008, 228.
423 Zu Einzelfragen oben Rn. 299 ff.
424 Die Ausführungen unter Rn. 312 f., 99 ff. gelten auch hier entsprechend.
425 Eine Gemeinde, die ihr Einvernehmen nicht fristgerecht versagt hat, hat jedoch kein Klagerecht gegen die Baugenehmigung für das entsprechende Vorhaben, vgl. OVG Lüneburg, NVwZ 1999, 1003. Da es sich bei der Versagung des Einvernehmens um eine empfangsbedürftige Willenserklärung handelt, ist für die Einhaltung der Frist der Zugang bei der Bauaufsichtsbehörde entscheidend, vgl. BayVGH, BayVBl. 2001, 242.
426 Überblick über § 36 BauGB und die zugehörige Rechtsprechung bei Dippel, NVwZ 2011, 769 ff.
427 Battis/Krautzberger/Löhr, § 36 BauGB, Rn. 1: So stellt § 36 I BauGB letztendlich ein sich unmittelbar aus der verfassungsrechtlichen Stellung der Gemeinden (Art. 28 II GG) ergebendes Beteiligungsrecht dar.

§ 4 DIE ANFECHTUNG VON VERWALTUNGSAKTEN

(2) Anwendungsgebiet

Erfasste Fälle

§ 36 I S. 1 BauGB ordnet an, dass dort, wo Festsetzungen eines Bebauungsplan fehlen (§ 33 bis 35 BauGB) oder von solchen Festsetzungen abgewichen werden soll (§ 31 BauGB), bei der Entscheidung über die Zulässigkeit eines Vorhabens zur Wahrung der gemeindlichen Planungshoheit[428] die Erteilung des gemeindlichen Einvernehmens (d.h. deren Zustimmung) notwendig ist.

383

Nicht erforderlich ist die gemeindlich Zustimmung also, wenn die Entscheidung nach § 30 I oder II BauGB (und ohne Rückgriff auf § 31 BauGB) erfolgt. Ein einfacher Bebauungsplan macht das Einvernehmenserfordernis hingegen nicht entbehrlich, da § 30 III BauGB ausdrücklich die §§ 34, 35 BauGB für anwendbar erklärt.[429] Hier hat die Gemeinde nur hinsichtlich eines Teils der maßgeblichen Zulässigkeitsvoraussetzungen ihren planerischen Willen durch Bebauungsplanfestsetzungen geregelt.[430]

andere Verfahren (+)

Nach § 36 I S. 2 BauGB ist die Gemeinde auch zu beteiligen, wenn über die Zulässigkeit eines Vorhabens nach §§ 31, 33 - 35 BauGB in einem anderen Verfahren entschieden wird (z.B. nach § 8 AtomG oder §§ 4 ff. BImSchG).[431]

bei § 38 BauGB (-)

Da in den Fällen des § 38 BauGB die §§ 30 ff. BauGB nicht Prüfungsmaßstab sind,[432] findet auch § 36 BauGB keine Anwendung.

Wiederholung bei Vorhabensänderung?

Ändert sich das Vorhaben im laufenden Verfahren, so muss ein bereits eingeholtes Einvernehmen grundsätzlich nicht erneut ersucht werden. Eine Ausnahme gilt nur, wenn die Änderung erhebliche nachteilige Auswirkungen mit sich bringt.[433]

(3) Sonderfall: Identität von Bauaufsichtsbehördenträger und Gemeinde

Auch entbehrlich, wenn Gemeinde selber für Bauaufsicht zuständig?

Fraglich ist, ob es des gemeindlichen Einvernehmens gem. § 36 BauGB auch bedarf, wenn die Gemeinde selber Träger der Bauaufsichtsbehörde ist. In NRW ergibt sich dieses Problem für alle Fälle außer den kleinen kreisangehörigen Gemeinden.

384

§ 36 BauGB nach BVerwG nicht anwendbar

Das BVerwG hat seine frühere Rechtsprechung[434] dazu aufgegeben[435] und verneint die Frage nun. Die Bauaufsichtsbehörde ist nicht mehr zum Ersuchen von Einvernehmen verpflichtet. Außerdem kann sie die Baugenehmigung nicht mehr von sich aus wegen fehlenden Einvernehmens verweigern.

Begründet wird dies damit, dass der Regelungszweck (Wahrung der gemeindlichen Planungshoheit) bei Identität von Gemeinde und Bauaufsichtsbehördenträger bereits ohne die Norm gesichert ist.[436]

---

428 BVerwGE 22, 342 (346); BVerwG, NVwZ 2011, 61 (64).
429 Kohlhammer-Kommentar § 36 BauGB, Rn. 7.
430 Ernst/Zinkahn/Bielenberg/Krautzberger/Söfker § 36 BauGB, Rn. 18; im Ergebnis gleich die differenziertere Erläuterung bei § 30 BauGB, Rn. 32.
431 Vgl. dazu E/Z/B, § 36 BauGB, Rn. 16 m.w.N.
432 Vgl. Rn. 523 und 103.
433 OVG Münster NWVBl. 2010, 191.
434 BVerwG Buchholz 406.11 § 36 BauGB Nr. 55.
435 Seit BVerwG NVwZ 2005, 83 f.
436 Vgl. Ernst/Zinkahn/Bielenberg/Krautzberger/Söfker § 36 BauGB, Rn. 15.

Gegenargument

Jedoch würden dadurch zwei Aufgabenwahrnehmungen (Bauaufsichtsbehörde = Pflichtaufgabe zur Erfüllung nach Weisung[437] / Gemeinde = weisungsfreien Selbstverwaltungsaufgabe) vermengt.[438]

Die damit einhergehende Gefahr möglicher[439] Beschneidung von Ratszuständigkeiten, lässt das BVerwG[440] nicht als Gegenargument gelten. Es handelt sich um ein durch Gemeinde oder Landesgesetzgeber zu lösendes Problem gemeindeinterner Abstimmung.

Ebenso greift die Kritik, § 36 BauGB sichere in den Fällen der Identität die die Planungshoheit der Gemeinde gegenüber Widerspruchsbehördenentscheidungen ab, mit Wegfall des Widerspruchverfahrens in NRW nicht mehr.

Die neue Rechtsprechung ist die vorzugswürdige Lösung.

(4) Umfang des gemeindlichen Prüfungsrecht

nur bzgl. Bauplanungsrecht

Das Mitwirkungsrecht der Gemeinde ist auf das Bauplanungsrecht beschränkt. Das Einvernehmen darf nur aus den in §§ 31, 33 - 35 BauGB genannten Gründen versagt werden (§ 36 II S. 1 BauGB).

e.A.: Beschränkung auf die Planungshoheit betreffende Belange

Teilweise wird der Prüfungsumfang mit Hinblick auf den Zweck der Regelung begrenzt. So wird vertreten, dass die Gemeinde nur solche Belange der §§ 31, 33 - 35 BauGB als verletzt rügen darf, welche zumindest auch dem Schutz ihrer subjektiven, die Einvernehmensregelung begründenden Planungsrechte dienen.[441]

h.M.: uneingeschränkte Überprüfung der genannten Normen

Die h.M. hingegen sieht für eine derartige teleologische Reduktion keinen Anlass und gewährt der Gemeinde mit Verweis auf den Wortlaut ein umfassendes Prüfungsrecht.[442]

Zu diesem Problem auf der Tatbestandsseite gilt es auf der Rechtsfolgenseite zu differenzieren.

Grds. kein Ermessen der Gemeinde

Der Gemeinde steht bei der Erteilung ihres Einvernehmens grds. kein Ermessen oder eine sonstige Entscheidungsfreiheit zu. Soweit nach diesen Vorschriften ein Rechtsanspruch auf Zulassung des Vorhabens besteht, ist die Gemeinde zur Erteilung ihres Einvernehmens verpflichtet.[443]

Ausnahmsweise Ermessen

Dies gilt aber nur insoweit, wie die Frage über die Zulässigkeit nicht selber eine Ermessensausübung erfordert, wie etwa in den so § 31 II Nr. 2 BauGB und § 34 IIIa BauGB. Ist ein solcher planerischer Ermessensspielraum eingeräumt, so hat ihn die Gemeinde auszuschöpfen (h.M.).[444]

Die Gemeinde kann ihr Einvernehmen auch nicht von bestimmten Gegenleistungen des Antragstellers abhängig machen.

---

437 Gem. § 60 I Nr. 3 lit. a) BauO NRW i.V.m. § 9 OBG NRW.
438 Dietlein/Burgi/Hellermann Öffentliches Recht NRW, § 4 Rn. 200.
439 Dies bestimmt sich nach den gemeinderechtlichen Organkompetenzen.
440 BVerwG Beschluss vom 22.12.1989 – Az.: 4 B 211/89.
441 VGH Kassel, NVwZ-RR 2009, 750; VGH München, Beschl. vom 19.07.2010 Az.: 9 CE 10.983.
442 BVerwG, NVwZ 2010, 1561; NVwZ 2011, 61; OVG Münster Urteil vom 30.07.2009, Az.: 8 A 2357/08.
443 Battis/Krautzberger/Löhr, § 36 BauGB, Rn. 12.
444 Battis/Krautzberger/Löhr, § 36 BauGB Rn. 6; dort auch Nachweise für Gegenansicht.

§ 4 DIE ANFECHTUNG VON VERWALTUNGSAKTEN

(5) Rechtsnatur der Einvernehmenserklärung

kein VA ⇨ Klage direkt auf Baugenehmigung notw.

Die Erklärung des Einvernehmens oder ihre Verweigerung ist kein Verwaltungsakt, sondern ein verwaltungsinterner Rechtsvorgang; Außenwirkung kommt ihr gerade nicht zu.[445]

386

Damit scheidet bei Versagung des Einvernehmens eine Verpflichtungsklage speziell auf Erteilung des Einvernehmens aus.[446] Der Bauherr muss daher unmittelbar auf Erlass der Baugenehmigung klagen, die Gemeinde ist diesbezüglich notwendig beizuladen.[447] In der Klausur wäre eine ausdrückliche Klage auf Einvernehmenserteilung anzuprüfen und in der statthaften Klageart abzulehnen.

> **hemmer-Methode:** Keine Regel ohne Ausnahme! Beantragt der Baubewerber nämlich einen Dispens nach § 31 II BauGB, so hat die Gemeinde ein Ermessen (s.o. Rn. 129 ff., 133). Hier muss dann isoliert mit einer Leistungsklage auf Erteilung des Einvernehmens geklagt werden.

(6) Einvernehmensfiktion

Fiktion beachten

Die Verweigerung des Einvernehmens ist eine empfangsbedürftige Willenserklärung.[448] Wird die Verweigerung nicht binnen zwei Monaten erklärt, so fingiert § 36 II S. 2 BauGB die Zustimmung (Grund: Verfahrensbeschleunigung). Die Frist berechnet sich nach den §§ 187 I, 188 II BGB[449] und kann nicht verlängert werden, auch nicht mit Einverständnis des Antragstellers[450].

387

Fristbeginn mit Ersuchen der Bauaufsichtsbehörde

Das fristauslösende „Ersuchen"[451] der Bauaufsichtsbehörde muss eindeutig als solches formuliert sein. Die Gemeinde muss erkennen können, dass und in welcher Hinsicht ggf. die Frist des § 36 II S. 2 BauGB ausgelöst wird.[452] Eines ausdrücklichen Hinweises auf die Zwei-Monats-Frist und die damit verbundene Fiktionswirkung bedarf es hingegen nicht.[453] Die Frist läuft ferner nur, wenn die Unterlagen „planungsrechtlich vollständig" übermittelt wurden.[454] Etwas anderes gilt nur, wenn die Gemeinde nicht vor dem Ablauf der Zwei-Monats-Frist auf den Mangel hingewiesen hat.[455]

(5) Ersetzung des Einvernehmens

Ersetzung des Einvernehmens nach § 36 II S. 3 BauGB

Gem. § 36 III S. 3 BauGB kann die nach Landesrecht zuständige Behörde ein rechtswidrig versagtes Einvernehmen der Gemeinde ersetzen.

388

---

445 Die Versagung des Einvernehmens stellt insoweit eine empfangsbedürftige Willenserklärung dar, die erst wirksam wird, wenn sie der Bauaufsichtsbehörde zugeht. Die Gemeinde hat im Zweifel den Zugang zu beweisen, BayVGH, BauR 2001, 926.
446 Battis/Krautzberger/Löhr, § 36 BauGB, Rn. 5.
447 Kopp/Schenke, § 65 VwGO, Rn. 18d.
448 Battis/Krautzberger/Löhr § 36 BauGB, Rn. 16.
449 Ernst/Zinkahn/Bielenberg/Krautzberger/Söfker § 36 BauGB, Rn. 38.
450 BVerwG, NVwZ 1997, 900 f.
451 In NRW sind die Bauanträge gem. § 69 I S. 1 BauO NRW bei der Bauaufsichtsbehörde (und nicht bei der Gemeinde) einzureichen. Daher ist nicht bereits die Einreichung des Bauantrags gem. § 36 II S. 2 BauGB a.E. fristauslösend.
452 OVG Münster, Urteil v. 30.07.2009 Az.: 8 A 2357/08; OVG Koblenz, NVwZ-RR 2007, 309 (310).
453 OVG Münster, ZfBR 2011, 288 (289).
454 So h.M.: Battis/Krautzberger/Löhr, § 36 BauGB, Rn. 16; Ernst/Zinkahn/Bielenberg/Krautzberger/Söfker § 36 BauGB, Rn. 38 m.w.N.; a.A. auch bauordnungsrechtliche Vollständigkeit erforderlich: VGH München, VwRR BY 2001, 171; Jäde/Dirnberger/Weiss § 36 Rn. 33.
455 VGH München, NVwZ-RR 2005, 787.

zuständige Behörde	Für die für die Ersetzung zuständig ist gem. § 2 Nr. 4 lit. a Abs. 1 Bürokratieabbaugesetz I NRW die zuständige Bauaufsichtsbehörde. Dies ist zu lesen als: „die für die Baugenehmigung zuständige Bauaufsichtsbehörde", also die untere Bauaufsichtsbehörde. Dies ist für die kleinen kreisangehörigen Gemeinden (um die es hier geht) der Landrat gem. nach §§ 62, 60 I Nr. 3 lit. b BauO NRW.
Verhältnis zur Ersatzvornahme	Bis zur Einführung des § 36 II S. 3 BauGB wurde das gleiche Ergebnis über die Regelungen der kommunalaufsichtlichen Ersatzvornahme, also §§ 119, 123 II GO NRW erzielt. Zuständige Rechtsaufsichtsbehörde für die kleinen kreisangehörigen Gemeinden ist gem. § 120 I GO NRW ebenfalls der Landrat. Gem. § 2 Nr. 4 lit. a Abs. 3 S. 1 Bürokratieabbaugesetz I NRW gilt die Genehmigung zugleich als Ersatzvornahme i.S.d. § 123 GO NRW.
Voraussetzungen der Ersetzung	Auch die weiteren Voraussetzungen sind in den Absätzen des § 2 Nr. 4 lit. a Bürokratieabbaugesetz I NRW geregelt:
	⇨ Nach Abs. 2 findet § 122 GO NRW keine Anwendung, womit die dort geregelte Beanstandung nicht als im Verhältnis zur Ersatzvornahme milderes Mittel vorgeht.
	⇨ Nach Abs. 4 S. 1 ist die Gemeinde aber vor der Ersetzung anzuhören und
	⇨ Nach Abs. 4 S. 2 ist ihr eine angemessene Frist zur Einvernehmenserteilung zu setzen.
	⇨ Wird die Ersetzung dann vorgenommen, so ist sie nach Abs. 3 S. 2 zu begründen.
Ermessens- oder Befugnisnorm?	Als letztes Problem der Ersetzung des gemeindlichen Einvernehmens stellt sich die höchstrichterlich nicht entschiedene Frage, ob § 36 II S. 3 BauGB ein Ermessen einräumt oder nicht.[456]
Ermessensnorm	Der Ansicht, es handele sich um eine Ermessensnorm, ist zuzugeben, dass die Verwendung der Formulierung „kann" in der Regel auf die Einräumung eines Ermessens hindeutet.[457] Auch wird in der Begründung auf die Gesetzgebungsmaterialien Bezug genommen. Darin sei immer von der Einräumung der Möglichkeit und nicht von der Pflicht zur Ersetzung die Rede.[458] Besonders für die Annahme spricht jedoch die sachliche Nähe zum Kommunalaufsichtsrecht, welches der Aufsichtsbehörde ein Ermessen einräumt.[459]
Befugnisnorm	Für die Annahme einer (gebunden) Befugnisnorm[460] andererseits ist festzuhalten, dass der Terminus „kann" auch in anderen Gesetzen verwendet wird, um eine Befugnis zu gewähren.[461] Auch die Vertreter dieser Ansicht berufen sich auf Gesetzgebungsmaterialien. Dort wurde als vergleichbare Regelung der Art. 81 BayBO a.F. (vor 1998) genannt, welcher eine gebundene Entscheidung war.[462] Entscheidend dürfte aber vor allem sein, dass die aufsichtliche Ersetzungspflicht der gemeindlichen Einvernehmenspflicht korreliert. Liegt kein Versagungsgrund vor, dann ist das Einvernehmen zu erteilen ebenso wie das versagte Einvernehmen zu ersetzen ist.[463]

---

456 Vgl. zum Streit insgesamt: Spannowsky/Uechtritz/Hofmeister, § 36 BauGB, Rn. 32 m.w.N.; BGH, NVwZ 2011, 249 (250) ebenfalls m.w.N.

457 Vertreten von Ernst/Zinkahn/Bielenberg/Krautzberger/Söfker § 36 BauGB, Rn. 41; Spannowsky/Uechtritz/Hofmeister § 36 BauGB, Rn. 32; Battis/Krautzberger/Löhr, § 36 BauGB, Rn. 13 jeweils m.w.N.

458 Spannowsky/Uechtritz/Hofmeister § 36 BauGB, Rn. 32.

459 OVG Lüneburg, NVwZ-RR 2009, 866 (869); NJOZ 2006, 266 (269).

460 Vertreten von: Dippel, NVwZ 2011, 769 (774); Horn, NVwZ 2002, 406 (414); Dolderer, BauR 2000, 491 (498) jeweils m.w.N.

461 Ein Beispiel für Auslegung einer Kann-Vorschrift (§ 48 II BBergG) als Befugnisnorm findet sich etwa in BVerwG NVwZ 2005, 954 (955);

462 Begründung zum Gesetzesentwurf BT-Drs. 13/6392, S. 60.

463 Dippel NVwZ 2011, 769 (774); Horn NVwZ 2002, 406 (414).

§ 4 DIE ANFECHTUNG VON VERWALTUNGSAKTEN

zumindest regelmäßig Ermessensreduzierung auf Null

Sofern man von einer Ermessensentscheidung ausgeht, bleibt folgendes zu bedenken. Der Bauwillige, dessen Vorhaben mit den materiell-rechtlichen Vorschriften in Einklang steht, hat einen durch Art. 14 GG geschützten Anspruch auf Erteilung der Baugenehmigung.[464] Würde die Baugenehmigungsbehörde ihr Ermessen dahingehend ausüben, die rechtswidrige Verweigerung des gemeindlichen Einvernehmens nicht zu ersetzen, würde die daraus resultierende Verweigerung der Baugenehmigung ebenfalls rechtswidrig in dessen Eigentumsrecht eingreifen. Daher ist das Ermessen über die Ersetzung (i.d.R.) auf Null reduziert.[465] Mithin ist der Streit nur in Ausnahmefällen zu entscheiden.

Die landesgesetzliche Ersetzungsbefugnis in § 2 Nr. 4 lit. a Abs. 1 S. 1 Bürokratieabbaugesetz I NRW ist explizit eine Ersetzungspflicht ausgestaltet („hat zu ersetzen").[466]

(6) Amtshaftung der Gemeinde wegen rechtwidrigen Verweigerns des Einvernehmens

Kein Amtshaftungsanspruch wenn Ersetzung möglich

Die gem. Art. 20 III GG zu rechtmäßigem Handeln verpflichtet Gemeinde verletzt durch die rechtswidrigen Verweigerung des gemeindlichen Einvernehmens eine Amtspflicht. Daher wurde dem Bauherrn früher Amtshaftungsanspruch zugesprochen.[467] Mit der nun bestehenden Möglichkeit der Bauaufsichtsbehörde, das Einvernehmen nach § 36 II S. 3 BauGB zu ersetzen, fehlt es an der Drittbezogenheit der Amtspflicht.[468] Wegen der fehlenden Bindungswirkung der Gemeindeentscheidung ist der maßgebliche Grund für eine Verantwortlichkeit der Gemeinde gegenüber dem Bauherrn weggefallen. Ein Amtshaftungsanspruch gegen die verweigernde Gemeinde scheidet somit aus.

389

Exkurs Ende

Davon im Rahmen der gemeindlichen Klage zu prüfen

Von den vorangestellten Problemkreisen sind für die Anfechtungsklage der Gemeinde folgende relevant:

390

Losgelöst von der Frage, ob das Einvernehmen nur nicht erklärt oder sogar ausdrücklich verweigert wurde, ist zunächst zu fragen, ob ein Einvernehmen grds. erforderlich ist (Rn. 383). Danach ist zu differenzieren:

Wurde das Einvernehmen nicht erteilt (= Untätigkeit der Gemeinde), kommt dessen Fiktion in Betracht (Rn. 387). Sind die Voraussetzungen der Fiktion nicht erfüllt, ist die Baugenehmigung materiell rechtswidrig. (Eine Ersetzung ist in diesen Fällen nicht möglich!)

Wurde das Einvernehmen hingegen sogar verweigert, ist die Baugenehmigung grds. materiell rechtswidrig. Etwas anderes würde sich nur ergeben, wenn das Einvernehmen ordnungsgemäß ersetzt wurde (Rn. 388). Voraussetzung dafür wäre, dass die Verweigerung rechtswidrig war, § 36 II S. 3 BauGB. Neben der Einhaltung des Verfahrens kommt es darauf an, aus welchen Gründen die Gemeinde verweigern darf (Rn. 385). Die Möglichkeit zur Ersetzung reicht wohl gemerkt nicht aus. Die Ersetzung muss tatsächlich erfolgt sein.

---

464 BGH, NJW 2007, 830 (833) Rn. 33 f. m.w.N.
465 BGH, NVwZ 2011, 249 (250) m.w.N.
466 Vgl. Dietlein/Burgi/Hellermann, Öffentliches Recht NRW, § 4 Rn. 208; Muckel, Öffentliches Baurecht, § 7, Rn. 160.
467 BGH, NVwZ 2006, 117: Der Grundsatz, dass eine rechtswidrige Versagung des Einvernehmens Amtshaftungsansprüche des Bauherrn gegen die Gemeinde begründen kann, gilt auch dann, wenn das Einvernehmen objektiv überhaupt nicht erforderlich gewesen wäre.
468 BGH, NVwZ 2011, 249 = **Life & Law 2011, 422**.

Das Fehlen des gemeindlichen Einvernehmens führt stets zur materiellen (nicht nur formellen) Rechtswidrigkeit der Baugenehmigung.[469] Daher ist eine Heilung nach § 45 VwVfG NRW nicht möglich. Diese Vorschrift ist nur bei Verfahrensfehlern anwendbar. Gleiches gilt für die Anwendbarkeit von § 46 VwVfG NRW.

3. Rechtsverletzung

Rechtsverletzung

Wurde das Einvernehmen rechtmäßig nicht erteilt bzw. verweigert, so ist die erteilte Baugenehmigung rechtswidrig und die Gemeinde in ihren Rechten aus Art. 28 II GG, § 78 LVerf verletzt (§ 113 I VwGO). Unter diesen Voraussetzungen ist die Klage begründet.

E) Die Anfechtung einer baupolizeilichen Maßnahme

Anfechtung einer Baubeseitigungsanordnung

Ebenfalls prüfungs-[470] bzw. examensrelevant sind Fragen im Zusammenhang mit einer Baubeseitigungs- bzw. Baueinstellungsanordnung. Neben dem Fall, dass ein solcher Bescheid von Dritten beantragt wird,[471] kommt es in der Klausur vor, dass der von der Anordnung Betroffene oder auch Dritte den Bescheid anfechten wollen. Wegen der engen Verbindung zu Fragen der Vollstreckung von Verwaltungsakten (VwVG NW) ist diese Klausurvariante besonders beliebt.

391

> **Bsp.:** A ist Eigentümer eines nicht genehmigten Wochenendhauses im Außenbereich der kleinen kreisangehörigen Gemeinde G. Der zuständige Landrat erlässt gegenüber A einen Bescheid, in dem er aufgefordert wird, das Wochenendhaus abzureißen. Für den Fall der Zuwiderhandlung wurde A ein Zwangsgeld angedroht. A will sich gegen den Bescheid zur Wehr setzen.[472]

Anfechtungsklage und einstw. Rechtsschutz

Hier ist i.d.R. die Möglichkeit der Anfechtungsklage zu problematisieren. Ist der Bescheid für sofort vollziehbar erklärt (§ 80 II Nr. 4, III VwGO), so ist meist noch auf Fragen des einstweiligen Rechtsschutzes einzugehen.

392

> **hemmer-Methode:** Beachten Sie, dass in derartigen Klausuren meist mehrere Verwaltungsakte bestehen, die jeweils durch einen eigenen Rechtsbehelf angegriffen werden müssen! So ist die Androhung des Zwangsmittels ein eigenständiger VA. Ein weiterer Problempunkt kann sein, dass Bauwerber und Grundstückseigentümer nicht dieselbe Person sind, sodass gegen den Eigentümer eine Duldungsanordnung ausgesprochen werden muss (Rn. 400). Wer dann nicht die verschiedenen Streitgegenstände erkennt, lässt viele Probleme unbeantwortet.

I. Zulässigkeit der Klage

Zulässigkeit i.d.R. kein Problem

Lösung:

Bezüglich der Beseitigungsanordnung ergeben sich in dieser Hinsicht kaum Probleme. Die Anfechtungsklage ist richtige Klageart (§ 42 I VwGO), A ist klagebefugt (§ 42 II VwGO i.V.m. Adressatentheorie) und auch vom Vorliegen der sonstigen Zulässigkeitsvoraussetzungen ist auszugehen.

393

Soweit darüber hinaus auch die Zwangsmittelandrohung angegriffen wird, ist beim einstweiligen Rechtsschutz auf § 112 JustG NRW zu achten.

---

469 BVerwG, BayVBl. 1991, 280.
470 Vgl. nur die Klausur von Jahn, JuS 1990, 219.
471 Dazu oben i.R.d. Verpflichtungsklage, Rn. 259 ff.
472 Ähnlich auch die Klausur von Jahn, JuS 1990, 219.

II. Begründetheit

Rechtsgrundlage

verschiedene Rechtsgrundlagen möglich

Nach dem Vorbehalt des Gesetzes bedarf es für die Baubeseitigung einer Rechtsgrundlage.

> **Rechtsgrundlage für eine Beseitigungsanordnung können insbesondere sein:**
> ⇨ § 61 I S. 2 BauO NRW
> ⇨ §§ 116 I S. 2, 138 LWG i.V.m. § 14 OBG
> ⇨ §§ 26 II, 34 II WHG
> ⇨ § 35 II LAbfG i.V.m. § 14 OBG
> ⇨ §§ 8, 9 LG i.V.m. §§ 12 II, 14 OBG
> ⇨ § 22 S. 1 StrWG

§ 61 BauO NRW

Speziell im Bereich des Baurechts gilt Folgendes: § 61 BauO NRW ist die Grundsatzbestimmung des gesamten Bauverfahrensrechts und stellt als verfahrensrechtliche Generalklausel des Bauaufsichtsrechts das formelle Gegenstück zu der materiellen Generalklausel des § 3 BauO NRW dar.[473]

Nach § 61 I S. 2 BauO NRW können die Bauaufsichtsbehörden, um die in § 61 I S. 1 BauO NRW genannten Aufgaben zu erfüllen, die erforderlichen Maßnahmen treffen. Diese können, soweit erforderlich, auch vorbeugend ergriffen werden.[474]

Für rechtmäßig bestehende Anlagen findet sich in § 87 BauO NRW eine Ermächtigungsgrundlage für die Anpassung der Gebäude an zwischenzeitlich geänderte Vorschriften, soweit dies im Einzelfall wegen der Sicherheit von Leben oder Gesundheit erforderlich ist.[475]

Da es sich bei bauordnungsrechtlichen Verfügungen um Maßnahmen der Gefahrenabwehr handelt (§ 60 II S. 1 BauO NRW) und dies bei den Voraussetzungen des § 61 I S. 2 BauO NRW nicht erkennbar wird, wird z.T. als Ermächtigungsgrundlage für Maßnahmen der Bauaufsichtsbehörde § 61 I S. 2 BauO NRW i.V.m. § 14 OBG zitiert.

hemmer-Methode: Anders als in Bayern[476] gibt es in Nordrhein-Westfalen i.R.d. BauO keine Abgrenzungsprobleme zwischen verschiedenen Ermächtigungsgrundlagen für Verfügungen bei Illegalität, da sich die Bauaufsichtsbehörde allein auf § 61 I S. 2 BauO NRW stützen kann.
Besonderheiten ergeben sich allein bei § 61 VI, V BauO NRW.

1. Reichweite und Inhalt der Anordnungen auf Grundlage des § 61 I S. 2 BauO NRW

Die verschiedenen Bauordnungsverfügungen finden ihre Rechtsgrundlage alle in § 61 I S. 2 BauO NRW, unterscheiden sich aber je nach Eingriffsintensität hinsichtlich ihrer Voraussetzungen.

---

[473] Vgl. Boeddinghaus/Hahn/Schulte, § 3 BauO NRW, Rn. 2; § 58 BauO NRW a.F., Rn. 2.
[474] Vgl. hierzu Hess VGH, BauR 2002, 611.
[475] Zum Gesamtkomplex OVG NW, BauR 2002, 763.
[476] Ein Klausurbeispiel findet sich in JuS 1990, 219 ff.; ebenfalls zur Abgrenzung JuS 1994, 50.

Formelle Illegalität	Formelle Illegalität ist schon bei Nichtvorliegen einer notwendigen Baugenehmigung oder Abweichung des Baus von einer vorliegenden Baugenehmigung gegeben.[477]
Materielle Illegalität	Materielle Illegalität setzt voraus, dass eine bauliche Anlage in Widerspruch zu materiellen, öffentlich-rechtlichen Vorschriften errichtet, geändert, abgebrochen genutzt oder in der Nutzung geändert wird.[478] Auch genehmigungsfreie Vorhaben müssen den materiellen baurechtlichen Vorgaben entsprechen.
Passiver Bestandschutz	Setzt eine Bauordnungsverfügung materielle Illegalität voraus, so ist die Prüfung der derzeitigen Rechtslage nur der erste Schritt. Nach h.M. ist materielle Illegalität nur anzunehmen, wenn das Vorhaben zu keinem Zeitpunkt rechtmäßig war. Anderenfalls steht der passive Bestandsschutz einem behördlichen Einschreiten entgegen.[479]
Genehmigungsfreie Vorhaben	Für genehmigungsfreie Vorhaben (§§ 65 – 67 BauO NRW), deren Rechtswidrigkeit naturgemäß immer auf Verstöße gegen materielle Vorschriften zurückgeht, ist zu beachten, dass es zu diesen Vorschriften Abweichungstatbestände gibt. Das Bauordnungsrecht sieht in § 73 I BauO NRW die Abweichung, das Bauplanungsrecht in § 31 I BauGB die Ausnahme und in § 31 II BauGB die Befreiung vor. Da nun die bauordnungsrechtliche Abweichung in § 73 II BauO NRW und die Ausnahme und die Befreiung in § 74a BauO NRW für genehmigungsfreie Vorhaben das Erfordernis eines schriftlichen Abweichungsantrags vorsehen, ist ein solches genehmigungsfreies, aber abweichendes Vorhaben allein schon wegen fehlendem Antrag formell illegal.[480]

a) Beseitigung von Anlagen

Anlagenbeseitigung nur bei formeller und materieller Illegalität	Eine Beseitigungsverfügung bzw. Abbruchverfügung kann auf der Grundlage von § 61 I S. 2 BauO NRW nur ergehen, wenn eine das Vorhaben legalisierende Genehmigung nicht vorliegt (aber erforderlich ist) und das Vorhaben materiell baurechtswidrig ist.[481]

396

b) Baueinstellung

Baueinstellungsverfügung = Stilllegungsverfügung bei formeller Illegalität	Die Baueinstellungsverfügung bzw. Stilllegungsverfügung erfordert lediglich formelle Illegalität des Bauvorhabens. Sie dient der Sicherstellung, dass Vorschriften des Baugenehmigungsverfahren eingehalten werden, mithin der Gewährleistung, dass Anlagen erst nach Feststellung ihrer Vereinbarkeit mit dem öffentlichen Recht errichtet werden.[482]

c) Nutzungsuntersagung

Nutzungsuntersagung	Eine Nutzungsuntersagung gem. § 61 I S. 2 BauO NRW kommt insbesondere in Betracht, wenn die Nutzung bereits bestehender baulicher Anlagen im Widerspruch zu BauO NRW oder BauGB geändert wird.

397

---

477 OVG NW, NWVBl. 1987, 19 f.; Boeddinghaus/Hahn/Schulte § 61 BauO NRW, Rn. 40.
478 Gädtke/Temme/Heintz/Czepuck, § 61 BauO NRW, Rn. 54.
479 Dazu mehr bei Rn. 403 f.
480 Vgl. bei Boeddinghaus/Hahn/Schulte § 61 BauO NRW, Rn. 37; Gädtke/Temme/Heintz/Czepuck § 61 BauO NRW, Rn. 53.
481 Dazu Rn. 401 ff.
482 Boeddinghaus/Hahn/Schulte § 61 BauO NRW, Rn. 48; Gädtke/Temme/Heintz/Czepuck § 61 BauO NRW, Rn. 56 ff.

§ 4 DIE ANFECHTUNG VON VERWALTUNGSAKTEN

Grundsätzlich nur formelle Illegalität erforderlich (h.M.) ...

Nach wohl überwiegender Meinung reicht für eine sofort vollziehbare Nutzungsuntersagung grundsätzlich die formelle Illegalität aus.[483] Sie kann insoweit als Unterfall der Baueinstellungsverfügung verwendet werden, wenn die Baumaßnahmen bereits abgeschlossen wurden.[484]

... aber sich aufdrängende materielle Legalität als Ausschlusskriterium

Auch wenn materielle Illegalität grundsätzlich nicht erforderlich ist, so schließt doch umgekehrt die sich aufdrängende materielle Zulassungsfähigkeit die Nutzungsuntersagung aus.[485] In einem solchen Fall wird, wenn auch formell illegal, vom Eigentumsrecht Gebrauch gemacht, womit das Erfordernis dieser Ausnahme aus Art. 14 I GG folgt.[486] Drängt sich die materielle Zulassungsfähigkeit jedoch nicht auf, so ist diese zu überprüfen, was gerade Aufgabe des Baugenehmigungsverfahrens ist.[487] Eben diese Einordnung, als Möglichkeit eines Ausgleichs zwischen Sicherung des Verfahrens und Vermeidung irreparabler Zustände zeigt, dass diese Ansicht die vorzugswürdige ist.[488]

Anders bei endgültiger Nutzungsuntersagung

Insofern betreffen die Erläuterungen natürlich nur die vorläufige (d.h. den Zeitraum bis Erteilung einer Baugenehmigung betreffende) Nutzungsuntersagung. In den Fällen der endgültigen Nutzungsuntersagung geht schon der Erklärungsgehalt weiter. Die Untersagung drückt dann nicht nur aus, dass das Baugenehmigungsverfahren vor Nutzung durchzuführen ist, sondern auch dass die Nutzung zu keinem Zeitpunkt legal sein wird, was nur aus materiellen Erwägungen begründet sein kann. Somit setzt die endgültige Nutzungsuntersagung selbstverständlich auch die materielle Illegalität voraus.[489]

auch bei genehmigungsfreien Vorhaben denkbar.

Denkbar ist eine Nutzungsuntersagung aber auch bei baulichen Anlagen, die keiner bauaufsichtlichen Genehmigung, Zustimmung oder Anzeige bedürfen.

Solche Anlagen sind im Geltungsbereich eines Bebauungsplanes dann unzulässig, wenn sie die Verwirklichung des Plans verhindern oder wesentlich erschweren oder dem Gebietstyp widersprechen. So ist z.B. die Nutzung eines genehmigungsfreien Stellplatzes rechtswidrig und kann untersagt werden, wenn im Bebauungsplan gem. § 12 VI BauNVO festgesetzt ist, dass Stellplätze unzulässig sind.[490]

d) Auskunftsansprüche

Auskunft: a maiore ad minus

Auf § 61 I S. 2 BauO NRW lassen sich aber auch Auskunftsansprüche stützen, z.B. in Hinblick auf die Benutzer des Grundstücks zur Störerfeststellung.[491]

> *Bsp.: A hat ein Grundstück an B verpachtet. Bei einer Baukontrolle stellt der Landrat fest, dass auf dem Grundstück nicht genehmigungsfähige Anlagen aufgestellt wurden. Auf diesen Vorfall angesprochen entgegnet A, dass er das Grundstück verpachtet habe, Namen und Adresse des B will A allerdings nicht preisgeben.*

---

[483] Nds. OVG, NVwZ-RR 2005, 607 (607); Bay VGH, NVwZ-RR 2005, 611 (611); Hess. VGH, NVwZ-RR 2003, 720 (721); OVG NW, NVwZ-RR 2002, 331 (332); Sachs OVG, LKV 2002, 180 (180); hingegen auch stets materielle Illegalität fordernd: Bad.-Württ. VGH, NVwZ 1997, 601 (602) m.w.N.

[484] Gädtke/Temme/Heintz/Czepuck, § 61 BauO NRW, Rn. 63.

[485] Erbguth Öffentliches Baurecht, § 13, Rn. 59; Boeddinghaus/Hahn/Schulte § 61 BauO NRW, Rn. 46; Gädtke/Temme/Heintz/Czepuck § 61 BauO NRW, Rn. 65; jeweils m.w.N.

[486] BVerwG BRS 36 Nr. 99 (S. 229).

[487] Boeddinghaus/Hahn/Schulte § 61 BauO NRW, Rn. 46 m.w.N.

[488] Erbguth Öffentliches Baurecht, § 13, Rn. 59.

[489] Gädtke/Temme/Heintz/Czepuck § 61 BauO NRW, Rn. 62b.

[490] BVerwG, NVwZ 1997, 899.

[491] Zur Störerauswahl vgl. unten Rn. 406.

Eine allgemeine Auskunftspflicht gegenüber Behörden gibt es nicht. An einer spezialgesetzlichen Regelung, wie z.B. § 52 BImSchG, fehlt es hier ebenfalls. Ein Auskunftsanspruch gegen den A ergibt sich allerdings aus einem a-maiore-ad-minus-Schluss unmittelbar aus § 61 I S. 2 BauO NRW,[492] wenn A selbst als Zustandsstörer herangezogen werden könnte.

e) Beseitigung von Abrissschutt

Abrissschuttbeseitigung

Wird eine Baubeseitigungsanordnung rechtmäßig vollzogen, so stellt sich regelmäßig das Folgeproblem der Schuttbeseitigung.

> *Bsp.:* Da A trotz angedrohter Zwangsmittel sein Wochenendhaus nicht abgerissen hat, erfolgt der Abriss mittels Ersatzvornahme durch den Landrat. Den Bauschutt lässt der Landrat ebenfalls entfernen.

Mit dem Abriss ist der baurechtswidrige Zustand i.d.R. beseitigt. Allerdings muss der Bauschutt seinerseits aufgrund einer Rechtsgrundlage beseitigt werden. In Betracht kommen dafür § 35 II LAbfG i.V.m. § 14 OBG und § 61 I S. 2 BauO NRW. Nach dem Sinn und Zweck der Norm ist hier allerdings davon auszugehen, dass die Beseitigung ebenfalls von der Baubeseitigungsanordnung nach § 61 I S. 2 BauO NRW erfasst ist.[493]

> **hemmer-Methode:** Denken in Zusammenhängen! Hier wird i.d.R. das Zusatzproblem bestehen, ob die Zwangsmittel rechtmäßig angedroht wurden und damit, ob die Vollstreckung ihrerseits erfolgen konnte. Kenntnisse des VwVG NW mit den allgemeinen und besonderen Vollstreckungsvoraussetzungen bei Handlung, Duldung und Unterlassung[494] (§§ 55 ff. VwVG NW) sind in dieser Klausurvariante unabdingbar! Besonders wichtig ist dabei, dass Sie wissen, dass auch ein rechtswidriger VA nach § 55 I VwVG NW vollstreckt werden kann: Der Grundsatz der Konnexität gilt also nicht, sodass eine Zwangsmittelandrohung auch dann noch rechtmäßig ist, wenn die Abrissverfügung als GrundVA rechtswidrig ist! Wird eine Ersatzvornahme durchgeführt, so kann die Behörde außerdem die dafür entstandenen Mehrkosten (vgl. § 59 II VwVG NW) nachfordern.[495]

f) Duldungsanordnungen

Duldungsanordnungen ggü. Dritten

Gehört das Grundstück, auf dem das zu beseitigende Gebäude steht, mehreren Personen gemeinsam, so kann einer der Eigentümer allein die Beseitigung ohne Zustimmung des anderen i.d.R. nicht vollziehen.

a maiore ad minus

Die Duldungsanordnung gegen den Miteigentümer, der nicht selbst Bauherr und somit lediglich Zustandsstörer ist, beruht ebenfalls auf § 61 I S. 2 BauO NRW. Die Duldungsanordnung ist ein weniger einschneidendes Mittel als die Beseitigungsanordnung (a maiore ad minus). Die Anordnung ist erforderlich und geboten, um zu gewährleisten, dass der zur Beseitigung Verpflichtete seiner Pflicht nachkommen kann. Ohne den gleichzeitigen Erlass einer Duldungsanordnung stünde der Durchsetzung der Beseitigungsanordnung im Wege des Verwaltungszwangs ein Vollstreckungshindernis entgegen.[496]

---

492 Vgl. BayVGH, BayVBl. 1993, 22 ff. zu Art. 89 I BayBO.
493 Ausführlich dazu JuS 1990, 219.
494 Beachten Sie bei der Vollstreckung nach den §§ 55 ff. VwVG NW vor allem § 63 VwVG NW, dort vor allem Abs. 6, der die Zustellung für die gesonderte Androhung wie auch für die mit dem GrundVA verbundene Androhung vorsieht. Bei Geldleistung gelten indessen die §§ 1 - 54 VwVG NW, diese sind also hier nicht anwendbar.
495 Zu den Kosten einer Ersatzvornahme **Life & Law 2009, 696 ff.**
496 BVerwG, BayVBl. 1992, 559.

> hemmer-Methode: Vorsicht! Anders ist es dann, wenn die Abrissverfügung an eine Miteigentümergemeinschaft (also nicht an eine Einzelperson) adressiert wird, der Bescheid aber nur an einen der Eigentümer zugestellt wird:
> Hier liegt das Problem nicht in der fehlenden Duldungsanordnung, sondern in dem Umstand, dass ein Bekanntgabemangel vorliegt, der nach § 8 LZG geheilt[497] werden kann; eine Vollstreckung ist bei fehlender Heilung nicht möglich.

2. Rechtmäßigkeit der Abrissverfügung

a) Formelle Rechtmäßigkeit

401 Neben der Zuständigkeit (auch hier gem. § 62 BauO NRW untere Bauaufsichtsbehörde, dazu vgl. Rn. 44 ff.) ist i.R.d. Verfahrens vor allem die Anhörung zu erwähnen (§ 28 VwVfG NRW), die aber ggf. geheilt werden kann (§ 45 VwVfG NRW).

b) Materielle Rechtmäßigkeit

aa) Doppelte Baurechtswidrigkeit bei Beseitigungsanordnung

doppelte Baurechtswidrigkeit

402 Für die Beseitigungsanordnung nach § 61 I S. 2 BauO NRW sind wegen Art. 14 GG zwei Voraussetzungen notwendig:

⇨ Der Anlage fehlt die erforderliche Genehmigung (formelle Rechtswidrigkeit).

⇨ Die Anlage ist zu keiner Zeit baurechtlich zulässig gewesen und rechtmäßige Zustände können nicht auf andere Art und Weise hergestellt werden (materielle Rechtswidrigkeit). Diese Voraussetzung folgt aus dem Grundsatz der Verhältnismäßigkeit.

> hemmer-Methode: Bei der Baubeseitigung ist das Erfordernis der doppelten Baurechtswidrigkeit angesichts des massiven Eingriffs in Art. 14 GG im Gegensatz zur Nutzungsuntersagung unstreitig.

grundsätzlich formelle und materielle Rechtswidrigkeit notwendig

403 Die Anlage muss also grundsätzlich (zu den Ausnahmen Rn. 405) formell und materiell rechtswidrig sein, es muss also die sog. doppelte Baurechtswidrigkeit vorliegen.

passiver Bestandsschutz

Stand die Anlage früher einmal im Einklang mit dem materiellen Baurecht, so genießt sie passiven Bestandsschutz, wenn dieser Zeitraum nicht unerheblich gewesen ist. Die formelle Baurechtswidrigkeit spielt in diesem Zusammenhang keine Rolle.[498]

Gleiches gilt für die genehmigte, aber materiellem Baurecht widersprechende Anlage, solange die Feststellungswirkung der Genehmigung gilt. Hier ist die materielle Baurechtswidrigkeit ohne Auswirkung.

Bsp.: A hat ohne Baugenehmigung im Außenbereich ein Wochenendhaus gebaut.

---

497 Der Unterschied zum obigen Fall besteht darin, dass oben allein der A Adressat ist, während hier die Miteigentümergemeinschaft Adressat ist; jedem Miteigentümer muss dann eine eigene Ausfertigung zugestellt werden, sonst ist der VA unheilbar fehlerhaft, vgl. Kopp/Ramsauer, § 41 VwVfG, Rn. 33.

498 Boeddinghaus/Hahn/Schulte § 61 BauO NRW, Rn. 71 ff.; Gädtke/Temme/Heintz/Czepuck § 61 BauO NRW, Rn. 55.

Da für das Haus trotz Genehmigungspflichtigkeit (§ 63 I BauO NRW) die Baugenehmigung fehlt, ist es im Widerspruch zu öffentlich-rechtlichen Vorschriften gebaut. Da auch im Außenbereich grds. Wochenendhäuser als sonstige Vorhaben i.S.d. § 35 II BauGB unzulässig sind, kann auch keine Baugenehmigung erteilt werden. Die Beseitigungsanordnung ist damit rechtmäßig.

Hätte eine Baugenehmigung dagegen nachträglich erteilt werden können, so hätten auf weniger einschneidende Weise (Verhältnismäßigkeit) rechtmäßige Zustände hergestellt werden können. Eine Beseitigungsanordnung wäre also dann unzulässig.

da Eingriff in Art. 14 GG

Die Notwendigkeit der doppelten Baurechtswidrigkeit ergibt sich aus dem massiven Eingriff in die Eigentumsfreiheit des Art. 14 GG, die nur unter diesen strengen Voraussetzungen gerechtfertigt ist. Der Bestandsschutz endet daher nicht schon deshalb, weil Reparatur- und Wiederherstellungsarbeiten ausgeführt werden, die nur der Nutzung in der bisherigen Weise dienen. Darüber hinaus umfasst der Bestandsschutz auch diejenigen Veränderungen, die erforderlich sind, um den bisherigen Bestand weiterhin funktionsgerecht zu nutzen. Der Bestandsschutz endet jedoch mit Nutzungsänderung oder der Aufgabe der Nutzung.[499]

Allein der Zeitablauf selbst von Jahrzehnten seit Aufnahme der illegalen Nutzung steht der Forderung der Behörde nach Herstellung der materiellen Rechtslage nicht entgegen. Erforderlich für die Annahme eines unzulässigen Verhaltens der Bauaufsicht ist weiter ein zusätzliches positives Verhalten der Behörde, das geeignet ist, bei dem Ordnungspflichtigen Vertrauen zu begründen, die Behörde werde auch zukünftig nicht mehr gegen die rechtswidrige Nutzung vorgehen.[500]

ggf. Teilabriss und Nutzungsuntersagung

Reicht zur Herstellung rechtmäßiger Zustände ein Teilabriss oder eine Nutzungsuntersagung aus, so ist nur dieser nach dem Grundsatz der Verhältnismäßigkeit und des geringsten Eingriffs zulässig.[501]

> *Bsp.:* Landwirt L hat auf seiner Wiese im Außenbereich einen nicht genehmigten Schafstall errichtet. Dieser wird im Laufe der Zeit zu einem privat genutzten Pferdestall mit Garage für Pferdeanhänger ausgebaut.
>
> Da der Schafstall nach § 65 I Nr. 1 u. 4 BauO NRW genehmigungsfrei ist, darf eine Abrissverfügung nur den Bereich erfassen, der über die mögliche Nutzung als Schafstall hinausgeht.

Hingegen ist die Bauaufsichtsbehörde gehalten, den vollständigen Abriss eines die Abstandsflächen nicht einzuhaltenden Gebäudes anzuordnen, sofern dieses weder bautechnisch noch nach den Vorstellungen des Bauherrn teilbar ist.

Dahinter steht die Erwägung, dass es einerseits nicht Aufgabe der Bauaufsicht ist für den Bauherrn die Planung eines bauordnungsrechtlich beanstandungsfreien Vorhabens zu übernehmen und andererseits dem Bauherrn nicht gegen seinen Willen eine neue Anlage aufgedrängt werden darf.

Ebenso liegt ein Verstoß gegen den Verhältnismäßigkeitsgrundsatz bei Anordnung des vollständigen Abrisses in aller Regel auch dann nicht vor, wenn die Anlage in rechtlich einwandfreier Weise umgestaltet werden kann.

---

499 Nach BVerwG, BauR 2001, 610 gilt dies auch für militärische Anlagen, die aufgrund einer Zustimmung nach § 37 BauGB errichtet worden sind.
500 Beschl. des OVG Münster, 7 A 77/02, v. 20.01.03; vgl. bei geduldeter Anlage NvWZ 2005, 203 f.
501 Vgl. Boeddinghaus/Hahn/Schulte, § 58 BauO NRW a.F., Rn. 79 ff.

Vielmehr obliegt es dem Bauherrn dann, den Rückbau der Anlage auf ein genehmigungsfähiges Maß als Austauschmittel i.S.d. § 21 S. 2 OBG anzubieten und die dafür erforderlichen bautechnischen Unterlagen vorzulegen.[502]

> **hemmer-Methode:** Ob eine Anlage tatsächlich doppelt baurechtswidrig ist, prüfen Sie nach den allgemeinen Grundsätzen, die auch i.R.d. § 75 I BauO NRW gelten (oben Rn. 84 ff.). Dieser Teil der Klausur ist damit spezifisch baurechtlich. Beim nachfolgenden Problem der Störerauswahl handelt es indessen um Fragen aus dem OBG, die aber i.R.d. Klausur in aller Regel ebenso wie Fragen des VwVG NW zu beantworten sind.

Ausnahmen vom Grundsatz der doppelten Baurechtswidrigkeit

Nun gilt auch der Grundsatz der doppelten Baurechtswidrigkeit nicht ausnahmslos. Das Erfordernis folgt aus dem Grundsatz der Verhältnismäßigkeit, aber eben jener Grundsatz kann auch andere Ergebnisse rechtfertigen.[503]

So kann bereits formelle Illegalität ausreichen, wenn der Abriss den Bauherrn nur unwesentlich härter trifft als die Nutzungsuntersagung oder das Nutzungsverbot der Beseitigungsanordnung gleichkommt. Jedenfalls muss die Beseitigung dazu ohne erheblichen Substanzverlust und andere - absolut und im Wert zur baulichen Anlage gesehen - hohe Kosten für Entfernung und Lagerung möglich sein.[504]

Auch kann eine Abrissverfügung sogar für ein formell rechtmäßiges und ehemals materiell rechtmäßiges Bauwerk angemessen sein, wenn das Bauwerk aufgrund von Verwahrlosung und mangelnder Instandhaltung einsturzgefährdet ist und so eine Gefahr für Menschen oder Nachbarhäuser begründet.[505]

Insgesamt ist mit der Annahme einer solchen Ausnahme äußerste Zurückhaltung geboten und eine ausführliche Begründung unter Abwägung der Interessen vorzubringen.

bb) Ermessen und Störerauswahl

intendiertes Ermessen

Innerhalb des § 61 I S. 2 BauO NRW sind an das Ermessen keine besonderen Anforderungen zu stellen, da es sich um einen Anwendungsbereich des sog. Regelermessens handelt.[506] Eine besondere Stellungnahme zu entgegenstehenden Rechten des Betroffenen ist nur erforderlich, wenn dieser vom Normalfall abweichende Gründe vorbringen kann. Ansonsten führt die Erfüllung des Tatbestandes zum Erlass der Anordnung[507].

Problem: Störerauswahl

Schwierig kann die Frage zu beantworten sein, ob die Beseitigungsanordnung überhaupt an den richtigen Adressaten gerichtet wurde. Die spezielle bauordnungsrechtliche Verantwortlichkeit der am Bau Beteiligten wird durch die allgemeinen ordnungsrechtlichen Grundsätze ergänzt.

> **Bsp.:** A hat sein Grundstück an B vermietet. Dieser errichtet auf dem Grundstück einen nicht genehmigten Anbau. Die zuständige Behörde erlässt deshalb einen Bescheid gegenüber A, das Gebäude zu beseitigen.

---

502 OVG NW, NWVBl. 97, 469.
503 Vgl. zu solchen Fällen auch: Boeddinghaus/Hahn/Schulte, § 61 BauO NRW, Rn. 51; Gädtke/Temme/Heintz/Czepuck § 61 BauO NRW, Rn. 67b – 70.
504 OVG NW, BauR 2006, 369.
505 Hess. VGH, ZfBR 2001, 143.
506 Z.B. BVerwGE 72, 1, 6; kritisch zu dieser Ansicht Maurer, § 7 Rn. 7.
507 Einen solchen Sonderfall behandelt bspw. BVerfG, NVwZ 2005, 203: Wird bei einer geduldeten Anlage eine Änderung vorgenommen, wäre es unverhältnismäßig die komplette Beseitigung zu verlangen. Zulässig ist nur eine Rückbauanordnung.

Fraglich ist, ob A hier Störer ist. Zwar ist der Anbau durch B erfolgt, B ist demzufolge sog. Handlungsstörer, allerdings ist A hier als Eigentümer des Grundstücks so genannter Zustandsstörer. Sodann sind die Auswahlkriterien bei Störermehrheit zu diskutieren. Aus Gründen der Verhältnismäßigkeit wäre es ermessensfehlerhaft, A heranzuziehen, wenn B durch Errichtung des Anbaus die Hauptursache für die Gefahr gesetzt hat und ihn letztendlich die Verantwortung im Innenverhältnis trifft.

Wird i.R.d. Störerauswahl der Abriss eines illegalen Gebäudes dem Bauherrn aufgegeben, weil dieser die Gefahr, der bauaufsichtlich zu begegnen ist, verursacht hat, so wirkt die Ordnungsverfügung auch gegen den Rechtsnachfolger des Bauherrn.

Auch ein im Klageverfahren eingetretener Eigentumswechsel an dem Grundstück, auf dem die abzureißende Baulichkeit steht, berührt die Rechtmäßigkeit der Anordnung nicht.[508]

cc) Duldungsanordnung als Vollstreckungsvoraussetzung

Bsp.: *A und B sind Miteigentümer eines im Außenbereich stehenden Grundstücks. Darauf hatte A zuvor eine Hütte erstellt. Diese soll abgerissen werden, weshalb A eine ausschließlich an ihn adressierte Abrissverfügung zugestellt wird. Eine Duldungsanordnung gegenüber dem im Ausland wohnenden B ergeht nicht.*

§ 1004 BGB

Da A nicht allein über das Grundstück verfügen kann, ist dem Miteigentümer gegenüber eine Duldungsanordnung auszusprechen. Anderenfalls ist A privatrechtlich nicht erlaubt (§ 1004 BGB), was ihm öffentlich-rechtlich auferlegt wird.

Exkurs: Besonderheiten im § 80 V VwGO-Verfahren

besonderes Vollzugsinteresse

Das allgemeine öffentliche Interesse, das den Erlass eines VA rechtfertigt, genügt regelmäßig noch nicht, um ein Vollzugsinteresse i.S.d. § 80 II Nr. 4, III VwGO zu begründen. Anderenfalls würde das Regel-Ausnahme-Verhältnis zwischen § 80 I VwGO und § 80 II Nr. 4 VwGO umgekehrt. Bei der Baueinstellungsanordnung (vgl. § 61 V BauO NRW), der Versiegelungsanordnung und der Nutzungsuntersagung (§ 61 I S. 2 BauO NRW) ist die Vollziehung jedoch wesensmäßig eilbedürftig.[509]

Hier können Erlass- und Vollzugsinteresse zusammenfallen, sodass an die formale Begründung des § 80 III VwGO geringere Anforderungen zu stellen sind.[510]

Exkurs Ende

F) Klage des Bauherrn gegen Nebenbestimmungen zur Baugenehmigung

beachte: Interessenlage

Das Problem der gesonderten Anfechtung von belastenden Nebenbestimmungen kann im Baurecht relativ häufig auftauchen. Wegen der komplexen baurechtlichen Materie sind diese zur Sicherung des Rechts oft angezeigt.

---

508 OVG NW, NWVBl. 97, 426.

509 Die Anordnung der sofortigen Vollziehung einer Nutzungsuntersagung wegen Vorbildwirkung setzt nach OVG Bln, BauR 2001, 771 jedoch voraus, dass der baurechtswidrige Zustand für Außenstehende aufgrund objektiver Merkmale erkennbar ist und daher zur Nachahmung veranlassen könnte.

510 BayVGH, BayVBl. 1978, 19; 1977, 735; VGH Mannheim, NVwZ 2006, 168; Kopp/Schenke, § 80 VwGO, Rn. 86.

Der Bauherr wiederum ist regelmäßig bestrebt, diese Belastungen zu beseitigen, ohne seine Begünstigung - die Bauerlaubnis - zu verlieren. Zu diesem Problem vgl. Sie ausführlich **Hemmer/Wüst, Verwaltungsrecht I, Rn. 407 bis 451**.[511]

Exkurs: Verhältnis zwischen öffentlich-rechtlichem und privatrechtlichem Nachbarschutz

Die Baugenehmigung ergeht unbeschadet der Rechte Dritter (§ 75 III S. 1 BauO NRW). Dem Nachbarn bleibt der Anspruch aus § 1004 BGB.

410

Problematisch ist, dass zur Beantwortung der Frage, was ein Nachbar zu dulden hat, unterschiedliche Maßstäbe herangezogen werden können:

> *Bsp.:[512] Der Eigentümer eines Grundstücks im Mischgebiet klagt auf Unterlassung des Spielbetriebs auf einer unmittelbar neben dem Grundstück gelegenen Tennisanlage. Im Bebauungsplan sind die Tennisplätze als Sonderbebauung ausgewiesen.*

Der BGH hat die von der Anlage ausgehenden Emissionen als nicht ortsüblich (§ 906 BGB) angesehen, wobei er allein die tatsächlichen Verhältnisse berücksichtigt hatte, nicht jedoch die baurechtlichen Gegebenheiten.

Die Trennung der beiden Rechtskreise führt hier dazu, dass ein Vorhaben, das öffentlich-rechtlich zulässig ist, nach zivilrechtlichem Maßstab als widerrechtliche Beeinträchtigung angesehen wird.

Das Gericht verkennt hier Aufgabe und Wirkung der Bauleitplanung, die Gebiete gestalten und umgestalten kann.[513]

Das Auseinanderfallen von öffentlichen und privaten Abwehrmöglichkeiten wird vermieden durch eine angemessene Auslegung der jeweiligen Vorschriften: Ein Nachbar soll privatrechtlich nicht mehr erreichen können, als nach öffentlichem Recht möglich ist.[514]

Im vorliegenden Fall wäre die Ortsüblichkeit anhand der planerischen Festsetzungen des Bebauungsplans zu bestimmen gewesen.

Dogmatisch lässt sich das damit begründen, dass das BauGB spezifische, dem § 906 BGB als Spezialvorschriften vorgehende Duldungspflichten des Nachbarn begründet.[515]

> **hemmer-Methode: Gegen diesen Gleichlauf von zivilrechtlichem und öffentlich-rechtlichem Nachbarschutz lässt sich allerdings anführen, dass es im Baurecht gerade keine dem § 14 BImSchG entsprechende Regelung gibt, durch die dieser Gleichlauf gesetzlich angeordnet ist.**

---

511 Vgl. zu dem Sonderfall der nachträglich erlassenen Nebenbestimmung auch VGH Mannheim, DVBl 2008, 1001; **Life & Law 2009, 109**.
512 BGH, NJW 1983, 751.
513 Koch/Hosch, a.a.O., S. 292.
514 So BVerwG, NJW 1988, 2396.
515 Koch/Hosch, a.a.O., S. 292.

§ 5 RECHTSSCHUTZ GEGEN BAULEITPLÄNE

A) Einleitung

Standardkonstellation des Examens

Neben der Verpflichtungsklage des Bauwilligen und der Anfechtungsklage des Nachbarn stellt die beantragte (richterliche) Überprüfung eines Bebauungsplans einen weiteren Standardfall einer Klausur aus dem Baurecht dar. Die Examensrelevanz[516] ergibt sich insbesondere aus der großen praktischen Bedeutung dieser Thematik.

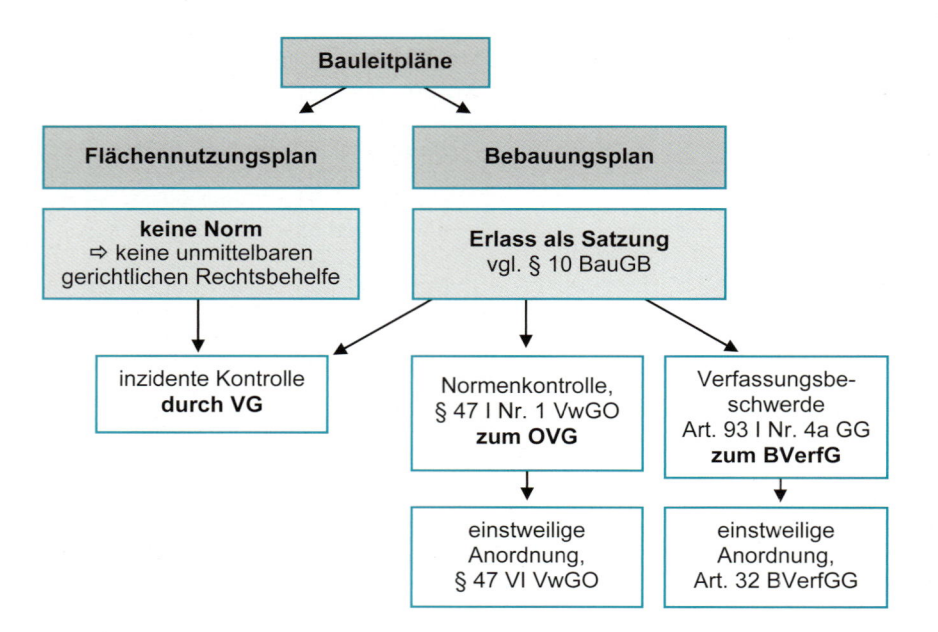

411

```
                        Bauleitpläne
                       /            \
           Flächennutzungsplan    Bebauungsplan
                   |                   |
              keine Norm          Erlass als Satzung
         ⇒ keine unmittelbaren     vgl. § 10 BauGB
         gerichtlichen Rechtsbehelfe
                   |              /            \
            inzidente Kontrolle  Normenkontrolle,   Verfassungsbe-
                 durch VG        § 47 I Nr. 1 VwGO   schwerde
                                 zum OVG             Art. 93 I Nr. 4a GG
                                                     zum BVerfG
                                        |                    |
                                  einstweilige         einstweilige
                                  Anordnung,           Anordnung,
                                  § 47 VI VwGO         Art. 32 BVerfGG
```

B) Das Normenkontrollverfahren (§ 47 VwGO)

Gültigkeit des BBauPl. ist Hauptsache

Auch bei der Verpflichtungs- und Anfechtungsklage kommt es, soweit vorhanden, auf die Gültigkeit eines Bebauungsplans an.[517] Während es sich dort jedoch nur um eine Vorfrage hinsichtlich der eigentlichen Entscheidung handelt (sog. Inzidentprüfung), ist i.R.d. § 47 VwGO die Gültigkeit der Rechtsnorm als solche Gegenstand des Verfahrens (prinzipale Normenkontrolle).[518]

412

Wie stets in verwaltungsrechtlichen Klausuren gilt auch hier: Der Antrag ist erfolgreich, wenn er zulässig und begründet ist.

> **Übersicht über die Zulässigkeitsvoraussetzungen der Normenkontrolle gemäß § 47 VwGO**
>
> ⇨ Entscheidung des OVG nur im Rahmen seiner Gerichtsbarkeit §§ 47 I, 40 I VwGO
>
> ⇨ Statthaftigkeit, § 47 I VwGO
>
> ⇨ Antragsbefugnis, § 47 II VwGO
>
> ⇨ Allgemeines Rechtsschutzbedürfnis
>
> ⇨ Antragsgegner, § 47 II S. 2 VwGO
>
> ⇨ Antragsfrist, § 47 II S. 1 VwGO

---

516 Z.B. 1989 I 7 BayVBl. 1991, 287 (316); 1991 II 8 BayVBl. 1994, 32, 61; 1986 I 8 BayVBl. 1988, 285 (314).

517 Vgl. oben Rn. 119.

518 Ausführlich zum Normenkontrollverfahren **Hemmer/Wüst, Verwaltungsrecht II, Rn. 350 ff.**

§ 5 RECHTSSCHUTZ GEGEN BAULEITPLÄNE

I. Zulässigkeit des Normenkontrollantrages

1. „I.R.d. Gerichtsbarkeit"

§ 40 I VwGO mittelbar über § 47 I VwGO anwendbar

Der Antrag auf Normenkontrolle ist nur i.R.d. Gerichtsbarkeit (also der Rechtswegzuständigkeit nach § 40 I VwGO) des OVG zulässig.

Der Obersatz in der Klausur lautet in etwa:

⇨ „Der Normenkontrollantrag ist zulässig hinsichtlich der Überprüfung von Rechtssätzen, zu deren Vollzug im Verwaltungsrechtsweg anfechtbare oder mit Verpflichtungsklagen erzwingbare Verwaltungsakte ergehen können oder aus deren Anwendung sonstige öffentlich-rechtliche Streitigkeiten entstehen können, für die der Verwaltungsrechtsweg gegeben ist."[519]

hemmer-Methode: Im Prinzip läuft dies auf die Überprüfung des § 40 VwGO hinaus. Zeigen Sie jedoch dem Korrektor, dass Sie die kleinen Unterschiede kennen. Halten Sie sich an den Wortlaut des Gesetzes. Der Prüfungspunkt lautet eben nicht „Eröffnung des Verwaltungsrechtsweges", sondern „I.R.d. Gerichtsbarkeit".

im Baurecht unproblematisch

Im Bereich des Baurechts (z.B. Überprüfung eines Bebauungsplans) ist dies nie ein Problem.

In der Klausur reicht daher (auch im Gutachten) der Satz:

⇨ „Der Antrag ist insoweit zulässig, da mit dem Bebauungsplan ein Rechtssatz überprüft werden soll, zu dessen Vollzug im Verwaltungsrechtsweg anfechtbare oder mit der Verpflichtungsklage erzwingbare Verwaltungsakte ergehen können."

Zuständig ist gem. § 47 I VwGO das jeweilige Oberverwaltungsgericht des entsprechenden Landes, in Nordrhein-Westfalen gem. § 16 JustG NRW das OVG Münster.

2. Statthaftigkeit

a) Tauglicher Prüfungsgegenstand (§ 47 I Nr. 1 und 2 VwGO)

Gegenstand: BauGB-Satzungen

Der Normenkontrollantrag ist statthaft gem. § 47 I Nr. 1 VwGO gegen Satzungen, die nach den Vorschriften des BauGB erlassen worden sind, gegen Rechtsverordnungen gemäß § 246 II BauGB (für NRW nicht relevant; vgl. Wortlaut des § 246 II BauGB), sowie nach § 47 I Nr. 2 VwGO gegen andere im Rang unter dem Landesgesetz stehende Rechtsvorschriften, sofern das Landesrecht dies bestimmt.

hemmer-Methode: Das Land NRW hat Normen dieser Art nicht bestimmt, von § 47 I Nr. 2 VwGO also nicht Gebrauch gemacht. In Nordrhein-Westfalen findet also allein § 47 I Nr. 1 Alt. 1 Anwendung.

Im Bereich des Baurechts kommen damit in erster Linie in Betracht:

---

[519] Kopp/Schenke, § 47 VwGO, Rn. 17.

aa) Der Bebauungsplan (§§ 8 ff. BauGB)

§ 10 I BauGB: BBauPl. ist Satzung

Der Bebauungsplan ergeht gemäß § 10 I BauGB als Satzung und ist damit tauglicher Prüfungsgegenstand.

> **hemmer-Methode:** Allgemein gilt, dass Pläne grundsätzlich keine eigene Rechtsform staatlichen Handelns darstellen, sondern vielmehr in allen traditionell überkommenen Rechtsformen auftreten: z.B. als Norm (formelles Gesetz, Verordnung, Satzung), Verwaltungsakt, Verwaltungsvorschrift oder Realakt. Anhand der konkreten Ausgestaltung ist für jeden Plan gesondert zu prüfen, wie er rechtlich zu qualifizieren ist. Für den Bebauungsplan entfällt diese Prüfung, da hier der Gesetzgeber bereits die Rechtsform bestimmt hat.

bb) Nicht hingegen der Flächennutzungsplan (§§ 5 ff. BauGB)

Flächennutzungsplan keine Rechtsnorm

Dem Flächennutzungsplan kommt nach nahezu einheiliger Meinung[520] keine Rechtsnormqualität zu. Er enthält anders als der Bebauungsplan keine Festsetzungen, sondern lediglich Darstellungen. Es handelt sich weder um eine Satzung (obwohl der Plan den formalen Anforderungen einer Satzung entsprechen muss, wie der Vergleich mit dem Bebauungsplan zeigt) noch um eine sonstige Rechtsvorschrift. Als hoheitliche Maßnahme eigener Art, die Dritten gegenüber keine Rechtsverbindlichkeit entfaltet, unterliegt er damit nicht der Normenkontrolle.

Eine Ausnahme macht die Rechtsprechung des BVerwG für Darstellungen in einem Flächennutzungsplan, die Konzentrationsflächen für Windenergieanlagen im Sinne des § 35 III S. 3 BauGB ausweisen. Da hier der Flächennutzungsplan Windenergieanlagen an einer anderen Stelle innerhalb der Gemeinde entgegensteht und damit Rechtsnormwirkung vergleichbar einem Bebauungsplan entfaltet, wendet das BVerwG § 47 I Nr. 1 VwGO analog an.[521]

> **hemmer-Methode:** Gerade der Flächennutzungsplan zeigt, dass die Bestimmung der Rechtsnatur eines Planes im Einzelfall zu immensen Schwierigkeiten führen kann. Gleichwohl genügt in der Klausur regelmäßig eine kurze Klarstellung. Das gilt nur dann nicht, wenn der Aufgabensteller hier erkennbar weitere Ausführungen erwartet („Echo-Prinzip").

Exkurs: Inhalt der Bauleitpläne

Der Flächennutzungsplan

beabsichtigte Bodennutzung

Gemäß § 5 I BauGB ist im Flächennutzungsplan für das gesamte Gemeindegebiet[522] die sich aus der beabsichtigten städtebaulichen Entwicklung ergebende Art der Bodennutzung nach den voraussehbaren Bedürfnissen (Prognose- und damit Planungshorizont im Allgemeinen ca. zehn bis fünfzehn Jahre[523]) der Gemeinde in den Grundzügen darzustellen. § 5 I S. 3 BauGB bestimmt, dass spätestens nach fünfzehn Jahren eine Überprüfung stattfinden sollte.

grds. für gesamtes Gemeindegebiet

Einzelne Flächen können ausnahmsweise ausgegliedert werden (§ 5 I S. 2 BauGB).

---

520 Vgl. nur Battis/Krautzberger/Löhr, § 5 BauGB, Rn. 45.
521 BVerwG, NVwZ 2007, 1081 = **Life & Law 2007, Heft 11**, das OVG Koblenz, NVwZ 2006, 1442 ff. = **Life & Law 2007, Heft 2** hatte auf § 47 I Nr. 2 VwGO zurückgegriffen.
522 Zum Problem des Fortbestehens von FlNpl. bei kommunalen Gebietsänderungen Jakob, NJW 1974, 1578.
523 Hierzu Nachweise bei Battis/Krautzberger/Löhr, § 5 BauGB, Rn. 7.

§ 5 RECHTSSCHUTZ GEGEN BAULEITPLÄNE

Die verschiedenen Möglichkeiten der Darstellung ergeben sich aus dem Katalog des § 5 II BauGB. Diese Aufzählung ist jedoch nicht abschließend.[524]

Begründungserfordernis

Nach §§ 5 V, 2a BauGB ist dem Flächennutzungsplan eine Begründung beizufügen. Insbesondere die wesentlichen Elemente und Aussagen des Plans, seine Ziele und ihre Begründung müssen verständlich und nachvollziehbar dargelegt werden.[525] Neu ist, dass auch vor Erlass eines Flächennutzungsplans eine Umweltprüfung stattzufinden hat vgl. § 2a Nr. 2 BauGB.

Der Bebauungsplan

Festsetzungen für die Bebauung verbindlich

Auf der Grundlage des Flächennutzungsplans trifft dann der Bebauungsplan verbindliche (§ 8 I S. 1 BauGB) Festsetzungen für die Bebauung.

Im Gegensatz zum Flächennutzungsplan bezieht er sich meist nur auf Teile des Gemeindegebiets (§ 9 VII BauGB)[526] und ist zu begründen (§§ 9 VIII, 2a BauGB).

Abschließender Katalog in § 9 BauGB

Zudem ist der Katalog der Festsetzungsmöglichkeiten (§ 9 I BauGB) abschließend.[527] Eine Ausnahme gilt nach § 12 III S. 2 HS 1 BauGB für den vorhabenbezogenen Bebauungsplan, hier besteht keine Bindungswirkung an den Festsetzungskatalog des § 9 BauGB und an die BauNVO.

Eine Verpflichtung für die Gemeinde, alle nach dem Katalog möglichen Festsetzungen zu treffen, ergibt sich daraus nicht.

Welche Festsetzungen die Gemeinde im Einzelnen trifft, richtet sich vielmehr nach § 1 III BauGB, der also nicht nur für das „Ob", sondern auch für das „Wie" der Planung gilt. Jede einzelne Festsetzung ist nur zulässig, wenn sie auch erforderlich ist.[528]

BauNVO ergänzt § 9 BauGB

Der Festsetzungskatalog enthält u.a. nähere Bestimmungen darüber, wie die bauliche Nutzung von Grundstücken festgesetzt werden kann. § 9 I Nr. 1 und 2 BauGB werden entscheidend durch die Regelungen der BauNVO[529] ergänzt.

Besonders wichtig: §§ 1 -15 BauNVO

Die §§ 1 - 15 BauNVO regeln den Rahmen für Festsetzungen über die Art der baulichen Nutzung, die §§ 16 - 21a BauNVO über das Maß der baulichen Nutzung und seine Berechnung und die §§ 22, 23 BauNVO schließlich über die Bauweise sowie die überbaubaren Grundstücksflächen.

> *Bsp.: Im Bebauungsplan wird eine bestimmte Fläche als reines Wohngebiet dargestellt. Der Antragsteller möchte eine Tankstelle errichten.*
>
> Die Gemeinde hat im Plan eines der in § 1 II BauNVO bezeichneten Baugebiete festgesetzt. Durch diese Festsetzung wurden die §§ 2 - 14 BauNVO Bestandteil des Bebauungsplans (vgl. § 1 III S. 2 BauNVO). Nach § 3 BauNVO sind Tankstellen in einem reinen Wohngebiet nicht möglich.

---

524 Vgl. „insbesondere".
525 Battis/Krautzberger/Löhr, § 5 BauGB, Rn. 9.
526 Zur Beplanung eines einzigen Grundstücks BverwG, NJW 1969, 1076.
527 BVerwG, BayVBl. 70, 185. Zu möglichen Festsetzungen und den Anforderungen an Bestimmtheit und Erforderlichkeit vgl. OVG NW, BauR 2001, 62.
528 BVerwG, BauR 1989, 430.
529 Vgl. oben Rn. 124 ff.; vgl. auch Ausführungen hierzu bei Battis/Krautzberger/Löhr, § 9 BauGB, Rn. 8 ff.

Abweichungen im Einzelfall von §§ 2 ff. BauNVO möglich

Zu beachten ist: Der Gemeinde ist es nach § 1 IV - X BauNVO erlaubt, gegenüber der grundsätzlichen Typisierung der Baugebiete in den jeweiligen Vorschriften der BauNVO aus städtebaulichen Gründen im Einzelfall abweichende Bestimmungen zu treffen (vgl. auch §§ 12 IV und 14 I S. 3 BauNVO).

Die allgemeine Zweckbestimmung des Baugebiets muss jedoch gewahrt bleiben. Die Anforderungen (besonders im Hinblick auf eine sachgerechte Abwägung) an eine Planung mit derartigen Differenzierungen steigen erheblich.[530]

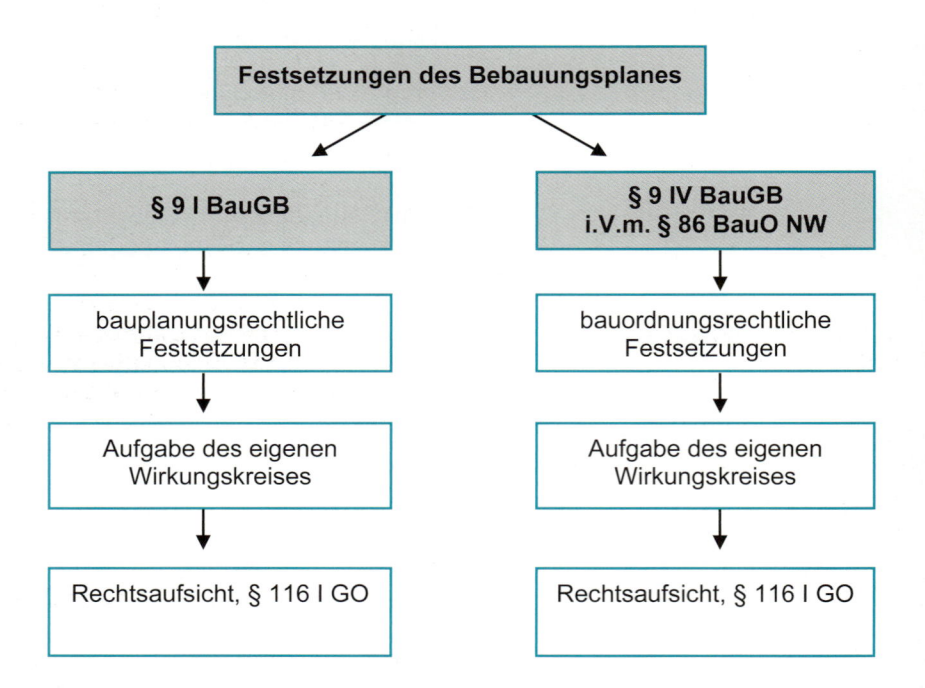

```
                  Festsetzungen des Bebauungsplanes
                          /              \
                  § 9 I BauGB         § 9 IV BauGB
                                      i.V.m. § 86 BauO NW
                       |                    |
              bauplanungsrechtliche   bauordnungsrechtliche
                  Festsetzungen          Festsetzungen
                       |                    |
               Aufgabe des eigenen   Aufgabe des eigenen
                  Wirkungskreises       Wirkungskreises
                       |                    |
              Rechtsaufsicht, § 116 I GO   Rechtsaufsicht, § 116 I GO
```

§ 9 IV BauGB i.V.m. § 86 BauO NRW

Hinzuweisen ist noch auf § 9 IV BauGB. Danach haben die Länder die Möglichkeit zu bestimmen, dass auch auf Landesrecht beruhende Vorschriften in den Bebauungsplan als Festsetzungen aufgenommen werden können. In Nordrhein-Westfalen wurde von dieser Möglichkeit durch § 86 IV BauO NRW Gebrauch gemacht. Festsetzungen, die auf § 86 BauO NRW fußen, bleiben aber materiell-rechtlich betrachtet Bauordnungsrecht. Wie aus § 60 II S. 2 BauO NRW folgt, gehört der Erlass örtlicher Bauvorschriften indes nicht zur Gefahrenabwehr, sodass ein Weisungsrecht i.R.d. Sonderaufsicht entfällt.

Die Gemeinden können so durch örtliche Bauvorschriften ein eigenes Ortsbaurecht schaffen, das die allgemeinen gesetzlichen Anforderungen ergänzt und modifiziert.[531]

Exkurs Ende

Weitere Prüfungsgegenstände können sein:

cc) Sonstige Satzungen nach BauGB

Veränderungssperre

Klausurrelevant[532] ist hier vor allem die Veränderungssperre (§§ 14 ff. BauGB), die gemäß § 16 I BauGB als Satzung beschlossen wird.

---

530 So Battis/Krautzberger/Löhr, § 9 BauGB, Rn. 9.
531 Zu Inhalt und Grenzen, vgl. Boeddinghaus/Hahn/Schulte, § 81 BauO NRW a.F. Rn. 1 - 11.
532 Examensbeispiel (Inzidentprüfung): 1991 II 8 BayVBl. 1993, 414, 446.

Die Veränderungssperre soll im künftigen Planbereich liegende Grundstücke gegen solche tatsächlichen Veränderungen sichern, durch die die Planung beeinträchtigt oder gar unmöglich gemacht wird. Eine unter Verstoß gegen § 14 I BauGB vorgenommene Veränderung führt zur materiell-rechtlichen Illegalität des baulichen Vorhabens oder der Veränderung.

Folglich kann die Bauaufsichtsbehörde gegen Vorhaben, die ohne Erteilung einer Ausnahme nach § 14 II BauGB durchgeführt werden, mit bauaufsichtsrechtlichen Mitteln einschreiten (insbesondere verfügen die Arbeiten einzustellen). Zur Zurückstellung von Baugesuchen, ohne dass die Veränderungssperre bereits in Kraft getreten ist vgl. § 15 BauGB, zur Geltungsdauer vgl. § 17 BauGB und zur Entschädigungsregelung vgl. § 18 BauGB.[533]

Aber auch Satzungen nach §§ 34 IV u. V, 132, 142 I u. III, 162 II und 172 BauGB können i.R.d. Normenkontrolle geprüft werden.

dd) § 47 I Nr. 2 VwGO

§ 47 I Nr. 2 VwGO

Von der Ermächtigung nach § 47 I Nr. 2 VwGO hat das Land Nordrhein-Westfalen, wie bereits erwähnt, bislang keinen Gebrauch gemacht, sodass ein Antrag nach § 47 I Nr. 2 VwGO nicht in Betracht kommt.

427

b) Rechtswirksame Vorschriften

„erlassen worden"

Da in dem Verfahren nach § 47 VwGO über die Gültigkeit von Rechtsvorschriften entschieden wird, ist stets Voraussetzung, dass diese schon und noch Geltung beanspruchen.

428

aa) Vorschriften, die „erlassen worden" sind

Eine zu überprüfende Satzung muss damit bereits erlassen sein. Maßgebend ist insoweit, ob die Vorschrift nach außen hin die formellen Voraussetzungen für ihr (evtl. erst künftiges) Inkrafttreten erfüllt.

429

Erlass ⇔ Inkrafttreten

Der Erlass ist ausreichend, es ist nicht notwendig, dass die Vorschrift bereits in Kraft getreten ist.[534] Auch auf die Rechtmäßigkeit des Erlassverfahrens kommt es in diesem Stadium nicht an. Erforderlich ist nur die Bekanntmachung, unabhängig davon, ob diese korrekt erfolgte.[535]

> *Bsp.: Die Gemeinde veröffentlicht einen Bebauungsplan § 10 BauGB, bevor sie die erforderliche Genehmigung (z.B. § 10 II BauGB) eingeholt hat und geht von der Gültigkeit der Vorschrift aus.*

Entscheidend ist hier, dass Betroffene in diesem Fall bereits mit dem Vollzug der Vorschrift rechnen müssen. Von diesem Augenblick an soll gerichtlicher Schutz beansprucht werden können. Dass die Satzung aufgrund des Verstoßes gegen § 10 II BauGB rechtsfehlerhaft ist, ist ohne Bedeutung, rechtsunverbindlich ist sie deswegen gerade nicht. Die Satzung kann somit nach § 47 VwGO überprüft werden.

---

533 Vgl. hierzu Hager/Kirchberg, NVwZ 2002, 538.
534 BayVGH, BayVBl. 1986, 497 ff.; Kopp/Schenke, § 47 VwGO, Rn. 15.
535 Hierzu BVerwG, BauR 2002, 445.

bb) Planreife Bebauungspläne

vorbeugende Normenkontrolle?

Fraglich ist, ob sich das Normenkontrollverfahren auch auf planreife Bebauungspläne i.S.d. § 33 BauGB erstreckt.[536] Diese Konstellation ist vom BVerwG noch nicht abschließend entschieden worden, es hat aber angedeutet, ein solches Verfahren sei nur statthaft, wenn andernfalls ausreichender Rechtsschutz nicht gewährt werden könne. Der effektive Rechtsschutz werde im Regelfall aber durch das Institut der Nachbarklage gewährleistet.[537]

430

Im Ergebnis ist dem wohl zuzustimmen, da sich trotz Planreife im laufenden Verfahren noch Änderungen ergeben können.[538] Die Gemeinde wird in Bezug auf den Inhalt künftiger Festsetzungen selbst dann nicht gebunden, wenn sie in diesem Stadium bereits Baugenehmigungen erteilt.

cc) Fehlendes Rechtsschutzbedürfnis

nicht mehr gültige Normen nur ausnahmsweise

Schließlich muss die Vorschrift noch gültig sein. Ist sie bereits vor Erhebung der Normenkontrollklage außer Kraft getreten, findet § 47 VwGO nur in zwei Ausnahmefällen Anwendung:[539]

431

⇨ Wenn entweder die Vorschrift trotz Aufhebung noch wirkt, weil ein in der Vergangenheit liegender Sachverhalt nach ihr zu entscheiden ist oder

⇨ der Antragsteller noch ein Interesse analog § 113 I S. 4 VwGO an der Feststellung hat, dass die Vorschrift rechtswidrig und ungültig war (z.B. weil diese präjudizielle Wirkung für die Frage der Rechtmäßigkeit eines auf diese Norm gestützten behördlichen Verhaltens und damit für eventuelle Schadensersatzansprüche haben kann[540]).

Weiterhin ist zu beachten, dass ein Normenkontrollantrag, der sich gegen eine untergesetzliche Rechtsvorschrift richtet, die eine gesetzliche Norm inhaltlich wiederholt, mangels Rechtschutzbedürfnis unzulässig sein muss, wenn es auch im Falle der Unwirksamkeitserklärung dabei bliebe, dass der Antragsteller die gesetzliche Regelung zu beachten hätte.[541]

Dogmatisch fehlt es hier am Rechtsschutzbedürfnis. Die Frage kann aber aus prüfungsökonomischen Gründen bereits im Zusammenhang der Statthaftigkeit abgehandelt werden.

hemmer-Methode: Davon zu unterscheiden ist der Fall, dass die Vorschrift erst außer Kraft trat, nachdem der Normenkontrollantrag bereits erhoben war. In diesen Fällen soll der Antrag schon aufgrund des § 47 II VwGO (Wortlaut) zulässig bleiben.

---

536 So Jäde in BayVBl. 1985, 225 ff. und letztlich in BayVBl. 2003, 449 ff., verneinend: Kopp/Schenke, § 47 VwGO, Rn. 22.
537 BVerwG, BauR 2002, 445.
538 BayVGH, BayVBl. 86, 497; ausführlich **Hemmer/Wüst, Verwaltungsrecht III, Rn. 283 ff.**
539 Kopp/Schenke, § 47 VwGO, Rn. 26, 90.
540 BVerwGE 68, 12 ff.
541 Vgl. hierzu BVerwG, BauR 2002, 1061.

Exkurs: Die Aufhebung von Bauleitplänen

(1) § 1 VIII BaugB

Aufhebungsverfahren

Durch die Aufhebung tritt ein wirksamer Bauleitplan außer Kraft.

Nach § 1 VIII BauGB gelten die formellen und die materiellen Vorschriften über die Aufstellung von Bauleitplänen auch für die Aufhebung (actus contrarius).

selbstständiger Beschluss

Die Gemeinde kann demnach durch selbstständigen Aufhebungsbeschluss einen Bauleitplan ersatzlos aufheben.

oder konkludent

Ein solcher Beschluss ist nicht notwendig, wenn der Plan lediglich durch einen neuen ersetzt werden soll. Der neue Plan löst als neues Ortsrecht den bisherigen ab, ohne dass dieser ausdrücklich aufgehoben werden müsste.[542]

> *Bsp.:*[543] Die Gemeinde beschließt die Aufhebung des alten Bebauungsplans. Ein kurze Zeit später neu aufgestellter Plan erweist sich als unwirksam. Was gilt?
>
> Da die Gemeinde den ersten Plan ausdrücklich aufgehoben hat, ist dieser unabhängig von der Unwirksamkeit des zweiten Plans außer Kraft getreten. Die Zulässigkeit von Vorhaben wäre nach den §§ 34, 35 BauGB zu beurteilen.
>
> Da dies unter Umständen nicht den Interessen der Gemeinde entspricht, kann hier eventuell (entgegen dem oben Gesagten) der frühere Plan berücksichtigt werden (§ 30 BauGB). Voraussetzung hierfür ist allerdings, dass die Gemeinde im Aufhebungsbeschluss klarstellt, was für den Fall der Unwirksamkeit eines neuen Plans gelten soll.
>
> Fehlt eine solche Klarstellung, ist davon auszugehen, dass zunächst der alte Plan fortbestehen soll.

Aufhebung unwirksamer Pläne

Auch unwirksame Bebauungspläne können bzw. müssen von der Gemeinde aufgehoben werden.

> *Bsp.:* Die Gemeinde stellt die Unwirksamkeit eines Bebauungsplans wegen eines Fehlers fest. Sie möchte nicht nach § 214 IV BauGB den Fehler beheben und fragt, was zu tun sei?
>
> Die Ansicht, unwirksame Bebauungspläne könnten nicht aufgehoben werden, ist zu begrifflich und daher abzulehnen.
>
> Tatsächlich entfaltet ein unwirksamer Bebauungsplan einen gewissen Rechtsschein. Die Gemeinde ist aus Gründen der Rechtssicherheit dazu verpflichtet, diesen Rechtsschein zu beseitigen.[544] Hierfür ist ein einfacher Beschluss, der die Unwirksamkeit feststellt, nicht ausreichend. Vielmehr soll der Schein der Rechtsgeltung, den auch ein unwirksamer Bebauungsplan erzeugt, nur durch einen „Gegenakt der Normsetzung" beseitigt werden können.[545]
>
> Die Gemeinde muss somit den Plan förmlich (§ 1 VIII BauGB) aufheben.

---

542 Battis/Krautzberger/Löhr, § 1 BauGB, Rn. 132.
543 Nach BVerwG, BayVBl. 91, 180.
544 Dürr/König, Rn. 82.
545 BVerwG, BayVBl. 87, 310.

(2) Gewohnheitsrecht

Unstreitig kann ein Bebauungsplan nicht durch Gewohnheitsrecht entstehen.[546]

Bsp.:[547] *Auch die langjährige Anwendung eines unerkannt unwirksamen Bebauungsplans kann diesem nicht zur Rechtswirksamkeit verhelfen.*

außer Krafttreten durch Gewohnheitsrecht

Festsetzungen eines Bebauungsplans können auch außerhalb des dafür vorgesehenen Verfahrens (§ 1 VIII BauGB) außer Kraft treten, wenn sich entgegenstehendes Gewohnheitsrecht gebildet hat.

Bsp.:[548] *Von gewissen Festsetzungen im Bebauungsplan wurden ständig in bestimmter Hinsicht Befreiungen erteilt.*

(3) Funktionslosigkeit

aber Funktionsloswerden

Die tatsächlichen Verhältnisse im Gebiet eines Bebauungsplans können sich so sehr verändern, dass die Festsetzungen im Plan ihre Funktion verlieren.

Damit dieses „Funktionsloswerden" dazu führt, dass einzelne Festsetzungen außer Kraft treten, müssen folgende Voraussetzungen erfüllt sein:[549]

(1) Die Verhältnisse, auf die sich die jeweiligen Festsetzungen beziehen, müssen tatsächlich einen Zustand erreicht haben, der eine Verwirklichung dieser Festsetzungen auf nicht absehbare Zeit ausschließt.

(2) Dies muss zudem so offenkundig sein, dass ein Bürger auf diese Festsetzungen des Plans kein schutzwürdiges Vertrauen mehr setzen kann.

§ 139 BGB

Der Plan insgesamt wird dadurch nicht ohne weiteres betroffen. Werden einzelne Festsetzungen des Plans funktionslos, so gelten die Grundsätze über die Teilnichtigkeit, die in § 139 BGB festgelegt sind und auch für Rechtsnormen sinngemäß herangezogen werden können.[550]

Auch bei Nichtigkeit einzelner Festsetzungen bleibt ein Plan grundsätzlich wirksam, sofern der wirksame Bestandteil für sich einen dem § 1 BauGB genügenden Sinn ergibt und angenommen werden kann, dass dieser auch ohne den nichtigen Teil wirksam bleiben soll.

Führt die Nichtigkeit einzelner Festsetzungen zu einem insgesamt völlig unvollständigen Planungskonzept, welches nicht geeignet ist, die städtebauliche Entwicklung im Plangebiet zu ordnen, so sind auch die übrigen Festsetzungen des Bebauungsplans nichtig.[551]

---

546 Battis/Krautzberger/Löhr, § 10, Rn. 8.
547 BVerwGE 55, 369 (377).
548 BVerwGE 26, 282.
549 BVerwGE 54, 5 (11), zuletzt in NVwZ 2003, 749; sowie Battis/Krautzberger/Löhr, § 10 BauGB, Rn. 8 und § 9 BauGB, Rn. 7a. Festsetzungen des BBauPl. können auch wegen wirtschaftl. Unzumutbarkeit der zugelassenen Nutzung funktionslos werden, vgl. NVwZ-RR 2005, 776 ff.
550 Strittig, vgl. Palandt, § 139 BGB, Rn. 4 sowie für Bebauungspläne BVerwG, NVwZ 1990, 160.
551 Battis/Krautzberger/Löhr, § 9 BauGB, Rn. 7a.

(4) Keine gemeindliche Normverwerfungskompetenz

gemeindl. Verwerfungskompetenz?

Fehlerhafte Bebauungspläne kann die Gemeinde heilen (§ 214 IV BauGB), ist dies nicht möglich, muss sie den Plan aufheben.[552]

Eine Verwerfungsbefugnis steht der Gemeinde gerade nicht zu.

> **Bsp.:** Die Gemeinde hält ihren Bebauungsplan für unwirksam und will ihren Entscheidungen statt des Planes die §§ 34, 35 BauGB zugrunde legen.

Sicher steht den Gemeinden eine Normprüfungskompetenz zu, sie können ihre Bauleitpläne überprüfen bzw. überprüfen lassen.

Stellt sich hierbei die Unwirksamkeit des Plans heraus, so kann dieser für zukünftige Entscheidungen keine Grundlage mehr sein. Es besteht grundsätzlich für Verwaltungsbehörden keine Verpflichtung, unwirksame Rechtsnormen anzuwenden (Art. 20 III GG).

Dennoch kann die Gemeinde ihren Plan nicht einfach außer Acht lassen, eine Normverwerfungskompetenz steht ihr nach ganz herrschender Meinung[553] nicht zu. Dies gebietet die Rechtssicherheit, die Verwerfung unwirksamer Normen ist nach unserer Rechtsordnung den Gerichten vorbehalten, der Verwaltung ist dies nicht möglich.

Antragsrecht gemäß § 47 II VwGO?

Ein Antragsrecht der Gemeinde gemäß § 47 II VwGO ist nicht unumstritten,[554] kann im Ergebnis aber bejaht werden.

Schließlich handelt es sich bei dem Verfahren nach § 47 VwGO um eine objektive Rechtmäßigkeitskontrolle (im Vordergrund steht also nicht der subjektive Rechtsschutz), zudem stellt das Antragsrecht eine Konsequenz aus der einhellig zugestandenen Normprüfungskompetenz dar.

hemmer-Methode: Den Problemkreis der Normprüfungs- und Normverwerfungskompetenz der Exekutive sollten Sie nicht außer Acht lassen.

Exkurs Ende

3. Antrag, Antragsberechtigung, Antragsbefugnis

a) Antrag

wie Klageschrift, § 81 VwGO

Der Antrag muss den Vorschriften zur Klageerhebung (§§ 81, 82 VwGO) entsprechen. Hierbei ist eine anwaltliche Vertretung notwendig (§ 67 I S. 1 VwGO).

b) Antragsberechtigung

§ 47 II VwGO: Antragsberechtigung

Den Antrag stellen kann jede natürliche oder juristische Person (auch des öffentlichen Rechts), jede Personenmehrheit, die im Rechtsverkehr durch Gesetz oder gewohnheitsrechtlich hinsichtlich der Parteifähigkeit juristischen Personen gleichgestellt ist (z.B. OHG) oder die gemäß § 61 Nr. 2 VwGO beteiligungsfähig ist, sowie jede Behörde (des Landes, des Bundes oder anderer Länder).

---

552 Vgl. oben Rn. 438.
553 Siehe Battis/Krautzberger/Löhr, § 10 BauGB, Rn. 11 m.w.N.
554 Battis/Krautzberger/Löhr, § 10 BauGB, Rn. 12; **Hemmer/Wüst, Verwaltungsrecht II, Rn. 381**.

> **hemmer-Methode:** Beachten Sie, dass in Nordrhein-Westfalen nach Abschaffung der AG VwGO NRW Behörden selber nun grds. nicht mehr beteiligtenfähig sind (was sie früher gem. § 61 Nr. 3 VwGO i.V.m. § 5 I AG VwGO NRW a.F. waren). Nun ist auch für Nordrhein-Westfalen die Sonderregel des § 47 II VwGO von Bedeutung, welche Behörden in für Normenkontrollanträge für beteiligtenfähig erklärt.

c) Antragsbefugnis

aa) Natürlicher und juristischer Personen

Geltendmachung eines Nachteils

Stellt den Antrag eine natürliche oder juristische Person, dann muss diese geltend machen, dass sie durch die Rechtsvorschrift oder deren Anwendung in ihren Rechten verletzt ist oder in absehbarer Zeit verletzt werden wird (§ 47 II S. 1 VwGO). Mit der Anknüpfung an einem subjektiven Recht gelten dieselben Anforderungen wie bei § 42 II VwGO (Unterschied aber „in absehbarer Zeit verletzt"). Nach der ganz h.M.[555] gilt insoweit die Möglichkeitstheorie. Die Antragsbefugnis ist also nur dann nicht gegeben, wenn die Verletzung einer drittschützenden Norm offensichtlich und nach jeder denkbaren Betrachtungsweise ausgeschlossen ist.

Eine Rechtsverletzung i.S.d. § 47 II S. 1 VwGO kann daher dann gegeben sein, wenn der Bebauungsplan Festsetzungen trifft, die sich auf subjektive Rechte des Antragstellers auswirken können.

Die Antragsbefugnis ist jedenfalls dann zu bejahen, wenn sich der Eigentümer eines Grundstücks, welches im Plangebiet liegt, gegen eine Festsetzung wendet, die unmittelbar sein Grundstück betrifft.[556] Durch die Festsetzung der zulässigen Nutzung werden nämlich Inhalt und Schranken des Eigentums bestimmt, die potenzielle Rechtswidrigkeit eines solchen normativen Eingriffs braucht der Eigentümer nicht hinzunehmen.[557]

Das Interesse, mit einem – bisher nicht bebaubaren – Grundstück in den Geltungsbereich eines Bebauungsplans einbezogen zu werden, ist für sich genommen kein abwägungserheblicher Belang, der dem Eigentümer die Antragsbefugnis vermitteln kann.[558]

Weiterhin kann die Antragsbefugnis auch aus § 1 VII BauGB gefolgert werden. Dieses Abwägungsgebot hat nämlich drittschützenden Charakter hinsichtlich solcher Belange, die für die Abwägung erheblich sind.[559] Das bedeutet, dass antragsbefugt ist, wer sich auf einen abwägungserheblichen privaten Belang berufen kann; denn wenn es einen solchen privaten Belang gibt, besteht auch die Möglichkeit, dass die Gemeinde ihn bei der Abwägung nicht korrekt berücksichtigt hat. Daraus folgend kann sich auch der Eigentümer eines nicht im Plangebiet liegenden Grundstücks auf die Nichtberücksichtigung eines abwägungserheblichen Belangs berufen.[560]

> **Bsp.:**
>
> *Erhebliche private Belange*
>
> ⇨ Schutz gegen die Festsetzung von Fußgängerzonen durch einen Betrieb, der zwingend oder üblicherweise von motorisierten Kunden aufgesucht wird.

---

555 BVerwGE 107, 215; Kopp/Schenke, § 47 VwGO, Rn. 46; a.A. Löhnig, JuS 1998, 317.
556 OVG NW, NWVBl. 98, 236; BVerwG, NVwZ 1998, 732; BauR 2000, 1834; dies gilt auch dann, wenn der Erwerber des Grundstücks erst nach Inkrafttreten des BBauPl. in die Eigentümerposition einrückt, BVerwG, BauR 2002, 1199.
557 BVerwG, BauR 2000, 1834.
558 BVerwG, BauR 2004, 1427.
559 BVerwGE 107, 215 zu § 1 VI BauGB a.F.
560 BVerwG, BauR 2001, 747; 2002, 278.

§ 5 RECHTSSCHUTZ GEGEN BAULEITPLÄNE

Kein erheblicher privater Belang:

⇨ *Das Interesse an der Erhaltung der deutschen Landschaft.*

(Vgl. zum Gesamtkomplex Kopp/Schenke, § 47 VwGO, Rn. 71 ff.)

Selbst die bloß obligatorische Berechtigung wie Miete oder Pacht kann dazu geeignet sein die Antragsbefugnis zu verleihen. Die Antragsbefugnis ergibt sich insoweit daraus, dass in § 1 V, VI BauGB die Wohnverhältnisse ausdrücklich thematisiert werden, was eine Beschränkung nur auf die Eigentümer ausschließt. Die Antragsbefugnis ist nämlich schon dann gegeben, wenn der Antragsteller negativ in einem Interesse betroffen ist, das bei Aufstellung des Bebauungsplans hätte berücksichtigt werden müssen.[561]

Der Nacherbe aber kann durch einen Bebauungsplan nicht in subjektiv-öffentlichen Rechten verletzt werden.

Zwar erlangt der Nacherbe bereits mit dem Erbfall ein Anwartschaftsrecht an der Erbschaft, jedoch ist er vor Eintritt des Nacherbfalls weder Eigentümer der zum Nachlass gehörenden Erbschaftsgegenstände, noch steht ihm an diesen ein Nutzungsrecht zu.[562]

Eine Rechtsverletzung durch den Bebauungsplan scheidet ferner dann aus, wenn in diesem Beeinträchtigungen Dritter angelegt sind, die erst noch durch eine selbstständig anfechtbare Maßnahme konkretisiert werden müssen.

Ebenso bewirkt ein Bebauungsplan dann keine Rechtsverletzung, wenn zur Bewältigung bestehender Nutzungskonflikte ein vom Satzungsgeber als geeignet angesehenes Instrumentarium zur Verfügung steht.[563]

bb) Von Behörden

keine Rechtsverletzung nötig

Wird der Antrag von einer Behörde gestellt, so folgt die Antragsbefugnis bereits aus der Antragsberechtigung. Eine Rechtsverletzung muss die Behörde nicht geltend machen. Allerdings muss ein Kontrollinteresse dieser Behörde bestehen (Rn. 454).

cc) Präklusion

Präklusion

Nach § 47 IIa VwGO sind Antragsteller präkludiert, die nur solche Einwendungen geltend machen, die i.R.d. öffentlichen Auslegung nach § 3 II BauGB hätten vorgebracht werden können, dort aber nicht oder nur verspätet vorgebracht wurden.

Voraussetzung ist allerdings, dass auf diese Rechtsfolgen im Verfahren nach § 3 II BauGB hingewiesen wurde, vgl. § 3 II S. 2 BauGB.

hemmer-Methode: § 47 IIa VwGO korrespondiert mit der Präklusionsvorschrift des § 4a VI VwGO. Eine interessante Frage wird sein, ob derjenige, der keine Einwendungen im Genehmigungsverfahren geltend gemacht hat und damit im Normenkontrollverfahren präkludiert ist, in einem Anfechtungsverfahren gegen eine Baugenehmigung nach § 30 BauGB die Unwirksamkeit des Bebauungsplans geltend machen kann.

---

561 BVerwG, NVwZ 2000, 807 für Miete; 2000, 806 für Pacht zu § 1 V BauGB a.F.; Eyermann/Schmidt, § 47 VwGO, Rn. 46.
562 OVG NW, NWVBl. 1998, 27 (28).
563 OVG Münster, NVwZ 1997, 694.

4. Antragsfrist

Frist

Gemäß § 47 II S. 1 VwGO muss die Normenkontrolle innerhalb eines Jahres nach der Bekanntmachung erhoben werden. Über § 57 II VwGO finden die einschlägigen Bestimmungen der ZPO und des BGB Anwendung. Mit Fristablauf tritt dennoch keine Bestandskraft ein. § 47 II S. 1 VwGO bezieht sich nur auf die prinzipale Normenkontrolle und lässt die Möglichkeit der Inzidentkontrolle der betroffenen Norm, z.B. im Rahmen einer Anfechtungsklage gegen einen aufgrund dieser Vorschrift erlassenen VA, auch nach Ablauf der Jahresfrist völlig offen.[564] Handelt es sich um sog. self-executing-Normen, die keiner Vollziehung durch die Verwaltung zugänglich sind, ist der Rechtsschutz über eine zeitlich unbefristete Feststellungsklage möglich. Die Fristregelung in § 47 II S. 1 VwGO ist daher weitgehend sinnlos, da die Befugnis der Verwaltungsgerichte, Normen inzident auf ihre Vereinbarkeit mit höherrangigem Recht zu prüfen, unberührt bleibt.

> **hemmer-Methode:** Relevant wird diese Frist jedoch, wenn eine allgemeingültige Entscheidung über die Ungültigkeit angestrebt wird. Anders als das Normenkontrollverfahren bindet nämlich eine Inzidentkontrolle andere Richter nicht.

5. Vorbehalt zugunsten der Verfassungsgerichtsbarkeit (§ 47 III VwGO)

451

Nach überwiegender Meinung handelt es sich bei § 47 III VwGO um keine Zulässigkeitsvoraussetzung (Argument: Wortlaut der Vorschrift), sondern um eine Frage des Prüfungsmaßstabes. Nach der herrschenden konkreten Betrachtungsweise darf das OVG solche Prüfungsmaßstäbe nicht anwenden, mit denen auf Betreiben desselben Antragstellers dieselbe untergesetzliche Rechtsnorm auch von einem Verfassungsgericht überprüft werden könnte. Da in Nordrhein-Westfalen der einzelne Bürger eine abstrakte Normenkontrolle vor dem Landesverfassungsgericht nicht in Gang bringen kann, ist der h.M. zufolge neben Landesrecht auch das Landesverfassungsrecht als Prüfungsmaßstab heranzuziehen.

> **hemmer-Methode:** Zeigen Sie in der Klausur kurz, dass Sie das Problem kennen, ohne dabei aber Zeit zu verlieren.

6. Rechtsschutzbedürfnis

a) Rechtsmissbrauch und Verwirkung

Im Einzelfall können hier der Rechtsmissbrauch und die Verwirkung eine Rolle spielen.

452

RSB fehlt bei endgültigen Zuständen

Grundsätzlich gilt: Eine zu erwartende Rechtsverletzung muss noch verhindert, eine bereits eingetretene in irgendeiner Form beseitigt oder zumindest gemindert werden können.

> **Bsp.:** *Ein Rechtsschutzbedürfnis für die Überprüfung eines Bebauungsplans besteht nicht (mehr), wenn das Plangebiet aufgrund unanfechtbarer Genehmigungen bebaut ist und die durch den Plan eingetretene Rechtsverletzung auch bei Unwirksamkeitserklärung nicht entfällt.*

Ferner darf auch kein Fall des Rechtsmissbrauchs vorliegen.

---

564 Schenke, NJW 1997, 81 (83).

> *Bsp.:* Rechtsmissbräuchlichkeit liegt vor, wenn ein Bauer in unmittelbarer Hofnähe Bauerwartungs- oder Rohbauland an die Gemeinde veräußert, dann aber verlangt, dass dieser Bereich auf Kosten der Gemeinde von der Bebauung freigehalten wird.[565]

Andererseits ist für die Bejahung des Rechtsschutzinteresses bereits ausreichend, wenn bei Nichtigkeit eines die Bebauung einschränkenden Bebauungsplanes die Geltendmachung eines Baurechts jedenfalls nicht offensichtlich aussichtslos ist.[566]

b) Verhältnis zu Anfechtungs- und Verpflichtungsklage

nebeneinander mögl.

Die Möglichkeit einer Inzidentkontrolle schließt das Rechtsschutzbedürfnis für die Normenkontrollklage nicht aus: Der Antrag kann also auch neben einer (bereits anhängigen oder nur möglichen) Anfechtungs-/Verpflichtungsklage gestellt werden.[567]

Aus § 47 IV VwGO ergibt sich, dass dies auch für eine verfassungsgerichtliche Überprüfung gilt.

c) Objektives Kontrollinteresse der Behörde

mit Ausführung der Norm befasst

Ist Antragsteller eine Behörde, so ist erforderlich, dass diese mit der Ausführung der Norm befasst ist. Ist das der Fall, so ist der Antrag auch dann zulässig, wenn die Behörde nach Vorschriften über die Kommunalaufsicht einschreiten könnte.

7. Richtiger Antragsgegner

Rechtsträgerprinzip

Antragsgegner ist der Rechtsträger, der die angegriffene Rechtsvorschrift erlassen hat (§ 47 II S. 2 VwGO).

hemmer-Methode: Achten Sie auf die richtige Terminologie: In der Normenkontrollklage gibt es keinen Kläger und auch keinen Beklagten, sondern nur einen Antragenden und einen Antragsgegner!

II. Beiladung

Beiladung str.

Ob es i.R.d. Normenkontrolle eine Beiladung (§ 65 VwGO) gibt, war lange umstritten.

hemmer-Methode: Beachten Sie, dass die Frage der Beiladung mit der Zulässigkeit der Klage/des Antrags nichts zu tun hat. Das muss in Ihrem Prüfungsaufbau deutlich werden (eigener Prüfungspunkt!).

Bis zur Einführung des § 47 II S. 4 VwGO[568] war nach wohl herrschender Ansicht die Möglichkeit einer Beiladung zu verneinen. Dies ergab sich zwar nicht aus § 65 VwGO, der scheinbar für alle Verfahrensarten gilt,[569] wohl aber aus § 47 II S. 3 VwGO (Äußerungsmöglichkeit für (Mit-)Betroffene), der insoweit lex specialis war.

---

[565] OVG NW, NwVBl. 1997, 215.
[566] OVG NW, NWVBl. 98, 236.
[567] VGH München, BayVBl. 72, 444; **Hemmer/Wüst, Verwaltungsrecht II, Rn. 379**.
[568] Durch das RmBereinVpG vom 01.01.2002.
[569] So auch Kopp/Schenke, § 65 VwGO, Rn. 3 und § 47 VwGO, Rn. 42.

Auch die Wirkung der Entscheidung sprach für diese Ansicht: Nach § 47 V S. 2 HS 2 VwGO ist die Unwirksamkeitserklärung allgemeinverbindlich; umgekehrt kommt der Ablehnung des Antrags keine materielle Rechtskraftwirkung i.S.v. § 121 VwGO zu.[570] Eine Beiladung sei damit weder notwendig, noch sinnvoll.

Der BayVGH gewährte den sonst Beizuladenden dennoch rechtliches Gehör aufgrund des Art. 103 I GG.[571]

Das BVerfG[572] hat sich zu diesem Komplex noch nicht abschließend geäußert. In einem Beschluss neigt es aber der Auffassung zu, im Unterschied zum Wortlaut des § 47 II VwGO auch die Beiladung von Eigentümern, die ein Interesse an der Wirksamkeit des Bebauungsplans. haben, für erforderlich zu halten. Dies ergebe sich aus einem unmittelbar aus Art. 14 GG verankerten Anspruch auf effektiven Rechtsschutz. Allerdings folge hieraus nicht unmittelbar eine Beiladungspflicht, vielmehr müssten die widerstreitenden Belange des effektiven Rechtsschutz des Eigentümers und dem staatlichen Interesse an einer geordneten Prozessführung i.R.d. Ermessensentscheidung nach § 65 I VwGO berücksichtigt werden.[573]

Der Gesetzgeber hat diesen Bedenken des BVerfG Rechnung getragen und in § 47 II S. 4 VwGO einen ausdrücklichen Verweis auf die Vorschriften zur Beiladung verankert.

III. Begründetheit der Normenkontrolle

1. Prüfungsmaßstab

auch LandesR

Zu überprüfen ist die entsprechende Norm hinsichtlich des gesamten Bundesrechts. Da der Vorbehalt nach § 47 III VwGO nach der herrschenden konkreten Betrachtungsweise in Nordrhein-Westfalen keine Rolle spielt,[574] ist Prüfungsmaßstab auch Landesverfassungsrecht.

§ 47 III VwGO auch bei § 47 I Nr. 1 VwGO

Handelt es sich bei der zu überprüfenden Vorschrift um eine Satzung nach § 47 I Nr. 1 VwGO, sollte kurz klargestellt werden, dass § 47 III VwGO selbstverständlich auch hier gilt.[575]

2. Unwirksamkeit der angegriffenen Vorschrift

Ausgangspunkt

Ausgangspunkte für die Überprüfung eines Bauleitplans in der Klausur sind §§ 6 II, 10 II S. 2 BauGB.

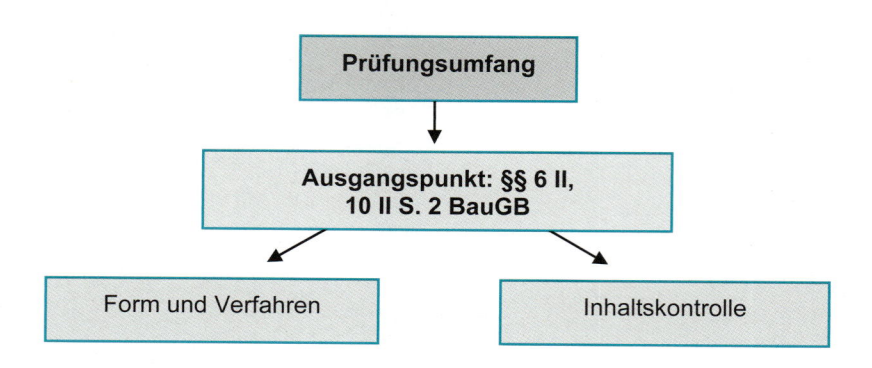

```
            Prüfungsumfang
                 ↓
        Ausgangspunkt: §§ 6 II,
           10 II S. 2 BauGB
            ↙           ↘
   Form und Verfahren    Inhaltskontrolle
```

---

[570] BVerwGE 65, 136; a.A. Kopp/Schenke, § 47 VwGO, Rn. 146.
[571] BayVGH, BayVBl. 1980, 116.
[572] Vgl. hierzu auch Bamberger, NVwZ 2002, 556.
[573] BVerfG, BauR 2002, 1720.
[574] Siehe Rn. 451.
[575] Kopp/Schenke, § 47 VwGO, Rn. 95 m.w.N.

§ 5 RECHTSSCHUTZ GEGEN BAULEITPLÄNE

grds. bei Normen: rechtswidrig = nichtig

Grundsätzlich ist eine Rechtsvorschrift nichtig, wenn sie formell und/oder materiell rechtswidrig ist, also gegen höherrangiges Recht verstößt.

> **hemmer-Methode:** Vergegenwärtigen Sie sich, dass im Gegensatz zu Verwaltungsakten, die auch rechtswidrig bestandskräftig und damit wirksam werden können, rechtswidrige Normen nach unserer Rechtsordnung grundsätzlich einer Bestandskraft nicht fähig, sondern regelmäßig nichtig sind.

Ausnahme: §§ 214 ff. BauGB

Anderes gilt im Bereich der Bauleitplanung: Dort schränken die §§ 214, 215 BauGB die Folgen von Rechtsverstößen im Rahmen einer gerichtlichen Überprüfung erheblich ein.

Soll in einer Klausur z.B. ein Bebauungsplan überprüft werden, könnte der Obersatz lauten:

⇨ „Der (zulässige) Normenkontrollantrag ist gem. § 47 V S. 2 HS 1 VwGO begründet, wenn und soweit der Bebauungsplan unwirksam ist. Unwirksam ist er (ganz oder teilweise) dann, wenn er an einem formellen und/oder materiellen Fehler leidet und für diesen Fehler die Unwirksamkeitsfolge nicht durch die Sonderbestimmungen der §§ 214 f. BauGB ausgeschlossen ist."

> **hemmer-Methode:** Die gerichtlich nur eingeschränkte Überprüfung durch die §§ 214 ff. BauGB führt zu verschiedenen Aufbaumöglichkeiten. In der Praxis wird man von vornherein nur die Punkte prüfen, die letztendlich zu beachtlichen Fehlern führen können. Da Sie in einer Klausur den Plan jedoch sowieso insgesamt überprüfen müssen, können Sie wählen, ob Sie nach jedem gefundenen Fehler sofort auf die §§ 214 ff. BauGB eingehen, oder ob Sie erst im Anschluss an die Prüfung die Beachtlichkeit der gefundenen Fehler insgesamt behandeln. Es wurde hier der zweite Weg gewählt, um die Systematik der §§ 214 ff. BauGB übersichtlich und vollständig darstellen zu können.

a) Rechtsgrundlage

§§ 1 III S. 1, 2 I S. 1 BauGB

Rechtsgrundlage für die Aufstellung eines Bauleitplans sind §§ 1 III S. 1, 2 I S. 1 BauGB.

b) Formelle Rechtmäßigkeit

Verfahren und Form

Zu überprüfen ist, ob das Planungsverfahren ordnungsgemäß durchgeführt wurde: Die Rechtsvorschrift muss vom zuständigen Normgeber unter Beachtung sämtlicher Verfahrensvorschriften in der richtigen Form erlassen worden sein.

aa) Zuständigkeit: Aufgabe der Gemeinde

§ 2 I S. 1 BauGB

Gemäß der Zuständigkeitsvorschrift des § 2 I S. 1 BauGB sind die Bauleitpläne von den Gemeinden in eigener Verantwortung aufzustellen.

Organkompetenz gem. § 10 I BauGB i.V.m. § 41 I S. 2 lit. f GO NRW

Die hier anzugebende Organkompetenz ist die für den das Bauleitplanungsverfahren abschließenden Beschluss. Da es sich beim Bebauungsplan gem. § 10 I BauGB um eine Satzung handelt, folgt die Organkompetenz des Gemeinderates zu dessen Erlass aus § 41 I S. 2 lit. f GO NRW.

nicht § 41 I S. 2 lit. g GO NRW

Der § 41 I S. 2 lit. g GO NRW ist hier nicht zu nennen. Er hat lediglich Klarstellungsfunktion dahingehend, dass die nicht abschließenden Beschlüsse des Bauleitplanungsverfahrens (der Aufstellungsbeschluss, sowie der Billigungs- und Auslegungsbeschluss; dazu Rn. 470 ff.) auf einen Ausschuss übertragen werden können.[576]

kommunale Planungshoheit

Die Befugnis der Gemeinden, ihre städtebaulichen Vorstellungen mit den Mitteln der Bauleitplanung in eigener Verantwortung zu verwirklichen, wird als sog. kommunale Planungshoheit bezeichnet.[577]

Diese Kompetenz ist auch verfassungsrechtlich gewährleistet. Gemäß Art. 28 II GG haben die Gemeinden das Recht, alle Angelegenheiten der örtlichen Gemeinschaft in eigener Verantwortung zu regeln. Zu diesen Angelegenheiten zählen insbesondere die Bereiche, „die in der örtlichen Gemeinschaft wurzeln und von dieser selbstständig und eigenverantwortlich bewältigt werden können".[578]

Die Bauleitplanung als Aufgabe, die bauliche und sonstige Nutzung der Grundstücke in der Gemeinde vorzubereiten und zu leiten (vgl. § 1 I BauGB), erfüllt diese Anforderungen.

Exkurs: Grenzen der Befugnis zur Bauleitplanung

Grenzen Art. 28 II GG i.R.d. Gesetze

Allerdings findet die gemeindliche Planungshoheit ihre Grenzen in verschiedenen gesetzlichen Bestimmungen,[579] die gemäß Art. 28 II GG („i.R.d. Gesetze") zulässig sind.

Voraussetzung einer wirksamen Beschränkung der Selbstverwaltung ist jedoch, dass zumindest deren Kern unangetastet bleibt.[580]

> **Bsp.:** Durch Gesetz soll bestimmten Gemeinden die Befugnis zum Erlass von Bauleitplänen entzogen werden. Ist das möglich?
>
> Die Lösung hängt nach h.M. davon ab, ob der Erlass von Bauleitplänen zum Kernbereich der gemeindlichen Selbstverwaltung gehört.[581]
>
> Das BVerfG[582] hat diese Frage bisher offen gelassen, nach h.M. in der Literatur[583] gehört jedenfalls der Bebauungsplan zum Aufgabenkern (für Flächennutzungsplan umstritten, wohl ebenfalls zu bejahen).
>
> Die h.M.[584] geht von der grundsätzlichen Entziehbarkeit von Angelegenheiten der örtlichen Gemeinschaft aus. Art. 28 II GG wird dahingehend interpretiert, dass nur insgesamt ein Kernbereich an Aufgaben bei der Gemeinde verbleiben müsse, dass jedoch solche Angelegenheiten, die nicht zu diesem Kern gehören, durchaus durch Gesetz entzogen werden können.

---

576 Held/Becker/Decker u.a., GO NRW , § 41, Anm. 2.1 zu Buchst. G; Kleerbaum/Palmen/Smith, GO NRW, § 41, Anm. IV 7.
577 Verfolgt die Gemeinde mit ihren planerischen Festsetzungen alleine Ziele des Denkmalschutzes, handelt es sich um eine unzulässige Negativplanung, BVerwG, NVwZ 2001, 1043.
578 So z.B. BVerfGE 8, 122 (134).
579 Dazu unten Rn. 502 ff.
580 BVerfGE 56, 298 (312) m.w.N.
581 Battis/Krautzberger/Löhr, § 2 BauGB, Rn. 20 f.; E/Z/B, § 2 BauGB, Rn. 5 ff.
582 In BVerfGE 56, 298 (312).
583 Koch/Hosch, a.a.O. S. 109 m.w.N.
584 Z.B. Maunz in M/D, Art. 28 GG, Rn. 52.

Eine andere Ansicht[585] bezieht die Schranke „i.R.d. Gesetze" nur auf die Eigenverantwortlichkeit der Aufgabenerfüllung und kommt zu dem Ergebnis, dass den Gemeinden hinsichtlich jeder (einzelnen) Angelegenheit der örtlichen Gemeinschaft ein Kernbereich verbleiben müsse.

Diese Ansicht ist vorzuziehen.[586] „I.R.d. Gesetze" bezieht sich syntaktisch gesehen nur auf die Eigenverantwortlichkeit. Auch der Wortlaut des Art. 28 II GG stützt dieses Ergebnis: In Art. 28 II S. 2 GG ist vom „Rahmen des gesetzlichen Aufgabenbereichs" die Rede, in Art. 28 II S. 1 GG findet sich diese Formulierung gerade nicht.

Zudem führt auch die teleologische Auslegung[587] zu keinem anderen Ergebnis. Der Regelungszweck (Berücksichtigung überörtlicher Belange) kann auch durch eine Einschränkung der Eigenverantwortlichkeit der Aufgabenwahrnehmung erreicht werden.[588] Es bleibt dann die Frage, inwieweit diese Eigenverantwortlichkeit im Einzelfall eingeschränkt werden kann. Eine Entziehung insgesamt ist keinesfalls möglich.

Übertragung §§ 203 ff. BauGB

Im BauGB selbst ist die Übertragung der Planungshoheit in den §§ 203 ff. BauGB geregelt.

466

Im Hinblick auf obige Ausführungen muss zumindest die Verfassungsmäßigkeit des § 203 II BauGB (Übertragung gegen den Willen der Gemeinde) bezweifelt werden.[589]

Exkurs Ende

bb) Das Planungsverfahren

Klausurbedeutsam sind insbesondere Kenntnisse der wichtigsten Verfahrensschritte beim Zustandekommen von Bauleitplänen und der typischerweise damit verbundenen Problemkreise.

---

585 Knemeyer, in v. Mutius, a.a.O. S. 224.
586 So auch Koch/Hosch, a.a.O. S. 108.
587 Müller/Christensen, Juristische Methodik des öffentlichen Rechts, 10. Auflage, 2009, Rn 363.
588 Vgl. Koch/Hosch, a.a.O. S. 108.
589 Anders Battis/Krautzberger/Löhr, § 203 BauGB, Rn. 2, der darauf hinweist, dass noch nicht abschließend geklärt sei, inwieweit die Planungshoheit zum Kernbereich des Art. 28 II GG gehöre.

Übersicht:

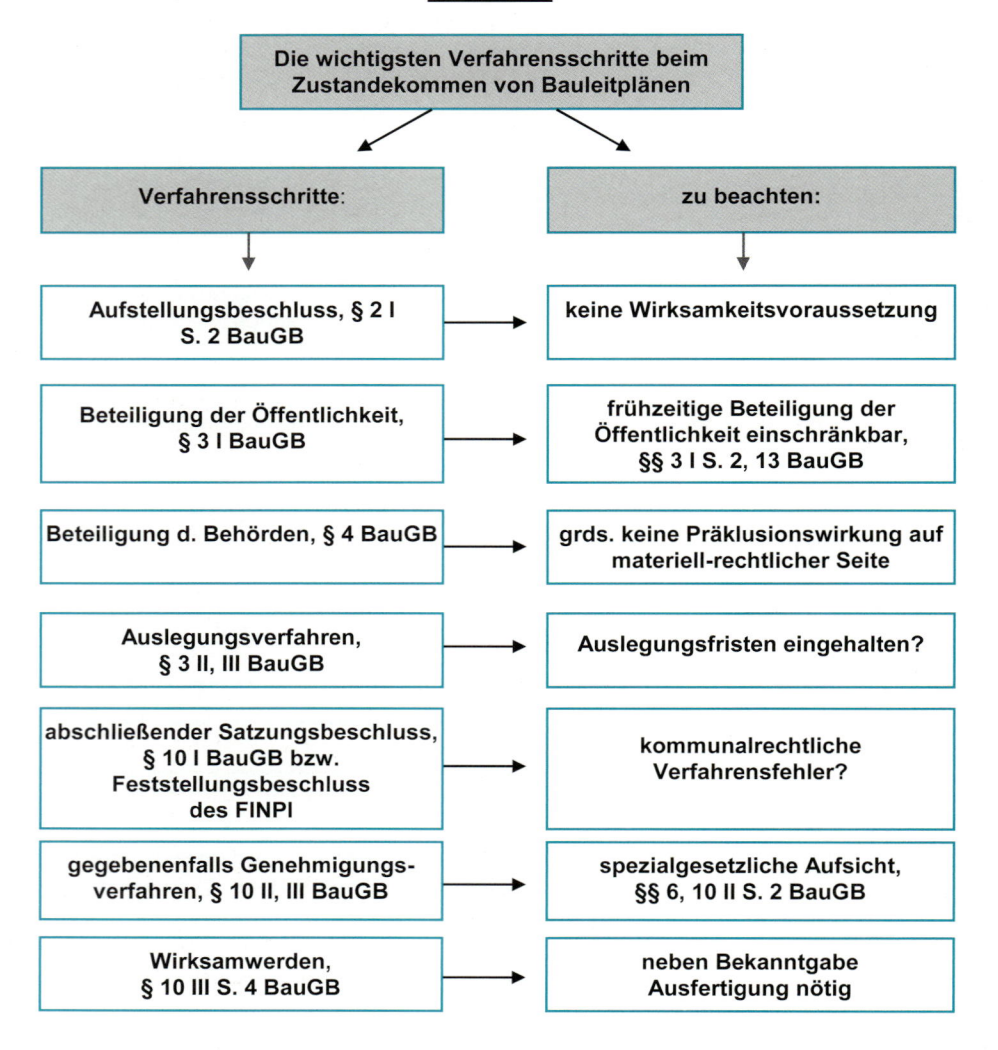

Die wichtigsten Verfahrensschritte beim Zustandekommen von Bauleitplänen

Verfahrensschritte:	zu beachten:
Aufstellungsbeschluss, § 2 I S. 2 BauGB	keine Wirksamkeitsvoraussetzung
Beteiligung der Öffentlichkeit, § 3 I BauGB	frühzeitige Beteiligung der Öffentlichkeit einschränkbar, §§ 3 I S. 2, 13 BauGB
Beteiligung d. Behörden, § 4 BauGB	grds. keine Präklusionswirkung auf materiell-rechtlicher Seite
Auslegungsverfahren, § 3 II, III BauGB	Auslegungsfristen eingehalten?
abschließender Satzungsbeschluss, § 10 I BauGB bzw. Feststellungsbeschluss des FlNPl	kommunalrechtliche Verfahrensfehler?
gegebenenfalls Genehmigungsverfahren, § 10 II, III BauGB	spezialgesetzliche Aufsicht, §§ 6, 10 II S. 2 BauGB
Wirksamwerden, § 10 III S. 4 BauGB	neben Bekanntgabe Ausfertigung nötig

Bauleitplanverfahren

Das BauGB regelt das Verfahren nur bezüglich der baurechtlichen Aspekte.

Der Bundesgesetzgeber hat es insbesondere dem Landeskommunalrecht überlassen, festzulegen, welche gemeindlichen Organe für welche verfahrensrechtlichen Schritte im Planaufstellungsverfahren zuständig sind.[590]

z.B. auch GO NRW wegen Beschlussfassung

So bestimmt z.B. § 10 I BauGB, dass der Bebauungsplan als Satzung zu beschließen ist. Wie der Beschluss im Einzelnen zustande kommt, richtet sich allein nach den Vorschriften der GO NRW.

In diesem Bereich klausurrelevant ist z.B. der Ausschluss von Gemeinderatsmitgliedern bei Beratung und Abstimmung oder die Auswirkung der persönlichen Beteiligung auf das Abstimmungsergebnis (§ 43 II GO NRW i.V.m. § 31 GO NRW). Typisch sind auch Fragen der ordnungsgemäßen Ladung der Gemeinderatsmitglieder vor Beschlussfassung (§§ 47, 48 GO NRW).

Ein weiteres Problem in diesem Zusammenhang bildet die Frage, inwieweit Verstöße gegen landesrechtliche Vorschriften im Hinblick auf die Wirksamkeit des Bauleitplans beachtlich sind (dazu unten Rn. 566).

---

590 BVerwG, NVwZ 1988, 916.

§ 5 RECHTSSCHUTZ GEGEN BAULEITPLÄNE

Verfahrensschritte bis zum Beschluss über den Bauleitplan

Im Folgenden werden nun die wichtigsten Verfahrensschritte der Planaufstellung dargestellt (nach § 1 VIII BauGB gelten diese Vorschriften auch für die Änderung, Ergänzung oder Aufhebung eines Bauleitplans; ist die Änderung oder Ergänzung nicht erheblich, gilt zudem die Vereinfachungsregel des § 13 BauGB):

(1) Der Aufstellungsbeschluss

(a) Zuständiges Organ für Beschlussfassung

Aufstellungsbeschluss

Durch diesen Beschluss wird das Verfahren förmlich eröffnet (§ 2 I S. 2 BauGB).

nicht ausdrücklich geregelt

Obwohl gesetzlich nicht ausdrücklich bestimmt, wurde zum früheren § 2 I BBauG a.F. die Auffassung vertreten, dieser Beschluss dürfe bundesrechtlich nur vom Gemeinderat gefasst werden.[591] Begründet wurde dies mit den zum Teil weit reichenden Konsequenzen des Aufstellungsbeschlusses (z.B. Veränderungssperre nach § 14 BBauG, Zurückstellung von Baugesuchen nach § 15 BBauG, Genehmigungsmöglichkeit nach § 33 BBauG).

Trotz gleicher Rechtsfolgen nach BauGB soll nun die Gemeinde durch § 2 I BauGB nicht gehindert sein, die Beschlussfassung auf andere Stellen als den Gemeinderat zu übertragen.[592] Es gilt allein Landesrecht. In § 41 I S. 2 lit. g GO NRW werden „ ... abschließende Satzungsbeschlüsse auf der Grundlage des Baugesetzbuchs ... " für nicht übertragbar erklärt. Nun ordnet dies aber bereits § 41 I S. 2 lit. f GO NRW für jegliche Satzungsbeschlüsse allgemein an. Daher ist die Regelung des § 41 I S. 2 lit. g GO NRW als Klarstellung dahingehend zu verstehen, dass nicht-abschließende Beschlüsse nach BauGB übertragbar sind (Umkehrschluss zum Wortlaut). Hierunter fällt auch der Aufstellungsbeschluss, welcher folglich nicht durch den Gemeinderat erfolgen muss.[593]

(b) Ortsübliche Bekanntmachung

ortsübliche Bekanntmachung

Der Aufstellungsbeschluss ist ortsüblich bekannt zu machen (§ 2 I S. 2 BauGB - zuständig, da reiner Vollzugsakt, gemäß § 62 II S. 2 GO NRW der Bürgermeister).

(c) Aufstellungsbeschluss keine Wirksamkeitsvoraussetzung

keine Wirksamkeitsvoraussetzung

Wichtig: Der Aufstellungsbeschluss ist für den späteren Bauleitplan keine Wirksamkeitsvoraussetzung.[594] Begründet wird diese Ansicht mit dem Hinweis darauf, dass der Beschluss nach dem BauGB nicht zwingend vorgeschrieben sei.

hemmer-Methode: Etwas anderes gilt für den Erlass von Veränderungssperren (§ 14 BauGB), die Zurückstellung von Baugesuchen (§ 15 BauGB) und den Erlass von Baugenehmigungen nach § 33 BauGB. Insoweit ist ein rechtmäßiger Planaufstellungsbeschluss Wirksamkeitsvoraussetzung.[595] Weiter muss der Planaufstellungsbeschluss hinreichend bestimmt sein und die künftige Plankonzeption erkennbar sein. Nur dann kann nämlich über deren Sicherung gerade im Verfahren nach § 14 II BauGB auch entschieden werden.[596]

---

591 Vgl. Koch/Hosch, a.a.O. S. 140.
592 Battis/Krautzberger/Löhr, § 2 BauGB, Rn. 3 sowie Koch/Hosch, a.a.O. S. 141.
593 Kleerbaum/Palmen/Smith GO NRW, § 41, Anm. IV 7; Held/Becker/Decker u.a., GO NRW , § 41, Anm. 2.1 zu Buchst. g.
594 So z.B. BVerwG, NVwZ 1988, 916; E/Z/B, § 2 BauGB, Rn. 22 ff.
595 E/Z/B, § 2 BauGB, Rn. 25.
596 OVG Frankfurt Oder, NVwZ-RR 2005, 386.

Bsp.: Ein Gemeinderatsmitglied meint, der beschlossene Bebauungsplan sei unwirksam, weil der zugrundeliegende Aufstellungsbeschluss keinerlei Angaben hinsichtlich der beabsichtigten Planung enthalten hatte. „Auf so einen Beschluss könne man ganz verzichten."

Der Aufstellungsbeschluss dient allein der Verfahrenseröffnung. Die Gemeinde beschließt, einen gewissen Teil ihres Gebiets zu beplanen.

Der Beschluss muss gerade keine Aussagen über den Inhalt der beabsichtigten Planung enthalten.[597] Notwendig (und ausreichend) ist, dass der Planbereich bezeichnet wird, ohne dass dieser mit dem endgültigen Plangebiet identisch sein müsste.

Der Aufstellungsbeschluss ist somit wirksam, darüber hinaus stünde auch ein unwirksamer Beschluss dem Bebauungsplan nicht entgegen, der Aufstellungsbeschluss ist gerade keine Voraussetzung für die Rechtmäßigkeit des Bebauungsplans.

(2) Ermittlung des Abwägungsmaterials, § 2 III BauGB

Die Verfahrensgrundnorm: § 2 III BauGB

Die Gemeinde trifft nach § 2 III BauGB die Pflicht, das Abwägungsmaterial zu ermitteln und zu bewerten. Diese mit dem EAG Bau eingeführte Regelung soll nach dem gesetzgeberischen Willen[598] als „Verfahrensgrundnorm" fungieren. Mit dieser Ermittlung sollte grundsätzlich unmittelbar nach dem Planaufstellungsbeschluss begonnen werden. Zur Ermittlung des Abwägungsmaterials dient dann auch die Bürger- und die Behördenbeteiligung nach §§ 3 ff. BauGB.

473a

Der Umfang der Ermittlungspflicht ist nicht abstrakt festgelegt, sondern hängt im Einzelfall davon ab, welche Auswirkungen von der geplanten Bebauung auf die Umgebung ausgehen können und umgekehrt welchen Beeinträchtigungen die geplante Bebauung ausgesetzt werden wird.

hemmer-Methode: Bis zur Einführung des § 2 III BauGB im Jahr 2005 wurden Fehler in der Ermittlung des Abwägungsmaterials als materielle Fehler gesehen, v.a. das sog. Abwägungsdefizit. Mit der Schaffung des § 2 III BauGB ist nun von einem formellen Fehler auszugehen. Zur besseren Übersichtlichkeit wird die Thematik aber einheitlich unter dem Aspekt der Abwägung dargestellt, vgl. unten Rn. 594 ff. Die Unterscheidung in formelle und materielle Fehler ist vor allem für die Fehlerfolge von Relevanz, § 214 I, III BauGB.

strategische Umweltprüfung

Mit dem EAG Bau wurde auch das Verfahren zur Ermittlung, Bewertung und Beschreibung der voraussichtlich erheblichen Umweltbelange eingeführt, § 2 IV BauGB i.V.m. Anlage 1. Es handelt sich um die gemeinschaftsrechtlich geforderte „strategische Umweltprüfung". Dieses spezielle Verfahren soll die Erfassung der in §§ 1 VI Nr. 7, 1a BauGB behandelten Belange des Umweltschutzes gewährleisten. Das Ergebnis der Umweltprüfung ist dann gem. § 2 IV S. 4 BauGB im Rahmen der Abwägung nach § 1 VII BauGB zu berücksichtigen.[599] Zu diesem für die Praxis überaus relevanten Verfahren werden im Rahmen der juristischen Staatsexamen keine vertieften Kenntnisse verlangt.

Begründung zum Bauleitplanentwurf

Ebenfalls bereits im Aufstellungsverfahren zu entwickeln ist die Begründung des Bauleitplanentwurfs, § 2a BauGB. Diese enthält neben den Zielen, Zwecken und wesentlichen Auswirkungen des Bauleitplans den Umweltbericht, also die Ergebnisse der strategischen Umweltprüfung.

---

597 BVerwGE 51, 121 (127).
598 BT-Drs. 15/2250, S. 42
599 Eine Sonderstellung der Nr. 7 innerhalb des § 1 VI BauGB soll damit aber nicht begründet werden; Brenner, Öffentliches Baurecht, 3. Aufl., Rn. 286.

Wie sich aus dem Wortlaut des § 2a I S. 2 BauGB („entsprechend dem Stand des Verfahrens") ergibt, handelt es sich um ein sich sukzessive entwickelndes Dokument. Wenn es auch in den frühen Phasen der Planung nicht vollständig sein wird, so ist es doch wichtig für die Bürger- und Behördenbeteiligung, vgl. §§ 3 II S. 1, 4 II S. 1 BauGB.

(3) Die Mitwirkung der Bürger am Planungsprozess

(a) Phasen der Bürgerbeteiligung

Beteiligung der Öffentlichkeit

§ 3 BauGB normiert für die Bauleitplanung verschiedene Phasen der Bürgerbeteiligung:

474

> **1. Phase: sog. frühzeitige Bürgerbeteiligung** (§ 3 I BauGB)
> ⇨ öffentliche Unterrichtung über Ziele, Zwecke und Auswirkungen der Planung (§ 3 I S. 1 HS 1 BauGB)
> ⇨ Anhörung der Öffentlichkeit (§ 3 I S. 1 HS 2 BauGB)
> ⇨ ggf. Entbehrlichkeit (§ 3 I S. 2 BauGB)
>
> **2. Phase: das Auslegungsverfahren** (§ 3 II und III BauGB)
> ⇨ Bekanntmachung der Auslegung (§ 3 II S. 2 BauGB)
> ⇨ öffentliche Auslegung (§ 3 II S. 1 BauGB)
> ⇨ Prüfung der fristgerecht vorgebrachten Stellungnahmen (§ 3 II S. 4 BauGB)

(b) Billigungs- und Auslegungsbeschluss

Billigungs- und Auslegungsbeschluss (arg e § 3 II BauGB)

Der Übergang von der ersten zur zweiten Phase der Bürgerbeteiligung erfolgt, wenn beschlussfähige Entwürfe samt Begründung und Umweltbericht vorliegen. Dass das Planungsverfahren diesen Zustand erreicht hat und welche Entwürfe ausgelegt werden, wird in der Regel im Wege des Billigungs- und Auslegungsbeschluss festgestellt.

auf Ausschüsse übertragbar

Dass dieser Beschluss auch auf einen Ausschuss übertragen werden kann, ist § 41 I S. 2 lit. g GO NRW zu entnehmen (der ausdrücklich nur die abschließenden Beschlüsse des Baurechts für nicht übertragbar erklärt).

Üblich, aber kein Erfordernis

Wie der Aufstellungsbeschluss, so ist auch der Billigungs- und Auslegungsbeschluss an keiner Stelle explizit gesetzlich angeordnet. Daher führt sein Fehlen, wie auch die Beschlussfassung durch ein unzuständiges Organ nicht zur Rechtswidrigkeit des Bebauungsplans.[600]

(c) Funktion der Bürgerbeteiligung

Information der Gemeinde, Einflussnahme

Sinn und Zweck dieser Bürgerbeteiligung ist zum einen die bessere Information der planenden Gemeinde über Wünsche oder Befürchtungen der betroffenen Bürger,[601] zum anderen die Möglichkeit der kontrollierenden Einflussnahme der Bürger auf den allein entscheidungsbefugten Gemeinderat.[602]

475

---

600 Ernst/Zinkahn/Bielenberg/Krautzberger/Söfker § 3 BauGB, Rn. 33.
601 Sog. Informationsfunktion, vgl. BVerwG, NVwZ 1988, 822.
602 Sog. demokratische Funktion, BVerwG a.a.O.

auch Rechtsschutzfunktion

Seit BVerfGE 53, 30 (Mühlheim-Kärlich) steht zudem die Rechtsschutzfunktion im Vordergrund. Richtet der Gesetzgeber in einem Sachbereich, für den er Schutzpflichten hat, ein Beteiligungsverfahren ein, dann haben diese Vorschriften für den materiell Betroffenen grundrechtsschützende und damit subjektiv-rechtliche Wirkung.

Eine Antragsbefugnis ergibt sich daraus für all die Fälle, in denen ein Betroffener geltend machen kann, dass sich die Nichtbeachtung der Verfahrensvorschrift auf seine Rechtsposition ausgewirkt haben könnte.[603]

(d) Bekanntmachung der Auslegung:

Neben den Entwürfen der Bauleitplanung selber sind seit 01.01.2007[604] auch die nach Einschätzung der Gemeinde wesentlichen, bereits vorliegenden umweltbezogenen Stellungnahmen auszulegen. Der der Gemeinde hinsichtlich der Frage, welche Stellungnahmen „wesentlich" sind, eingeräumte Beurteilungsspielraum ist gerichtlich nur auf offensichtlichen Rechtsmissbrauch zu überprüfen.[605]

Bekanntmachung

> **Bsp.:** Die Gemeinde will die Auslegung eines Bebauungsplanentwurfs bekannt geben und erklärt im Gemeindeblatt: „Der Entwurf für den Bebauungsplan Nr. 110 liegt ab sofort einen Monat lang während der für den Publikumsverkehr vorgesehenen Dienststunden im Gemeindehaus aus. Es können dort Bedenken und Anregungen vorgebracht werden."
>
> *Ist diese Bekanntmachung rechtmäßig?*

Da die Gemeinde lediglich die Ordnungsnummer des Bebauungsplans bekannt gegeben hat, besteht auch für tatsächlich interessierte Bürger nicht die Möglichkeit, sich dieses Interesses bewusst zu werden. Gerade dies ist jedoch eine der von § 3 II S. 2 BauGB bezweckten Funktionen (sog. Anstoßfunktion).[606] In der Bekanntmachung hätte somit das Plangebiet genauer bezeichnet werden müssen (geographische Bezeichnung, Straßenname o.Ä.).

Zudem muss gemäß § 3 II S. 2 BauGB die Bekanntmachung mindestens eine Woche vor Beginn der Monatsfrist erfolgen. Auch muss der Bekanntmachung zu entnehmen sein, wann die Frist beginnt und wann sie endet (Bekanntgabe des Anfangstages der Frist).[607]

Fristberechnung

Die Berechnung der Monatsfrist des § 3 II S. 1 BauGB erfolgt über § 187 II BGB für den Fristbeginn und über § 188 II Alt. 2 BGB für das Fristende, sog. Ablauffrist.[608] Im Unterschied zur Ereignisfrist muss bei der hier anwendbaren „Ablauffrist" der erste Tag der Berechnung mitgezählt werden. Die Wochenfrist nach § 3 II S. 2 BauGB ist hingegen eine gewöhnliche Ereignisfrist[609].

> Fraglich ist, ob die Monatsfrist nach § 3 II S. 1 BauGB gewahrt ist, wenn der Planentwurf wie im vorliegenden Fall jeweils nur während der Zeit des Publikumsverkehrs eingesehen werden kann. Nach früher herrschender Meinung sollte das nicht genügen.[610]

---

603 Vgl. insgesamt Battis/Krautzberger/Löhr, § 3 BauGB, Rn. 3 und 4.
604 M.W.v. 01.01.2007 durch G. v. 21.12.2006 (BGBl. I S. 3316).
605 OVG Münster, NWVBl. 2008, 467.
606 BVerwGE 55, 369 (373).
607 Battis/Krautzberger/Löhr, § 3 BauGB, Rn. 14 f.
608 BGH, NJW 1972, 2035; vgl. auch **Life & Law 1999, 616**; J/D/W, § 3, Rn. 14.
609 J/D/W, § 3 BauGB, Rn. 20.
610 Z.B. Dolde, NJW 1981, 1929 (1931).

Heute wird richtigerweise darauf abgestellt, inwieweit die Möglichkeit der Einsichtnahme insgesamt als hinreichend zu bezeichnen ist. So können bei Kleingemeinden, die von ehrenamtlichem Personal verwaltet werden, wenige Stunden täglich bzw. wöchentlich ausreichend sein.[611]

Zweifel bestehen schließlich auch wegen des Hinweises in der Bekanntmachung, „Bedenken und Anregungen könnten dort vorgebracht werden". Die Gemeinde darf nichts unternehmen, was betroffene Bürger davon abhalten könnte, auf die Planung zu reagieren. Hier wird unzulässigerweise der Eindruck erweckt, schriftlich abgefasste Einwendungen würden nicht genügen, der Betroffene müsse vielmehr persönlich erscheinen.[612] Die Anstoßwirkung wird somit verfehlt.

Ähnlich unzulässig ist beispielsweise die Verwaltungspraxis, Name und Anschrift der Einsichtnehmenden zu notieren.[613]

(e) Einschränkung der Bürgerbeteiligung

Grenzen der Bürgerbeteiligung: §§ 3 I S. 2, 13 BauGB

Zu beachten ist, dass die oben aufgezeigten Grundzüge der Bürgerbeteiligung nicht uneingeschränkt gelten: Sowohl aus § 3 I S. 2 BauGB als auch aus § 13 II BauGB ergeben sich Begrenzungen.

(4) Die Beteiligung der Behörden und sonstiger Träger öffentlicher Belange

Beteiligung der Behörden; Informations- und Koordinationsfunktion

§ 4 BauGB hat in erster Linie die Funktion, der Gemeinde notwendige Informationen hinsichtlich all der öffentlichen Belange zu liefern, welche sie in die Abwägung gemäß § 1 VII BauGB einzustellen hat, vgl. § 4a I BauGB. Auch erfährt die Gemeinde auf diese Weise von beabsichtigten Planungen und Maßnahmen anderer Hoheitsträger (Koordinationsfunktion).

§ 4 BauGB: ebenfalls in zwei Phasen unterteilt

Wie bei der Beteiligung der Öffentlichkeit, ist auch das Verfahren der Beteiligung der Behörden zweistufig. Zuerst sind die Behörden und die sonstigen Träger öffentlicher Belange[614] zu unterrichten und zur Äußerung aufzufordern. Danach schließt sich eine allgemeine Behördenbeteiligung an der letztlich beabsichtigten Planung an,[615] § 4 II BauGB.

**hemmer-Methode: Die einzelnen Phasen der Bürgerbeteiligung und der Beteiligung der Träger öffentlicher Belange können (jeweils) gleichzeitig durchgeführt werden, § 4a II BauGB.
Die Unterrichtung nach § 3 I BauGB zeitgleich mit der des § 4 I BauGB und anschließend das Verfahren nach § 3 II BauGB zeitgleich mit dem nach § 4 II BauGB ablaufen zu lassen, ist auch üblich. Eine diesbezügliche Pflicht besteht jedoch nicht.**

Gem. § 4 II S. 4 BauGB sind die Behörden verpflichtet, der Gemeinde zweckdienliches Material, welches bei der Abwägung hilfreich sein könnte, zur Verfügung zu stellen.

Auch durch zustimmende Stellungnahmen der Träger öffentlicher Belange wird die Gemeinde von ihrer Verpflichtung, sich selbst Gewissheit über die abwägungserheblichen Belange zu verschaffen, nicht entbunden.[616]

---

611 Z.B. BayVGH, BayVBl. 81, 691: Montag und Donnerstag 18 - 20 Uhr und Samstag 8 - 16 Uhr.
612 BayVGH, NJW 1983, 297.
613 Battis/Krautzberger/Löhr, § 3 BauGB, Rn. 14.
614 Träger öffentlicher Belange sind grds. nur öffentlich-rechtliche Rechtsträger. Private Rechtsträger nur dann, wenn ihnen durch Gesetz oder aufgrund eines Gesetzes die Wahrnehmung öffentlicher Belange übertragen wird, so Battis/Krautzberger/Löhr, § 4 BauGB, Rn. 3; zum Ganzen E/Z/B, § 4 BauGB, Rn. 15 ff.
615 Finkelnburg, NvWZ 2004, 897 (900).
616 BVerwG, NVwZ-RR 1990, 122.

(5) Präklusion bei Bürger- und Behördenbeteiligung

materielle Präklusion

Gemäß § 4a VI S. 1 BauGB können Belange, die innerhalb der Öffentlichkeits- und Behördenbeteiligung nicht rechtzeitig abgegeben werden, in der Abwägung unberücksichtigt bleiben (materielle Präklusion), es sei denn

⇨ sie sind der Gemeinde bekannt,

⇨ sie hätten ihr bekannt sein müssen oder

⇨ sind für die Rechtmäßigkeit der Abwägung von Bedeutung.

Auch durch zustimmende Stellungnahmen der Träger öffentlicher Belange wird die Gemeinde von ihrer Verpflichtung, sich selbst Gewissheit über die abwägungserheblichen Belange zu verschaffen, nicht entbunden.[617]

hemmer-Methode: Bis zum EAG-Bau gab es diese Präklusionsvorschrift nur für Behörden, nicht aber auch für die Öffentlichkeit!

(6) Abschließender Beschluss über den Bauleitplan

abschließender Beschluss

Nach Durchlaufen des gesetzlich vorgesehenen Verfahrens beschließt die Gemeinde den Bauleitplan in seiner endgültigen Fassung.

Ergeben sich hier noch Änderungen, dann:

⇨ muss grundsätzlich das Auslegungsverfahren wiederholt werden (§ 4a III S. 1 BauGB)

⇨ kann, wenn diese Änderungen die Grundzüge der Planung nicht berühren, das vereinfachte Verfahren nach § 13 II Nr. 2 BauGB bzw. das beschleunigte Verfahren nach § 13a II BauGB entsprechend angewendet werden.

gleichzeitige Billigung der Planbegründung

Der Bebauungsplan wird als Satzung beschlossen (§ 10 I BauGB), mit dem Beschluss wird gleichzeitig die Begründung des Plans (§ 9 VIII BauGB) gebilligt.

hemmer-Methode: Auch über den Flächennutzungsplan, dem als hoheitliche Maßnahme eigener Art gerade keine Rechtsnormqualität zukommt, ergeht ein abschließender Beschluss (damit auch Billigung des Erläuterungsberichts, vgl. § 6 V BauGB).

beachten Sie § 43 II GO NRW i.V.m. § 31 I GO NRW

Die jeweiligen Beschlüsse ergehen nach landesrechtlichen Vorschriften. Im Hinblick auf § 43 II GO NRW i.V.m. § 31 I GO NRW ist Folgendes zu beachten:[618]

> **Bsp.:** Bei der Beschlussfassung über einen Bebauungsplan wird ein Gemeinderatsmitglied gemäß § 43 II Nr. 4 GO NRW i.V.m. § 31 GO NRW ausgeschlossen. Bei den vorherigen Beschlüssen (etwa über die Auslegung oder zu den vorgebrachten Bedenken der Bürger) war er jeweils anwesend. Folge für den Bebauungsplan?

---

617 BVerwG, NVwZ-RR 1990, 122.
618 Vgl. E/Z/B, § 2 BauGB, Rn. 50 ff.

§ 5 RECHTSSCHUTZ GEGEN BAULEITPLÄNE

Der Bebauungsplan wäre fehlerhaft zustande gekommen, wenn das Gemeinderatsmitglied auch bei allen wesentlichen Beschlüssen des Aufstellungsverfahrens hätte ausgeschlossen werden müssen. Sinn und Zweck des § 43 II GO NRW i.V.m. § 31 GO NRW ist es, die Einflussnahme betroffener Ratsmitglieder auf die Entscheidung zu verhindern.

Aus den obigen Ausführungen wird jedoch klar, dass gravierende neue Entscheidungen im abschließenden Beschluss nicht mehr fallen. Somit kann der Ausschluss nur dann wirksam sein, wenn der Betroffene an der maßgeblichen Mitwirkung während des gesamten Planaufstellungsverfahrens gehindert ist.[619] Der Ausschluss bezieht sich somit auf alle wesentlichen Beschlüsse während des Aufstellungsverfahrens.

Anwendung der §§ 43 II, 31 GO NRW

§§ 43 II, 31 I GO NRW müssen so angewendet werden, dass das Bauleitplanverfahren nicht blockiert wird. Würden auch untergeordnete Vor- und Nachteile der Gemeinderatsmitglieder berücksichtigungsfähig sein, wäre die Planungshoheit der Gemeinde gefährdet. Bei Beschlussunfähigkeit des Gemeinderates greift nämlich nach §§ 116 I, 119 GO NRW die Rechtsaufsichtsbehörde ein.

hemmer-Methode: Problempunkt des § 31 I GO NRW ist das Kriterium der Unmittelbarkeit (vgl. § 31 I S. 2 GO NRW). Schlagwortartig ist hier zwischen Individualinteresse und Gruppeninteresse zu differenzieren. Nur Ersteres kann einen Ausschluss rechtfertigen. Hier Einzelfälle auswendig zu lernen ist uferlos und verstellt schlimmstenfalls den freien Blick für die notwendige Argumentationsarbeit. In der Klausur ist eine sinnvolle Konfliktlösung zwischen der von §§ 43 II, 31 I GO NRW bezweckten Integrität des Gemeinderates und der gesetzgeberischen Entscheidung, die Planungshoheit bei der Gemeinde zu belassen, zu finden.

Abwandlung: Beschlossen wird ein Flächennutzungsplan. Zahlreiche Ratsmitglieder sind persönlich betroffen. Müssen diese ausgeschlossen werden?

Fraglich ist, ob sich aus einem Flächennutzungsplan tatsächlich unmittelbar Vor- und Nachteile für die Ratsmitglieder ergeben.

Die Frage wird man verneinen müssen, wenn man auf das vorbereitende Element dieses Plans (§ 1 II BauGB) mehr Gewicht legt als auf das Entwicklungsgebot (§ 8 II BauGB). Da dem Plan insoweit jedoch auch vorentscheidende Bedeutung zukommt, kann dieses Argument allein nicht überzeugen.

Ausschlaggebend ist wohl Folgendes: Auf Grund der räumlichen Übereinstimmung des Flächennutzungsplans mit dem Gemeindegebiet (§ 5 I BauGB) wäre immer eine größere Zahl von Gemeinderäten ausgeschlossen, was je nach Anzahl auch zur Beschlussunfähigkeit führen könnte (§ 49 GO NRW). Dies aber wäre mit der Planungshoheit nur schwer zu vereinbaren und war vom Gesetzgeber auch nicht beabsichtigt.[620] Anders wird bei Teiländerungen zu entscheiden sein, denn dann ist gerade nicht zwangsläufig eine größere Anzahl betroffen.[621]

(7) Genehmigungsverfahren

Genehmigungsverfahren nach § 10 II BauGB

Bebauungspläne nach § 8 II S. 2, III S. 2 und IV BauGB bedürfen darüber hinaus der Genehmigung der höheren Verwaltungsbehörde. Das Verfahren richtet sich gem. § 10 II S. 2 BauGB nach § 6 II, IV BauGB.

Die §§ 6, 10 II S. 2 BauGB stellen gegenüber den allgemeinen kommunalrechtlichen Vorschriften über die Aufsicht (§§ 116 ff. GO NRW) leges speciales dar.

---

619 So OVG Münster, NVwZ 1984, 667 ff.
620 BVerwG, DVBl. 71, 757.
621 E/Z/B, § 2 BauGB, Rn. 53.

> **Flächennutzungsplan**
> Stets genehmigungsbedürftig, § 6 I BauGB.
>
> **Bebauungsplan**
> Genehmigungsbedürftig sind nur (§ 10 II S. 1 BauGB):
> ⇨ die selbstständigen, § 8 II S. 2 BauGB,
> ⇨ die vorzeitigen, § 8 IV BauGB und
> ⇨ die vorzeitig bekannt gemachten BBaupl., § 8 III S. 2 BauGB

490

Exkurs

Flächennutzungspläne

Die Flächennutzungspläne bedürfen gemäß § 6 I BauGB der Genehmigung durch die höhere Verwaltungsbehörde.

Zuständig ist in Nordrhein-Westfalen gemäß § 203 III BauGB i.V.m. § 1 BauGBDVO die Bezirksregierung.

491

Rechtsaufsicht

Aus § 6 II BauGB ergibt sich, dass es sich bei der Kontrolle ausschließlich um Rechtsaufsicht handelt. Überprüft wird gerade nicht die Zweckmäßigkeit des Planes, sondern ausschließlich, ob der Flächennutzungsplan formell (verfahrensmäßig) und materiell (inhaltlich) den gesetzlichen Anforderungen entspricht.

> *Bsp.: Die Aufsichtsbehörde verweigert die Genehmigung, weil der Plan dem Gleichheitsgebot des Grundgesetzes widerspricht.*

Die Behörde handelt rechtmäßig, da der Plan keineswegs nur anhand der Vorschriften des BauGB zu messen ist. Das ergibt schon der Wortlaut des § 6 II BauGB („sonstige Rechtsvorschriften"), im Übrigen auch der Sinn und Zweck der Aufsicht.

Anforderungen an den Plan ergeben sich insbesondere aus den auf der Grundlage des BauGB erlassenen Rechtsvorschriften (z.B. BauNVO, PlanzeichenV), aber auch aus landesrechtlichen Vorschriften oder dem Grundgesetz.[622]

auch Mängel beachtlich, die unter §§ 214 ff. BauGB fallen

Wichtig: Die Einschränkungen der Wirksamkeitsvoraussetzungen (§§ 214 ff. BauGB) bewirken keine Kürzung der Rechtsaufsicht.

492

> *Bsp.: Die Genehmigung wird aufgrund eines Verstoßes gegen § 4 BauGB verweigert. Die Gemeinde verweist auf § 214 BauGB und führt aus, nach § 214 BauGB unbeachtliche Fehler könnten nicht beanstandet werden.*

Auch hier ist die Behörde im Recht. Was bereits aus dem Wesen der Rechtsaufsicht folgt (verwaltungsinterne Kontrolle), stellt § 216 BauGB klar: Auch Vorschriften, deren Verletzung nach den §§ 214, 215 BauGB nicht zur Unwirksamkeit des Planes führt, sind im Genehmigungsverfahren zu überprüfen.

hemmer-Methode: Die §§ 214, 215 BauGB wirken sich erst dann aus, wenn derartige Verstöße auch im Genehmigungsverfahren unbeanstandet blieben und der fehlerhafte Plan damit wirksam wurde.

Genehmigung ist VA

Die Genehmigung selbst (als Teil der Kommunalaufsicht) ist den Gemeinden gegenüber ein selbstständiger Verwaltungsakt.

493

---

622 Battis/Krautzberger/Löhr, § 6, BauGB, Rn. 2.

§ 5 RECHTSSCHUTZ GEGEN BAULEITPLÄNE

Sie kann von den Gemeinden im Wege der Verpflichtungsklage erstritten oder, im Hinblick auf eventuelle Nebenbestimmungen, durch Anfechtungsklage angegriffen werden.

> **hemmer-Methode:** Nebenbestimmungen können i.R.d. § 36 VwVfG NRW der Genehmigung beigefügt werden. U.U. kann aufgrund der Befolgung der Nebenbestimmungen dann eine erneute Auslegung des Planes erforderlich werden (§ 4a III BauGB). Erfüllt die Gemeinde die Nebenbestimmungen, ist eine erneute Genehmigung nicht erforderlich.

Fiktion

Hinzuweisen ist schließlich auf die Genehmigungsfiktion des § 6 IV S. 4 BauGB. Grundsätzlich (Fristverlängerung möglich) ist über die Genehmigung binnen dreier Monate zu entscheiden (§ 6 IV S. 1 BauGB). Sie gilt als erteilt, wenn sie nicht innerhalb dieser Frist unter Angabe von Gründen abgelehnt wird. Die Fristberechnung erfolgt nach § 31 I VwVfG NRW, §§ 187 I BGB,[623] 188 II Alt. 1 BGB.

Exkurs Ende

(8) Wirksamwerden der Bauleitpläne

ortsübliche Bekanntgabe

Gemäß § 6 V S. 1 BauGB sowie § 10 III S. 1 BauGB ist die Erteilung der Genehmigung ortsüblich (vgl. § 7 V GO NRW i.V.m. § 1 II BekVO [H/R Nr. 20d]) bekannt zu geben.

Der Bebauungsplan ist mit Begründung zu jedermanns Einsicht bereitzuhalten (§ 10 III S. 2 BauGB) und tritt mit der Bekanntmachung in Kraft.

§ 10 III S. 4 BauGB ist zwingend und schließt somit aus, dass andere Zeitpunkte (z.B. nach der Gemeindeordnung) für das Inkrafttreten des Bebauungsplans bestimmt werden.[624]

In inhaltlicher Hinsicht ist zu beachten, dass der mit der Bekanntmachung verfolgte Hinweiszweck erreichbar sein muss. Zu fordern ist daher, dass nicht nur die Nummer des Bebauungsplans mitgeteilt wird, sondern auch der räumliche Bereich schlagwortartig umrissen wird.[625] Auf die Ein-Jahres-Frist des § 47 VwGO muss hierbei nicht hingewiesen werden.[626]

> **hemmer-Methode:** Wie jede andere Rechtsnorm muss der Bebauungsplan ausgefertigt werden.[627] Dieses Erfordernis ergibt sich aus dem Rechtsstaatsprinzip.[628]

Ausfertigung

Der Bebauungsplan muss also nebst einem die Authentizität des Plans und die Legalität des Verfahrens kurz bestätigenden Textes von dem hierzu zuständigen Organ handschriftlich unterschrieben werden.[629]

---

623 So Battis/Krautzberger/Löhr, § 6 BauGB, Rn. 9.
624 Battis/Krautzberger/Löhr, § 10 BauGB, Rn. 44.
625 OVG Lüneburg, BauR 2001, 71 verlangt dies sogar in einer kleinen Gemeinde, in der es nur einen BBauPl. gibt.
626 BVerwG, BauR 2001, 1066.
627 BayVGH, BayVBl. 91, 23.
628 BVerwG, NVwZ 1990, 285.
629 So Battis/Krautzberger/Löhr, § 10 BauGB, Rn. 37, 45 und § 6 BauGB, Rn. 22a.

c) Materielle Rechtmäßigkeit der angegriffenen Vorschrift

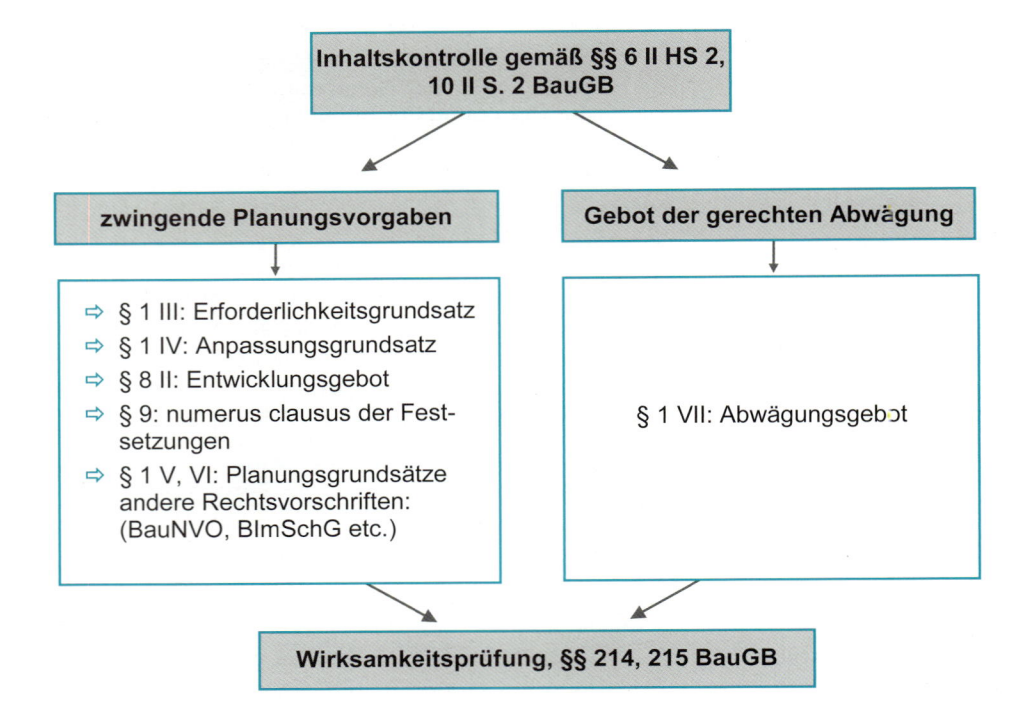

501

Inhaltskontrolle gemäß §§ 6 II HS 2, 10 II S. 2 BauGB

zwingende Planungsvorgaben
- § 1 III: Erforderlichkeitsgrundsatz
- § 1 IV: Anpassungsgrundsatz
- § 8 II: Entwicklungsgebot
- § 9: numerus clausus der Festsetzungen
- § 1 V, VI: Planungsgrundsätze andere Rechtsvorschriften: (BauNVO, BImSchG etc.)

Gebot der gerechten Abwägung
- § 1 VII: Abwägungsgebot

Wirksamkeitsprüfung, §§ 214, 215 BauGB

Vereinbarkeit mit höherrangigem Recht

Ein Bebauungsplan muss auch inhaltlich mit höherrangigem Recht vereinbar sein. Zu überprüfen sind hier in erster Linie Vorgaben aus dem BauGB, daneben können aber auch andere baurechtliche Vorschriften oder sonstiges höherrangiges Recht die Planungshoheit der Gemeinde begrenzen. Insbesondere sind die materiell-rechtlichen Planungsgrundsätze einzuhalten.

> **hemmer-Methode:** Die Planung unterliegt der planerischen Gestaltungsfreiheit der Gemeinde, eingeschränkt durch das rechtsstaatliche Gebot der gerechten Abwägung. Das Abwägungsgebot greift aber - abgesehen von den ohnehin zwingenden Verfahrensvorschriften - erst jenseits der materiell-rechtlich zwingenden Planungsvorschriften. Wie bei einer Ermessensnorm empfiehlt es sich daher, zunächst die Befolgung dieser Vorschriften auf der „Tatbestandsseite" zu prüfen (Rn. 502 ff.), um dann auf der „Rechtsfolgenseite" die Abwägung zu kontrollieren (Rn. 536 ff.).

aa) Befugnis und Pflicht zur Planung: § 1 III BauGB

(1) Erforderlichkeit der Planung

§ 1 III BauGB, Aufstellung sobald und soweit erforderlich

Die Gemeinden haben gemäß § 1 III BauGB Bauleitpläne aufzustellen, „sobald und soweit es für die städtebauliche Entwicklung und Ordnung erforderlich ist" (sog. Planmäßigkeitsprinzip).

502

Gebot und Verbot

Sowohl der zeitliche („sobald") wie auch der räumlich-sachliche („soweit") Umfang der Planung sind also gesetzlich bestimmt. Der Gemeinde steht danach beim Erlass eines Bebauungsplanes kein Entschließungsermessen zu. Dies gilt ebenso für die Änderung, Ergänzung oder Aufhebung.[630] Die Vorschrift kann als Gebot erforderlicher und Verbot nicht erforderlicher Bauleitplanung[631] verstanden werden.

503

---

630 Vgl. § 1 VIII BauGB.
631 So Weyreuther, DVBl. 1981, 369 (371).

Für die Beurteilung der Erforderlichkeit kommt es auf die wahre Willensbildung bei der Gemeinde an. Die Prüfung der Erforderlichkeit muss dabei an der Gewährung der Baumöglichkeit ansetzen, nicht an der damit einhergehenden Verhinderung andersartiger Bebauung. Es ist daher mangels Erforderlichkeit unzulässig, wenn eine Gemeinde eine Fläche nur deshalb als landwirtschaftliche Fläche ausweist, um eine Wohnbebauung zu verhindern. Entscheidend ist, ob die getroffene Festsetzung in ihrer eigentlichen Zielsetzung, hier und heute gewollt ist. Sie darf nicht nur das Mittel sein, um einen Bauwunsch zu durchkreuzen.[632]

Da sich die Erforderlichkeit der Planung jedoch grundsätzlich nach der „planerischen Konzeption der Gemeinde" richtet,[633] ist in dieser gesetzlichen Einbindung kein unzulässiger Eingriff in das Selbstverwaltungsrecht der Gemeinden zu sehen.

(2) Kein Anspruch auf Bauleitplanung

kein Anspruch des Einzelnen

Zu beachten ist, dass eine Planungspflicht aus § 1 III BauGB stets nur der Allgemeinheit gegenüber besteht, dass also ein Dritter gerade keinen Anspruch auf Bauleitplanung hat (§ 1 III S. 2 BauGB).[634]

Für den einzelnen Bürger stellt § 1 III BauGB kein subjektives Recht, sondern lediglich einen Rechtsreflex dar.[635]

(3) Vorabbindung durch Verwaltungsverträge?

Nach § 1 III S. 2 HS 2 BauGB kann deshalb auch durch Verwaltungsverträge kein Anspruch auf einen Bebauungsplan begründet werden.

Umgekehrt besteht kein Anspruch auf Beibehaltung des Inhalts einer vorhandenen Bauleitplanung. Auch kann die Zusage, eine bestimmte Bebauungsplanung nicht zu ändern, nicht rechtswirksam erteilt werden.[636]

Eine partielle Ausnahme findet sich in § 12 II BauGB. Hier besteht für den sog. Vorhabenträger zumindest ein Anspruch auf ermessensfehlerfreie Entscheidung der Gemeinde über die Planaufstellung.

hemmer-Methode: Eine andere Frage ist, welche Auswirkung ein Vertrag, in dem sich die Gemeinde zur Erstellung eines Bebauungsplans verpflichtet, auf die Rechtmäßigkeit dieses Plans hat.[637]

---

632 Vgl. zum ganzen BVerwGE 40, 258 (262); NVwZ 1991, 875; BayVGH, BauR 2001, 1836; 1718. In diesem Sinne ist es den Gemeinden und Städten auch verwehrt im Gewande des Städtebaurechts Denkmalschutz zu betreiben. Bauplanerische Festsetzungen, die nur vorgeschoben sind, in Wirklichkeit aber den Zwecken des Denkmalschutzes dienen sind rechtswidrig. Ein solcher Bebauungsplan überschreitet die Grenzen städtebaulicher Zielsetzungen jedoch dann nicht, wenn er bezweckt, die überkommene Nutzungsstruktur oder prägende Bestandteile des Orts- oder Straßenbildes um ihrer städtebaulichen Qualität willen für die Zukunft festzuschreiben, BVerwG, BauR 2001, 1692; NVwZ 2001, 1043. Zur Erforderlichkeit eines BBauPl. wegen sonst drohender Entschädigungszahlungen, vgl. VGH BW 2002, 897.

633 Z.B. BVerwGE 40, 258 (263).

634 Vgl. hierzu BVerfG, BauR 2001, 1060.

635 Vgl. E/Z/B, § 1 BauGB, Rn. 42.

636 OVG Münster, NWVBl. 2008, 349 (350).

637 Hierzu unten Rn. 620.

bb) Zweistufige Planung: Entwicklungsgebot des § 8 II BauGB

zweistufige Bauleitplanung

Aus § 1 II BauGB ergibt sich ein zweistufiges System für die Bauleitplanung. Unterschieden wird zwischen einem vorbereitenden (dem Flächennutzungsplan) und einem verbindlichen Bauleitplan (dem Bebauungsplan).

Entwicklungsgebot, in sich stimmige Konzeption

Nach § 8 II S. 1 BauGB sollen die einzelnen Bebauungspläne für die Teilräume des Gemeindegebiets aus einem schon vorhandenen Flächennutzungsplan für den Gesamtraum entwickelt werden (sog. Entwicklungsgebot). Beabsichtigt wird mit dieser Aufteilung eine systematische Planung.

Die Gemeinden sollen ihre städtebauliche Entwicklung auf der Grundlage einer in sich stimmigen Grundkonzeption (für das Gebiet insgesamt) steuern.[638]

im Einzelfall Abweichungen möglich

Dabei können im Einzelfall Festsetzungen im Bebauungsplan von denen im Flächennutzungsplan durchaus abweichen, „entwickeln" meint in diesem Zusammenhang nicht nur die bloße Konkretisierung oder Ausgestaltung.

Die im Verhältnis zu Bebauungsplänen geringe Detailschärfe des Flächennutzungsplans erlaubt die Ausfüllung offen gelassener Gestaltungsspielräume durch gemeindliche Bebauungspläne solange die dem Flächennutzungsplan zugrunde liegende Konzeption in sich schlüssig bleibt.[639]

> *Bsp.:* Im Flächennutzungsplan wurde eine Fläche als Wohnbaufläche (§ 5 II Nr. 1 BauGB i.V.m. § 1 I Nr. 1 BauNVO) dargestellt, die Gemeinde will nun im Bebauungsplan ein allgemeines Wohngebiet (§ 4 BauNVO) festsetzen.

Dies ist möglich, es liegt hier ein typischer Fall der Konkretisierungsfunktion des Bebauungsplans vor.

Anders ist zu entscheiden, wenn statt einer Grünfläche im Flächennutzungsplan nun ein Gewerbegebiet festgesetzt wird. Hier wird die planerische Grundkonzeption völlig verlassen.

> *Bsp.:* Im Flächennutzungsplan war eine Fläche für Gemeindebedarf vorgesehen. Im Bebauungsplan wird diese zu Lasten der ebenfalls vorgesehenen Wohnbebauung vergrößert.

Auch dies ist zulässig, gewisse Abweichungen auch in Bezug auf räumliche Dimensionen verstoßen nicht gegen das Entwicklungsgebot.[640]

ggf. auch Parallelverfahren

Bebauungsplan und Flächennutzungsplan können auch gleichzeitig aufgestellt, geändert oder ergänzt werden (vgl. § 8 III BauGB), es liegt dann ein sog. Parallelverfahren vor.

vorzeitiger BBauPl.

Eine Ausnahme zum Entwicklungsgebot beinhaltet § 8 IV BauGB. Unter bestimmten Voraussetzungen kann ein Bebauungsplan auch vor dem Flächennutzungsplan aufgestellt werden (vorzeitiger Bebauungsplan). Entscheidend ist, ob die geordnete städtebauliche Entwicklung mehr durch das Warten auf den Flächennutzungsplan oder durch die vorzeitige, verbindliche Teilplanung gefährdet wird.[641]

Problem: unwirksamer FlNpl.

Fraglich ist die Behandlung von Bebauungsplänen, die aus einem unwirksamen Flächennutzungsplan entwickelt wurden.

---

638 BVerwGE 56, 283 (286).
639 OVG Münster, NWVBl. 2008, 467 (468).
640 So z.B. BVerwG, BauR 1979, 206.
641 BVerwG, BayVBl. 85, 439.

Hier ist die Unbeachtlichkeitsregelung des § 214 II Nr. 3 BauGB zu beachten. Zudem ist es nach neuem Recht möglich, Mängel materieller und formeller Art durch ein ergänzendes Verfahren zu beheben und den Bauleitplan, d.h. auch den Flächennutzungsplan, rückwirkend in Kraft zu setzen, § 214 IV BauGB.[642] Die Regelung des § 215a BauGB a.F. beschränkte die Heilungsmöglichkeit auf Satzungen (d.h. insb. keine Flächennutzungspläne) und schloss die rückwirkende Inkraftsetzung aufgrund materiell-rechtlicher Fehler aus.[643]

maßgebl. Zeitpunkt ist Inkrafttreten des BBaupl.

Beachte: Entscheidend für die Beurteilung, ob dem Entwicklungsgebot genügt wurde, ist der Zeitpunkt des Inkrafttretens des Bebauungsplans (§ 10 III S. 4 BauGB). Der Bebauungsplan muss sich zu diesem Zeitpunkt als aus einem gültigen Flächennutzungsplan entwickelt darstellen.[644]

cc) Verhältnis zu anderen Planungen

(1) Übersicht (Planungsstufen)

- ⇨ Raumordnungsprogramm des Bundes (§§ 1 ff. ROG)
- ⇨ Landesentwicklungsprogramm (§ 12 LPlG, LEPro [H/R Nr. 99])
- ⇨ Gebietsentwicklungspläne, §§ 14, 3 LPlG
- ⇨ Fachplanungen (nach BauGB, FernstrG, BBahnG, usw.)

(2) Anpassung an die Ziele der Raumordnung, § 1 IV BauGB

hemmer-Methode: Im Ersten Staatsexamen werden hier, mit Ausnahme der Wahlfachgruppe, keine vertieften Kenntnisse erwartet. Im Normalfall der Klausur treten hier also keine Probleme auf. Im Zweiten Staatsexamen kann § 1 IV BauGB hingegen das Einfallstor für die ebenfalls zum Pflichtstoffbereich gehörenden Probleme der Raumordnung und Landesplanung sein.

Vier Abschnitte

Das Raumordnungsgesetz gliedert sich in vier Abschnitte:

Abschnitt eins enthält die allgemeinen Vorschriften, die neben der Aufgabe, der Leitvorstellung und den Grundsätzen der Raumordnung wichtige Begriffsbestimmungen sowie die Bindungswirkungen der Erfordernisse der Raumordnung umfassen.

Abschnitt zwei behandelt die Raumordnung in den Ländern. Er enthält die rahmenrechtlichen Vorgaben für die Länder zur Schaffung von Rechtsgrundlagen für die Landesplanung, die nach § 22 ROG in Landesrecht umzusetzen waren. Die Länder sind dieser Verpflichtung durch die Landesplanungsgesetze nachgekommen.

Abschnitt drei enthält die Raumordnung des Bundes und Abschnitt vier Überleitungs- und Schlussvorschriften.

---

642 Finkelnburg, NVwZ 2004, 897 (901).
643 Krit. zur Neuregelung: Erbguth, DVBl. 2004, 802 (808).
644 BVerwG, BauR 1978, 449 (450).

BAURECHT NRW

Aufgabe der Raumordnung

Die Aufgabe der Raumordnung wird in § 1 I ROG mit der Erstellung von zusammenfassenden, übergeordneten Raumordnungsplänen und der Abstimmung raumbedeutsamer Planungen und Maßnahmen beschrieben. Die Leitvorstellung ist nach § 1 II ROG eine nachhaltige Raumentwicklung, die die sozialen und wirtschaftlichen Ansprüche an den Raum mit seinen ökologischen Funktionen in Einklang bringt und zu einer dauerhaften, großräumig ausgewogenen Ordnung führt.

Die Konkurrenz zwischen örtlichen und überörtlichen Raumnutzungsinteressen ist schon in § 4 I ROG zugunsten der Landesplanung entschieden. Die sich daraus für die Bauleitplanung ergebende Beachtenspflicht bezüglich der Ziele der Raumordnung deckt sich materiell mit der in § 1 IV BauGB normierten Anpassungspflicht.

Der gemeindlichen Planung kann somit ein bestimmter Rahmen gesetzt werden, der sich aus überörtlichen Gesichtspunkten ergibt.[645]

Gegenstromprinzip

Zugrunde liegt diesen Abstimmungsvorschriften die Vorstellung des sog. Gegenstromprinzips, vgl. § 1 III ROG. Die Ordnung der jeweiligen Einzelräume soll sich in die Ordnung des Gesamtraums einfügen, die Ordnung des Gesamtraums andererseits soll die Gegebenheiten und Erfordernisse seiner Einzelräume berücksichtigen.

Trennen: „Ziele" und „Grundsätze"

Von den „Zielen" der Raumordnung und Landesplanung sind deren „Grundsätze" (§ 2 ROG) zu unterscheiden.

521

Ganz allgemein sind unter den „Grundsätzen" (Definition in § 3 Nr. 3 ROG) die politischen Leitvorstellungen über die Ordnung und Entwicklung von Räumen zu verstehen, unter den „Zielen" (Definition in § 3 Nr. 2 ROG) die konkreten Raumnutzungsentscheidungen, durch welche die Grundsätze verwirklicht werden.[646]

522

Ziele der Raumordnung entfalten nach § 4 I ROG beim raumbedeutsamen Planungen und Maßnahmen (Definition in § 3 Nr. 6 ROG) eine strikte Beachtungspflicht.

Die Grundsätze der Raumordnung sind bei raumbedeutsamen Maßnahmen in der Abwägung oder bei Ermessensentscheidungen nach Maßgabe der dafür geltenden Fachgesetze zu berücksichtigen.

Exkurs: Koordinierung mit anderen Fachplanungen

Neben den Vorgaben der Landesplanung schränken auch staatliche Fachplanungen die gemeindliche Planungshoheit ein.

523

Planfeststellungsverfahren

Gemäß § 38 BauGB verdrängen bestimmte (sog. privilegierte) Fachplanungen des Bundes die Planungen der Gemeinde. Der Anwendungsbereich der Vorschrift umfasst sämtliche Planfeststellungsverfahren und Verfahren mit den Rechtswirkungen einer Planfeststellung. Umfasst sind auch sämtliche landesrechtliche Planfeststellungen. Voraussetzung ist, dass dem Vorhaben eine überörtliche Bedeutung zukommt. In diesem Planfeststellungsverfahren sind die §§ 29 bis 37 BauGB nicht anzuwenden, aber städtebauliche Belange zu berücksichtigen. Voraussetzung ist jedoch, dass die Gemeinde im Planfeststellungsverfahren beteiligt wird (vgl. § 38 S. 1 BauGB).

---

645 Vgl. z.B. BVerwGE 6, 342 (345).
646 Battis/Krautzberger/Löhr, § 1 BauGB, Rn. 38.

§ 5 RECHTSSCHUTZ GEGEN BAULEITPLÄNE

Bindung von Trägern öffentlicher Belange

Durch diese Vorschrift wird die Bindung von Trägern öffentlicher Belange an die Darstellung des Flächennutzungsplans nach § 7 BauGB nicht aufgehoben, die dann eintritt, wenn der Träger dem Plan nicht rechtzeitig widersprochen hat (§ 38 S. 2 BauGB)!

Gemäß § 4 I S. 1 BauGB haben diese das Recht, im Verfahren der Aufstellung der Bauleitpläne frühzeitig beteiligt zu werden.

524-525

Waren sie beteiligt und haben dem Plan nicht widersprochen, so haben sie ihre eigene Planung dem Flächennutzungsplan der Gemeinde anzupassen.

Diese Bindung besteht zwar nach dem Wortlaut des § 7 BauGB zunächst nicht für Bebauungspläne. Bewegen sich die Gemeinden jedoch mit ihrem Bebauungsplan i.R.d. Flächennutzungsplans, wirkt die Bindung der Fachplanungsträger an dem Flächennutzungsplan fort, auch die Festsetzungen des Bebauungsplans nehmen dann an der Bindungswirkung teil.[647]

526

Allerdings entfällt diese Bindung bei veränderter Sachlage (§ 7 S. 3 - 6 BauGB). Voraussetzung ist eine Änderung der objektiven Umstände, nicht ausreichend ist die andersartige subjektive Bewertung eines unveränderten Sachverhalts.[648]

auch Planungsverband mögl. § 205 BauGB

Eine andere Möglichkeit, Fach- und Bauleitplanung zu koordinieren, bietet § 205 I BauGB. Gemeinden und sonstige öffentliche Planungsträger können sich zu einem Planungsverband zusammenschließen, um durch gemeinsame Planung den Ausgleich der verschiedenen Belange zu erreichen.

527

Exkurs Ende

(3) Abstimmung zwischen den Gemeinden

zwischengemeindl. Abstimmung

§ 2 II BauGB normiert das Gebot der zwischengemeindlichen Abstimmung der Bauleitpläne, das sog. interkommunale Abstimmungsgebot.

528

Die planende Gemeinde hat die Belange ihrer Nachbargemeinden materiell soweit zu berücksichtigen, dass unmittelbare Auswirkungen gewichtiger Art auf deren Planungshoheit vermieden werden.[649] Benachbart sind nicht nur angrenzende Gemeinden, sondern auch diejenigen, deren örtliche, private oder öffentliche Belange durch die Bauleitplanung einer anderen Gemeinde berührt werden.[650]

hemmer-Methode: Der Nachbarbegriff des § 2 II BauGB ist damit weiter als der sonst im Baurecht übliche und erinnert eher an den immissionsschutzrechtlichen Nachbarbegriff des § 3 I BImSchG!

Auswirkungen auf zentrale Versorgungsfunktionen

Nach § 2 II S. 2 BauGB können sich die (Nachbar-)Gemeinden auch auf die ihnen durch die Ziele der Raumordnung zugewiesenen Funktionen sowie auf Auswirkungen auf ihre zentralen Versorgungsfunktionen berufen.

---

647 Vgl. Koch/Hosch, a.a.O. S. 126. Zu den Voraussetzungen unter denen eine Gemeinde mit dem Ziel ein konkurrierendes Fachplanungsvorhaben zu verhindern, ein Verfahren zur Aufstellung eines BBauPl. einleiten und durch den Erlass einer Veränderungssperre sichern darf, vgl. BayVGH, BauR 2000, 1719.
648 E/Z/B, § 7 BauGB, Rn. 16 ff.
649 So BVerwGE 40, 323 (331); vgl. hierzu auch NVwZ-RR 2006, 450.
650 Battis/Krautzberger/Löhr, § 2 BauGB, Rn. 22.

> **hemmer-Methode:** Damit kann die Nachbargemeinde neben ihren planerischen Absichten auch ihre sich aus der Raumordnung ergebenden Rechte verteidigen.[651] Da es sich um Aspekte der Raumordnung handelt, dürfte dies aber nur im Schwerpunktbereich und im Zweiten Staatsexamen von Belang sein.

In diesem Zusammenhang wird die Rechtmäßigkeit von sog. Factory Outlet Centern erörtert, welche Einkaufszentren gem. § 11 III Nr. 1 BauNVO darstellen. Nachbargemeinden können sich nicht nur gegen entsprechende Bebauungspläne zur Wehr setzen[652], sondern auch eine Baugenehmigung im Einzelfall für ein solches Center (und nicht nur einen Bebauungsplan der Nachbargemeinde) mit der Begründung anfechten, das Vorhaben führe zu unmittelbaren Auswirkungen gewichtiger Art auf ihre städtebauliche Entwicklung und verstoße daher gegen § 2 II BauGB. Jedoch wird nicht in jeder Beeinträchtigung ein Verstoß gegen § 2 II BauGB gesehen.[653]

> **hemmer-Methode:** Diese Rechtsprechung ist für Einzelvorhaben in § 34 III BauGB kodifiziert.[654] I.R.d. § 35 BauGB wird diese Problematik über den ungeschriebenen Belang des Planungserfordernisses gelöst.[655]

Die Abstimmungspflicht nach § 2 II BauGB ist ein Unterfall der Planabwägung nach § 1 VII BauGB, sodass die Belange der Nachbargemeinde in die Abwägung nach § 1 VII BauGB einzustellen sind.[656]

Formell wird das Abstimmungsrecht durch § 4 BauGB gesichert, auch die Nachbargemeinden zählen zu den Trägern öffentlicher Belange[657] (§ 2 II BauGB ist verfahrensrechtlich ein Unterfall der Beteiligung der Träger öffentlicher Belange).

> **hemmer-Methode:** Der Anspruch auf Abstimmung kann im Verwaltungsrechtsweg durch eine - auch vorbeugende[658] - Unterlassungs- bzw. Feststellungsklage geltend gemacht werden.[659] Auch vorläufiger Rechtsschutz ist möglich (einstweilige Anordnung gemäß § 123 VwGO). Ist das Bebauungsplanverfahren abgeschlossen, bleibt der Gemeinde das Normenkontrollverfahren (§ 47 VwGO).

dd) § 9 BauGB: Numerus clausus der möglichen Festsetzungen

numerus clausus

Festsetzungen im Bebauungsplan sind nur i.R.d. § 9 BauGB zulässig. Daneben sind landesrechtliche Festsetzungen über § 9 IV BauGB i.V.m. § 86 BauO NRW zulässig.

Planklarheit und Planbestimmtheit

Die Festsetzungen im Plan müssen so klar und bestimmt sein, dass die zugelassene Nutzung für den Kreis der vom Bebauungsplan betroffenen Grundstücksnachbarn erkennbar und bzgl. der ausgehenden Emissionen vorhersehbar ist.[660]

---

651 J/D/W, § 2 BauGB, Rn. 11.
652 OVG Koblenz, Life&Law 1999, 619; BayVGH, BayVBl. 2000, 272 = **Life & Law 2000, 830**; OVG Greifswald, NVwZ 2000, 826.
653 BVerwG, DVBl. 2003, 62 = NVwZ 2003, 86 = IBR 2003, 10 = **Life & Law 2003, 287**, bspr. V. Wurzel/Probst, DVBl. 2003, 197.
654 J/D/W, § 34 BauGB, Rn. 86 ff.
655 Vgl. oben Rn. 185.
656 BVerwG, DÖV 1973, 200 sowie Battis/Krautzberger/Löhr, § 1 BauGB, Rn. 102 f.; J/D/W, § 2 BauGB, Rn. 4.
657 Siehe Battis/Krautzberger/Löhr, § 4 BauGB, Rn. 3.
658 Zu den besonderen Voraussetzungen des vorbeugenden Rechtsschutz vgl. unten Rn. 582 und v.a. **Hemmer/Wüst, Verwaltungsrecht III, Rn. 265 ff.**
659 E/Z/B, § 2 BauGB, Rn. 105 ff.
660 BVerwG, DVBl. 1988, 845 f.

Die Grundsätze der Planklarheit und -bestimmtheit folgen aus der Eigenschaft des Bebauungsplans als Rechtssatz (§ 10 BauGB). Zudem sind viele der Festsetzungen des § 9 BauGB letztlich Inhaltsbestimmungen des Eigentumsrechts i.S.d. Art. 14 I S. 2 GG.

> **hemmer-Methode:** Da sich die Unbestimmtheit einer Festsetzung i.d.R. erst durch den Vergleich mit der tatsächlich beabsichtigten Nutzung ergibt, bestehen hier zwei Lösungsmöglichkeiten. Entweder man betrachtet den Plan isoliert, dann ist er zwar wirksam, aber die angestrebte Nutzung ist unzulässig. Oder man zieht die angestrebte Nutzung heran und verwirft den Plan wegen Unbestimmtheit.

ee) Die Planungsgrundsätze des § 1 V, VI BauGB

Grundsätze der Bauleitplanung

Die in § 1 V, VI BauGB zusammengefassten Vorgaben stellen keine strikten Anforderungen dar, die unmittelbar in Darstellungen bzw. Festsetzungen umgesetzt werden sollen, sondern offen formulierte Aspekte, die die Gemeinde im Auge haben muss, wenn sie konkret städtebaulich plant.[661]

Während § 1 V BauGB die allgemeinen Ziele der Bauleitplanung bestimmt, konkretisiert § 1 VI BauGB diese Vorgaben durch einen nicht abschließenden („insbesondere") Katalog fest umrissener Planungsleitlinien.

unbestimmte Rechtsbegriffe

Die Interpretation der in § 1 VI BauGB verwendeten weithin unbestimmten Rechtsbegriffe unterliegt uneingeschränkt der gerichtlichen Kontrolle.[662]

> **Bsp.:** Ein Bebauungsplan soll nicht genehmigt werden, weil die Verkehrssicherheit nicht hinreichend berücksichtigt wurde. Die Gemeinde glaubt, die Verkehrssicherheit werde von § 1 VI Nr. 9 BauGB gar nicht umfasst, zudem greife hier ihr Planungsermessen (sie selbst sieht keine Gefahren für die Verkehrssicherheit).
>
> Entgegen der Vorstellung der Gemeinde gehört zu den „Belangen des Verkehrs" i.S.d. § 1 VI Nr. 9 BauGB auch der Gesichtspunkt der Verkehrssicherheit;[663] da der unbestimmte Rechtsbegriff der gerichtlichen Überprüfung unterliegt, wird sich die Gemeinde mit ihrer Auffassung nicht durchsetzen.
>
> Außerdem ist die Einschätzung der Verkehrssicherheit nicht vom gemeindlichen Planungsermessen gedeckt, auch insoweit findet im Streitfall eine gerichtliche Kontrolle statt.

Zusammenstellung öffentlicher und privater Belange

Die besondere Bedeutung des Katalogs liegt weiterhin in der Zusammenstellung wichtiger öffentlicher und privater Belange, die in die Abwägung nach § 1 VII BauGB einzustellen sind. Die in § 1 V, VI BauGB genannten Belange stellen demnach keine durch Abwägung unüberwindbare Planungshindernisse dar.[664]

> **hemmer-Methode:** Die Gewichtung der einzelnen Belange innerhalb der Abwägung als Akt des planerischen Ermessens ist von der Auslegung und Anwendung der Planungsleitlinien streng zu unterscheiden. Innerhalb der Abwägung steht den Gemeinden ein planerischer Ermessensbereich zu, bei der Frage nach dem Inhalt der Planungsleitlinien und den sich daraus ergebenden Konsequenzen gerade nicht.

---

661 Vgl. E/Z/B, § 1 BauGB, Rn. 101 ff.; Dürr/König, Rn. 28.
662 BVerwGE 34, 301 (308) oder auch E/Z/B, § 1 BauGB, Rn. 110. Zur Kritik an dieser Qualifizierung Hoppe, DVBl. 74, 641 ff. jeweils zu § 1 V BauGB a.F.
663 E/Z/B, § 1 BauGB, Rn. 167.
664 OVG NW, BauR 2001, 55 zu § 1 V BauGB a.F.

ff) Das Gebot der Abwägung des § 1 VII BauGB

Abwägungsgebot

Das in § 1 VII BauGB enthaltene Abwägungsgebot ist die zentrale Vorschrift im Hinblick auf die Planungsentscheidungen der Gemeinden. Das Gebot fehlerfreier Abwägung ist nach der Rechtsprechung[665] ein Element des verfassungsrechtlichen Rechtsstaatsprinzips und steht insofern nicht zur Disposition des Gesetzgebers.

Niederschlag im Plan notwendig

Zudem bezieht es sich gleichermaßen auf den Planungsvorgang (also das Planungsverfahren) wie auf das Planungsergebnis.[666] Ihm ist deshalb nur dann genügt, wenn die gerechte Abwägung sich tatsächlich im endgültigen Plan niederschlägt.

dreiteilige Abwägung

Der Wortlaut der Vorschrift („sind die öffentlichen und privaten Belange gegeneinander und untereinander gerecht abzuwägen") ergibt, systematisch betrachtet, eine Dreiteilung.

Abzuwägen sind:

⇨ die öffentlichen Belange untereinander,

⇨ öffentliche und private Belange gegeneinander,

⇨ die privaten Interessen untereinander.

grds. Gleichgewichtigkeit der Belange

Soweit öffentliche und private Belange abwägungsbeachtlich sind, unterliegen sie den allgemeinen Regeln der Abwägung. Auszugehen ist dabei von der grundsätzlichen Gleichgewichtigkeit der einzelnen Belange.[667]

Allerdings können sich aus der jeweiligen Plansituation heraus oder aufgrund spezieller gesetzlicher Regelungen bestimmte Gewichtungsvorgaben ergeben (z.B. besondere Anforderungen des Umweltschutzes).

(1) Die Abwägungsfehlerlehre

nur eingeschränkte, gerichtliche Kontrolle

Zu beachten ist, dass im Gegensatz zur Auslegung der Planungsleitlinien[668] die Frage, ob der jeweiligen Planung eine gerechte Abwägung zugrunde liegt, nur einer eingeschränkten Kontrolle (durch Aufsichtsbehörde oder Verwaltungsgericht) unterliegt.

Vorgang und Ergebnis nachprüfbar

Lediglich im Hinblick darauf, ob der Vorgang des Abwägens und das Ergebnis der Abwägung dem Gebot der gerechten Abwägung entsprechen, ist eine aufsichtliche oder gerichtliche Kontrolle möglich.[669]

> **hemmer-Methode:** Abwägungsvorgang und Abwägungsergebnis werden nach einheitlichen Anforderungen geprüft, allerdings differenziert § 214 III S. 2 BauGB in der Fehlerfolge der gerichtlichen Kontrolle.[670] Die aufsichtliche Kontrolle ist wiederum einheitlich (§ 216 BauGB).

Die Anforderungen, die somit an das Abwägungsgebot zu stellen sind, lassen sich folgendermaßen zusammenfassen:[671]

---

665 Z.B. BVerwGE 41, 67.
666 Battis/Krautzberger/Löhr, § 1 BauGB, Rn. 95; Friauf, a.a.O. S. 500 m.w.N.; a.A. Koch/Hosch, a.a.O. S. 155 f.
667 BVerwG, BauR 75, 35.
668 Unbestimmte Rechtsbegriffe, vgl. oben Rn. 534.
669 Battis/Krautzberger/Löhr, § 1 BauGB, Rn. 92 ff.; E/Z/B, § 1 BauGB, Rn. 179 ff.
670 Vgl. E/Z/B, § 214 BauGB, Rn. 135a ff.; Dürr/König, Rn. 30; zu § 214 III BauGB siehe unten Rn. 565 f.
671 St. Rspr., vgl. z.B. BVerwGE 34, 301 (309); Battis/Krautzberger/Löhr, § 1 BauGB, Rn. 93.

§ 5 RECHTSSCHUTZ GEGEN BAULEITPLÄNE

1. Eine Abwägung muss überhaupt stattfinden.
2. Alle einschlägigen Belange müssen in die Abwägung eingestellt werden.
3. Die Bedeutung und das Gewicht der einzelnen abwägungserheblichen öffentlichen und privaten Belange dürfen nicht verkannt werden.
4. Der Ausgleich zwischen den entscheidungserheblichen Belangen darf im Konfliktfall nicht in einer Weise vorgenommen werden, die zur objektiven Gewichtigkeit einzelner Belange außer Verhältnis steht.

Planungsermessen der Gemeinde

Besonders auf der letzten Stufe kommt das Planungsermessen der Gemeinde zur Geltung:

541

Das Abwägungsgebot ist nicht verletzt, wenn sich die Gemeinde innerhalb dieser Vorgabe im Falle einer Kollision zwischen verschiedenen Belangen für den einen und damit notwendigerweise gegen einen anderen entscheidet.

Bsp.: Bei der geplanten Verbreiterung einer Straße können Belange des Verkehrs (§ 1 VI Nr. 9 BauGB) sowie des Denkmalschutzes (§ 1 VI Nr.5 BauBG) betroffen sein. Die Gemeinde entscheidet sich zugunsten des Verkehrs.

Abwägungsfehler:

Kommt die Gemeinde im Einzelfall diesen Anforderungen nicht nach, so ist - je nach Stadium - zwischen folgenden Abwägungsfehlern zu unterscheiden:

542

Abwägungsausfall:	Die sachgerechte Abwägung fehlt überhaupt.
Abwägungsdefizit:	Es wurden gerade nicht alle erheblichen Belange in die Abwägung eingestellt.
Abwägungsfehleinschätzung:	Die Bedeutung eines einzelnen Belangs wurde verkannt.
Abwägungsdisproportionalität:	Einzelne Belange untereinander wurden falsch gewichtet.

Bsp.: Die Gemeinde bezieht in ihre Planung die Auswirkungen des Bebauungsplans auf die Vorhaben einer Nachbargemeinde nicht ein.[672]

Es liegt ein Fall des Abwägungsdefizits vor.

Bsp.: Die Gemeinde plant ein Industriegebiet in der Nähe einer kleinen Wohnsiedlung, weil sie glaubt, auf die Interessen von nur wenigen Bewohnern komme es nicht an.

Hier verkennt die Gemeinde die Bedeutung eines gesetzlichen Planungsleitsatzes (§ 1 VI Nr. 1 BauGB); es liegt eine Abwägungsfehleinschätzung vor.

Bsp.: Die Gemeinde überplant eine Altlast, obwohl ihr die daraus resultierenden Gesundheitsgefahren bewusst sind. Sie glaubt jedoch, die notwendige Baugebietsausweisung habe auf jeden Fall Vorrang.[673]

---

[672] BVerwGE 84, 209 (218).
[673] BGHZ 106, 323.

Die Gemeinde führt hier einen Ausgleich zwischen einzelnen Belangen durch, der zur objektiven Gewichtigkeit in krassem Missverhältnis steht. Es liegt hier ein Fall der Abwägungsdisproportionalität vor.

> **hemmer-Methode:** Nach Einführung des § 2 III BauGB wird überwiegend Ansicht vertreten, dass der Abwägungsausfall und das Abwägungsdefizit (und wohl auch die Fehlgewichtung) künftig keinen materiellen Abwägungsfehler i.S.d. § 1 VII BauGB mehr darstellten, sondern nur noch als Verfahrensfehler zu behandeln sind.[674] Nur noch die Abwägungsdisproportionalität wäre damit ein materieller Abwägungsfehler.[675] Die Abgrenzung zwischen dem Verfahrensfehler nach § 2 III BauGB und dem Abwägungsfehler nach § 1 VII BauGB ist gerade im Hinblick auf die Fehlerfolgen wichtig: Der Verfahrensfehler kann nach § 214 I Nr. 1 BauGB unbeachtlich sein, die Relevanz der Abwägungsfehler bestimmt sich hingegen nach § 214 III BauGB. Das Ergebnis wird allerdings regelmäßig identisch sein.

(2) In die Abwägung einzustellende Belange

spezifizierte und weitere Belange i.S.v. § 1 V BauGB

Einzustellen in die Abwägung sind als öffentliche Belange zunächst alle spezifizierten Belange im Sinne des § 1 V, VI BauGB, darüber hinaus alle weiteren öffentlichen Interessen, die mit der städtebaulichen Entwicklung und Ordnung in Zusammenhang stehen.

räumlich und sachlich konkrete Betrachtungsweise

Auch der Begriff der privaten Belange ist weit auszulegen. Umfasst werden hiervon nicht nur die verfassungsrechtlich oder einfachgesetzlich geschützten Belange (z.B. Grundeigentum oder dingliche Rechte wie Grunddienstbarkeiten), sondern ganz allgemein alle Interessen, die „nach Lage der Dinge" - also bei räumlich und sachlich konkreter Betrachtungsweise - zu berücksichtigen sind, alle schutzwürdigen Interessen, die von einem Plan mit gewisser Wahrscheinlichkeit nicht nur geringfügig betroffen werden.[676]

Weiterhin ist in diesem Kontext die Vorschrift des § 1a II BauGB zu beachten. Nach diesem sind bestimmte weitere umweltschutzbedingte Belange in die Abwägung einzustellen.[677]

einzelne Anforderungen bzw. Grundsätze

Die Bemühungen der Rspr., das Gebot der gerechten Abwägung möglichst hinreichend zu präzisieren, führten zu weiteren - inzwischen allgemein anerkannten - Anforderungen an den Abwägungsvorgang und das Ergebnis:

(a) Der Grundsatz der räumlichen Trennung

räumliche Trennung

Das Gebot der gerechten Abwägung ist nur dann erfüllt, wenn bei der Planung auf Emissionen und Immissionen (vgl. Definition in § 3 II und III BImSchG) geachtet wird, die von der geplanten Bebauung ausgehen werden bzw. denen diese Bebauung ausgesetzt sein wird.

z.B. nicht Wohn- neben Industriegebiet

Es stellt ein wesentliches Element einer geordneten städtebaulichen Entwicklung dar, dass z.B. „Wohngebiete und die nach ihrem Wesen umgebungsbelastenden Industriegebiete möglichst nicht nebeneinander liegen sollten".[678]

---

674 So bspw. OVG Lüneburg, NVwZ-RR 2005, 10.
675 Denkbar erscheint auch folgende Abgrenzung: Ein formeller Fehler liegt vor, wenn ein Belang im Vorfeld der Abwägung überhaupt nicht beachtet wurde, hierzu keine Ermittlungen angestellt wurden. Ein Abwägungsdefizit ist gegeben, wenn der Gemeinderat den Belang in der Abwägung wegen vermeintlicher fehlender Relevanz nicht eingestellt hat, so J/D/W, § 1 BauGB, Rn. 79; weniger eindeutig J/D/W, § 2 BauGB, Rn. 17.
676 So BVerwGE 59, 87 (102); vgl. hierzu auch E/Z/B, § 1 BauGB, Rn. 195 ff.
677 Battis/Krautzberger/Löhr, § 1 BauGB, Rn. 11 ff.
678 BVerwGE 45, 309 (327).

vgl. § 50 BImSchG Bestätigt wird dieser Grundsatz durch die verbindliche Planungsdirektive des § 50 BImSchG. Dieses Optimierungsgebot[679] enthält die Verpflichtung, Beeinträchtigungen so gering wie möglich zu halten.

Gleichwohl verlangt der Trennungsgrundsatz keine schematische Aneinanderreihung etwa nach der Reihenfolge, die durch die §§ 2 ff. BauNVO vorgegeben wird.

Einzelfall maßgeblich Ob ein Nebeneinander verschiedener Nutzungen zulässig ist, lässt sich jeweils nur anhand des Einzelfalles klären.

Gemengelagen Dass eine strikte Trennung oft nicht möglich ist, zeigt sich besonders bei Planungen in einem bereits bebauten Gebiet, in dem miteinander nicht verträgliche Nutzungen aufeinandertreffen (sog. Gemengelagen).

Es kommt dann ein weiterer Grundsatz zum Zuge:

(b) Das Gebot der Rücksichtnahme

Gebot der Rücksichtnahme Dieser Grundsatz ist zu einem das Baurecht insgesamt beherrschenden Gebot ausgeformt worden, wenngleich das eigentliche Anwendungsgebiet in der Beurteilung der Zulässigkeit einzelner Vorhaben liegt.[680]

Verhältnismäßigkeit Seine Wurzeln hat das Rücksichtnahmegebot im verfassungsrechtlichen Verhältnismäßigkeitsprinzip.

insbes. bei Gemengelagen Besondere Bedeutung kommt diesem Gebot bei den oben beschriebenen Nutzungskonflikten in sog. Gemengelagen zu.[681] In solchen Situationen hat die Gemeinde bei der Abwägung Abstriche auf beiden Seiten zu machen.

> *Bsp.:* Einer Wohnbebauung kann unter Umständen eine höhere Belastung zugemutet werden als in einem Wohngebiet normalerweise üblich ist, ein Gewerbe darf weniger emittieren als in einem Gewerbegebiet.

a.A.: GdR an sich überflüssig Nach anderer Ansicht[682] sollten derartige Probleme durch die direkte Anwendung des Verhältnismäßigkeitsgrundsatzes gelöst werden, da das Gebot der Rücksichtnahme nichts anderes regele und daher überflüssig sei.

In der Tat sind die so erzielten Ergebnisse die gleichen. Letztendlich lassen sich diese Fälle auch durch die genaue Überprüfung des vierten Schrittes des Abwägungsvorganges lösen:[683] Denn liegt ein Verstoß gegen das Rücksichtnahmegebot vor, ist eben gerade kein Ausgleich zwischen den verschiedenen Belangen dergestalt vorgenommen worden, dass diese Belange ihrer objektiven Gewichtigkeit nach in einem angemessenen Verhältnis stehen. Und eben deswegen ist die Abwägung fehlerhaft.

(c) Gebot der Konfliktbewältigung

Gebot der Konfliktbewältigung Nach herrschender Meinung[684] darf die Abwägung auch nicht gegen das sog. Gebot der Konfliktbewältigung verstoßen.

---

679 E/Z/B, § 1 BauGB, Rn. 227 ff.
680 Vgl. Rn. 324 ff.
681 E/Z/B, § 1 BauGB, Rn. 236 ff., bes. Rn. 240.; Battis/Krautzberger/Löhr, § 1 BauGB, Rn. 110 f.
682 Koch/Hosch, a.a.O. S. 163.
683 Vgl. Rn. 540.
684 Battis/Krautzberger/Löhr, § 1 BauGB, Rn. 115 ff.

Auf der anderen Seite muss die Gemeinde nicht sämtliche mit der Durchführung des Bebauungsplans absehbar verbundenen wirtschaftlichen und sozialen Folgeprobleme bereits im Bebauungsplan selbst oder in unmittelbarem zeitlichen Zusammenhang mit diesem verbindlich und abschließend regeln. Vielmehr darf sie die Lösung von Konflikten auch späteren Verwaltungsverfahren überlassen, wenn sie i.R.d. Abwägung realistischerweise davon ausgehen kann, dass die Probleme in diesem Zusammenhang gelöst werden können.[685]

> *Bsp.:[686]* *Ein Bebauungsplan sieht die Errichtung eines Grundlastkraftwerkes vor. In der Nähe befinden sich bereits ein Heizkraftwerk, eine Müllverbrennungsanlage sowie ein Klärwerk. In der weiteren Umgebung schließen sich Wohngebiete an.*
>
> Der Bebauungsplan wurde wegen einer Verletzung des mit dem Abwägungsgebot im Zusammenhang stehenden Gebots der Konfliktbewältigung für nichtig erklärt (die Nichtigkeitsfolge war nach alter Rechtslage möglich).
>
> Die planende Gemeinde hätte sowohl Emissionsgrenzwerte für die geplante Anlage als auch eine Reduzierungs- oder Stilllegungsanordnung für das benachbarte Kraftwerk festsetzen müssen. „Der Bebauungsplan habe gerade nicht die ihm anzurechnenden Konflikte bewältigt".[687]

Rolle des BImSchG ggü. Bebauungsplanverfahren

550 Bemerkenswert an dieser Entscheidung ist, dass das Gericht das immissionsschutzrechtliche Genehmigungsverfahren, das dem Planungsverfahren notwendigerweise hätte folgen müssen, völlig außer Acht ließ. Vielmehr wurde festgestellt, es sei unzulässig, dass der Plangeber die Frage der Umweltbelastung in vollem Umfang in das immissionsschutzrechtliche Genehmigungsverfahren verlagert hat. „Die zur Konfliktbewältigung geeigneten immissionsschutzrechtlichen Regelungen wären in den Bebauungsplan aufzunehmen gewesen."[688]

Es bleibt hier nur festzustellen, dass es gerade Sinn und Zweck des Verfahrens nach dem BImSchG ist, derartige Probleme zu lösen.[689]

anders, wenn kein weiteres Verfahren folgt

551 Fraglich ist, wie zu entscheiden ist, wenn dem Bebauungsplanverfahren gerade kein weiteres Verfahren nachgeschaltet ist.

> *Bsp.:[690]* *Neben einem Einfamilienhaus wurde durch Bebauungsplan eine Verkehrsfläche festgesetzt, es sollte ein Parkplatz für einen benachbarten Tierpark errichtet werden.*
>
> Im Unterschied zum Beispielsfall oben müssen die von der Planung berührten Probleme hier abschließend bewältigt werden; ein weiteres, sich anschließendes Verfahren, welches den Konflikt zwischen Wohnbebauung und Verkehrsflächenausweisung lösen könnte, gibt es hier nicht.
>
> Das Gericht stellte fest, der so entstandene „Interessenkonflikt dürfe nicht einfach unbewältigt bleiben oder auf dem Wege des geringsten Widerstandes zu Lasten des derart schwer betroffenen Nachbarn gelöst werden".[691]
>
> Bemüht wurde hier also wieder der Grundsatz der Konfliktbewältigung.

---

685 BVerwG, NVwZ 1998, 953.
686 Nach OVG Berlin, DVBl. 84, 147.
687 Ebd.
688 Ebd.
689 So wohl auch BVerwGE 69, 30 (34).
690 Nach BVerwGE 47, 144.
691 Ebd.

Gerade weil hier aber eine weitere Konfliktbewältigung gar nicht möglich ist, erscheint die Einführung dieses Grundsatzes völlig überflüssig.[692] Gibt es kein weiteres Verfahren, können Probleme auch nicht in ein solches verlagert werden. Letztendlich ist auch dieser Fall nach den oben dargestellten Abwägungsregeln zu lösen. Werden die Belange des Wohngrundstücks zu Unrecht den Bedürfnissen des Verkehrs untergeordnet (§ 1 VI Nr. 1 BauGB im Konflikt mit Nr. 9), so liegt ein Fall der Abwägungsdisproportionalität vor.

Auf das Ergebnis hat dieser Meinungsstreit keinen Einfluss. Es sollte hier nur deutlich gemacht werden, dass das Gebot der Konfliktbewältigung keine über das Gebot der gerechten Abwägung hinausgehenden Anforderungen aufstellt.[693]

angesichts § 15 BauNVO planerische Zurückhaltung möglich

Hinzuweisen ist in diesem Zusammenhang auf die Möglichkeit der „planerischen Zurückhaltung", welche vom gemeindlichen Planungsspielraum gedeckt wird. Die Gemeinde darf berücksichtigen, dass § 15 BauNVO (i.R.d. Baugenehmigungsverfahrens) die Lösung gewisser Konflikte im Einzelfall ermöglicht.[694] Fehlerhafte Planungen insgesamt können dadurch aber nicht korrigiert werden.[695]

Der Bebauungsplan darf somit der Durchführung nur das überlassen, was diese an zusätzlicher Harmonisierung (z.B. über § 15 BauNVO) auch tatsächlich zu leisten vermag.[696]

Zusammenfassend ist festzustellen, dass nur in den Fällen, in denen dem Bebauungsplanverfahren ein weiteres Verwaltungsverfahren nachfolgt (das generell auch geeignet ist, bestimmte Konflikte zu lösen), die Frage gestellt werden kann, inwieweit trotz unvollständigen Interessenausgleichs ein Verstoß gegen das Gebot der gerechten Abwägung gerade nicht vorliegt.

Zulässigkeit der Problemverschiebung

Zu fragen ist also nach der Zulässigkeit einer teilweisen Problemverschiebung auf ein nachfolgendes Verfahren.[697]

Je höher die Anforderungen sind, die man an die Abwägung knüpft, desto eher wird man diese Frage verneinen müssen. Sinnvoller und auch praxisnäher ist es jedoch, spezielle Probleme in den dafür vorgesehenen Verfahren zu lösen. Auch das BVerwG scheint sich dem anzuschließen: „Es spricht einiges dafür, dass es nicht Aufgabe der Bauleitplanung ist, Entscheidungen zu treffen, die nach den Bestimmungen des BImSchG (oder auch des AtomG) dem jeweiligen Genehmigungs-, Vorbescheids- oder Anordnungsverfahren vorbehalten sind."[698]

private Verzichtserklärung

Die private Verzichtserklärung auf Abwehrrechte durch einen Nachbarn ist als Konfliktlösung nicht ausreichend. Der Konflikt muss objektiv gelöst werden, d.h. alle künftigen Konflikte entfallen lassen und dadurch auch alle künftigen Konfliktlösungen entbehrlich machen.[699]

Bsp.: Der Nachbar eines lärmimitierenden Betriebes stimmt dem Vorhaben zu und baut Schallschutzfenster ein.

---

692 So auch Koch/Hosch, a.a.O. S. 164.
693 So im Ergebnis auch Dürr/König, Rn. 31 und 31c.
694 BVerwG, BayVBl. 88, 568.
695 Vgl. BVerwG, DVBl. 89, 661.
696 Siehe Weyreuther, BauR 1975, 1 (5).
697 Koch/Hosch, a.a.O. S. 165.
698 BVerwG, DVBl. 84, 344.
699 BVerwG, BauR 2002, 730.

(d) Grundsätzliches Verbot der Vorwegbindung

Vorwegbindung grds. Verstoß gg. gerechte Abwägung

Grundsätzlich widerspricht es dem Gebot der gerechten Abwägung, wenn der abschließende Abwägungsvorgang durch vorherige Bindung der Gemeinde sachwidrig verkürzt wird. Nach h.M. liegt ein Abwägungsdefizit vor, da der Gemeinderat aufgrund der (vermeintlichen, vgl. § 1 III S. 2 BauGB) Vorwegbindung nicht mehr alle relevanten Belange in die Abwägung einstellen wird.

556

Allerdings ist der Verstoß gegen § 1 VII BauGB nicht zwangsläufig.[700] Das durch Vorentscheidung entstandene Abwägungsdefizit kann ausgeglichen werden, wenn

⇨ die Vorwegnahme der Entscheidung sachlich gerechtfertigt ist,

⇨ die planungsrechtliche Zuständigkeitsordnung gewahrt wurde und

⇨ die vorweggenommene Entscheidung auch inhaltlich nicht zu beanstanden ist.[701]

d) Vereinbarkeit mit anderen höherrangigen Rechtsvorschriften

Daneben muss der Bauleitplan auch den Vorschriften der BauNVO sowie anderen einschlägigen Gesetzen (z.B. Immissionsschutz) entsprechen.

557

e) Die Unbeachtlichkeitsvorschriften der §§ 214 ff. BauGB

aa) Der Ausnahmecharakter der §§ 214, 215 BauGB

rw. Norm grds. nichtig

Im Gegensatz zu Verwaltungsakten, die auch rechtswidrig bestandskräftig und damit wirksam werden können, sind rechtswidrige Normen nach unserer Rechtsordnung grundsätzlich einer Bestandskraft nicht fähig, sondern regelmäßig nichtig.

558

anders bei Satzungen nach BauGB und Flnpl.

Somit müssten Bebauungspläne, da sie als Satzungen ergehen, bei Verstoß gegen Rechtmäßigkeitsbedingungen nichtig sein. Von diesem Grundsatz aber weicht das BauGB ab. Die Beachtlichkeit von Rechtsverstößen gegen das BauGB, aber auch gegen andere Vorschriften, ist durch die §§ 214, 215 BauGB (die sog. Wirksamkeitsvoraussetzungen) eingeschränkt worden.

pragmatische Gründe

Vor allem das Drängen kommunaler Spitzenverbände führte bereits 1979 (Novelle zum BBauG) dazu, Bebauungspläne „rechtsmittelfester" zu machen; die Zahl der vor Gericht gescheiterten Pläne (ca. $^1/_3$ wegen Verfahrensfehlern) war in der Tat sehr hoch.[702]

559

Mehr als fraglich ist jedoch, ob daraus zwingend zu folgern war, die maßgeblichen Fehlerarten müssten einer gerichtlichen Kontrolle mehr oder weniger entzogen werden.[703]

Der Gesetzgeber jedenfalls glaubte, den Zielen der Rechtssicherheit (z.T. auf Kosten der materiellen Gerechtigkeit) Vorrang einräumen zu müssen.[704]

---

[700] BVerwGE 45, 309 =sog. Flachglas-Entscheidung = **Hemmer/Wüst, Classics Öffentliches Recht, E 59**.
[701] J/D/W, § 1 BauGB, Rn. 113 ff.
[702] Dazu Koch/Hosch, a.a.O. S. 172.
[703] Ebd.
[704] BT Drs. 8/2885 S. 35: Dass „das dringende Interesse an diesen erweiterten Möglichkeiten sich aus der zunehmenden Entscheidungspraxis der Verwaltungsgerichte" ergibt.

§ 5 RECHTSSCHUTZ GEGEN BAULEITPLÄNE

hemmer-Methode: Wegen der Bedenken gegen die §§ 214, 215 BauGB in Hinblick auf Art. 19 IV, 14, 20 III GG sind diese im Zweifel restriktiv auszulegen, soweit sie die Unbeachtlichkeit von Fehlern anordnen (vgl. Rn. 565 f.).

Die folgende Prüfung der §§ 214 ff. BauGB kann wie gesagt auch jeweils unmittelbar im Anschluss an die Feststellung des jeweiligen Rechtswidrigkeitstatbestandes erfolgen. Ein Patentrezept für den besseren Aufbau gibt es hier nicht. Denken Sie bei Ihrer Entscheidung für den einen oder anderen Aufbau jedenfalls immer daran: Je übersichtlicher Ihre Klausur ist, umso leichter kann sich der/die Korrektor/in Zugang zu Ihren Gedanken verschaffen!

bb) Die Regelungstechnik der §§ 214 ff. BauGB

Problem: Unübersichtlichkeit

Die Regelungstechnik der §§ 214 ff. BauGB ist insgesamt wenig übersichtlich. Vereinfacht dargestellt gilt:

⇨ § 214 BauGB klärt, welche Fehler überhaupt beachtlich sind. Dabei bezieht sich § 214 I BauGB auf Verfahrens- und Formfehler des BauGB. Die Ermittlung von Abwägungsmaterial nach § 2 III BauGB ist eine Verfahrensfrage. Materielle Fehlerquellen werden in § 214 II BauGB (Entwicklungsgebot) und § 214 III BauGB (Abwägungsgebot) geregelt. § 214 IIa BauGB trifft ergänzende Regelungen für im beschleunigten Verfahren nach § 13a BauGB aufgestellte Bebauungspläne.

⇨ § 214 IV BauGB ermöglicht eine Heilung von Mängeln durch ergänzendes Verfahren und zudem eine Rückwirkung von Bauleitplänen.

⇨ § 215 I BauGB bestimmt, welche (nach § 214 BauGB grundsätzlich zu beachtende) Fehler durch Zeitablauf ihre Beachtlichkeit verlieren.

hemmer-Methode: Hier sei nochmals klargestellt: Die §§ 214, 215 BauGB sind wegen § 216 BauGB im Genehmigungsverfahren nicht anzuwenden!

Für die Klausur empfiehlt sich folgende Prüfungsreihenfolge:

Prüfungsreihenfolge:
1. **Schritt:** Ist der Fehler überhaupt in § 214 BauGB erwähnt?
2. **Schritt:** Ist der in § 214 BauGB erwähnte Fehler bereits nach dieser Vorschrift unbeachtlich?
3. **Schritt:** Hat der nach § 214 BauGB beachtliche Fehler nach § 214 IV BauGB oder nach § 215 BauGB seine „Beachtlichkeit" verloren?

(1) 1. Schritt

Ist der Fehler nicht in § 214 BauGB erwähnt, kommen, da § 214 I BauGB abschließend bestimmt,[705] welche Verfahrens- und Formvorschriften des BauGB für die Wirksamkeit eines Flächennutzungsplans oder einer Satzung beachtlich sind,[706] folgende Möglichkeiten in Betracht:

---

705 Battis/Krautzberger/Löhr, § 214 BauGB, Rn. 3; E/Z/B, § 214 BauGB, Rn. 28.
706 Vgl. Wortlaut: „dieses Gesetzbuch".

> **Bei dem Fehler handelt es sich um**
>
> a) einen Verstoß gegen Verfahrens- und Formvorschriften des BauGB, der nicht in § 214 I BauGB aufgeführt ist,
>
> ⇨ Fehler unbeachtlich
>
> b) einen Verstoß gegen sonstige (insbesondere kommunalrechtliche) Verfahrens- und Formvorschriften,
>
> ⇨ Fehler zunächst beachtlich,[707] aber behebbar nach § 214 IV BauGB durch ergänzendes Verfahren
>
> c) einen Verstoß gegen andere Vorschriften des BauGB oder sonstige Vorschriften des materiellen Rechts, die nicht in § 214 BauGB geregelt sind,
>
> ⇨ evtl. § 214 IV BauGB

Bsp.: Dem Bebauungsplan ging ein fehlerhafter Satzungsbeschluss voraus (Verstoß gegen §§ 43 II, 31 GO).

Es handelt sich um eine Verfahrensvorschrift der GO, die von § 214 BauGB gerade nicht erfasst wird. Der Fehler ist beachtlich, der Verstoß führt zur Unwirksamkeit des Bebauungsplans (beachte aber § 7 VI GO, sowie § 31 IV GO). Jedoch ist auch § 214 IV BauGB anwendbar.

Bsp.: Im Bauleitplanverfahren wird gegen § 3 I BauGB verstoßen.

Diese Verfahrensvorschrift (des BauGB) wird in § 214 BauGB nicht aufgeführt, ein Verstoß ist somit unbeachtlich.

(2) 2. Schritt

Unbeachtlichkeit?

In § 214 I BauGB erwähnte Fehler sind nicht zwangsläufig beachtlich, da Abs. 1 selbst sog. interne Unbeachtlichkeitsklauseln kennt.

In § 214 II BauGB werden demgegenüber unbeachtliche Fehler aufgezählt, auch hier gibt es jedoch Einschränkungen, die ein systematisches Lesen der Vorschrift nötig machen.

§ 214 III S. 2 HS 1 BauGB stellt klar, dass das Ermitteln von Abwägungsmaterial selbst, eine Frage des Verfahrens ist, also § 214 I Nr. 1 BauGB.[708] Schließlich werden in § 214 III S. 2 HS 2 BauGB gewisse Fehler im Abwägungsvorgang für unbeachtlich erklärt. Mängel im Abwägungsergebnis sind demnach immer beachtlich.

> **hemmer-Methode:** Sieht man Abwägungsausfall und -defizit künftig als formellen Fehler, § 2 III BauGB (s.o.), ist § 214 III S. 2 BauGB weitgehend bedeutungslos. Für unbeachtlich erklärt werden nur Fehler im Abwägungsvorgang und nicht im Ergebnis. Die Fehler im Vorgang sind aber bereits von § 214 I Nr. 1 BauGB erfasst und fallen damit nicht mehr unter § 214 III S. 2 BauGB, vgl. S. 2 HS 1.

Folgen fehlerhafter Abwägung

Maßgeblicher Zeitpunkt für die Beurteilung der Abwägung ist gemäß § 214 III S. 1 BauGB die Sach- und Rechtslage zur Zeit der Beschlussfassung.[709]

---

707 Eventuelle Unbeachtlichkeit aufgrund anderer Normen, z.B. § 7 IV GO NRW.
708 Vgl. hierzu BVerwG, NVwZ 2008, 899 ff. = **Life & Law 2008, 760**.
709 Battis/Krautzberger/Löhr, § 214 BauGB, Rn. 15.

§ 5 RECHTSSCHUTZ GEGEN BAULEITPLÄNE

grds. Unwirksamkeit des Bebauungsplans bei erheblichen Mängel

Eine fehlerhafte Abwägung führt bei erheblichen Abwägungsmängeln zur Unwirksamkeit des Bauleitplans. Mängel im Abwägungsvorgang sind aber nur erheblich, wenn sie offensichtlich und auf das Abwägungsergebnis von Einfluss gewesen sind (§ 214 III S. 2 HS 2 BauGB).

§ 214 III S. 2 HS 2 BauGB

Diese Vorschrift ist restriktiv auszulegen, da Verstöße gegen eines der zentralen Gebote an die Bauleitplanung nicht regelmäßig sanktionslos bleiben sollen. „Offensichtlich" ist nicht im Sinn von „leicht erkennbar" auszulegen. Umfasst wird davon vielmehr alles, was zur äußeren Seite des Abwägungsvorgangs derart gehört, dass es auf objektiv fassbaren Sachumständen beruht.[710]

565

Dies ist insbesondere dann der Fall, wenn der Fehler sich dabei bereits aus den Akten, Protokollen, aus der Entwurfs- oder Planbegründung oder aus sonstigen Unterlagen ergeben. Das Fehlen bestimmter Erwägungen in den Akten begründet noch keinen offensichtlichen Fehler, der Mangel muss sich vielmehr positiv und klar aus den Akten ergeben.[711]

> *Bsp.:* Beruht die Abwägungsentscheidung der Gemeinde auf rechtlich fehlerhaften Überlegungen, so ist ein darin liegender Fehler im Abwägungsvorgang nicht deshalb gem. § 214 III S. 3 BauGB mangels Offensichtlichkeit unbeachtlich, weil die rechtliche Beurteilung der Vorfrage Schwierigkeiten bereitet.[712]

Das Merkmal des „Einflusses" erfordert keinen positiven Kausalitätsnachweis, ausreichend ist vielmehr die konkrete Möglichkeit, dass ohne den Mangel anders geplant worden wäre.[713] Dies ist etwa dann anzunehmen, wenn der Planungsträger sich von unzutreffenden Behauptungen hat leiten lassen und gleichzeitig für das Abwägungsergebnis erhebliche Belange außer Acht gelassen hat. Nicht ausreichend ist demgegenüber die nicht näher begründbare, in diesem Sinne abstrakte, Behauptung der Beeinflussung des Abwägungsergebnisses.

566

> *Bsp. 1:* Der Bebauungsplan wurde nur unvollständig begründet.

Es liegt ein Verstoß gegen § 9 VIII BauGB vor. Dieser Verstoß ist in § 214 I Nr. 3 BauGB erwähnt, der Fehler wäre somit beachtlich. Allerdings gilt hier § 214 I Nr. 3 HS 2 BauGB: Die Begründung fehlt nicht ganz, sondern ist nur unvollständig, der Fehler somit doch unbeachtlich.

Zu beachten ist in diesem Fall jedoch § 214 I S. 2 BauGB. Die Gemeinde hat auf Verlangen Auskunft zu erteilen (sie muss also die maßgeblichen Unterlagen zur Einsichtnahme vorlegen).

> *Bsp. 2:* Der Bebauungsplan wurde aus einem Flächennutzungsplan entwickelt, der aufgrund eines Verstoßes gegen § 47 II GO NRW (nicht alle Ratsmitglieder wurden geladen) unwirksam ist.

Es scheint ein Fall des § 214 II Nr. 3 BauGB vorzuliegen. Allerdings wurde beim Beschluss über den Flächennutzungsplan gegen landesrechtliche Vorschriften verstoßen. Fraglich ist, ob die Vorschrift auch derartige Fälle umfasst.

Die Lösung ergibt sich aus einem Vergleich der unterschiedlichen Terminologie innerhalb des § 214 BauGB: Während sich Abs. 1 allein auf Verfahrensvorschriften des BauGB bezieht, spricht Abs. 2 Nr. 3 von Verfahrens- und Formvorschriften allgemein. Somit liegt auch bei einem Verstoß gegen landesrechtliche Verfahrensvorschriften Unbeachtlichkeit i.S.d. § 214 II Nr. 3 BauGB vor.[714] Der Bebauungsplan ist somit wirksam.

---

710 E/Z/B, § 214 BauGB, Rn. 141; Battis/Krautzberger/Löhr, § 214 BauGB, Rn. 17.
711 E/Z/B, § 214 BauGB, Rn. 142 f.
712 BVerwG, NVwZ 1998, 956.
713 BVerwGE 64, 33 (39).
714 Vgl. BVerwG, DVBl. 84, 632.

> **hemmer-Methode:** § 214 I BauGB bezieht sich auf Verfahrens- und Formfehler bei der Aufstellung des aktuell zu überprüfenden Plans. § 214 II Nr. 3 BauGB knüpft hingegen an Verfahrens- und Formfehler des zugrundeliegenden Flächennutzungsplans an. Der ursprüngliche formelle Fehler wird über das Entwicklungsgebot zu einem materiellen Fehler transformiert.

(3) 3. Schritt

nachträgliche Unbeachtlichkeit

Auch Fehler, die nach § 214 BauGB grundsätzlich beachtlich sind (vgl. 2. Schritt), können nach §§ 215 oder 214 IV BauGB ihre Beachtlichkeit verlieren.

aufgrund Zeitablaufs

§ 215 I BauGB stellt auf den Zeitablauf ab. Fehler gemäß § 214 I Nr. 1 bis Nr. 3, II, III S. 2 BauGB werden unbeachtlich, wenn sie nicht innerhalb eines Jahres gegenüber der Gemeinde geltend gemacht werden.

Die Rüge einer Verletzung von Abwägungsmängeln kann auch durch Einreichung eines Schriftsatzes in einem mit der Gemeinde geführten Normenkontrollverfahren erfolgen, wenn die Rüge den Bebauungsplan betrifft, der Gegenstand des Normenkontrollverfahrens ist.[715]

ohne Zeitgrenze

Zeitlich unbeschränkt rügefähig sind hingegen die Fehler nach § 214 I Nr. 4 BauGB.

§ 215 I BauGB greift allerdings nur, wenn gemäß Abs. 2 ein Hinweis auf die befristete Geltendmachung von Verletzungen erfolgt ist. Andernfalls bleibt es bei der Unwirksamkeit nach § 214 BauGB.[716]

§ 214 IV BauGB ermöglicht die Heilung von Fehlern durch Behebung und Wiederholung. Von dieser Regelung werden alle formellen und materiellen Fehler erfasst. Dies ist eine Neuregelung, die seit der Novelle des BauGB aus dem Jahre 2004 gilt.

Nicht behebbar sind allerdings solche Mängel, die den Kern der Abwägungsentscheidung betreffen. Das ergänzende Verfahren muss die Identität des Planes wahren und darf ihn nicht grundlegend ändern.[717]

Nach § 214 IV BauGB führen Mängel, die nicht schon nach §§ 214 und 215 BauGB unbeachtlich sind, dann nicht unmittelbar zur Unwirksamkeit, wenn sie durch ein ergänzendes Verfahren behoben werden können.[718]

> **hemmer-Methode:** § 47 V VwGO setzt die durch § 214 IV BauGB angeordnete (nur) schwebende Unwirksamkeit in allen Fällen prozessual um. Stellt das OVG in einem Normenkontrollverfahren Mängel eines Bebauungsplans fest, die nicht nach §§ 214 f. BauGB unbeachtlich sind, so stellt es nicht mehr die Nichtigkeit fest, denn es sind alle Fehler im ergänzenden Verfahren behebbar.

Die Möglichkeit des ergänzenden Verfahren nach § 214 IV BauGB besteht grundsätzlich für alle Mängel, die nicht nach §§ 214, 215 BauGB unbeachtlich sind.[719] Für § 214 IV BauGB reicht es aus, dass die konkrete Möglichkeit der Fehlerbehebung besteht.

---

715 OVG NW, NWVBl. 97, 346.
716 E/Z/B, § 215 BauGB, Rn. 49 ff., insb. Rn. 55.
717 BVerwG, NVwZ 1999, 420; Battis/Krautzberger/Löhr, § 214 BauGB, Rn. 20 ff.
718 Krautzberger/Stüer, DVBl. 2004, 781, 789 f.
719 Vgl. zum Ganzen Erbguth, DVBl. 2004, 802 ff.

Der zu behebende Mangel darf nur nicht von solcher Art und Schwere sein, dass er die Planung als Ganzes von vornherein in Frage stellt oder die Grundzüge des Plans berührt.[720] Das Verfahren, in dem der Mangel behoben wird, darf das vorangegangene Verfahren nur ergänzen nicht jedoch ersetzen.

§ 214 IV BauGB ermöglicht insbesondere auch eine rückwirkende Inkraftsetzung der Satzung und gilt auch für den Flächennutzungsplan.[721]

Zur Behebung des Mangels ist das nach den einschlägigen Vorschriften notwendige Verfahren durchzuführen. Umfang und Reichweite des ergänzenden Verfahrens richten sich nach der Reichweite des Mangels, der behoben werden soll. Nur was zu seiner Behebung notwendig ist, muss im ergänzenden Verfahren behandelt werden. Alles andere bleibt aus dem vorangegangenen Verfahren.

> *Bsp. 1:* Ein Bebauungsplan wird vor dem OVG mit der Begründung angegriffen, bei der Beschlussfassung hätte ein nach der GO NRW ausgeschlossenes Mitglied mitgewirkt. Seit Bekanntgabe des Bebauungsplans sind nahezu zwei Jahre vergangen, die Gemeinde beruft sich auf § 215 I BauGB.

Die Verfristungsbestimmung des § 215 I BauGB bezieht sich auf Fehler nach § 214 I Nr. 1 bis 3 BauGB. Diese Vorschriften umfassen jedoch einen Verstoß gegen landesrechtliche Verfahrensvorschriften gerade nicht. Der Bebauungsplan ist unwirksam.

> *Bsp. 2:* Ein Bebauungsplan wurde durch die Bekanntmachung des tatsächlich nicht durchgeführten Genehmigungsverfahrens in Kraft gesetzt. Die Gemeinde will den Plan mit Rückwirkung erneut in Kraft setzen und fragt, was zu tun sei.

Dass der Bebauungsplan auch mit Rückwirkung in Kraft gesetzt werden kann, stellt § 214 IV BauGB klar. Momentan leidet der Plan an einem nach § 214 I Nr. 4 BauGB zu beachtenden Fehler, der auch nicht nach § 215 I BauGB unbeachtlich werden kann.

Zunächst muss die Gemeinde das Genehmigungsverfahren (§ 10 II BauGB) nachholen, dann die Durchführung erneut bekannt machen (§ 10 III S. 1 BauGB), da von der zu behebenden Verfahrenshandlung an das gesamte nachfolgende Verfahren zu wiederholen ist.

Strittig ist, ob zudem die rückwirkende Inkraftsetzung eines Beschlusses des Gemeinderats bedarf. Bewertet man das Verfahren des § 214 IV BauGB als bloße Fortführung des ursprünglichen Verfahrens vom (zu heilenden) Fehler an, ist ein neuer Ratsbeschluss nicht notwendig.[722]

Begeht der Bürgermeister nämlich beim Vollzug des Gemeinderatsbeschlusses einen Fehler und ist der Bebauungsplan deshalb nicht wirksam, so ist der Bürgermeister seiner Vollzugsaufgabe nicht gerecht geworden, die ihm gegenüber dem Rat obliegt. Daraus folgert der BayVGH, dass der Bürgermeister berechtigt und verpflichtet ist den Vollzug des Ratsbeschluss dadurch zu bewirken, dass er von der Heilungsmöglichkeit des § 214 IV BauGB Gebrauch macht.

Nach anderer Ansicht[723] muss die rückwirkende Inkraftsetzung als materiell-rechtliche Regelung (es geht um die zeitliche Geltung des Plans) im Falle des Bebauungsplans satzungsmäßig beschlossen werden.

---

720 BVerwG, DVBl. 2000, 804; 1999, 243; VGH BW, BauR 2001, 1228: jeweils zur alten Rechtslage.
721 Battis/Krautzberger/Löhr, § 214 BauGB, Rn. 24.
722 Offen gelassen von BVerwG, BauR 1989, 692.; Battis/Krautzberger/Löhr, § 214 BauGB, Rn. 24.
723 OVG Münster, BauR 1984, 47.

Da die Gemeinde nach erfolgter Heilung grundsätzlich wählen kann, ob der Plan ex tunc oder ex nunc in Kraft treten soll,[724] ist die zweite Ansicht vorzuziehen: Will die Gemeinde die Rückwirkung, muss sie das förmlich beschließen.

In inhaltlicher Hinsicht ist vielfach problematisch, ob bei der rückwirkenden Inkraftsetzung des Bebauungsplans eine erneute Abwägung stattzufinden hat. Nach Ansicht der Rspr.[725] wird dies von § 214 IV BauGB nicht gefordert. Eine Abwägungspflicht besteht vielmehr nur dann, wenn sich die Verhältnisse so grundlegend geändert haben, dass der Bebauungsplan funktionslos geworden ist oder das ursprünglich unbedenkliche Abwägungsergebnis unhaltbar geworden ist.

Systematische Prüfung der §§ 214, 215, 214 IV BauGB

1. Schritt: In § 214 BauGB erwähnte Fehler

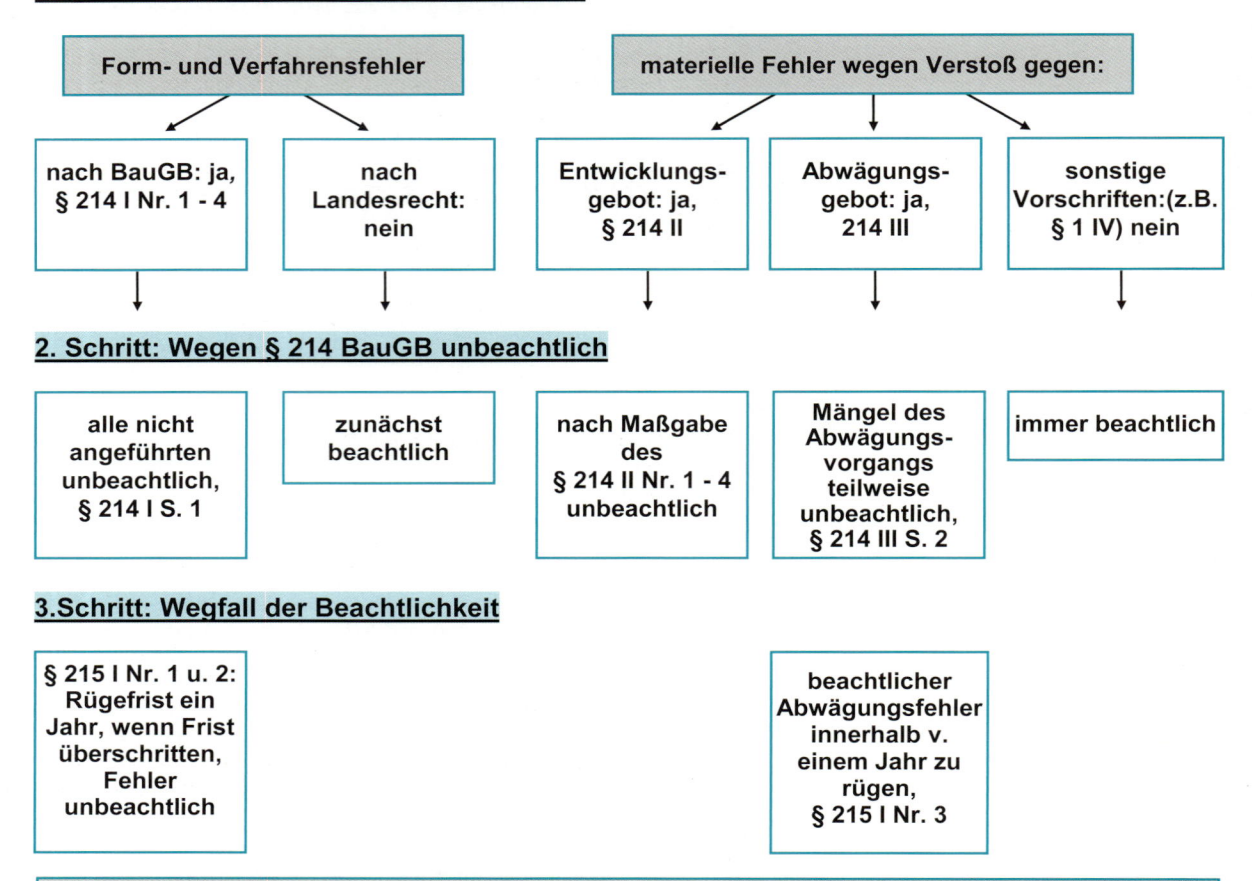

Form- und Verfahrensfehler:
- nach BauGB: ja, § 214 I Nr. 1 - 4
- nach Landesrecht: nein

materielle Fehler wegen Verstoß gegen:
- Entwicklungsgebot: ja, § 214 II
- Abwägungsgebot: ja, 214 III
- sonstige Vorschriften: (z.B. § 1 IV) nein

2. Schritt: Wegen § 214 BauGB unbeachtlich

- alle nicht angeführten unbeachtlich, § 214 I S. 1
- zunächst beachtlich
- nach Maßgabe des § 214 II Nr. 1 - 4 unbeachtlich
- Mängel des Abwägungsvorgangs teilweise unbeachtlich, § 214 III S. 2
- immer beachtlich

3. Schritt: Wegfall der Beachtlichkeit

- § 215 I Nr. 1 u. 2: Rügefrist ein Jahr, wenn Frist überschritten, Fehler unbeachtlich
- beachtlicher Abwägungsfehler innerhalb v. einem Jahr zu rügen, § 215 I Nr. 3

Jeder beachtliche Fehler, sowohl formeller als auch materieller Art, kann durch ein ergänzendes Verfahren nach § 214 IV BauGB behoben werden, sodass eine Heilung des unwirksamen Bauleitplans eintritt. Dabei ist immer auch eine Rückwirkung des geheilten Plans zulässig.

Hinweis: Bei der Verletzung von Verfahrens- und Formvorschriften der GO NRW ist ferner § 7 VI GO NRW zu beachten. Die Beachtlichkeit dieser Fehler - außer in den in Nr. a - d genannten Fällen - fällt nach Ablauf eines Jahres weg.

572

---

724 So Battis/Krautzberger/Löhr, § 214 BauGB, Rn. 24 a.E.
725 BVerwG, BauR 1997, 590; OVG Lüneburg, BauR 2001, 73 zu § 215a BauGB a.F.

3. Keine eigene Rechtsverletzung nötig

obj. Rechtsbeanstandung

Da es sich bei der Normenkontrollklage um ein objektives Beanstandungsverfahren handelt, ist eine Verletzung des Antragsstellers in eigenen Rechten nicht notwendig.

hemmer-Methode: Dieser letzte Punkt kann in einer Klausur zwar klarstellend hinzugefügt werden, ist aber nicht notwendig. Er wird hier nur aufgeführt, um nochmals die Unterschiede zwischen den einzelnen Klagearten zu verdeutlichen.

IV. Entscheidung

grds. gesamter Plan unwirksam

Kommt das Gericht zu dem Ergebnis, dass ein überprüfter Bebauungsplan gegen höherrangiges Recht verstößt und dieser Verstoß nicht wegen §§ 214, 215 BauGB unbeachtlich ist, so erklärt es den gesamten Plan gem. § 47 V VwGO für unwirksam.

Ausnahme:

Teilunwirksamkeit kann (ausnahmsweise) angenommen werden, wenn folgende Voraussetzungen vorliegen:

⇨ Der Rechtsverstoß bezieht sich auf einen räumlich wie sachlich abtrennbaren Teil des Planes, wobei durch die restlichen Festsetzungen auch ohne den unwirksamen Teil eine sinnvolle städtebauliche Ordnung gewährleistet bleibt, und

⇨ mit hinreichender Sicherheit anzunehmen ist, dass die betroffene Gemeinde einen Plan auch mit diesem eingeschränkten Inhalt beschlossen hätte.

C) Weitere prozessuale Problemstellungen im Bereich der Bauleitplanung

andere Fragestellung

In einer Klausur kann vom Prüfling auch eine umfassendere Prüfung verlangt werden:

Bsp.: Nach erfolgloser Geltendmachung seiner Interessen im Beteiligungsverfahren vor Erlass der Norm will E wissen, welche Schritte er generell gegen einen Bebauungsplan unternehmen kann.

Auch hier muss zunächst die Normenkontrollklage geprüft werden. Darüber hinaus aber ist nun noch die Verfassungsbeschwerde anzusprechen.

I. Verfassungsbeschwerde

1. Zum Bundesverfassungsgericht

VB nach Rechtswegerschöpfung

Nach Rechtsprechung des BVerfG[726] kann gegen einen Bebauungsplan unter Umständen Verfassungsbeschwerde eingelegt werden.

Voraussetzung ist, dass Festsetzungen des Bebauungsplans selbst den Einzelnen unmittelbar in seinen Rechten betreffen (gerade nicht erst der Vollzug durch Genehmigung oder Ablehnung eines Antrags).

---

726 BVerfG, NJW 1985, 2315 f.; DÖV 1985, 972 = BVerfGE 70, 35 ff.; anders noch BVerfGE 31, 364.

Zuvor muss jedoch stets ein Normenkontrollverfahren durchgeführt worden sein (Rechtswegerschöpfung nach § 90 II BVerfGG).

2. Verfassungsgerichtshof

Der Weg zum Verfassungsgerichtshof ist mangels der Möglichkeit einer Landesverfassungsbeschwerde nicht eröffnet, vgl. Art. 75 LVerf, § 12 VGHG.

577

II. Keine Popularklage

Anders als in Bayern,[727] wo Bebauungspläne gem. Art. 98 S. 4 BV im Popularklageverfahren überprüft werden können,[728] gibt es für den Einzelnen in Nordrhein-Westfalen neben der verwaltungsgerichtlichen Normenkontrolle gem. § 47 VwGO und der Verfassungsbeschwerde i.S.d. Art. 93 I Nr. 4a GG keine weiteren Rechtsschutzmöglichkeiten speziell gegen Bebauungspläne.

578

III. Zusatzprobleme

1. Vorläufiger Rechtsschutz i.R.d. § 47 VwGO

einstweilige Anordnung

Aus § 80 VwGO ergibt sich, dass einem Normenkontrollantrag keine aufschiebende Wirkung zukommt. Somit scheiden auch die Möglichkeiten der Vollzugsaussetzung aus (§ 80 IV, V VwGO).

579

Allerdings kann das Gericht auf Antrag eine einstweilige Anordnung erlassen (§ 47 VI VwGO), wenn dies zur Abwehr schwerer Nachteile oder aus anderen wichtigen Gründen dringend geboten ist.

Durch die einstweilige Anordnung wird die künftige Anwendung der Norm verboten. Für den Antrag nach § 47 VI VwGO fehlt daher das Rechtsschutzbedürfnis, wenn für das Vorhaben, das der Antragsteller mit seinem Begehren abwenden will, bereits die erforderliche Baugenehmigung oder eine noch wirksame Bebauungsgenehmigung erteilt worden ist.

Dies gilt auch dann, wenn die Bescheide noch nicht bestandskräftig sind.[729]

Obwohl § 47 VI VwGO nicht auf § 123 VwGO verweist und diese Vorschrift auch nicht ohne Weiteres entsprechend herangezogen werden kann, da § 47 VI VwGO die einstweilige Anordnung im Normenkontrollverfahren abschließend regelt, können zumindest für das Verfahren beim Erlass einer Anordnung § 123 II, III und IV VwGO entsprechend herangezogen werden.[730]

Abwägungsentscheidung

Eine Entscheidung trifft das Gericht aufgrund einer Abwägung zwischen den Folgen, die eintreten, wenn die Anordnung verweigert wird, die Vorschrift aber später für unwirksam erklärt wird einerseits und den Folgen, die eintreten, wenn die Anordnung erlassen, die Vorschrift jedoch später bestätigt wird andererseits.

580

---

727 Vgl. BayVerfGH, NJW 1984, 226 ff.
728 Zum Prüfungsmaßstab vgl. BayVerfGH, BayVBl. 88, 558.
729 OVG Münster, NVwZ 1997, 1006.
730 Schmitt Glaeser, Rn. 451.

> **hemmer-Methode:** Ebenso geht im Grundsatz das BVerfG in den Fällen des § 32 I BVerfGG i.R.d. abstrakten Normenkontrolle gemäß Art. 93 I Nr. 2 GG vor, wobei es allerdings die Erfolgsaussichten der Hauptsache - wie es immer wieder betont - außer Betracht lässt; vgl. Hemmer/Wüst, Staatsrecht II, Rn. 55.

Erfolgsaussichten

Auch die Erfolgsaussichten in der Hauptsache sind bei der Abwägung von Bedeutung (und in der Klausur vollständig zu prüfen!).

581

Wird ein Bebauungsplan gem. § 47 VI VwGO außer Vollzug gesetzt, ist die Behörde dadurch nicht gehindert, für die in Anwendung des Plans bereits erteilten Baugenehmigungen oder Vorbescheide die sofortige Vollziehung (§ 80 II Nr. 4 VwGO) anzuordnen.[731]

2. Vorbeugender Rechtsschutz i.R.d. § 47 VwGO

Es kann auf die Ausführungen von oben[732] verwiesen werden. Voraussetzung für das Normenkontrollverfahren ist die Gültigkeit der jeweiligen Vorschrift.

582

> **Bsp.:** Ein Betroffener will bereits gegen den Entwurf einer Satzung vorgehen.

Eine derartige vorbeugende Normenkontrollklage ist nicht zulässig. Der Inhalt der Norm muss bereits feststehen, die Norm muss bereits erlassen sein. Grund hierfür ist der Umstand, dass der Normgeber den Entwurf im laufenden Normsetzungsverfahren noch ändern kann.

> **hemmer-Methode:** Zum Problem der vorbeugenden Feststellungs-/Unterlassungsklage gegen einen Plan i.S.d. § 33 BauGB vgl. BVerwGE 40, 323 sowie Hemmer/Wüst, Verwaltungsrecht III, Rn. 283 ff.

3. Normenerlassklage

Zulässigkeit umstr.

Ob eine Klage auf Erlass einer bestimmten Rechtsnorm möglich ist, ist seit langem umstritten.

583

Denkbar wäre eine Feststellungsklage auf Normenerlass nach § 43 VwGO[733] (Normerlassanspruch als Rechtsverhältnis i.S.d. § 43 I VwGO) oder eine Normerlassklage nach § 47 VwGO analog.[734]

Auch eine allgemeine Leistungsklage auf Erlass einer Norm wäre von der Konstruktion her möglich.[735]

Allerdings besteht gerade kein Anspruch auf Aufstellung eines Bauleitplans (§ 1 III S. 2 BauGB), sodass die Klagen jeweils zumindest unbegründet wären.

Da im gesamten Verwaltungsrecht Ansprüche auf einen bestimmten Normerlass nicht vorgesehen sind, verneinen manche bereits die Zulässigkeit einer solchen Klage.[736]

> **hemmer-Methode:** Vgl. Sie zur Normerlassklage Hemmer/Wüst, Verwaltungsrecht II, Rn. 185 ff.

---

731 OVG Münster, NVwZ 1997, 1006.
732 Rn 427.
733 So wohl BVerwG, DÖV 89, 449 ff.
734 So zu verstehen BayVGH, BayVBl. 80, 211.
735 Kopp/Schenke, § 47 VwGO, Rn. 13 m.w.N.
736 BVerwGE 7, 188; VGH Mannheim, DVBl. 86, 632.

Wiederholungsfragen

		RANDNUMMER
1.	Was versteht man unter öffentlichem und privatem Baurecht?	*4 ff.*
2.	Was bedeutet "Baufreiheit" und woraus ist sie abzuleiten?	*8 f.*
3.	Wie ist die Gesetzgebungskompetenz für das öffentliche Baurecht aufgeteilt?	*15 f.*
4.	Mit welcher Qualifikationstheorie lässt sich im Baurecht problemlos das Vorliegen einer öffentlich-rechtlichen Streitigkeit begründen?	*19, 265*
5.	Die Baugenehmigung ist eindeutig ein Verwaltungsakt. Qualifizieren Sie diese Eigenschaft konkreter.	*21*
6.	Was ist ein Vorbescheid?	*23 ff.*
7.	Welche Frage ist im Teilbaugenehmigungsverfahren streitig?	*29*
8.	Was bedeutet präventives Verbot mit Erlaubnisvorbehalt?	*34*
9.	Welche landesgesetzliche Regelung regelt das Vorverfahren und was ist im Rahmen der Drittanfechtung zu beachten?	*35*
10.	Was regelt nach in NRW herrschender Ansicht der § 78 VwGO und welche Neuerung ist dabei zu beachten?	*37*
11.	Was versteht man unter der Doppelfunktion des Landrates?	*37*
12.	Wonach sind die Parteien eines baurechtlichen Verwaltungsgerichtsverfahrens beteiligtenfähig und wer ist für wen vertretungsbefugt?	*38*
13.	An welcher Stelle der Klausur prüft man die Frage der Beiladung?	*39*
14.	Wer ist für die Erteilung einer Baugenehmigung zuständige Behörde?	*44 ff.*
15.	Welche Rechtsnatur haben die Aufgaben der unteren Bauaufsichtsbehörde?	*48*
16.	Warum ist § 216 BauGB keine hinreichende Rechtsquelle für die örtliche Zuständigkeit zur Erteilung einer Baugenehmigung?	*49*
17.	In welche zwei Prüfungspunkte sind die materiellen Voraussetzungen der Verpflichtung auf Erteilung einer Baugenehmigung aufgeteilt?	*50*
18.	Was ist eine bauliche Anlage und was ist zu diesem Begriff zu beachten?	*53, 108 ff.*
19.	Welche Besonderheiten ergeben sich hinsichtlich der Nutzungsänderung?	*56*
20.	Sind Abbruch und Beseitigung baulicher Anlagen genehmigungsbedürftig?	*56*
21.	Kann man auf Erteilung eines die Genehmigungsfreiheit feststellenden Bescheids klagen?	*57*
22.	Erläutern Sie den Begriff des "Dienens" in § 35 I Nr. 1 BauGB und § 65 I Nr. 1, Nr. 4 BauO NRW.	*59, 155*
23.	Welche leicht zu übersehende Sonderregelung für Werbeanlagen ist zu beachten?	*60*
24.	An welche Norm ist zu denken, wenn der Sachverhalt Angaben über die Höhe eines Wohnhauses enthält?	*61*
25.	Wie unterscheiden sich die Begriffe formelle und materielle Konzentrationswirkung?	*69 ff.*
26.	Anlagen, die einer immissionsschutzrechtlichen Genehmigung bedürfen, werden wegen der formellen Konzentrationswirkung des § 13 BImSchG keinem gesonderten Baugenehmigungsverfahren unterzogen. Woraus ergibt sich, dass dennoch Bauplanungsrecht zu prüfen ist?	*71*
27.	Aus welchen Gründen kann sich für die Frage der Erteilung der Genehmigung eine Bindung der Verwaltung ergeben?	*73 ff.*
28.	Wird die Bauaufsichtsbehörde aufgrund einer bestandskräftigen Gaststättenerlaubnis im Baugenehmigungsverfahren gebunden?	*83, 93*
29.	Was besagt die sog. Schlusspunkttheorie?	*89 ff.*
30.	Was ist das vereinfachte Verfahren und wie weit reichen seine Einschränkungen?	*98*
31.	Wie ist das Gemeindegebiet planungsrechtlich aufgeteilt?	*99*
32.	Schafft der einfache Bebauungsplan einen eigenen Gebietstypus in der Gemeinde?	*100, 121*

WIEDERHOLUNGSFRAGEN

33. Warum müssen Sie bei Eintritt in die bauplanungsrechtliche Prüfung das Tbm. "bauliche Anlage" überprüfen, obwohl es bereits Voraussetzung der Genehmigungspflichtigkeit war? *108*

34. Welches Stichwort verbinden Sie mit der baulichen Anlage i.S.d. § 29 S.1 BauGB? .... *110 f.*

35. Können die Festsetzungen des Bebauungsplans für Vorhaben gelten, welche nicht unter § 29 BauGB fallen? *115*

36. Worin unterscheidet sich der qualifizierte Bebauungsplan vom einfachen? *118*

37. Wie hängen die §§ 2-14 BauNVO mit den Festsetzungen des qualifizierten Bebauungsplans zusammen? .... *124 f.*

38. Welchen Regelungsinhalt hat § 15 BauNVO? .... *127 f.*

39. Warum muss es die Möglichkeit des Dispenses geben, wie sie in § 31 BauGB ihren Niederschlag gefunden hat? *129*

40. Wie sind die Begriffe Abweichung, Befreiung und Ausnahme von einander abzugrenzen? *129*

41. Bedarf der Dispens eines Antrags? *132*

42. Wie gehen Sie in der Prüfung des § 31 BauGB vor? *133*

43. Warum muss die untere Bauaufsichtsbehörde vor Gewährung eines Dispenses das Einvernehmen der Gemeinde einholen? *134*

44. Worin unterscheidet sich der "Innenbereich" grundsätzlich vom "Außenbereich"? .... *136 f., 147*

45. Definieren Sie "im Zusammenhang bebaute Ortsteile". *137*

46. Skizzieren Sie anhand des Gesetzestextes das Prüfungsschema zu § 34 I BauGB. *140*

47. Wie stellen Sie fest, ob sich ein Vorhaben in die Eigenart der näheren Umgebung einfügt? *141*

48. Wie wird diese Prüfung durch § 34 II BauGB modifiziert? .... *144 ff.*

49. Definieren Sie "Außenbereich". *147*

50. Wie ist § 35 BauGB strukturiert? .... *149 ff.*

51. Gilt § 35 III BauGB auch für § 35 I BauGB? Welche Wertung des Gesetzgebers ist der unterschiedlichen Wortwahl zwischen Abs. 1 und Abs. 2 zu entnehmen? .... *150, 158 f., 165*

52. Warum sind bestimmte Vorhaben im Außenbereich privilegiert? Wie verträgt sich das mit dem grundsätzlichen Bauverbot im Außenbereich? *155, 165*

53. Welcher der Privilegierungstatbestände des § 35 I BauGB ist besonders wichtig? *156*

54. Wann ist ein Betriebsteil noch ortsgebunden i.S.d. § 35 I Nr. 4 BauGB? *156*

55. Wann widerspricht ein Vorhaben den Darstellungen des Flächennutzungsplanes gemäß § 35 III Nr. 1 BauGB? *160*

56. Wo ist das Gebot der Rücksichtnahme als öffentlicher Belang in § 35 BauGB verankert? *160*

57. Kann ein Konflikt zu einem öffentlichen Belang durch die Entsprechung mit anderen öffentlichen Belangen kompensiert werden? *161*

58. Warum ist § 35 II BauGB keine Ermessensnorm? *166*

59. Welche beiden Normen machen aus "sonstigen" Vorhaben "teilprivilegierte" Vorhaben? *168, 170*

60. An welcher Stelle der Klausur prüfen Sie § 33 BauGB? *172*

61. Was verstehen Sie unter "positiven Zulässigkeitstatbestand"? Welche Folgerung schließen Sie daraus bei Unzulässigkeit eines Vorhabens? *173, 175*

62. Was bedeuten "passiver" und "aktiver" Bestandsschutz? In welchen Fallkonstellationen sind diese jeweils von Belang? .... *178 ff.*

63. Vermag der aktive Bestandschutz einen Anspruch auf Baugenehmigung zu begründen? .... *180 f.*

64. Was besagte der Grundsatz der eigentumskräftig verfestigten Anspruchsposition und warum ist er heute überflüssig? *182*

65. Inwiefern ist die Gemeindebeteiligung für die Verpflichtungsklage von Belang? *183*

66. Was versteht man unter "gesicherter Erschließung"? .... *185 ff.*

WIEDERHOLUNGSFRAGEN

67. Was ist der Zweck einer Veränderungssperre? ... *190*
68. Wann ist die Zurückstellung des Baugesuchs möglich? ... *192*
69. Was steht im Mittelpunkt des Bauordnungsrechts? Welche Funktion kommt ihm zu? ... *193*
70. Was gehört zur öffentlichen Sicherheit und Ordnung? ... *202*
71. Was sind Abstandsflächen und wozu dienen sie? ... *208 ff.*
72. Was besagt das Verunstaltungsgebot und wo ist es geregelt? ... *215*
73. Kann eine Werbeanlage auch bauliche Anlage sein? ... *220 ff.*
74. Welche Möglichkeiten gibt die BauO NRW dem Bauherrn zur Erfüllung seiner Stellplatzpflicht? ... *228*
75. Welche Fälle sind von § 73 BauO NRW erfasst? ... *230*
76. Auf welchen Zeitpunkt kommt es in der Verpflichtungsklage für die Entscheidung des Gerichts an? ... *234*
77. Steht die Erteilung eines Vorbescheides im Ermessen der unteren Bauaufsichtsbehörde? ... *239*
78. Welche formelle Voraussetzung ist im Unterschied zum Vorbescheid bei der Teilbaugenehmigung Anspruchsvoraussetzung? ... *242*
79. Was unterscheidet eine Anordnung von einer Verfügung? ... *259*
80. Nennen Sie einige typische Fallvarianten für das Anfechtungsbegehren im Baurecht. ... *262*
81. Was besagt die Schutznormtheorie? ... *269*
82. Nennen Sie die wichtigsten nachbarschützenden Normen des Bauordnungs- und Bauplanungsrechts. ... *270 f.*
83. Wie stellen Sie fest, ob es sich beim Kläger um einen Nachbarn i.S.d. Baurechts handelt? ... *274 ff.*
84. Warum ist der Inhaber eines dinglichen Vorkaufsrechts nicht wie ein Eigentümer Nachbar? ... *276*
85. Kann ausnahmsweise auch der Eigentümer des zu bebauenden Grundstücks einmal Nachbar sein? ... *278*
86. Was bewirkt die Nachbarunterschrift auf den Bauvorlagen? ... *280*
87. Wie wirkt sich die materielle Präklusion des § 10 III 3 BImSchG auf die Nachbarklage aus? ... *282*
88. Ist ein Rechtsmittelverzicht zulässig? ... *284*
89. Dem Angrenzer wurde die Entscheidung nach § 74 IV 1 BauO NRW nicht zugestellt bzw. die Zustellung war fehlerhaft. Wo in der Klausur ist dieser Umstand zu problematisieren? ... *285 ff.*
90. Kann der Angrenzer bei einer fehlenden Zustellung die Baugenehmigung unbegrenzt anfechten? ... *288, 292*
91. Wie ist der Bauherr in der Nachbaranfechtungsklage am Prozess beteiligt? ... *294*
92. Ist § 46 VwVfG NRW auch auf die sachliche Zuständigkeit anwendbar? ... *299*
93. Wie ist der Behördenaufbau im Baurecht? ... *301*
94. Beschreiben Sie kurz die wichtigsten Schritte im Baugenehmigungsverfahren. ... *303*
95. Wie ist § 74 BauO NRW dogmatisch einzuordnen? ... *308*
96. Was bedeuten die Begriffe "defensive" und "offensive" Nachbarklage? ... *315 f.*
97. Gibt es einen "Planverfolgungsanspruch"? ... *320*
98. Wann ist das Gebot der Rücksichtnahme drittschützend? ... *325*
99. Nennen Sie Normen des BauGB, auf die das Gebot der Rücksichtnahme gestützt wird. ... *325*
100. Wann kann ausnahmsweise der Nachbar unmittelbar auf Art. 14 GG als drittschützendes Recht verweisen? ... *329*
101. Was ist innerhalb des § 80 V VwGO unbedingt auseinander zu halten? Nennen Sie den wichtigsten Fall des § 80 II Nr. 3 VwGO im Baurecht. ... *332 ff.*

102.	Wann ist ein Antrag nach § 80 V VwGO statthaft?	338 f.
103.	Welche beiden Überlegungen sind im Rahmen des Rechtsschutzbedürfnisses aufzuwerfen?	342 f.
104.	Was ist Prüfungsmaßstab der Begründetheit im § 80 V VwGO-Verfahren?	346
105.	Wie wirken sich die Erfolgsaussichten in der Hauptsache aus?	350 f.
106.	Der Bauherr möchte sich gegen die Aufhebung seiner Baugenehmigung durch die untere Bauaufsichtsbehörde zur Wehr setzen. Versuchen Sie den typischen Ablauf dieser sehr klausurrelevanten Fallvariante zu skizzieren.	355
107.	Unter welchen Voraussetzungen muss das Rücknahmeermessen des § 48 VwVfG NRW in der Klausur nicht geprüft werden?	367
108.	Führt das Fehlen des gemeindlichen Einvernehmens immer zur Rechtswidrigkeit der Baugenehmigung?	390
109.	Hat die Gemeinde in der Frage des Einvernehmens einen Ermessensspielraum? Gibt es Ausnahmen?	385
110.	Wann beginnt die Frist für die Einvernehmensfiktion?	387
111.	Unter welchen Voraussetzungen kann das gemeindliche Einvernehmen ersetzt werden?	388
112.	Ist die verwaltungsvollstreckungsrechtliche Zwangsmittelandrohung ein VA?	392
113.	Lesen Sie die unter Rn. 394 zitierten Rechtsgrundlagen für Beseitigungsanordnungen im Gesetz nach!	394
114.	Welche sechs Befugnisse der Bauaufsichtsbehörde ergeben sich aus § 61 I 2 BauO NRW?	396 ff.
115.	Warum erlaubt und erfordert § 61 I 2 BauO NRW zugleich eine Duldungsanordnung?	400
116.	Was heißt "doppelte Baurechtswidrigkeit"? Ist diese auch für Nutzungsuntersagungen Voraussetzung?	402 f.
117.	Warum sind die Anforderungen einer Beseitigungsanordnung so streng?	404 f.
118.	Was bedeutet "intendiertes Ermessen" bzw. "Regelermessen"?	405
119.	Wird § 40 I VwGO bei der Normenkontrolle geprüft?	413 f.
120.	Woraus ergibt sich die Zuständigkeit des OVG Münster?	415
121.	Ist "Plan" synonym mit "Norm"?	417
122.	Was ist Inhalt eines Flächennutzungsplans?	418 ff.
123.	Können in einen Bebauungsplan auch bauordnungsrechtliche Komponenten einfließen?	425
124.	Welche baurechtlichen Satzungen kennen Sie?	426
125.	Hat § 47 I Nr. 2 VwGO in Nordrhein-Westfalen Bedeutung?	427
126.	Auf wessen Sicht kommt es beim Tatbestandsmerkmal "... die ... erlassen worden sind, ..." in § 47 I Nr. 1 VwGO an?	429
127.	Können vom OVG auch ungültige Normen überprüft werden?	431
128.	Wie werden Bauleitpläne aufgehoben?	432 f.
129.	Wann wird ein Plan funktionslos?	435 f.
130.	Gibt es eine Normverwerfungskompetenz der Verwaltung?	437
131.	Welche Bedeutung hat § 47 III VwGO?	451, 458
132.	Wie ist das Verhältnis von Normenkontrolle und Anfechtungs- bzw. Verpflichtungsklage?	453
133.	Welcher Prüfungspunkt tritt bei behördlichen Antragstellern an die Stelle des Nachteils?	450, 454
134.	Gilt auch innerhalb der Normenkontrolle das Rechtsträgerprinzip?	455
135.	Gibt es eine Beiladung im verwaltungsgerichtlichen Normenkontrollverfahren?	456
136.	Bezieht sich die Vorbehaltsklausel des § 47 III VwGO auch auf Satzungen i.S.v. § 47 I Nr. 1 VwGO?	458
137.	Was ist Ausgangspunkt der Überprüfung von Bauleitplänen?	459

WIEDERHOLUNGSFRAGEN

138. Welche baurechtliche Besonderheit ist zu beachten, wenn die Rechtswidrigkeit einer Satzung i.S.d § 47 I Nr. 1 VwGO kontrolliert wird? ... *460*

139. Welche sind die wichtigsten formellen Prüfungspunkte bei der Normenkontrolle von Bebauungsplänen? ... *463 ff.*

140. Bei wem liegt die Organkompetenz für den Bebauungsplan? ... *464*

141. Welches Gemeindeorgan ist zuständig für den Planaufstellungsbeschluss? ... *470 f.*

142. Was ist die „Verfahrensgrundnorm" der Bauleitplanung? ... *473a*

143. Welche Funktionen hat die Bürgerbeteiligung im Bauleitplanverfahren? ... *474 ff.*

144. Was ist und wer ist zuständig für den Billigungs- und Auslegungsbeschluss? ... *474*

145. Welchen Sinn hat die Beteiligung von Behörden im Planverfahren? ... *481*

146. Wie ist die Behördenbeteiligung ausgestaltet und wie verhält sie sich zur Bürgerbeteiligung? ... *482*

147. Wie ist §§ 43 II, 31 GO NRW bei der Beschlussfassung von Bauleitplänen anzuwenden? ... *488*

148. Um welche Form der Kommunalaufsicht handelt es sich bei § 6 II BauGB? ... *491*

149. Was besagt das Entwicklungsgebot? ... *513 ff.*

150. Welche Folge hat die Unwirksamkeit des Flächennutzungsplans für den Bebauungsplan? ... *517*

151. Welche weiteren raumrelevanten Planungen gibt es neben dem Bauleitplanverfahren? ... *519*

152. Wie kann die Nachbargemeinde ihre Beteiligungsrechte am Bauleitplanverfahren gerichtlich geltend machen? ... *530*

153. Welche Folgen kann ein Verstoß gegen den Grundsatz der Planklarheit und Planbestimmtheit haben? ... *532*

154. Unterliegt die Interpretation der Planungsleitlinien des § 1 V, VI BauGB der vollen gerichtlichen Überprüfung oder ist diese aufgrund des gemeindlichen Planungsermessens eingeschränkt? ... *533 f.*

155. Auf welchem Grundsatz fußt das Gebot der Konfliktbewältigung? ... *536*

156. Stellen Sie die vier Abwägungsfehler systematisch zusammen. ... *540 ff.*

157. Welche Belange sind in die Abwägung einzustellen? ... *543 f.*

158. Was kann gegen die Anwendung des Gebotes der Rücksichtnahme in der Abwägung gemäß § 1 VII BauGB vorgebracht werden? ... *548*

159. Warum ist das Gebot der Konfliktbewältigung an sich als eigenständige Rechtsfigur überflüssig? ... *550 ff.*

160. Wann lässt die Rspr. ausnahmsweise eine Vorwegbindung im Bauleitplanverfahren zu? ... *556*

161. Worin liegt die Besonderheit der §§ 214, 215 BauGB? ... *558*

162. Mit welchen drei Prüfungsschritten lassen sich die §§ 214, 215 BauGB in den Griff bekommen? ... *561, 571*

163. Privatpersonen müssen zum Nachweis der Antragsbefugnis gemäß § 47 II VwGO einen Nachteil geltend machen, um Popularklagen vorzubeugen. Warum bedarf es dann keiner subjektiven Rechtsverletzung in der Begründetheitsstation? ... *573*

164. Wann kann ein aufgrund beachtlicher Fehler i.S.d. §§ 214, 215 BauGB rechtswidriger Bauleitplan dennoch teilweise rechtsgültig sein? ... *574*

165. Welche verfassungsrechtlichen Rechtsbehelfe können gegen Bebauungspläne angestrengt werden? ... *576 f.*

166. Gibt es in Nordrhein-Westfalen neben § 47 VwGO weitere Rechtsschutzmöglichkeiten gegen Bebauungspläne? ... *578*

167. Wo spielen beim Antrag auf einstweilige Anordnung gemäß § 47 VIII VwGO die Erfolgsaussichten der Hauptsache eine Rolle? ... *581*

STICHWORTVERZEICHNIS 193

Die Zahlen verweisen auf die Randnummern des Skripts

A

Abhilfe	365
Abrissschutt	399
Abstandsflächen	208, 270, 275, 328
Abstimmung	528
Abwägung	161, 346, 350, 369, 484, 501, 529, 536, 564, 580
Abwägungsfehler	542
Abwägungsfehlerlehre	539
actus contrarius	358, 429
Adressatentheorie	268, 393
Änderung	55, 109, 147
Anpassungspflicht	520, 525
Antragsbefugnis	340, 441, 450, 476
Antragsberechtigung	440, 450
Anzeigebedürftigkeit	56
Anzeigeverfahren	489
Aufhebungsbescheid	354, 365
aufschiebende Wirkung	332, 579
Ausschluss	348, 349
Auskunft	398
Aufstellungsbeschluss	192, 470
Außenbereich	102, 136, 150, 249, 379

B

Baubeseitigungsanordnung	391
BaueinstellungsAO	408
Baufreiheit	8
Baugenehmigung	21, 191
Verwaltungsakt	21
Baugrenzen	137
Bauleitpläne	
Bauleitplanung	99, 464
Aufhebung	429
Bebauungsplan	101
Flächennutzungsplan	101
Rechtsschutz	411
bauliche Anlage	53, 107
Bauordnungsrecht	11, 194, 422
Vorrang des Planungsrechts	210
Bauplanungsrecht	10
Baurecht	
öffentliches	5
privates	4
Baustellen	223
Bauverbot	
präventives Verbot mit Erlaubnisvorbehalt	34
Bauvorlageberechtigung	305
Bauvorlagen	240, 279
Bebauungsgenehmigung	79, 191, 240
Bebauungsplan	414, 418
Bebauungspläne	
einfacher	121
Behördenaufbau	301
Behördenbeteiligung	481
Beiladung	40, 294, 345, 455
Bekanntgabe	499
Bekanntmachung	472, 477
Bestandsschutz	169, 177, 403
aktiver	179
passiver	178
Bindungswirkung	25, 75, 257

D

Dispens	
konkludenter	132
Zulässigkeitsvoraussetzungen	131
doppelte Baurechtswidrigkeit	402, 404
dringender Wohnbedarf	131, 480, 572
drittschützende Normen	321
Duldungsanordnung	392, 400, 407

E

eigentumskräftig verfestigte Anspruchsposition	177, 182
Einfügen	140, 325
einstweilige Anordnung	579
einstweiliger Rechtsschutz	332
Einvernehmen	40, 134, 183, 255, 309, 331, 378, 380 ff.
Entwicklungsgebot	513, 566
Parallelverfahren	516
vorzeitiger Bebauungsplan	517
Erläuterungsbericht	417
Ermessen	175, 229, 239, 241, 254, 346, 369, 385, 406, 480, 541
Errichtung	55, 109, 147
Erschließung	185, 253
Ersetzung	388

F

Festsetzung	101, 108, 115, 270, 322, 418, 432, 531, 576
Fiktionszeugnis	256
Flächennutzungsplan	121, 160, 415, 486, 491
fliegende Bauten	63
formelle Rechtmäßigkeit	72, 298, 368, 378, 401, 463
Funktionslosigkeit	432

G

Garagen	227
Gaststättenerlaubnis	
Bindungswirkung	83
Gebot der Rücksichtnahme	128, 141, 160, 271, 324, 547
Gegenstromprinzip	520
Genehmigungsfähigkeit	72, 251, 313
Genehmigungsfreistellung	61

STICHWORTVERZEICHNIS

Genehmigungspflichtigkeit	53, 155, 249, 257, 312
Ausnahmen	57, 155
Landwirtschaft	59, 155
Genehmigungsverfahren	489
Generalklausel	394
Gestattungswirkung	25
Gewohnheitsrecht	431
Grundsätze der Bauleitplanung	533

H

Heilung	291

I

Innenbereich	102, 135
Teile	137

K

kommunale Planungshoheit	464
Konfliktbewältigung	549
Kontrollinteresses	450, 454
Konzentrationswirkung	
Konzentrationswirkung	94, 282
formelle	69, 88
materielle	71

L

Landwirtschaft	155
liquider Titel	4

M

Mieter	276
Missbrauchsaufsicht	254
Missbrauchsklausel	249, 258
Möglichkeitstheorie	268, 273

N

Nachbar	274, 279, 528
Nachbarbeteiligung	306
Nachbarklage	263
nachbarrechtliches Gemeinschaftsverhältnis	323
nachbarschaftliches Gemeinschaftsverhältnis	289
Nachbarschutz	410
Nachteil	441, 488
Nebenbestimmungen	409, 493
Normenerlassklage	583
Normenkontrolle	
Inzidentprüfung	412, 453
prinzipale	412
Normverwerfungskompetenz	434
Nutzungsänderung	55, 109, 147
Nutzungsuntersagung	397

O

objektives Beanstandungsverfahren	573
öffentliche Belange	152, 157, 167, 379, 535, 538, 543
öffentliche Sicherheit und Ordnung	260
Öffentlichkeitsbeteiligung	474
Optimierungsgebot	
siehe Trennungsgrundsatz	
Baugestaltung	205, 214
öffentlich-rechtlicher Vertrag	76
örtliche Bauvorschriften	424

P

Passivlegitimation	43, 248, 297, 300, 347
Planbestimmtheit	532
planerische Zurückhaltung	553
Planfeststellungsverfahren	283, 523
Planmäßigkeitsprinzip	502
Planreife	171, 427
Planverfolgungsanspruch	320
Popularklage	578
Präklusion	282
materielle	483
private Belange	535, 538, 543
privilegiertes Vorhaben	151, 155
Transportbetonanlage	156
Wochenendhäuser	156
Prüfungsmaßstab	458, 458

R

Rechtsaufsicht	491
Rechtsmissbrauch	452
Rechtsreflex	269, 319
Rechtsschutzbedürfnis	281, 342, 357, 428, 452
Sachentscheidungsinteresse	4, 92
Rechtsträgerprinzip	457, 457

S

Sachentscheidungsinteresse	4
Satzung	
Abrundungssatzung	138
Entwicklungssatzung	138
Klarstellungssatzung	138
Schlusspunkttheorie	89
Schutznormtheorie	269, 273, 322
Schweinemastbetrieb	155
Sicherung der Bauleitplanung	81, 189, 379
Sonderrechtstheorie	19
Sozialstaatsprinzip	7
Sperrgrundstück	283
Stellplätze	227
Störerauswahl	406
subjektives Recht	261, 268, 273, 280, 318, 331, 351, 376

STICHWORTVERZEICHNIS

summarische Prüfung	353
Suspensiveffekt	332, 342

T

Teilbaugenehmigung	83, 238, 244, 298
Teilunwirksamkeit	433, 574
teilprivilegiertes Vorhaben	168
Teilungsgenehmigung	191
Teilungsgenehmigung	
Bindungswirkung	81
Trennungsgrundsatz	545, 546

U

Unbeachtlichkeit	558
unzulässige Rechtsausübung	283
Unwirksamkeit	459, 459

V

Veränderungssperre	189
vereinfachtes Verfahren	98
Verfassungsbeschwerde	576
Versagungsgegenklage	20
VersiegelungsAO	408
Vertreter des öffentlichen Interesses	37
Verwaltungsvertrag	76
Verwirkung	279, 290, 452
Verzicht	279
Vorbescheid	238, 298
Vorbescheid	
Bebauungsgenehmigung	27
Bindungswirkung	75, 77
Vorbeugender Rechtsschutz	582
Vorkaufsrecht	276
vorläufiger Rechtsschutz	235, 530
Vormerkung	276
Vorwegbindung	556

W

Werbeanlagen	205, 219

Z

Zurückstellung von Baugesuchen	189
Zusicherung	75, 78
Zustellung	286, 310
Zwangsmittelandrohung	393

Repetitorium hemmer
[hemmer.individual]

hemmer.individual

> Unser Spezialangebot für alle Studenten und Referendare, die individuelle Betreuung suchen.

Wenn Sie

+++ sich noch nicht examenssicher fühlen
+++ ein Prädikatsexamen anstreben
+++ oder Ihre Examensnote verbessern wollen

dann ist dieses Angebot das Richtige für Sie:

Wir bieten Ihnen

+++ individuellen Einzelunterricht oder Unterricht in der Mini-Gruppe (max. 3 Teilnehmer) +++ mit ausführlicher Klausurenkorrektur und Analyse der individuellen Schwächen durch professionelle Repetitoren mit langjähriger Unterrichtserfahrung +++

Nähere Auskünfte zu unserem Angebot erhalten Sie unter: **0931 - 797 82 30**
Wir bieten Ihnen ein unverbindliches Beratungsgespräch in unserer Zentrale an

www.hemmer.de

Juristisches Repetitorium hemmer

Mergentheimer Str. 44 / 97082 Würzburg
Tel.: 0931-7 97 82 30 / Fax: 0931-7 97 82 34